일본의 형사정책

— 일본의 범죄와 대책 그리고 피해자 —

I

川出敏裕 · 金光旭 저
장응혁 · 안성훈 역

박영사

제1권 역자서문

일본의 법률과 관련 논의가 우리나라에 미친 영향은 이루 말할 수 없이 크다. 형법과 형사소송법도 제정할 당시 여러 가지 이유로 일본의 법률을 크게 참고하였음은 주지의 사실이며. 제정 이후의 개정에서도 일본의 상황은 항상 중요한 참고사항이었다.

그러나 양국의 법률은 각자 다른 길을 걸어왔는데 우선 양국이 겪어 온 사회적 상황도 달랐지만 비슷한 문제에도 서로 다른 정책들을 해법으로 채택하여 운용해 온 점에도 원인이 있다.

그에 따라 양국은 형사법의 기본체계는 유사하지만 실제 운용에 있어서는 다양한 차이를 보이게 되었고 역자는 유학 및 학술교류를 통하여 그러한 차이를 실감하게 되었다. 그러나 그러한 차이를 제대로 소개하는 것은 쉽지 않을 뿐만 아니라 불가능에 가까운 일이었다.

다행히 최근 일본에서 '형사정책'의 이름으로 출간된 본서는 일본에서 형사사법이 어떠한 법률을 바탕으로 어떻게 운용되고 있는지를 체계적으로 망라하고 있기에 역자는 본서의 힘을 빌려 일본의 상황을 소개하기로 결심하게 되었다. 이 자리를 빌려 본서의 번역을 흔쾌히 허락해 주신 도쿄대학 카와이데 토시히로 교수님께 감사드린다.

물론 쉬운 일은 아니었다. 오랜 기간 우리나라에서 경찰로 근무하며 형사사법을 경험해 온 역자로서도 본서가 다루는 내용은 너무나도 넓고 깊어 힘에 벅찼기 때문이다. 따라서 역자는 다른 전문가의 힘을 모으기로 했고 여기에 참여해 주신 안성훈 박사님 및 금용명 소장님은 모두 일본 유학을 경험했을 뿐만 아니라 각자 형사사법 관련 연구 및 실무에서 다양한 실적을 쌓아 오신 분들이다.

역자들은 본서를 번역함에 있어서 2권으로 나눈 후 각자의 강점[범죄대책(장응혁), 피해자학(안성훈), 교정학(금용명)]을 토대로 핵심파트를 번역하고 서로 교차로 검증함으로써 최대한 자연스러운 번역이 되도록 노력하였다.

그러나 출간을 앞두고 마지막으로 점검하는 이 순간에도 그러한 의도가 충분히 살려졌는지는 의문이다. 하지만 이미 본서 출간 이후 상당한 시간이 흘렀기에 우선 본서를 세상에 내놓기로 한다. 비록 부족한 번역이지만 독자들에게 많은 도움이 되기를 기원하며 궁금한 사항은 언제든지 대표역자(장응혁: jjang160@gmail.com)에게 연락주기 바란다. 독자들의 애정을 바탕으로 보다 더 좋은 책이 될 수 있도록 지속적으로 노력할 것을 약속드린다.

마지막으로 어려운 출판환경에서도 본서를 출판해 주신 박영사 안종만 회장님과 안상준 대표님, 오랜 기간 원고를 기다려주신 이영조 팀장님과 장규식 과장님, 그리고 촉박한 시간에도 훌륭하게 편집을 맡아 수고해 주신 정은희 님께 감사드린다.

2020년 4월

(역자들을 대표하여)
장응혁

제2판 머리말

초판이 간행되고 약 6년이 경과하였다. 초판의 머리말에서 실무와 학문의 양쪽에서 형사정책에 대한 관심이 높아져 그 중요성이 점점 커져가고 있다고 지적했는데, 그러한 경향은 최근 6년 사이에 더 강해졌다고 생각된다.

입법에 눈을 돌리면, 초판 간행 시에는 법안의 단계에 있었던 형의 일부의 집행유예제도 도입이 실현되어, 2016년 6월에 시행되기에 이르렀다. 또한 2014년에는 소년법이 2000년 이래 4번째로 개정되었다. 나아가 2016년에는 형사소송법 등도 개정되었는데, 여기에는 조직범죄대책으로 새로운 수사기법의 도입이 포함되었다.

운용면에서는 재범방지대책이 급진전되었다. 그 대처는 수사부터 형의 집행에 이르는 형사사법의 범위 안에서 머무르지 않고, 복지와 의료를 비롯한 관련분야와 연계하면서 추진되고 있기 때문에 형사정책의 질적인 전환을 불러왔다고도 평가할 수 있다. 2017년의 재범방지추진법의 성립을 그 결실로 볼 수 있고, 이 법에 의해서 국가, 지방자치단체, 민간이 일체가 되어 범죄대책을 추진해야 한다는 점이 법률상으로도 명확하게 되었다.

나아가 현재 법제심의회 소년법·형사법부회에서는 소년법의 적용연령을 낮추는 문제와 관련하여, 자유형과 집행유예의 형벌제도, 형사사법의 다양한 단계에서의 처우제도에 대하여, 근본적인 제도 개정을 포함하여 폭넓게 검토하고 있다. 형사정책은 지금도 계속 변화하고 있는 중이다.

초판에서는 형사정책의 현상황을 보여주겠다는 본서의 목적에 따라, 집필의 기본방침을 가능한 한 폭넓은 영역을 다루는 것, 법안도 포함하여 일본 형사정책의 최신 동향을 제시하는 것, 각각의 영역을 규율하는 법령에 대해서는 관련된 판례·학설을 포함하여 설명을 가능한 한 상세히 하는 것으로 잡았고, 그 방침은 제2판에서도 변함없다. 제2판은 이 방침에 보다 부합하도록 각주를 늘리고, 형사정책의 최신상황을 이해하는 데 유용한 정보를 가능한 한 담는 형태로 구성하였다.

본서가 초판과 같이 형사정책을 배우고 있는 학생 여러분과 실무에서 형사사법에 종사하고 있는 실무가 여러분, 나아가 범죄문제에 대해 넓은 관심을 가지고 있는 여러분에게 형사정책을 이해하는 데 조금이라도 도움이 되기를 바란다.

　　제2판의 간행에 있어서는 成文堂 편집부의 田中伸治(타나카 노부하루) 씨에게 큰 도움을 받았다. 이 자리를 빌려 깊은 감사의 뜻을 전한다.

2018년 3월

카와이데 토시히로
김광욱

차 례

일본의 형사정책 Ⅰ

제1권 역자서문 / ⅲ

제2판 머리말 / ⅴ

약어 / ⅹⅹⅲ

서 설 형사정책의 의의와 과제

Ⅰ 형사정책의 의의 ·· 3

Ⅱ 형사정책의 대상 ·· 4

1. 공공기관의 범죄방지활동 ·· 4

⑴ 목적에 따른 한정 / 4   ⑵ 범죄대책의 구체적 내용 / 5

⑶ 사전예방과 사후대응 / 6

2. 형사정책학의 대상 확대 ·· 6

⑴ 대상영역의 확대 / 6   ⑵ 주체의 확대 / 7

Ⅲ 형사정책의 과제 ·· 7

제 1 편 범죄의 동향

제 1 장 범죄동향의 분석방법 ·· 13

제 1 절 범죄통계와 암수 / 13

Ⅰ 범죄통계의 의의와 종류 ·· 13

Ⅱ 인지 건수의 의의와 한계 ··· 14

1. 인지 건수의 의의 ··· 14

2. 암수 ·· 15

3. 암수조사 ·· 16

제 2 절　치안수준의 지표 / 19

　　Ⅰ　범죄발생률 ··· 19

　　Ⅱ　범죄의 질 ··· 20

　　　1. 형법범과 특별법범 ·· 20

　　　2. 형법범 내부에서의 구분 ··· 21

　　　　⑴ 절도와 그 이외의 형법범 / 21　　⑵ 흉악범 / 21

　　　　⑶ 조폭범 / 22

　　Ⅲ　체감치안 ··· 22

제 2 장　일본의 범죄동향 ·· 24

제 1 절　2차대전 이후의 범죄동향 개관 / 24

제 2 절　범죄동향의 현황 / 27

　　Ⅰ　범죄 급증의 실태 ·· 27

　　　1. 절도의 증가 ·· 27

　　　2. 절도를 제외한 형법범의 증가 ··································· 29

　　　　⑴ 흉악범 / 29　　　　　　　⑵ 기타 형법범 / 31

　　Ⅱ　치안동향에 대한 평가 ·· 32

　　Ⅲ　치안동향 악화 요인 ··· 35

　　Ⅳ　치안동향의 현황과 과제 ··· 36

　　　1. 종합적 치안대책의 전개 ··· 36

　　　2. 범죄의 감소 ·· 37

　　　3. 향후 과제 및 최근 동향 ··· 38

　　　　⑴ 특정범죄 유형에 대한 대책 / 38　⑵ 재범방지 대책 / 39

제 2 편　범죄예방

제 1 장　범죄예방정책의 전개 ··· 45

제 2 장　범죄예방의 이론과 기법 ··· 48

제 1 절　범죄예방의 이론 / 48

제 2 절　환경설계를 통한 범죄예방 / 49

제 3 절　커뮤니티 폴리싱Community Policing / 50

제 4 절　범죄발생전 행위의 규제 / 52

제 5 절   범죄예방정책의 과제 / 53

제 3 편   범죄피해자의 보호와 지원

제 1 장   **범죄피해자를 위한 시책의 전개** ···································· 59

제 1 절   범죄피해자의 의의 / 59

제 2 절   여러 외국에서의 전개 / 59

제 3 절   일본에서의 전개 / 61

제 2 장   **범죄피해자의 보호와 구제** ···································· 64

제 1 절   형사절차에서의 범죄피해자의 법적 지위 / 64

Ⅰ   형사절차에서의 피해자 보호 ······························ 64

　1. 피해자에 대한 보복 방지 ································ 64

　2. 제2차 피해 방지 ······································ 66

　　⑴ 수사단계 / 66　　　　⑵ 공판단계 / 66

Ⅱ   피해자에 대한 정보 제공 ······························ 71

　1. 형사사법기관의 정보 제공 ······························ 71

　2. 형사기록의 열람·등사 ································ 72

　3. 재판의 방청 ······································ 73

　4. 소년사건의 정보 제공 ································ 73

Ⅲ   형사절차 참여 ······································ 74

　1. 수사단계 참여 ······································ 74

　2. 공소제기단계 참여 ································ 75

　3. 공판단계의 참여 ······································ 76

　　⑴ 의견진술제도 / 76　　　　⑵ 피해자참가제도 / 77

　　⑶ 피해자 참여에 대한 비판 / 79

　4. 형 집행단계 참여 ······································ 80

　5. 소년사건 ······································ 80

Ⅳ   범죄로 인한 재산적 피해의 회복 ······························ 80

　1. 제도의 형태 ······································ 80

　2. 형사화해 ······································ 81

　3. 피해회복급부금제도 ································ 82

    4. 손해배상명령 ·· 83

       ⑴ 제도창설의 배경 / 83   ⑵ 제도의 개요 / 84

       ⑶ 제도의 평가 / 84

제 2 절   형사절차 밖에서의 피해자 보호와 구제 / 85

    Ⅰ 범죄피해급부제도 ·· 85

    1. 제도의 취지 ··· 85

    2. 제도의 개요 ··· 85

    3. 제도의 전개와 향후 과제 ·· 87

       ⑴ 제도개정의 경위 / 87   ⑵ 전문가검토회의 제언 / 89

    Ⅱ 공공기관에 의한 지원 ·· 91

    1. 경찰의 지원 ··· 91

       ⑴ 지원 구조 / 91   ⑵ 시책의 내용 / 92

    2. 검찰청의 지원 ··· 93

    3. 기타 기관의 지원 ·· 93

    Ⅲ 민간단체의 지원 ·· 95

    Ⅳ 다기관 협력에 의한 노력 ··· 96

제 3 장 회복적 사법 ··· 98

제 1 절 회복적 사법의 의의 / 98

제 2 절 일본에서의 전개 / 99

제 3 절 평가와 향후 전망 / 100

제 4 편 각종 범죄와 그 대책

제 1 장 소년비행 ·· 105

제 1 절 소년비행의 동향 / 105

    Ⅰ 2차대전 이후 소년비행의 변화 ································· 105

    Ⅱ 소년비행의 현황 ·· 108

제 2 절 소년법의 기본이념   112

제 3 절 소년사건의 절차 / 115

    Ⅰ 절차의 대상 ·· 115

    Ⅱ 보호사건의 절차 ·· 116

   1. 비행소년의 발견과정 ·· 116
      ⑴ 가정재판소에의 사건계속 / 116   ⑵ 수사기관의 송치 / 116
   2. 사건의 수리와 조사 ··· 119
   3. 심판의 개시와 불개시 ··· 119
   4. 심판절차 ·· 121
      ⑴ 심판의 출석자 / 121   ⑵ 심판절차의 기본원칙 / 122
      ⑶ 증거조사절차 · 증거법칙 / 123   ⑷ 시험관찰 / 124
   5. 종국결정 ·· 125
      ⑴ 불처분결정 / 125   ⑵ 보호처분결정 / 125
      ⑶ 검찰관송치결정 / 126
   6. 상소 ·· 127
   7. 보호처분의 취소 ·· 128
  Ⅲ 형사사건의 절차 ·· 128
   1. 공판절차의 특칙 ·· 128
   2. 소년에 대한 처분 ·· 129

제 4 절   비행소년의 처우 / 131
  Ⅰ 보호관찰 ··· 131
  Ⅱ 아동복지시설의 처우 ·· 132
   1. 시설의 목적 ·· 132
   2. 아동자립지원시설의 처우 ·· 132
  Ⅲ 소년원의 처우 ··· 133
   1. 소년원법의 개정 ·· 133
   2. 소년원의 종류 ·· 133
   3. 소년원의 처우 ·· 134
      ⑴ 처우의 기본원칙 / 134   ⑵ 처우의 내용과 기간 / 135
      ⑶ 교정교육의 계획 / 135   ⑷ 퇴원과 가퇴원 / 137
  Ⅳ 소년에 대한 형벌의 집행 ·· 138
      ⑴ 소년교도소의 처우 / 138   ⑵ 소년원에서의 형의 집행 / 139

제 5 절   소년법 개정의 역사 / 139
   1. 현행법 제정 후의 개정논의 ·· 139
      ⑴ 개정의 움직임 / 139
   2. 2000년 개정 ··· 140
      ⑴ 개정 경위 / 140   ⑵ 개정 내용과 의의 / 142

3. 2007년 개정 ··· 143
　(1) 개정 경위 / 143　　　　　(2) 개정 내용과 의의 / 143
4. 2008년 개정 ··· 144
　(1) 개정 경위 / 144　　　　　(2) 개정 내용과 의의 / 145
5. 2014년 개정 ··· 145
　(1) 개정 경위 / 145　　　　　(2) 개정 내용과 의의 / 145
6. 소년법 적용연령의 인하문제 ································· 147

제 6 절　기타 대책 / 148
　Ⅰ　소년경찰활동 ··· 149
　Ⅱ　비행방지를 위한 다기관연계 ······················· 150

제 2 장　폭력단 범죄 ··· 151
제 1 절　폭력단과 폭력단 범죄 / 151
　Ⅰ　폭력단 세력의 추이 ······································· 151
　Ⅱ　폭력단 범죄의 상황 ······································· 152
　Ⅲ　폭력단 범죄의 특징 ······································· 153
　1. 제1기(1945년~1960년) ·································· 154
　2. 제2기(1960년~1985년) ·································· 154
　3. 제3기(1985년 이후) ····································· 155

제 2 절　폭력단 대책 / 156
　Ⅰ　폭력단대책법 ··· 157
　1. 법제정의 배경과 목적 ···································· 157
　2. 폭력적 요구행위 등의 금지 ··························· 158
　　(1) 대상 폭력단의 지정 / 158
　　(2) 폭력적 요구행위의 금지 / 158
　　(3) 폭력적 요구행위의 요구 등의 금지 / 159
　　(4) 폭력적 요구행위 등에 대한 조치 / 159
　　(5) 부당한 요구로 인한 피해 회복을 위한 원조 / 160
　3. 대립 항쟁 시의 사무소의 사용 제한 ·············· 160
　4. 조직에의 가입 강요, 탈퇴 방해의 금지 등 ····· 161
　5. 폭력추방운동추진센터 ··································· 161
　6. 2012년의 법률 개정 ···································· 162
　7. 법률의 실제 운용 ··· 163

Ⅱ 조직적 범죄 대책3법 및 최근 입법 동향 ·················· 163

1. 조직적 범죄 대책 3법 ····································· 163

   ⑴ 「조직적 범죄 처벌법」 / 163   ⑵ 통신감청법 / 165

   ⑶ 형사소송법의 일부를 개정하는 법률 / 166

2. 2016년의 법률 개정 ····································· 166

   ⑴ 통신감청법 개정 / 166

   ⑵ 협의·합의제도와 형사면책제도의 도입 / 167

   ⑶ 증인을 보호하는 조치의 확충 / 168

Ⅲ 「조직적 범죄 처벌법」 등의 개정과 국제조직범죄방지조약의 비준 ········ 169

1. 조직범죄대책의 국제적인 진전 ······················· 169

2. 「조직적 범죄 처벌법」 등의 개정 ···················· 170

Ⅳ 종합대책 ·· 171

1. 기존의 대책 ·· 171

2. 폭력단 배제 활동을 둘러싼 최근의 동향 ·············· 172

   ⑴ 정부의 노력 / 172

   ⑵ 지방공공단체에 의한 조례 제정 / 173

3. 종합대책의 효과 ·· 174

4. 향후 과제 ·· 174

제 3 장 약물범죄 ··· 177

제 1 절 약물범죄의 현황 / 177

Ⅰ 약물범죄의 유형 ·· 177

Ⅱ 약물범죄의 동향 ·· 178

제 2 절 약물범죄 대책 / 182

Ⅰ 대책의 현황 ·· 182

   ⑴ 형사법상의 대책 / 182   ⑵ 그 밖의 대책 / 186

Ⅱ 앞으로의 방향 ·· 187

1. 형사사법제도의 개선 ··································· 187

2. 지역과의 연계 ·· 189

3. 처우이념의 전환 – 처벌에서 치료로 ················· 190

제 4 장 정신장애인의 범죄 ······································· 192

제 1 절 정신장애인의 범죄와 처우제도의 개요 / 192

제 2 절 정신보건복지법상의 조치입원제도 / 193

　　　Ⅰ　제도의 개요 ·· 193

　　　Ⅱ　조치입원제도의 문제점 ······································· 195

제 3 절　의료관찰법의 성립 / 196

　　　Ⅰ　입법의 경위와 법률의 성격 ····························· 196

　　　Ⅱ　절차의 개요 ··· 197

　　　1. 대상자 ··· 197

　　　2. 검찰관에 의한 신청 ·· 197

　　　3. 감정입원 ·· 198

　　　4. 재판소의 심판 절차 ··· 198

　　　　　(1) 심판정의 구성 / 198　　　　(2) 절차의 진행 / 199

　　　5. 재판소의 결정 ··· 200

　　　　　(1) 신청의 각하 / 200

　　　　　(2) 처우의 필요 여부 및 내용의 결정 / 200

　　　6. 항고 ··· 201

　　　Ⅲ　입원에 의한 의료 ··· 202

　　　1. 의료의 실시 ·· 202

　　　2. 생활환경의 조정 ··· 203

　　　3. 퇴원 또는 입원계속의 심판 ······························ 203

　　　Ⅳ　지역사회에서의 처우 ··· 204

　　　1. 통원에 의한 의료 ·· 204

　　　2. 정신보건관찰 ·· 204

　　　3. 원조 ··· 205

　　　4. 처우의 실시 계획 및 사회복귀조정관 ················ 205

　　　Ⅴ　다른 절차와의 관계 ··· 206

　　　1. 형사절차 · 소년보호절차와의 관계 ···················· 206

　　　2. 정신보건복지법과의 관계 ·································· 206

　　　Ⅵ　운영 현황 ·· 207

　　　Ⅶ　향후의 과제 ·· 208

　　　1. 이론상의 과제 ··· 208

　　　2. 실제상의 과제 ··· 209

제 4 절　정신장애인에 대한 교정보호 / 210

　　　Ⅰ　교정처우와 보호관찰처우 ·································· 210

　　　Ⅱ　정신장애인에 대한 복지적 지원 ························ 211

제 **5** 장　**고령자에 의한 범죄** ··································· 213

제 1 절　고령자에 의한 범죄의 현황 / 213

　　Ⅰ　고령자에 의한 범죄의 증가 ························ 213

　　Ⅱ　고령자에 의한 범죄의 특색 ························ 214

제 2 절　고령범죄자에 대한 처우 / 217

　　Ⅰ　기소단계 ··· 217

　　Ⅱ　고령수형자의 시설 내 처우 ························ 218

　　Ⅲ　가석방 및 사회 내 처우 ·························· 220

제 3 절　고령자범죄 대책의 과제 / 222

제 **6** 장　**Family Violence(가정 내 폭력)** ················· 225

제 1 절　가정 내 폭력의 현황 / 225

제 2 절　학대방지 3법 / 226

　　Ⅰ　아동학대방지법 ···································· 227

　　　1.　아동학대의 정의 ······························· 227

　　　2.　아동학대의 발견 ······························· 228

　　　　　⑴　조기발견의 노력의무 및 아동학대에 관한 신고 / 228

　　　　　⑵　아동의 안전확인 / 228

　　　3.　피학대아동의 보호 ····························· 229

　　　4.　학대를 저지른 부모에 대한 지도 ················ 230

　　　5.　관계기관 등의 연계협력 ························ 231

　　　6.　법률의 실제 운용 ····························· 231

　　Ⅱ　DV방지법 ·· 234

　　　1.　DV의 정의 ··································· 234

　　　2.　배우자폭력상담지원센터의 설치 ················· 234

　　　3.　보호명령제도의 창설 ·························· 235

　　　4.　법률의 실제 운용 ····························· 236

　　Ⅲ　고령자학대방지법 ································· 237

제 3 절　형사사법상의 대응 / 238

　　Ⅰ　수사단계와 공판단계 ······························ 238

　　Ⅱ　교정보호 ··· 241

　　　1.　시설 내 처우 ································· 241

　　　2.　사회 내 처우 ································· 242

제 4 절　향후 과제 / 243

제 7 장　교통범죄 ··· 245

제 1 절　교통범죄의 의의와 특색 / 245

제 2 절　악질·중대한 교통범죄에의 대응 / 246

　　　Ⅰ　도로교통법상의 범죄 ··· 246

　　　Ⅱ　자동차운전사상행위처벌법상의 범죄 ··· 247

　　　Ⅲ　엄벌화의 효과 ··· 249

　　　Ⅳ　행정처분의 강화 ··· 251

제 3 절　교통범죄의 특색에 따른 대응 / 251

　　　Ⅰ　도로교통법 위반에 대한 대응 ··· 251

　　　　1.　총설 ··· 251

　　　　2.　형사절차의 간소화 ··· 252

　　　　　⑴ 교통사건즉결재판제도 / 252　　　⑵ 약식절차 / 252

　　　　　⑶ 운영의 합리화 / 253　　　　　　⑷ 간소화의 한계와 문제점 / 254

　　　　3.　교통반칙통고제도 ··· 254

　　　　　⑴ 제도의 개요 / 254　　　　　　⑵ 운용 현황 / 255

　　　　4.　위법주차단속 관계사무의 민간위탁 ·· 255

　　　Ⅱ　과실운전치사상죄에 대한 대응 ··· 256

　　　Ⅲ　교통범죄의 비범죄화론 ··· 257

제 4 절　교통범죄자의 처우 / 259

제 5 절　교통범죄에 대한 대응 / 260

제 8 장　범죄의 국제화 ··· 263

제 1 절　범죄의 국제화의 의미 / 263

제 2 절　범죄 주체의 국제화 / 264

　　　Ⅰ　외국인 범죄 ··· 264

　　　　1.　현황 ··· 264

　　　　2.　방일외국인범죄 대책 ··· 266

　　　Ⅱ　일본인이 외국에서 저지르는 범죄 ··· 268

제 3 절　범죄의 국제화에 대한 대응 / 268

　　　Ⅰ　국제형사사법공조 ··· 268

　　　　1.　의의 ··· 268

　　2. 도망범죄인 인도 ·· 269
　　　　(1) 도망범죄인인도법 / 269　　(2) 범죄인인도조약 / 271
　　　　(3) 일본의 인도청구 / 272
　　3. 증거의 수집과 제공 ····································· 272
　　4. 기타 사법공조 ··· 274
　Ⅱ 범죄대책의 국제화 ·· 276
　1. 범죄대책 통일화의 의의 ································· 276
　2. 국제범죄에 대한 일본의 대응 ··························· 277
　Ⅲ 국제형사재판소의 설립 ···································· 279

판례색인 / 282
사항색인 / 283

제2권 역자서문 / ⅲ

제2판 머리말 / ⅴ

약어 / xxⅴ

제 1 편   범죄원인론

제 1 장   **초기의 범죄원인론** ·· 4
제 1 절   근대적 범죄원인론 탄생의 역사적 배경 / 4
제 2 절   초기 범죄원인론의 세 학파 / 5
    Ⅰ   범죄인류학파 ·· 5
    Ⅱ   범죄사회학파 ·· 6
    Ⅲ   독일 학파 ·· 7

제 2 장   **범죄원인론의 전개** ··· 9
제 1 절   범죄인류학파의 전개 / 9
    Ⅰ   범죄생물학의 흐름 ·· 9
    Ⅱ   범죄정신의학의 흐름 ··· 13
제 2 절   범죄사회학의 전개 / 14
    Ⅰ   문화전달이론 ·· 15
    Ⅱ   사회구조론 ·· 16
제 3 절   다원적 원인론 / 20

제 3 장   **범죄학의 전환** ·· 22
제 1 절   낙인이론 등장의 배경 / 22
제 2 절   낙인이론의 내용 / 23
    Ⅰ   범죄의 개념 ··· 23
    Ⅱ   낙인의 과정 ··· 24
    Ⅲ   낙인의 효과 ··· 24
제 3 절   낙인이론의 평가 / 24

제 4 장   **범죄학의 새로운 동향** ··· 26
제 1 절   통제이론 / 26

제 2 절 합리적 선택이론 / 27

    Ⅰ 합리적 선택이론 등장의 배경 ································· 27

    Ⅱ 이론의 내용 ·································· 28

    Ⅲ 형사정책에의 영향 ·································· 28

    Ⅳ 합리적 선택이론의 의의 ····························· 29

제 3 절 범죄원인론의 과제 / 30

제 2 편 범죄대책

제 1 장 형벌과 보안처분 ··· 35

제 1 절 총설 / 35

    Ⅰ 형벌의 종류 ····································· 35

    Ⅱ 형벌의 정당화 근거 ································ 35

제 2 절 사형 / 37

    Ⅰ 사형제도의 현황 ·································· 37

    Ⅱ 사형의 합헌성 ··································· 39

    Ⅲ 사형선택의 기준 ·································· 42

    Ⅳ 사형제도의 검토 ·································· 48

제 3 절 자유형 / 54

    Ⅰ 종류 ·· 54

    Ⅱ 자유형을 둘러싼 제문제 ····························· 54

제 4 절 재산형 / 64

    Ⅰ 총설 ·· 64

    Ⅱ 벌금 · 과료 ····································· 64

    Ⅲ 몰수 · 추징 ···································· 72

제 5 절 자격제한 / 81

제 6 절 보안처분 / 81

    Ⅰ 의의와 종류 ····································· 81

    Ⅱ 형벌과 보안처분의 관계 ····························· 82

    Ⅲ 보안처분을 둘러싼 일본의 역사 ······················· 84

제 2 장 범죄화와 비범죄화 ·· 90

제 1 절　범죄화와 중벌화 / 90

제 2 절　비범죄화 / 92

　　　　Ⅰ　비범죄화의 개념과 근거 ·· 92

　　　　Ⅱ　문제시되는 범죄유형 ··· 93

제 3 편　범죄자의 처우

제 1 장　총설 ·· 103

제 1 절　일본의 범죄자 처우의 개요 / 103

제 2 절　다이버전 / 105

제 2 장　사법적 처우 ··· 109

제 1 절　경찰 / 109

　　　　Ⅰ　경찰에 의한 수사와 사건처리 ··· 109

　　　　Ⅱ　미죄처분 ·· 111

제 2 절　검찰 / 112

　　　　Ⅰ　검찰단계에서의 사건처리 ·· 112

　　　　Ⅱ　기소유예 ·· 113

제 3 절　재판 / 121

　　　　Ⅰ　양형 ·· 121

　　　　Ⅱ　형의 집행유예 ··· 129

　　　　Ⅲ　선고유예 ·· 135

제 3 장　시설 내 처우 ·· 138

제 1 절　총설 / 138

　　　　Ⅰ　시설 내 처우의 의의와 시설의 종류 ······························· 138

　　　　Ⅱ　형사수용시설법의 성립 ·· 139

　　　　Ⅲ　행형의 기본원칙 ··· 140

제 2 절　수형자의 교정처우 / 141

　　　　Ⅰ　수형자 처우의 목적 ·· 141

　　　　Ⅱ　처우의 기본원칙 ··· 147

　　　　Ⅲ　수형자 처우의 흐름 ·· 149

　　　　Ⅳ　교정처우의 기본제도 ·· 150

      Ⅴ 개방적 처우 ··· 159
      Ⅵ 교정처우의 종류와 내용 ··· 163

제 3 절 수형자의 법적 지위 / 176
      Ⅰ 총설 ··· 176
      Ⅱ 개별적 권리와 제한 ··· 179

제 4 절 시설 내의 규율 및 질서의 유지 / 192
      Ⅰ 의의 및 한계 ··· 192
      Ⅱ 규율 및 질서를 유지하기 위한 조치 ························ 193

제 5 절 불복신청제도 / 201
      Ⅰ 감옥법하의 불복신청제도 ··· 201
      Ⅱ 현행법하에서의 불복신청제도 ·································· 203

제 6 절 행정운영의 투명성의 확보 / 208
      Ⅰ 총설 ··· 208
      Ⅱ 형사시설시찰위원회 ··· 209

제 7 절 행형에의 민간 참여 / 211
      Ⅰ 민간 참여의 형태 ··· 211
      Ⅱ PFI교도소 ··· 212

제 **4** 장 **사회 내 처우** ··· 215
제 1 절 총설 / 215
      Ⅰ 사회 내 처우의 의의와 종류 ···································· 215
      Ⅱ 사회 내 처우의 형사정책적 의의 ···························· 216
      Ⅲ 사회 내 처우의 역사적 전개 ···································· 216
      Ⅳ 사회 내 처우의 기관 ··· 220
      Ⅴ 처우의 담당자 ·· 222

제 2 절 가석방 / 224
      Ⅰ 가석방의 종류 ·· 224
      Ⅱ 가석방의 목적과 법적 성격 ······································ 225
      Ⅲ 가석방의 요건 ·· 226
      Ⅳ 가석방의 절차 ·· 228
      Ⅴ 가석방 기간 ··· 231
      Ⅵ 사회 내 처우와 시설 내 처우의 연계 ······················ 232
      Ⅶ 가석방 운용의 실정 ··· 235

　Ⅷ　가석방의 취소 ·· 238
　Ⅸ　가석방의 문제점과 향후의 과제 ··································· 241

제 3 절　보호관찰 / 245
　Ⅰ　보호관찰의 종류와 법적성질 ·· 245
　Ⅱ　보호관찰기간 ··· 245
　Ⅲ　보호관찰의 목적과 실시방법 ·· 246
　Ⅳ　준수사항 ·· 248
　Ⅴ　보호관찰대상자의 현황 ··· 251
　Ⅵ　보호관찰의 실시기관 ··· 251
　Ⅶ　보호관찰처우의 다양화 ··· 253
　Ⅷ　취업과 거주의 확보에 의한 사회복귀지원 ···················· 260
　Ⅸ　양호조치와 불량조치 ··· 262
　Ⅹ　보호관찰의 향후 과제 ·· 263

제 4 절　갱생긴급보호 / 266
　Ⅰ　제도의 의의와 내용 ·· 266
　Ⅱ　갱생보호시설 ··· 267

제 5 절　새로운 사회 내 처우 / 268
　Ⅰ　사회봉사명령 ··· 268
　Ⅱ　전자감시 ·· 273

형사수용시설 및 피수용자 처우 등에 관한 법률 / 277
판례색인 / 324
사항색인 / 325

【 주요법령 약어 】

유비각 '육법전서'에 준한다.

각성제	각성제단속법
갱생	갱생보호법
갱생사	갱생보호사업법
검심	검찰심사회법
경	경찰법
고령학대	고령자학대의 방지, 고령자의 양호자에 대한 지원 등에 관한 법률
공선	공직선거법
공선령	공직선거법 시행령
(구)형	(구)형법
국제수사	국제수사공조 등에 관한 법률
국제수형이송	국제수형자이송법
국제형재규정	국제형사재판소에 관한 로마규정
대마	대마단속법
도교	도로교통법
도교령	도로교통법 시행령
도범	도범 등의 방지 및 처분에 관한 법률
독물	독물 및 극물 단속법
독물령	독물 및 극물 단속법 시행령
마약	마약 및 향정신약 단속법
마약특	국제적인 협력하에서 규제약물에 관계된 부정행위를 조장하는 행위 등의 방지를 도모하기 위한 마약 및 향정신약 단속법 등의 특례 등에 관한 법률
매춘	매춘방지법
배우자폭력	배우자로부터의 폭력의 방지 및 피해자의 보호 등에 관한 법률
범인인도	도망범죄인인도법
범죄수익이전	범죄에 의한 수익의 이전 방지에 관한 법률
범죄피해급부	범죄피해자 등 급부금의 지급 등에 의한 범죄피해자 등의 지원에 관한 법률
범죄피해기	범죄피해자 등 기본법
범죄피해보호	범죄피해자 등의 권리이익의 보호를 도모하기 위한 형사절차에 부수하는 조치에 관한 법률
범죄피해회복	범죄피해재산 등에 의한 피해회복급부금의 지급에 관한 법률
법률지원	총합법률지원법
보호사	보호사법
부정접속	부정접속(액세스)행위의 금지 등에 관한 법률

소감	소년감별소법
소	소년법
소원	소년원법
수사규범	범죄수사규범
스토커	스토커행위 등의 규제 등에 관한 법률
시민·규약	시민적 및 정치적 권리에 관한 국제규약
심신상실처우규	심신상실 등의 상태에서 중대한 타해행위를 저지른 사람의 의료 및 관찰 등에 관한 법률에 의한 심판의 절차 등에 관한 규칙
심신상실처우	심신상실 등의 상태에서 중대한 타해행위를 저지른 사람의 의료 및 관찰 등에 관한 법률
아동매춘	아동매춘, 아동포르노에 관계된 행위 등의 처벌 및 아동의 보호 등에 관한 법률
아동약	아동의 권리에 관한 조약
아동학대	아동학대의 방지 등에 관한 법률
아복	아동복지법
아편	아편법
입관	출입국관리 및 난민인정법
자동차운전치사상	자동차의 운전으로 사람을 사상시키는 행위 등의 처벌에 관한 법률
재	재판소법
재판원규	재판원이 참가하는 형사재판에 관한 규칙
재판원	재판원이 참가하는 형사재판에 관한 법률
정신	정신보건 및 정신장애자복지에 관한 법률
조직범죄약	국제적인 조직범죄의 방지에 관한 국제연합조약
조직범죄	조직적인 범죄의 처벌 및 범죄수익의 규제 등에 관한 법률
총도소지	총포도검류소지 등 단속법
통화방수(감청)	범죄수사를 위한 통화방수(감청)에 관한 법률
통화방수규(감청규)	범죄수사를 위한 통신방수(감청)에 관한 규칙
파방	파괴활동방지법
폭력단	폭력단원에 의한 부당한 행위의 방지 등에 관한 법률
폭력	폭력행위 등 처벌에 관한 법률
항공강취	항공기의 강취 등의 처벌에 관한 법률
항공위험	항공의 위험을 발생시키는 행위 등의 처벌에 관한 법률
헌개	일본국헌법의 개정절차에 관한 법률
헌	일본국헌법
형사수용칙	형사시설 및 피수용자의 처우에 관한 규칙
형사수용	형사수용시설 및 피수용자 등의 처우에 관한 법률
형소규	형사소송규칙
형소	형사소송법
형	형법

【 판례집 등 약어 】

刑集	최고재판소 형사판례집
民集	최고재판소 민사판례집
裁判集刑	최고재판소 재판집 형사
高刑集	고등재판소 형사판례집
東時	도쿄고등재판소 형사판결시보

【 잡지류 약어 】

家月	家庭裁判月報
警学	警察学論集
警研	警察研究
刑ジャ	刑事法ジャーナル
現刑	現代刑事法
ジュリ	ジュリスト
論究ジュリ	論究ジュリスト
曹時	法曹時報
判時	判例時報
判タ	判例タイムズ
判評	判例評論
ひろば	法律のひろば
法教	法学教室
法時	法律時報
法セ	法学セミナー
捜研	捜査研究

서 설

형사정책의 의의와 과제

Ⅰ   형사정책의 의의

형사정책이라는 용어는 다양한 의미로 사용된다. 가장 넓게는 범죄[1]와 관련된 국가의 모든 시책을 가리키지만, 일반적으로는 그보다는 좁게 범죄방지를 목적으로 수행되는 국가 및 지방자치단체의 시책을 가리키는 경우가 많다.[2] 학문으로서의 형사정책(형사정책학)은 기본적으로 이들 시책을 검토하는 것을 그 내용으로 하는 것이다.

다만, 범죄를 방지하기 위한 시책을 검토하는 데 있어서 시책을 통해 방지해야할 범죄의 실태를 정확하게 파악하는 것이 필수적이다. 이러한 작업을 거친 후에야 그 실태에 따른 범죄방지책을 검토해야 하는데, 그 시책은 결국 범죄를 발생시킨 요인을 제거하는 것이 되므로 유효한 시책을 세우기 위해서는 범죄의 원인을 분명히 해야 한다. 즉, 범죄를 방지하기 위한 시책을 검토하는 전제로서 범죄현상을 분석하고 범죄원인을 해명하는 것이 필요하므로, 넓은 의미에서의 형사정책(학)에는 이 부분도 포함된다. 범죄현상의 분석과 범죄원인의 해명은 이른바 사실학적인 성격을 가지고 있는데, 특히 범죄원인을 해명하고자 하는 범죄원인론은 그 자체가 하나의 학문분야를 형성하고 있다고 할 수 있을 정도의 역사와 범주를 가지고 있어서 아주 다양한 이론이 주장, 전개되고 있다.

형사정책과 관련이 깊은 용어로서 형사학과 범죄학이 있다. 이 중에서 형사학은 일반적으로 위의 넓은 의미의 형사정책학과 같은 의미로 사용된다. 다른 한편, 범죄학은 넓은 의미의 형사정책학과 같은 의미로 사용되는 경우와 범죄현상의 분석과 범죄원인의 해명 부분을 가리켜서 사용되는 경우가 있다. 다른 나라들을 살펴보면 미국, 영국에서의 'criminology'는 넓은 의미의 형사정책학에 대응하는 개념

---

1   여기서의 "범죄"에는 책임능력을 결여한 자에 의한 촉법행위와 소년에 의한 비행도 포함된다(大谷實, 新版 刑事政策講義, 弘文堂, 2009, 2쪽).

2   守山正＝安部哲夫, ビギナーズ刑事政策[第3版], 成文堂, 2017, 2쪽.

이고, 독일의 "Kriminologie"는 좁은 의미의 범죄학에 대응하고 있다.

Ⅱ   형사정책의 대상

1. 공공기관의 범죄방지활동

(1) 목적에 따른 한정

범죄를 방지하는 효과를 가진 국가와 지방자치단체의 활동에는 다양한 것이 있지만, 이들 중에서 범죄의 방지를 직접적인 목적으로 하지 않는 것은 형사정책의 대상에서 제외된다. 예를 들어, 범죄원인의 하나로 빈곤이 있지만, 빈곤문제의 해결은 직접적으로는 사회정책의 문제로, 형사정책이 취급할 대상이 아니다.

다만, 어떤 범죄를 방지하는 효과를 가진 시책으로 범죄방지를 직접적인 목적으로 삼는 형사법상의 수단뿐만 아니라 다양한 수단을 검토할 수 있는 경우에, 범죄방지의 효과와 그 밖의 관점을 고려하여 어느 범위까지 형사법상의 수단을 사용하는 것이 타당할까라는 문제가 발생하는 경우가 있다. 이러한 경우에는 형사법상의 수단과 그 이외의 수단을 비교검토할 필요가 있는데, 후자에는 범죄방지를 직접적인 목적으로 삼지 않는 수단도 포함된다. 그리고 그렇게 한정하면 본래의 의미로는 형사정책이 아닌 국가와 지방자치단체의 활동도 형사정책학 안에서 고찰의 대상으로 삼을 필요가 있다. 예를 들어 정신장애가 원인으로 발생한 범죄의 대책으로 현재의 형법전에는 존재하지 않는 이른바 보안처분을 도입할지 여부를 검토하는 데 있어서는, 정신의료제도가 비록 정신장애자에 의한 범죄의 방지를 직접적인 목적으로 삼고 있지 않지만, 정신장애자에 의한 촉범행위의 반복을 막는데 어느 정도 기능하고 있는지를 검토하는 것이 필수적이다.

나아가 범죄자의 원활한 사회복귀를 도모하기 위해서 형사법상의 수단과 그 이외의 조치를 함께 이용하는 것이 유효한 경우가 있다. 예를 들어 형사시설로부터 출소하여도, 고령과 장애의 이유로 자립생활의 영위가 곤란한 수형자에 대하여 복지적 지원을 원활하게 받을 수 있도록 제도를 설계하는 것과 일반 수형자에 대하여 출소한 후의 취업지원을 고려해 볼 수 있다. 이러한 경우 복지 제공과 취업 알선은 범죄방지를 직접적인 목적으로 하는 것이 아니고 형사사법제도의 틀을 벗어난 것이지만, 같이 시야에 넣어 검토할 필요가 있다. 실제로도 최근에는 형사사법과 복지가 연계하도록 운영되고 있어, 범죄방지의 관점에서 양자가 어떤 역할을 수행해야하는가가 문제되고 있다.[3]

(2) 범죄대책의 구체적 내용

국가 및 지방자치단체가 추진하는 범죄대책에는 몇 가지 단계가 있다. 최초의 단계는 법률 내지 조례로 어떤 행위를 범죄로 정하고 그 내용에 부합하는 형벌을 정하는 것이다. 새롭게 발생한 반사회적 행위에 대한 처벌규정을 신설하는 것과 사회정세나 특정한 범죄에 대한 사회적 평가의 변동에 따라 기존의 법정형을 상향하는 것 등이 여기에 해당한다. 반대로 형벌규정의 기초가 되었던 사회적 규범이 변화하여 어떤 행위를 비범죄화해야 할지 여부가 문제되는 경우도 있다.

범죄대책의 다음 단계는 법원에 의한 형벌의 부과이다. 범죄대책과의 관계에서 형벌이 어떠한 기능을 수행해야 할지에 대해서는 형벌의 목적과 정당화 근거라는 관점에서 논의가 이루어지고 있다.

형벌의 목적이 무엇인가는 법원이 선고한 형을 집행하는 장면에서도 문제가 된다. 일본에서는 그 목적이 범죄자를 개선갱생시켜 사회복귀시킴으로써 재범을 방지하는데 있다는 견해가 유력하고 이를 위해 이루어지는 조치를 총칭하여 범죄자의 '처우'라는 단어를 사용하고 있다. 그리고 범죄자의 처우에는 형사시설 안에서의 처우인 시설 내 처우와 일반사회 안에서 이루어지는 사회 내 처우가 있다. 이들을 합쳐서 교정보호라고 부르고 이는 형사정책학의 주요 대상영역의 하나이다.

나아가 유죄판결이 확정되기 이전의 경찰, 검찰, 재판의 단계에서도 대상자의 처우에 상당하는 조치가 이미 이루어지고 있다. 이를 사법적 처우라고 부른다.

이렇게 수사단계부터 형의 집행단계까지 대상자의 개선갱생과 사회복귀를 위한 처우를 함으로써 그 재범을 방지한다는 견해는 미성숙하고 가소성이 풍부한 소

---

3 형사사법제도는 기본적으로 국가가 관할하는 것이므로, 지금까지는 형사정책에 있어서 지방자치단체가 해야할 역할은 제한적이었다. 그러나 범죄자를 사회에 복귀시키기 위해서는 형사법상의 수단 이외에도 복지적 지원을 비롯한 시책들이 중요하다는 인식이 확산됨에 따라, 이를 담당하는 지방자치단체의 역할이 새롭게 재검토되고 있다. 이러한 관점에서 2017년에 성립한 「재범의 방지 등의 추진에 관한 법률」(재범방지추진법)은 지방자치단체가 재범 방지에 관하여 국가와 역할을 적절하게 분담하고 그 지역의 상황에 부합하는 시책을 수립하여 실시할 책무를 가진다고 명기하고 있다(제24조).

년에 대해서는 더욱 타당하다. 그 때문에 비행을 저지른 소년에 대해서는 소년법에 근거하여 성인과는 다른 절차에 따라 처우가 이루어지고 있고, 이러한 점에서 소년 비행에의 대응은 형사정책 내에서 독립영역이 되고 있다.

(3) 사전예방과 사후대응

전통적인 범죄대책은 범죄가 저질러진 경우 범인에게 형벌을 부과하고 처우함으로써 범죄자의 재범을 막음과 동시에 형벌의 일반예방효과를 통해 다른 사람이 범죄를 저지르는 것을 방지하고자 하는 것이었다. 이는 범죄에 대한 사후적인 대응을 통해 범죄를 방지하려는 것이라고 할 수 있다.

이에 반하여 최근에는 범죄가 발생하기 전에 이를 방지한다는 의미에서 범죄의 사전예방이 주목받게 되었고, 이에 따른 시책이 채택되게 됨으로써 형사정책에서 그 중요성이 높아지고 있다. 사전예방을 위한 시책에는 다양한 것이 있는데, 대표적인 예로는 범죄발생률이 높은 지리학적 장소 혹은 건축학적 특징에 착안하여 범죄의 원인이 되기 쉬운 환경적 요인을 도출해 내서 이를 개선함으로써 범죄를 사전에 예방한다고 하는 셉테드(환경설계를 통한 범죄예방)를 들 수 있다.

2. 형사정책학의 대상 확대

(1) 대상영역의 확대

형사정책학의 대상은 현재 전통적인 영역에 그치지 않고, 범죄와 관련한 국가의 시책이지만 범죄의 방지를 직접적인 목적으로 하는 것이 아닌 것으로도 확대되고 있다. 그 대표적인 예가 범죄피해자를 대상으로 하는 일련의 시책이다. 범죄피해자에 대한 관심은 원래 피해자가 범죄의 발생에 대하여 어떻게 관여하고 있는가에 착안한 범죄원인론의 일부로 시작되었지만 현재는 피해자의 보호와 지원을 위한 시책으로 논의의 중심이 옮겨가고 있다.[4]

---

4   범죄피해자의 보호와 지원도 형사정책의 대상으로 본다면, 형사정책의 궁극적인 목적은 사회질서의 유지가 되고, 범죄의 방지는 그 중심적인 수단이지만 여기에 한정되지 않고 범죄피해자의 손해를 회복하고 그 피해감정을 달래는 것도 수단의 하나로 자리매김하게 될 것이다(大谷, 앞의 주1), 3쪽).

(2) 주체의 확대

　형사정책은 국가 및 지방자치단체가 수행하는 활동이므로 전통적인 형사정책학은 민간의 범죄방지활동을 그 대상에서 제외하여 왔다.[5] 그러나 최근에는 일본에서도 국가정책으로서 민간의 참여도를 높이는 쪽으로 방향을 설정하여 이에 대응하는 시책이 채택되고 있다.

　첫 번째로 2003년에 각의결정된 '범죄에 강한 사회 실현을 위한 행동계획'은 치안 회복을 위한 핵심내용의 하나로, 국민이 스스로의 안전을 확보하기 위한 활동에의 지원을 명시하고, 범죄를 예방하기 위한 다양한 시책을 국가와 지방자치단체가 민간과 일체가 되어 시행해 나간다는 방침을 제시하였다. 이에 따라 민간기업에 의한 범죄에 강한 주택 개발, 지역주민의 자주적인 순찰활동 등이 적극적으로 이루어지게 되었다. 또한 민간 경비업자에 의한 안전에 관한 서비스의 제공도 양적 뿐만 아니라 질적으로도 함께 확대되고 있다. 민간의 이러한 활동이 범죄의 예방에 일정한 역할을 담당하게 된 것이다.

　두 번째로 범죄예방의 측면에만 한정되지 않고 범죄에의 사후적 대응이라는 측면에서도 지금까지 공공기관이 담당해 왔던 활동을 민간에 위임하는 움직임이 나타나고 있다. 그 대표적인 예가 2007년 이후 잇따라 개설된 PFI교도소이다. 여기서는 지금까지 국가가 수행해왔던 교도소 운영업무의 일부가 수형자의 처우에 관한 업무도 포함하여 민간회사에 위탁되었고, 국가는 공동으로 교도소운영에 종사하고 있다.

　이러한 상황하에서 일본의 범죄대책을 전체적으로 파악하기 위해서는 범죄방지를 목적으로 이루어지는 민간의 활동도 형사정책학의 대상으로 삼는 것이 필수적이게 되었다.

Ⅲ　형사정책의 과제

　지금까지는 범죄를 방지하기 위한 시책으로서 성인이든 소년이든 범죄를 저지

5　이에 대해서는 범죄의 방지를 목적으로 한 개인의 활동도 넓게 형사정책의 대상으로 보는 견해도 있다.(藤本哲也, 刑事政策槪論[全訂第7版], 靑森書院, 2015, 8쪽).

른 개인에 대해서는 그 재범을 방지하기 위해서 그 사람을 개선갱생시키고 사회복귀를 도모하는 것을 기본으로 삼아 왔다. 이러한 이념에 따르면 국가가 해야 할 조치는 그 개인이 범죄를 저지른 원인을 해명하고, 이를 제거하기 위해 가장 적합한 형벌 내지는 처분을 선고한 다음에 이를 집행하는 것이 된다. 그러나 문제는 그렇게 간단하지 않다.

첫째, 이 이념은 인간의 행동 원인이 해명가능하다는 것을 전제로 하고 있는데, 일반론으로서 범죄의 원인이 되는 요인을 거론할 수는 있지만 개별 범죄자는 그 성질과 환경에 관계된 많은 요인이 결부되어 범죄를 저지르게 되므로, 각각의 요인이 범죄에 미치는 영향을 명확하게 설명하는 것은 곤란하다. 때문에 특정한 개인에 대하여 어떠한 수단이 재범 방지에 유효한지를 과학적으로 도출해 내는 것은 쉬운 일이 아니다.

둘째, 국가의 범죄 대응에 있어서, 범죄자 개인의 개선갱생과 사회복귀에 의한 재범방지만을 그 목적으로 하는 것은 무리이다. 형벌 목적론에서의 논의가 보여주는 것처럼 형사시스템 전체로서는 그 이상의 목적을 고려해야 하기 때문이다. 따라서 범죄자의 사회복귀라는 요소와 그 이외의 요소를 조화시키면서, 효과적인 범죄대책을 세워 나갈 필요가 있다.

셋째, 범죄를 방지하는데 효과적이라고 해서 무엇이든 할 수 있지는 않다. 그 조치가 대상자의 권리의 제약을 동반하는 경우에는 그 인권을 보장한다는 관점에서 한계가 있다. 이는 특정 시책을 절대적으로 금지한다는 형태로 나타나는 경우도 있지만, 그 시책으로 초래되는 범죄방지효과와의 균형을 요구하는 형태로 나타나는 경우도 있다.

위에서 언급한 다양한 한계 가운데 범죄 방지를 위해 최대한 무엇이 가능할지를 검토해 가는 것이 형사정책의 과제라고 할 수 있다. 이에 더하여 최근에는 구체적으로 어떠한 시책을 시행해야 할지에 대하여 증거에 기반한 정책결정evidence-based policy이 강조되고 있다. 이는 이데올로기나 정치적 고려에 따르지 않고 증거를 과학적으로 검증하고 그 평가에 근거하여 정책을 입안해야 한다는 주장으로, 이를 형사정책에도 적용하여 범죄방지를 위한 시책도 무작위 비교대조 실험을 실시하여 그 유효성을 조사한 다음에 실효성이 확인된 시책을 실시해야 한다는 것이다.[6] 형사정책은 지금까지도 범죄학 등의 경험과학의 성과에 입각해야 한다는 의미에서 과학주의가 그 원리가 된다고 이해되어 왔는데,[7] 이 주장은 그 내용을 보다 구체화한 것이라고 할 수 있다.

일본에서는 형사입법과 범죄자 처우의 측면에서 그에 따른 범죄예방효과를 엄밀하게 검증하지 않고 일정한 시책을 채택해 온 경향이 있었음을 부정하기 어렵고, 이에 대한 반성을 촉구한다는 의미에서 중요한 지적이다. 형사사법 분야는 실험적인 시도를 하기 어려운 점이 있지만 최근에는 범죄자처우의 분야에서 시책의 효과를 실제로 검증한 사례도 나오고 있다.[8] 앞으로의 형사정책은 기본적으로 이 방향으로 나아가야 할 것이다.

---

6   浜井浩一, "犯罪学におけるエビデンス(科学的根拠)" 季刊刑事弁護 61호, 2010, 155쪽, 島田貴仁, "エビデンスに基づく防犯―監視,照明,パトロール", 浜井浩一編 犯罪をどう防ぐか, 岩波書店, 2017, 278쪽. 형사정책 분야에서는, '캠벨공동계획'이라고 불리는 국제적인 연구자조직의 형사사법부회가 이러한 이론에 근거하여 몇 가지 형사정책상의 시책에 관한 실증연구를 실시하고, 계통적인 연구결과를 공표하고 있다(津富宏ほか, "キャンベル共同計画刑事司法部会の活動について", 犯罪社会学研究 27호, 2002, 113쪽).

7   大谷, 앞의 주1), 16쪽.

8   법무성 교정국 성인교정과, "刑事施設における性犯罪者処遇プログラム受講者の再犯等に関する分析 研究報告書", 2012년 12월, 법무성 보호국, "保護観察所における性犯罪者処遇プログラム受講者の再犯等に関する分析",2012년 12월.

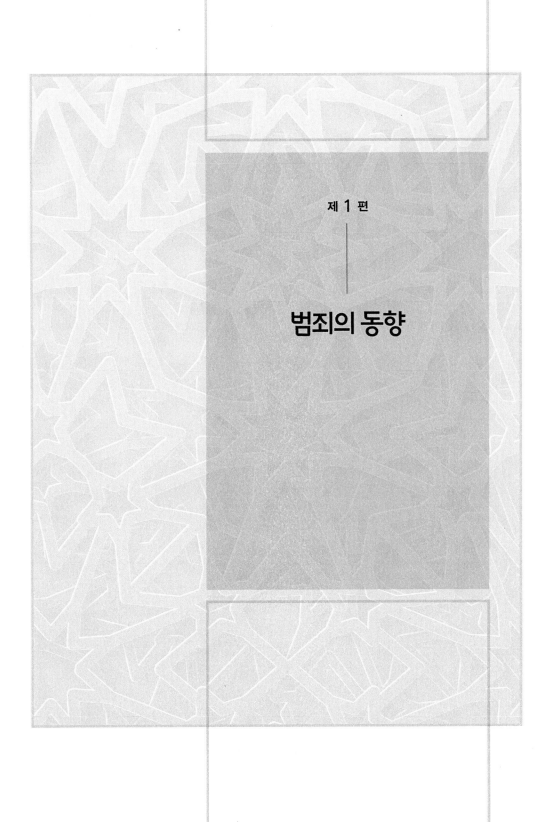

제 1 편

범죄의 동향

CR

효과적인 형사정책을 추진해 나가기 위해서는 그 전제로서 범죄동향을 정확히 파악하는 것이 필수적이다. 범죄가 얼마나 발생하고 있는지, 과거에 비해 증가하고 있는지 아니면 감소하고 있는지, 어떤 범죄가 증감하고 있는지, 이러한 범죄의 현황과 동향을 정확하게 이해하지 않으면 그 원인을 탐구하고 효과적인 대책을 추진할 수 없기 때문이다. 본편에서는 먼저 범죄동향의 분석방법에 대해 설명하고 이를 바탕으로 일본의 범죄동향에 대해 검토하기로 한다.

제 1 장   범죄동향의 분석방법

제 1 절   범죄통계와 암수

I   범죄통계의 의의와 종류

개별적으로 발생하는 범죄를 대량으로 고찰하고, 거기에서 나타나는 일반적인 특징과 경향을 파악하기 위해서는 범죄통계를 사용하는 것이 가장 효과적인 방법이다. 범죄통계는 민간인이 작성하는 사적 범죄통계도 있지만, 일본에서는 형사사법의 각 단계에서 상당히 자세한 통계자료가 작성되고 있기 때문에 이러한 관청통계를 사용하는 것이 일반적이다. 주요 관청통계로는 예를 들어, 경찰청 형사국의 '○○년의 범죄', 법무성 대신관방 사법법제부에 의한 '검찰통계연보', 최고재판소 사무총국의 '사법통계연보', 법무성 대신관방 사법법제부에 의한 '교정통계연보' 및

'보호통계연보' 등이 있다.

또한 이상의 기초 통계자료를 발췌·요약한 뒤, 이들을 종합적으로 정리한 것으로, '경찰백서'와 '범죄백서'가 있다. 경찰백서는 경찰청이 매년 발간하며 범죄동향 외에도 범죄예방 및 수사 등 경찰활동의 현황을 중심으로 해설하고 있다. 범죄백서는 법무성 법무종합연구소가 매년 발간하며 범죄동향의 분석뿐만 아니라, 검찰, 재판, 교정, 보호의 각 단계별로 범죄자 처우의 실정에 대해 설명하고 있다. 이들 백서는 형사정책을 연구하는 전문가를 위한 필수적인 기초자료가 되고 있다. 뿐만 아니라 일반인도 쉽게 읽을 수 있도록 고안되어 있기 때문에 형사정책의 학습자에게도 중요한 참고자료라고 할 수 있다. 특히 형사사법 전체의 흐름을 파악함에 있어서는 범죄백서를 참조하는 것이 도움이 될 것이다.

II   인지 건수의 의의와 한계

1. 인지 건수의 의의

범죄의 실태를 파악하기 위해서는 그 단서로 범죄통계로 나타나는 범죄의 인지 건수에 주목하는 것이 중요하다. 인지 건수는 범죄에 대해 경찰 등이 그 발생을 인지한 사건의 수를 의미한다. 범죄가 발생한 후 해당 정보를 일차적으로 접하는 공공기관은 일반적으로 경찰이기 때문에 범죄 인지 건수는 범죄의 실수에 가장 가까운 관청통계라고 할 수 있다. 그런 의미에서 인지 건수는 범죄의 실태를 측정하는 데 가장 중요한 지표인 것은 분명하다.

경찰이 범죄를 인지하는 단서는 다양하다. 피해자나 피해관계자에 의한 피해신고, 고소, 고발에 의한 것이 대부분을 차지하지만, 제삼자로부터의 통보나 신고 외에 불심검문 등 경찰 활동에 의해 발견하는 경우도 적지 않다. 또한 이미 검거된 피의자를 조사하는 과정에서 여죄가 발견되는 경우도 있다.

인지 건수의 집계 단위는 구성요건에 해당하는 행위가 기준이 되고 있다. 따라서 같은 피의자가 수 개의 범죄행위를 한 경우는 몇 개의 인지 건수로 기록된다. 그러나 동일한 피의자가 동시에 여러 범죄행위를 한 때에는 그중 가장 무거운 죄만 집계된다. 예를 들어, 주거침입절도의 경우 절도만 기록된다.

2. 암수

인지 건수는 어디까지나 경찰이 인지한 범죄 건수이기 때문에 인지 건수가 곧 범죄 발생건수인 것은 아니다. 여기에 범죄의 실태를 파악함에 있어서 인지 건수의 한계가 있다. 범죄가 실제로 발생했지만 통계적 인지 건수에 반영되지 않는 것을 범죄의 암수라고 한다. 즉, 범죄의 발생건수와 인지 건수의 차이가 암수가 된다. 범죄통계를 볼 때 인지 건수의 뒷면에 반드시 암수가 존재한다는 것을 이해하는 것은 매우 중요하다.

그런데 왜 암수가 발생하는 것일까? 암수는 주로 ① 범죄피해 신고가 되지 않아 경찰이 인지할 수 없는 경우, ② 피해가 신고 되어도 경찰이 범죄로 다루지 않는 경우와 같은 2가지 이유로 발생하게 되는데, 각각에 대해서는 좀 더 그 요인을 검토해 볼 필요가 있다.

먼저 ①에 대해서는, 범죄피해가 신고 되지 않는 것은 주로 다음의 3가지 요인에 의한 것으로 생각된다.

첫째, 직접적인 피해자가 존재하지 않기 때문에 범죄 자체가 드러나지 않는 경우가 있다. 예를 들어, 도박, 음란물 배포 및 성매매와 같이 범죄가 관여자의 합의에 따라 이루어지고 있는 경우나 약물의 자기사용과 같이 상대를 필요로 하지 않는 경우에는 범죄가 드러나지 않고, 경찰이 그것을 인지하는 것은 매우 어렵다. 이러한 범죄들은 소위 피해자 없는 범죄의 전형적인 예이다.

둘째, 직접적인 피해자가 존재하더라도 피해가 비교적 경미한 경우에는 피해자가 그것을 경찰에 신고하지 않는 경우가 많다. 경미한 재산범이 그 전형적인 예이며, 예를 들어, 자전거 절도와 같은 경우 신고해봤자 범인이 잡히지 않을 것이라고 하는 생각에 피해신고를 하지 않는 경우도 많을 것이다. 또한 폭행이나 상해의 경우에도 친족이나 면식이 있는 사람 사이의 범행은 가족 내지 당사자간에 자체적으로 해결하여 표면화하지 않는 경우가 있다.

셋째, 피해가 경미하지 않은 범죄에 대해서도 피해자가 여러 가지 이유로 단념하고 경찰에 신고하지 않는 경우가 있다. 예를 들어, 강간 등의 성범죄가 대표적이다.

다음으로 ②에 대해서는 2가지 경우로 나누어 검토할 필요가 있다.

우선 피해신고가 있어도 경찰이 범죄의 발생에 대해서 확인할 수 없는 경우가 있다. 범죄인지는 경찰이 본격적인 수사를 시작하기 전의 인식에 근거한 것이기 때문에 범죄의 발생에 대한 고도의 심증까지는 요구되지 않는다. 그러나 범죄의 발생을 확인하는 것은 필요하기 때문에(「범죄통계세칙」제2조 제4호) 피해 사실의 신고가 있어도 경찰이 신고자와 관계자의 조사 등을 통해 그것이 허위신고라고 판단한 경우나 범죄에 해당하지 않는다고 판단한 경우에는 이를 범죄로 인정하지 않는다. 그러나 이것은 원래 범죄가 발생하지 않은 경우이기 때문에 여기에서 암수의 문제는 발생하지 않는다.

이와 달리 범죄의 발생을 확인할 수 있는 경우에도 경찰의 재량에 따라 그것을 범죄로 다루지 않는 경우가 있다고 알려져 있다. 특히 미국에서는 이른바 선택적 법집행에 근거하는 암수의 문제, 즉 유사한 범죄가 발생하더라도 경찰이 상류층과 백인에게는 완화된 처리를 하여 사건으로 취급하지 아니하고, 또한 기록으로 남기지 않기 때문에 암수가 발생하는 문제가 이전부터 지적되어 왔다. 재량행사의 이유는 다르지만, 일본에서도 예를 들어 비교적 경미한 사건으로서 당사자가 형사상의 처리를 원하지 않거나 경찰의 권유에 따라 당사자 간에 해결된 사건 등과 같은 경우는 경찰이 이를 공식적으로 범죄로 다루지 않고 비공식적으로 처리하는 경우가 있다고 한다.[9] 이처럼 피해신고에 대한 경찰 측의 대응 여하에 따라서 인지 건수가 좌우되는 부분이 있다는 점에도 주의할 필요가 있을 것이다.

3. 암수조사

범죄통계에 암수가 존재하는 이상 암수조사를 바탕으로 암수와 인지 건수를 함께 고려하여 범죄의 실상을 파악하는 것이 바람직하다는 데는 이론의 여지가 없다. 암수조사의 기술 및 방법이 아직 확립된 단계는 아니지만, 현재 주요 방법으로서 ① 피해자 본인에 대한 '피해조사', ② 피해자 이외의 제삼자에 대한 '피해신고율 조사', ③ 범인 자신에 대한 '자기신고조사', ④ 법집행 기관의 자의적 조치에 관한 조사 등이 존재한다.[10] 이 중 가장 널리 이용되고 있는 것은 ①의 피해조사이다.

피해조사는 일반 국민 중 무작위로 추출한 세대를 조사 대상으로 하여, 세대와 그 구성원이 각종 범죄의 피해 경험의 유무, 그 피해의 정도, 피해신고 여부 등에 관한 기입을 요구하는 것이다. 미국에서는 1972년에 전국범죄피해실태조사가 시

---

9   田村正博, "社会安全政策の手法と理論(2)", 搜研 622호, 2003, 9쪽.

10   星野周弘, "犯罪統計の性格,分析上の問題,工夫の方向について(下)", 警研 53권 1호, 1982, 29쪽 이하.

작되어 이후 매년 실시되고 있으며(2005년 조사에서는 샘플 수 134,000명, 77,200세대), 영국에서는 1982년에 영국범죄피해실태조사가 시작되어 2000년 이후 매년 실시되고 있다(샘플수 47,000명). 또한 국제 수준에서도 1989년부터 국제범죄피해실태조사 ICVS: International Crime Victimization Survey가 시작되어 유엔기관의 지도 아래 표준화된 설문지를 이용한 조사에 각국 · 지역이 참가하는 형태로 2004년/2005년의 제5회 조사까지 대체로 4년마다 세계적 규모로 실시되어 왔다.

일본에서도 법무성 법무종합연구소가 주체가 되어 제4회 ICVS부터 이에 참여하는 형태로, 2000년에 제1회, 2004년에 제2회, 2008년에 제3회, 2012년에 제4회의 범죄피해실태(암수)조사가 이루어 졌다. 최근 실시된 제4회 조사에서의 조사대상자는 4,000명이었고 응답률은 53.9%이었다.[11] 이 조사에 따르면 조사대상으로 한 범죄피해에 대한 지난 5년간의 피해신고율(피해를 입은 세대 또는 개인 중 가장 최근의 피해를 수사기관에 신고한 비율)은 [그림 1]과 같다.[12]

이에 따르면, 자동차절도, 자동차 내 물품절도, 오토바이절도 등의 신고율이 비교적 높은 반면, 자동차파손, 폭행 · 협박, 성적 사건 등의 신고율은 매우 낮아 암수가 다수 존재한다고 추측할 수 있다.

피해조사를 활용한다고 하여도 암수의 해명에는 한계가 있다. 이른바 피해자 없는 범죄에 관련된 암수나 경찰의 재량에 의해 발생하는 암수 등은 피해조사에서 해명 할 수 없고, 또한 피해조사의 대상이 되는 범죄유형에 대해서도 예컨대 샘플수 증가 등의 기술적인 보완을 하였다고 하더라도 암수가 실제로 어느 정도인지에 대해서는 대략적인 것만 파악할 수 있을 정도의 효용 밖에 기대할 수 없다. 그러나 이러한 한계가 있다고 하더라도 암수조사에는 적어도 다음 2가지의 의의가 인정된다.

첫째, 어떠한 범죄의 인지 건수가 안전수준이나 범죄동향의 평가지표가 될 수 있는지를 분명히 할 수 있다. 왜냐하면 암수조사 결과, 인지 건수가 범죄의 실수에 비교적 가까운 범죄유형과 그렇지 않은 범죄유형의 대략적인 추정을 할 수 있는 것은 가능하며, 전자를 대상으로 하는 한, 그 인지 건수는 범죄동향을 측정하는 지표

---

11   제3회 조사까지는 주로 방문조사원에 의한 설문조사 방식이 사용되었으나, 제4회는 예산상의 제약으로 인해 우편조사방식(질문지를 조사대상자에게 우편 발송하여, 회답을 기입한 후 반송받는 방식)으로 실시했다. 이러한 방식이 회답률과 회답결과에 영향을 미쳤을 가능성이 있어, 조사의 계속성의 관점에서는 조사방식의 변경은 바람직하지 않다.

12   法務給合研究所研究部報告49, "犯罪被害に関する総合的研究—安全安心な社会づくりのための基礎的調査結果(第4回犯罪被害実体(暗数)調査結果)", 2013, 14쪽.

가 될 수 있기 때문이다. 살인이나 강도와 같은 흉악범은 물론, 절도 중에서도 암수가 상대적으로 적은 자동차절도나 침입절도가 그 대표적인 사례이다.

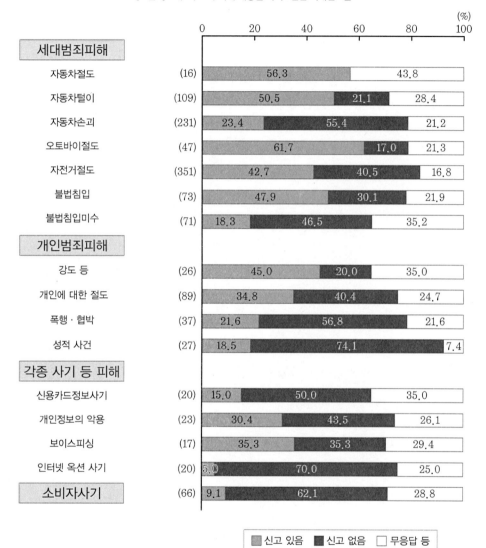

[그림 1] 제4회 조사 피해 태양별 과거 5년간 피해신고율

주 1. 각 범죄피해의 범위는 엄밀하게는 일본의 각 범죄 구성요건과 일치하지 않는 경우가 있다.
   2. '자동차 내 물품절도'는 부품절도를 포함한다. '불법침입'은 침입절도를 포함한다. '강도 등'은 공갈 및 날치기를 포함한다. '개인에 대한 절도'는 자동차절도, 자동차 내 물품절도, 오토바이절도, 자전거절도, 불법침입 및 날치기 이외의 절도를 의미한다. '성적 사건'은 강간, 강제추행, 치한, 성희롱 및 기타 불쾌한 행위로서, 법률상 처벌 대상이 되지 않는 행위를 일부 포함한다. '개인정보의 악용'은 예를 들어 예금계좌의 개설이나 휴대전화의 계약 등을 위해서 제3자가 본인을 사칭한 경우 등으로서, 법률상 처벌 대상이 되지 않는 행위를 일부 포함한다.
   3. ( ) 안은 각 피해태양별 회신자 총수의 실인원으로서, '모름'이라고 회신한 자 및 회신하지 않는 자를 포함한다.

이에 반해서 암수가 많은 범죄는 경찰이 적극적으로 단속에 나서지 않는 한, 그 인지가 곤란하기 때문에 인지 건수는 범죄발생건수의 실태를 나타내는 지표라기보다는 오히려 경찰의 단속활동의 정도를 나타내는 지표라고 할 수 있다. 이른바 피해자 없는 범죄와 도로교통법 위반 등이 대표적인 사례이다.

둘째, 암수조사는 인지 건수 변화의 배경을 살펴볼 수 있는 단서가 된다. 예를 들어 특정범죄의 암수를 다른 시점에서 측정 한 경우에 암수율(인지된 범죄에 대한 암수의 비율)이 일정하면, 인지 건수의 추이에서 안전수준과 범죄동향을 있는 그대로 파악하더라도 특별한 문제가 없을 것이다. 그러나 암수율에 현저한 변화가 보이는 경우에는 범죄의 발생건수 이외의 요인이 인지 건수의 변화에 영향을 주고 있는 것이 아닌가라는 추측을 가능케 한다. 예를 들어 피해자의 신고에 대한 태도, 이웃 · 점포 · 회사 · 가정 등의 범죄신고에 대한 태도, 경찰의 범죄인지에 대한 정책이 암수의 표면화에 큰 영향을 미칠 것으로 생각되기 때문에 암수율의 변화는 이러한 사정의 유무를 검토하는 계기가 될 수 있다.

이러한 의미에서 암수조사는 인지 건수에 대한 통계상의 한계를 보완하는 역할로서 큰 의의가 있다. 일본의 암수조사는 그 역사가 짧고 샘플수나 실시빈도, 조사방법 등에 있어서 개선해야 할 과제도 적지 않지만, 추가적으로 보완해 나가면서 이를 계속해서 실시해 나갈 필요가 있을 것이다.

제 2 절　치안수준의 지표

특정 지역 또는 특정 시기의 치안수준을 범죄발생의 절대수로만 평가하는 것은 적절하지 않다. 다음은 치안수준 평가에 관련한 범죄통계상의 주요 사항에 대해서 설명하고자 한다.

I　범죄발생률

범죄발생률은 인구 10만 명당 인지 건수를 말한다. 인구가 증가하면 범죄수도 증가하기 때문에, 치안수준을 살펴볼 때에는 인구 대비 범죄발생률에 주목할 필요가 있다. 예를 들어 1948년과 1985년의 형법범 인지 건수를 비교해 보면 160만 건으로 거의 동일하지만 범죄발생율은 1985년 약 1,300건으로 1948년의 2,000건에 비해 3분의 2 정도에 불과하다. 따라서 범죄발생률을 기준으로 한다면, 1948년보다 1985년이 훨씬 치안수준이 양호하다고 평가할 수 있다.

Ⅱ 범죄의 질

범죄의 총수에 증감이 있는 경우에는 그뿐만 아니라 어떠한 범죄가 증가 또는 감소했는지를 살펴보는 것이 중요하다. 이를 위해 통계상에 몇 가지 카테고리가 마련되어 있다.

1. 형법범과 특별법범

형법범은 형법전에 규정된 죄, 위험운전치사상죄와 행위의 기본 유형이 형법전의 범죄와 같은 일정한 특별법(도범盜犯 등의 방지 및 처벌에 관한 법률, 폭력행위 등의 처벌에 관한 법률, 조직적인 범죄의 처벌 및 범죄수익의 규제 등에 관한 법률 등)상의 죄를 말한다. 이에 대해 특별법범은 형법범 이외의 죄를 말한다.[13]

통계상 형법범과 특별법범을 구분하여 통계를 작성하는 것은 특별법범 중 일부는 도로교통법 위반처럼 그 수가 방대하고 질적으로도 심각한 범죄라고 할 수 없는 범죄가 포함되어 있기 때문에 이를 포함하여 통계를 작성하면 이러한 범죄에 의해 전체 범죄의 수가 좌우되는 경우가 발생하여 치안수준을 정확하게 파악할 수 없기

---

13 2013년의 「자동차 운전에 의해 사람을 사상케 하는 행위 등의 처벌에 관한 법률」(자동차운전사상행위처벌법)의 제정 이전에는, 형법전 안에, 자동차운전과실치사상죄(2007년 형법 개정 이전에는 업무과실치사상죄)가 규정되어 있었고, 그 당시는 형법전상의 범죄에서 이것을 제외한 것을 '일반형법범'으로 칭하였다. 그리고 범죄동향 내지 치안수준을 고려할 때에는 일반형법범의 인지 건수가 지표가 되는 것이 일반적이었다. 자동차운전과실치사상죄는 과실범이었기 때문에 그 수도 방대하였고, 또한 도로교통법 위반과 같이 통상적인 범죄통제수단과는 별도로 교통안전대책의 대상이었기 때문에 다른 형법범과는 구별하여 고찰하는 것이 적절하다고 생각되었기 때문이다. 2013년 개정에 의해 자동차운전과실치사상죄는 형법전에서 제외되었고, 과실운전치사상죄로서 자동차운전사상행위처벌법에 규정되게 되었기 때문에 현재는 형법범이 종전의 일반형법범과 일치한다.

때문이다. 또한 예를 들어 공직선거법 위반 등은 그 해에 선거가 있었는지 여부에 영향을 받기 때문에 이러한 범죄를 포함하여 통계를 작성하면 범죄의 동향을 정확하게 파악할 수 없다는 우려가 있다. 따라서 범죄의 동향을 고찰할 때에는 우선 범죄의 기본적인 핵심 부분, 즉 형법범 인지 건수에 주목할 필요가 있다. 물론 특별법범 중에는 법정형이 매우 높은 마약 관련 범죄도 포함되어 있고, 특별법범이기 때문에 중요하지 않다는 것은 아니다. 그러나 이러한 범죄에 대해서는 개별적인 과제로서 별도로 검토하면 충분하다고 생각한다.

2. 형법범 내부에서의 구분

(1) 절도와 그 이외의 형법범

절도에 대해서는 통계상 그 이외의 형법범과 구별하여 처리하는 경우가 많다. 절도는 그 수가 방대하기 때문이다. 일반적으로 형법범 인지 건수 중 절도가 70%에서 80%를 차지하고 있어 절도 인지 건수의 증감이 형법범 전체의 인지 건수를 좌우한다고 해도 무방하다.

그러나 동시에 주의해야 할 점은 절도에도 다양한 유형이 포함되어 있다는 점이다. 즉, 상점절도와 같이 상대적으로 경미한 것도 있고, 자동차절도와 같이 피해 가치가 높은 범죄나 날치기와 같이 강도와의 경계선상에 있는 것도 있다. 또한 침입절도의 경우에는 재산적 피해에 그치지 않고 주민들에게 큰 불안을 주게 된다. 따라서 절도에 대해서도 일괄하여 볼 것이 아니라 유형별로 구체적으로 분석할 필요가 있다.

(2) 흉악범

흉악범은 살인과 강도를 의미한다. 치안수준의 평가지표로는 흉악범의 인지 건수가 결정적인 의미를 갖는다고 해도 과언이 아니다. 범죄의 질은 물론 암수가 가장 적어 범죄의 실태를 가장 충실하게 반영하고 있기 때문이다. 경찰백서에서는 강간과 방화도 흉악범에 포함하고 있지만, 특히 강간에 대해서는 암수가 많다고 생각되기 때문에 본서에서는 살인과 강도에 한정하여 고찰하기로 한다.

(3) 조폭범

상해, 폭행, 협박, 흉기준비집합 및 「폭력행위 등 처벌법」 위반을 조폭범이라한다.[14] 각각의 침해 법익은 동일하지 않지만, 이들 모두 폭력적인 색채가 강한 범죄이기 때문에 일괄적으로 파악하는 경우가 많다. 일반적으로는 재산범 이상으로심각한 범죄이기 때문에 범죄동향을 평가하는데 중요한 요소가 된다. 다만, 암수가많은 범죄라는 점에 유의할 필요가 있다.

Ⅲ   체감치안

이상에서 설명한 내용은 모두 치안수준을 평가하는 객관적인 지표이지만 최근치안에 대해 국민이 느끼고 있는 이미지, 이른바 체감치안도 문제시되게 되었다. 형사정책의 궁극적인 목적이 범죄로부터 국민의 생활을 보호하는데 있다고 한다면객관적인 치안뿐만 아니라, 이에 대해서 지역주민이 어떻게 느끼고 있는지를 문제로 하는 것에도 이유가 있다고 할 수 있다.

그러나 체감치안은 주관적인 것인 만큼 신중한 취급이 필요하다. 형법의 지식을 충분히 가지고 있지 않은 일반국민은 범죄라고 하면 중대한 범죄를 떠올리는 경우가 많고, 형법범 인지 건수가 증가하였다고 하면 중대한 범죄도 증가하고 있다고인식하는 경우가 많을 것이다. 언론의 자극적인 범죄보도로 인해 그러한 이미지가한층 강화 될 수도 있다. 이처럼 체감치안은 문제로 삼더라도 국민들에게 올바른범죄정보를 제공하는 것이 중요하며 국민의 이미지만을 고려한 형사정책은 위험한정책이 될 수 밖에 없다.

한편, 체감치안이라는 개념이 형사정책을 고려함에 있어 새로운 시각을 제공하는 것도 사실이다. 예를 들어 객관적 치안을 중시하는 전통적인 접근이 중대범죄의 증감에 관심을 가지는 경향이 있었지만 체감치안을 문제로 하는 접근은 자동차털이나 날치기와 같은 길거리범죄, 주거침입이나 침입절도와 같은 침입범죄 등 국민 주변에서 다발하고 일상생활에 불안을 야기하는 범죄에도 관심을 가지게 한다.

---

14   경찰백서에서는 폭행, 상해, 협박, 공갈 및 흉기준비집합이 조폭범으로 분류되고 있다.

서구에서는 중대범죄를 방지하기 위해서라도 지역사회에서의 경미한 범죄의 방지가 중요하다는 지적이 제기되고 있으며(소위 깨진 유리창 이론이 그 대표적인 예이다. 제2편 제3절 참조), 최근 일본에서도 이러한 견해에 주목하고 있다. 이러한 관점에서 지역주민의 체감치안과 이에 바탕한 방범의식 등이 새로운 형사정책을 전개함에 있어서 고려되어야 할 중요한 요소가 될 것이다.

[참고문헌]

星野周弘, "犯罪統計の性格, 分析上の問題, 工夫の方向について(上), (下)", 警研 52권 12호, 1981, 17쪽 이하, 53권 1호, 1982, 29쪽 이하.

浜井浩一 編著, 犯罪統計入門: 犯罪を科学する方法, 日本評論社, 2006.

제 2 장   일본의 범죄동향

제 1 절   2차대전 이후의 범죄동향 개관

장기적으로 보면 2차 대전 이후 범죄 인지 건수는 전반적으로 증가 추세에 있었는데 여기에는 3번의 파동이 있었다([그림 1] 참조). 제1의 파동은 1950년을 정점으로 하고(160여만 건), 제2의 파동은 1970년을 정점으로 하고(193여만 건), 제3의 파동은 2002년을 정점으로 하였다(360여만 건). 그리고 제3의 파동에서는 1996년 이후 인지 건수가 급격히 증가하였으나 2003년부터 급락으로 전환하여 이후 지속적으로 감소하고 있다.

각 시기의 범죄 특징을 살펴보면, 제1의 파동은 전쟁 직후의 혼란기와 겹쳐 있으며, 식량 등의 물자 부족과 인플레이션의 진행에 따라 국민 생활이 극도로 빈곤화하는 가운데 절도, 사기, 강도 등의 재산범죄가 격증한 것이 그 원인이다. 빈곤을 원인으로 한 고전적인 범죄가 급증했던 시기라고 할 수 있다.

제2의 파동은 주로 교통 관계 업무상과실[15]의 급증이 그 원인이며, 그 배경에는 1950년대부터 자동차의 대중화가 진행되는 한편 교통 대책의 미비가 겹쳐 교통사고가 급증하였다는 사정이 있다. 이 교통 관계 업무상과실을 제외한 형법범(일반 형법범으로 불린다)의 인지 건수를 보면, 1948년에 정점(약 160만 건)에 도달한 후에는 오히려 감소세로 전환하여 1973년에는 전후 최저인 119만 건을 기록하였다. 발생률로 보면 이 감소 경향은 더욱 현저하게 나타나고 있는데 1948년 2,000건이었던 것이 1973년에는 1,091건으로 감소하여 최고 시의 약 절반으로 감소하고 있다. 이와 같이 교통 관계 업무상과실을 제외한 형법범이 감소한 것은 경제가 부흥하고 사회질서가 회복됨에 따라 절도 등 재산범죄가 감소한 것이 가장 큰 요인일 것이다.

한편, 1955년경부터 1965년경까지의 시기는 폭행, 상해, 공갈 등 조폭범의 증가가 두드러지고 있으며, 또한 살인이나 강도의 흉악범도 이 시기에 높은 수치를 나타내고 있다. 이 시기가 조폭범 다발 시대라고 불리는 이유이다. 그 배경요인으

---

15   업무상과실치사상 및 중과실치사상 중, 도로상의 교통사고에 관련하는 것을 말한다. 현행법에서는 자동차운전사상행위처벌법상의 과실운전치사상죄가 이에 해당한다.

로는 전후의 빈곤시대에 성장기를 보낸 소년에 의한 조폭범 증가, 노동사건 · 공안 사건 등에서의 집단적 폭력사범의 다발, 경제부흥 · 산업화 · 도시화에 의해 만들어진 새로운 번화가 등을 둘러싼 신구 폭력단 항쟁의 다발 등을 들 수 있다.

[그림 1] 형법범의 인지 건수 · 검거인원 · 검거율의 추이

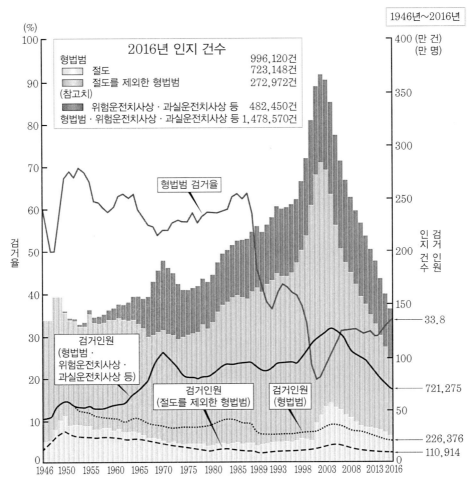

주 1. 1955년 이전은 14세 미만 소년에 의한 촉법행위를 포함한다.
　　2. 1965년 이전의 '형법범'은 업무상과실을 포함하지 않는다.
　　3. 위험운전치사상은 2002년부터 2014년까지는 '형법범'으로 2015년은 '위험운전치사상 · 과실운전치사상 등'으로 집계하고 있다.
　　　　　　　　　　　　　　　　　　　　　　　　　　　　　(출전) 2017년 범죄백서. 3쪽.

　　제3의 파동에서는 [그림 1]에서 나타나는 바와 같이 1975년 이후의 형법범 인지 건수와 여기에 과실운전치사상 등을 추가한 인지 건수가 거의 평행하게 상승하고 있다는 점에서도 알 수 있듯이 이 시기의 범죄 증가는 형법범의 증가에 의한 것

이다. 그리고 형법범의 증가는 주로 그 70% 내지 80%를 차지하는 절도의 증가에 의한 것이며, 이는 제3의 파동의 전 기간을 통해 일관된 특징이다. 그러나 범죄 증가의 폭과 증가하는 범죄의 질을 살펴볼 때 1996년을 경계로 그 전후의 범죄현상을 나누어 고찰할 필요가 있다.

1975년부터 1980년대 후반까지 범죄가 증가한 배경을 이해하기 위해서는 소년범죄의 동향을 살펴보는 것이 중요하다. [그림 2]에서 알 수 있듯이 소년범죄는 1970년대 중반부터 급증하여 1983년에 정점(전후 소년범죄의 제3의 파동)에 이르렀고, 형법범 검거인원에서 소년이 차지하는 비율도 1980년 이후 약 50%를 차지하게 되었다.

[그림 2] 소년 · 성인에 의한 형법범의 검거인원 · 인구비의 추이

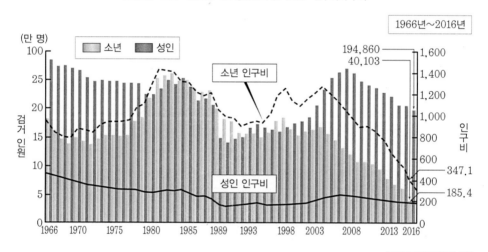

(출전) 2017년 범죄백서, 93쪽.

그러나 이 시기의 청소년 비행의 특성을 살펴보면 학교폭력과 가정폭력의 증가도 나타나지만 연소 소년으로 범죄경력이 없는 자에 의한 상점절도나 자전거절도, 점유이탈물횡령 등이 그 대부분을 차지하고 있었다. 이러한 범죄는 동기가 단순하고 일과성의 경우가 대부분이기 때문에 '놀이형 비행'이라고 부른다. 그리고 이러한 소년범죄가 증가한 배경요인으로는 사회 전체의 경제수준이 향상되고 풍요로운 사회가 도래하는 가운데 소년을 둘러싼 환경에 큰 변화가 생겨, 예를 들어 가정의 교육기능이 저하된 점, 진학률 상승에 따른 경쟁 심화로 인해 학교생활에 적응이 어려운 소년이 증가한 점, 지역사회가 약화되어 비행 억제력이 저하된 점, 방치된 자전거의 증가와 슈퍼마켓이 증가함에 따라 비행을 유발하는 기회가 증가한 점

등을 들 수 있다. (전후 소년범죄의 추이에 대해서는 제4편 제1장 참조).

이와 같이 평성平成 시대(1989~2019) 초기의 범죄 증가가 심각하였다고 평가하기는 어려우며 이는 소년범죄의 증가가 크게 반영된 것이다. 이러한 점을 감안하여 소화昭和 시대(1927~1988)의 범죄동향을 회고한 1989년판 범죄백서는 "소화 말의 이 시대는 질적으로는 중대하다고 보기 어려운 소년비행이 급증한 시대이지만, 전체적으로 관찰하면 범죄동향은 비교적 안정되어 있는 시대라고 할 수 있다."라고 하는 상황인식을 밝히면서 양호한 치안동향을 유지할 수 있었던 이유로서 준법정신이 투철한 국민성, 경제발전, 낮은 실업률, 높은 교육수준, 지역사회의 비공식적인 통제의 존재, 섬나라인 지리적 조건, 형사사법 운영에 대한 민간의 협력, 총포도검류나 약물의 엄격한 단속, 높은 검거율로 나타나는 효과적인 경찰활동 및 형사사법기관의 적정하고 효과적인 기능 등의 요인을 들고 있다.[16] 이런 상황인식은 당시의 사회도 일반적으로 공유했으며 일본이 세계에서 가장 안전한 나라 중의 하나라고 불리는 이유이다.

그러나 평성시대에 들어서고 나서 '안전신화의 붕괴'가 거론되는 등 치안동향을 평가하는 사회의 눈은 크게 바뀌어 왔다. 전문가들 사이에서도 치안동향의 평가를 놓고 의견이 나뉘게 되었다. 그래서 다음 절에서는 제3의 파동이 시작된 1996년 이후의 범죄동향에 초점을 두고, 그 특징과 배경에 대해서 구체적으로 검토해 보고자 한다.

제 2 절   범죄동향의 현황

I   범죄 급증의 실태

1. 절도의 증가

1996년부터 2002년까지 형법범 인지 건수는 급증하였다. 이 기간의 형법범 인

---

16   1989년 범죄백서, 596쪽.

지 건수를 비교하면 104만 1,942건이 증가한 것으로 나타나고 있지만, 같은 시기에 절도의 인지 건수가 78만 8,790건 증가하였으며, 형법범 인지 건수 증가분의 75.7%를 차지하고 있다. 따라서 이 시기에 형법범의 증가 기조를 이루고 있는 것은 절도의 증가라고 할 수 있다.

[그림 3] 절도 인지 건수의 추이(수법별)

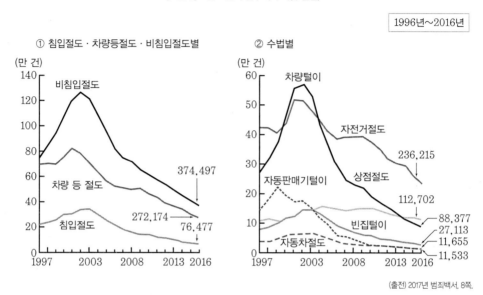

1996년~2016년

① 침입절도 · 차량등절도 · 비침입절도별

② 수법별

(출전) 2017년 범죄백서, 8쪽.

한편, 절도의 증가를 그 수법별로 살펴보면, 이 시기에 현저하게 증가하는 것은 자동차털이, 자동판매기 내부 절도, 날치기 등이며, 이들 범죄에는 미치지 못하지만 일관된 증가 경향을 보이고 있는 것은 상점절도, 빈집털이, 자동차절도 등이다. 한편 종래 증가 경향이 두드러졌던 자전거절도나 오토바이절도는 인지 건수 자체는 여전히 많지만, 평성 시대 이후 완만한 증감을 보이면서 안정되어 가고 있다.[17]

주민에게 불안감을 크게 미치는 침입절도와 재산적 가치가 큰 자동차절도, 나아가 강도의 경계선상에 있는 날치기의 증가는 치안동향의 악화를 뒷받침하는 요소라고 할 수 있다.

---

17 [그림 3] 외에 2001년 범죄백서, 191-202쪽을 참조.

2. 절도를 제외한 형법범의 증가

1996년 이후 절도뿐만 아니라 다른 형사범도 범죄가 증가하고 있는데, 기존과는 다른 특징을 보이고 있다([그림 4] 참조). 따라서 그중에서 어떠한 성격의 범죄가 증가하고 있는지를 같이 검토하는 것이 필요하다.

[그림 4] 절도를 제외한 형법범 인지 건수 추이(죄명 · 죄종별)

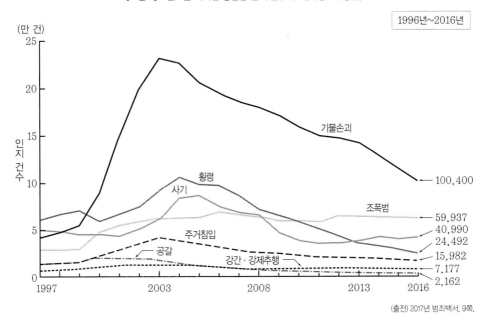

(출전) 2017년 범죄백서, 9쪽.

(1) 흉악범

장기적으로 보면 살인과 강도의 인지 건수는 세계대전 이후 혼란기에 정점에 도달 한 후 감소하고 있다([그림 5] 참조). 이 중 살인의 인지 건수는 1991년경부터 대체로 횡보하는 경향을 보이고 있기 때문에 살인의 동향을 근거로 치안의 악화를 논하는 것은 잘못된 것이다. 한편, 강도의 인지 건수에 대해서 살펴보면 1990년부터 증가 추세로 돌아서서 특히 1996년 이후 증가 추세가 현저하며 2003년에는 1945년대 후반 이후 최고인 7,664건을 기록하고 있다. 따라서 흉악범 중 이 시기에 문제가 되는 것은 강도의 증가라고 해도 무방하다.

2003년 범죄백서는 '변모하는 흉악범죄와 그 대책'이라는 제목의 특집을 구성하여, 급증하는 강도의 특징과 그 배경에 대해서 다음의 5가지 특징을 지적하고 있다.

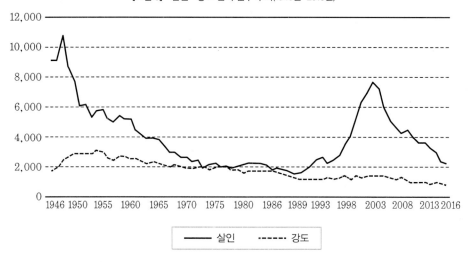

[그림 5] 살인 · 강도 인지 건수 추이(1946년~2016년)

━━━ 살인   ----- 강도

첫째, 소년을 중심으로 한 노상강도의 증가이다. 이 시기에 성인과 소년의 강도는 모두 증가하고 있지만, 특히 소년에 의한 강도의 증가가 두드러지고 있으며, 검거 인원의 약 40%를 차지하고 있다. 소년강도의 대부분은 노상강도이며, 범행 형태로서는 공범 내지 집단으로 야간에 실행하는 경향이 강하다. 범행 동기는 유흥비 충당 등의 안이한 이유가 대부분이지만, 그중에는 금품 자체가 목적이라기보다는 공범의 눈을 의식해 범행에 가담하는 경우도 많다. 또한 집단심리와 상호견제에서 범행을 폭주시켜 나가는 경향도 보인다. 노상강도의 증가는 편의점 등의 심야영업매장이나 음식점의 증가로 인해 일반시민이 심야에 외출하는 기회가 많아지고 있어 이러한 상황이 심야에 배회하는 비행소년의 표적이 되는 경우가 많아졌다는 것에도 원인이 있다. 여기에 소년범죄의 특유의 배경이 더해져 상승효과로 증가한 것으로 생각된다. 모방성이 강한 노상강도의 특징도 강도의 증가 요인으로 파악되고 있는데, 성인에 있어서도 확대되고 있다.

둘째, 성인을 중심으로 한 실내 침입강도의 증가이다. 성인의 경우 노상강도와 함께 특히 증가가 두드러지는 것이 '실내 침입'이라고 하는 피해자 취침전 주택 · 점포에의 침입강도이다. 성인에 의한 강도 중에는 생활빈곤, 채무상환을 동기로 하는 것이 급증하고 있는데, 그 배경으로는 불황에 따른 무직자의 증가와 소비자 금융 등 무계획적인 이용에 따른 경제적 파탄의 증가 등이 거론된다.

셋째, 폭력단과 재일외국인에 의한 강도의 증가이다. 전자에 대해서는 폭력단

대책법의 규제를 피하기 위해 잠재화하고 있는 폭력단의 말단의 준구성원이 공갈을 대신하는 금품 획득수단으로 강도를 저지르고 있는 것으로 생각되며, 후자에 대해서는 돈을 벌 목적으로 일본에 입국한 외국인이 불황으로 인한 취업난과 생활난으로 강도에 이르는 사례가 증가하고 있다. 재일외국인에 의한 강도는 집단화가 진행되고 있어 피해액이 크고 피해자도 많은 대형 사건이 많다는 특징을 보인다. 또한 직업적 강·절도단이 일본의 폭력단과 연계하여 대형의 강도사건을 연속으로 일으킨 사례도 나타나고 있다.

넷째, 대도시 집중과 인접 지역에의 확산 경향이다. 예를 들어 도쿄 주변의 현에서의 발생률이 높음에도 불구하고 도쿄에서는 전국 평균을 밑도는 '도넛화 현상'이 나타났으며, 장기적으로 보면 대도시의 베드타운 역할을 하고 있는 인근 지역으로의 확산 경향이 나타나고 있다.

다섯째, 피해의 증가와 심각화이다. 피해자의 사상자 수가 증가 경향에 있으며, 그 요인으로서 생명·신체를 해하는 것에 대한 범인의 저항감이 적다는 점, 피해자에 의한 반항을 배제하기 위한 수단이 흉폭하다는 점, 피해자가 자전거와 오토바이 등을 탄 상태에서 피해를 당하는 점 등을 들 수 있다. 또한 원래 폭력에 친화적인 폭력단 관계자, 폭주하기 쉬운 소년, 생활환경을 달리하는 재일외국인에 의한 강도가 증가하고 있는 점도 사상자의 증가에 영향을 주고 있다.

(2) 기타 형법범

강도는 증가하고 있기는 하지만 그 절대수가 적기 때문에 절도를 제외한 형법범의 증가에 주는 영향은 적다. 따라서 강도 이외의 범죄 동향을 살펴볼 필요가 있다.

2002년의 절도를 제외한 형법범 인지 건수를 1996년과 비교하면 25만 3,152건 증가하였지만 그 내역을 살펴보면 증가 건수와 전체에서 차지하는 비율이 높은 순으로 기물손괴(15만 9,612건, 63%), 주거침입(2만 2,626건, 8.9%), 상해(1만 8,448건, 7.2%), 횡령(1만 3,720건, 5.4%), 폭행(1만 2,973건, 5.1%), 공갈(6,177건, 2.4%), 강제추행(5,451건, 2.2%), 강도(4,521건, 1.8%), 협박(1,470건, 0.6%), 강간(874건, 0.3%), 살인(178건, 0.07%)으로 나타나고 있다.

우선 양적으로 살펴보면 절도를 제외한 형법범 인지 건수를 증가시키고 있는 것은 기물손괴의 증가가 원인인 것이 분명하다. 기물손괴의 인지 건수는 특히 2000년 무렵부터 급증하고 있다. 그 원인은 분명하지 않지만 피해대상의 대부분이 차량이나 건조물 관련물이기 때문에 이 시기에 급증한 자동차털이나 급증한 침입 절도와 관련성이 있는 것으로 추측된다.[18] 주거침입의 증가도 그 대부분은 절도를 목적으로 하는 것이고, 횡령의 증가도 대부분은 자전거 타고 도망가기를 내용으로 하는 점유이탈물횡령이다. 즉, 여기에서도 절도와 궤를 같이하는 범죄의 증가가 인지 건수의 증가를 초래한 것으로 보인다.

다음으로 질적으로는 상해, 폭행, 협박, 공갈 등의 조폭범이나 강간, 강제추행 등의 성범죄의 인지 건수가 2000년 전후부터 눈에 띄게 증가하고 있다. 이러한 범죄는 모두 암수가 많을 것으로 생각되기 때문에 인지 건수의 증가에 대해서는 신중한 분석이 필요하지만 이들 범죄 모두 폭력적인 색채가 강한 범죄인만큼 치안상의 우려를 야기하는 원인인 것은 분명하다. 이러한 폭력적 색채가 강한 범죄에서 공통적인 특징으로서 가해자가 지인이거나 친척을 대상으로 범행을 저지르는 사범이 급증하고있다는 점, 범죄기록이 없는 성인 초범자에 의한 충동적이고 단락적인 범죄('분노조절장애 성인')가 증가하고 있다는 점, 고령자범죄가 급증하고 있는 점, 지역성이 희박해지고 범죄 현상이 전국으로 확산되고 있다는 점 등이 지적되고 있다.[19]

Ⅱ   치안동향에 대한 평가

이 시기의 치안동향에 대해서는 그 평가가 엇갈리고 있다. 인지 건수의 급증을 근거로 치안이 위기에 처했다는 견해가 있는 반면,[20] 범죄의 실태는 그리 심각하지 않다는 견해도 있었다.[21] 치안 악화에 부정적인 견해는 주로 다음과 같은 이유를 들고 있다.

① 형법범 인지 건수가 증가하고 있다고 하더라도 그 대부분은 경미한 범죄이기 때문에 이것은 종래 수사자원의 효과적인 배분을 위해 '사전 심판'으로서 비공식

---

18   경찰의 취급이 변화한 것에 따른 영향이 크다고 하는 견해도 있다(田村, 앞의 주9), 9쪽)

19   2002년 범죄백서, 296쪽 이하.

20   前田雅英, "增加する犯罪と犯罪者", ひろば 55권 1호, 2002, 4쪽 이하.

21   浜井浩一, "日本の治安悪化神話はいかに作られたか", 犯罪社会学研究 29호, 2004, 10쪽 이하; 河合幹雄, 安全神話崩壊のパラドックス, 岩波書店, 2004, 1쪽 이하.

적으로 처리되었던 사건이 공식적으로 처리되게 된 데에 따른 것이다. ② 흉악범의 증가라고 하더라도 살인은 증가하지 않았고, 강도의 증가도 노상강도가 대부분이며, 더욱이 그것은 소년에 의한 흉폭한 날치기나 '퍽치기(아저씨 사냥)[22]' 등 지금까지 절도나 공갈로 처리되었던 범죄가 강도에 포함되게 된 결과이다. ③ 상해, 폭행, 공갈, 협박의 조폭범은 2000년에 일제히 인지 건수가 급증하고 있지만, 이러한 부자연스러운 급증은 통계의 작성 방법이 바뀐 결과이다.

이러한 견해는 인지 건수의 증가 원인을 주로 경찰의 사건처리 방식 변화에서 온 것으로 보는데, 인지 건수와 범죄의 실수 사이에 존재하는 암수의 변화에 착안하는 것 자체는 중요한 관점이다. 실제로 경찰에서는 1996년 이후 성범죄 피해자대책으로서 피해자를 배려한 수사와 상담체제의 충실을 도모하게 되었고, 또한 2000년에는 오케가와桶川 스토커 살인사건을 계기로 '범죄 등에 의한 피해의 미연방지 활동의 철저에 대해서'라는 제목의 경찰청차장 통달通達 등을 통해 피해상담에 적극적으로 대응하도록 하는 지침이 하달되었다. 이러한 개혁을 통해 피해상담 및 고소·고발을 하기 쉬운 환경이 조성된 결과, 암수가 많은 성범죄나 가족 간의 폭행, 상해사건이 표면화되었고, 이것이 인지 건수의 증가에 기여한 점은 부정할 수 없다. 적어도 이러한 범죄의 인지 건수 증가가 모두 실제 범죄의 증가에 의해 초래되었다고 생각해서는 안 된다는 것은 이 견해가 지적하고 있는바와 같다.

그러나 이상의 이유로 범죄동향의 변화를 일반적으로 부정하는 것은 타당하지 않다. 우선 형법범 인지 건수의 증가 경향은 상기의 경찰개혁 이전부터 시작된 것으로 경찰 측 대응의 변화만으로는 설명이 되지 않는다. 또한, 이에 더하여 암수가 적은 강도의 증가는 역시 부정할 수 없는 사실이다. 물론, 강도의 약 절반은 소년이 안이한 동기로 저지르는 노상강도이며, 더욱이 그 대부분은 날치기 등의 절도의 연장선상에 있는 것이라고 생각된다. 그러나 이것은 반대로 말하면 절도로서 평가할 수 없는 악질적인 날치기가 증가하고 있다는 것을 의미하기 때문에 문제가 심각하지 않다고는 말할 수 없다. 또한 날치기나 '퍽치기(아저씨 사냥)'의 통계상의 처리가 절도나 공갈에서 강도로 변경되었다는 분석에 대해서도 설득력이 있다고는 생각되지 않는다. 왜냐하면 절도로 처리되는 날치기의 인지 건수는 전혀 감소하고 있지

---

22 역자 주: '아저씨 사냥'(おやじ狩り)은 1996년 일본 사회에서 주목을 받은 유행어로 남성 성인을 공격하여 금품을 빼앗는 소년범죄사건을 말한다. 1997년 경찰백서에서 언급되었고, 2000년 경찰백서에서는 '아저씨 사냥'을 노상강도의 일종으로 취급하고 있다.

않고 오히려 강도의 인지 건수와 병행하여 증가하고 있기 때문이다. 만약 통계 처리상의 요인이 있었다고 하더라도 그것만으로 강도의 증가를 설명할 수 없다고 생각한다. 이 외에도 성인에 의한 침입강도가 증가하고 있는 것이나 강도치사상의 인지 건수가 증가하고 있는 것 등에 비추어 보면 이 시기의 강도의 증가는 역시 범죄동향의 악화를 뒷받침하는 중요한 요소인 것만은 틀림없다고 생각한다. 마지막으로 절도에 대해서 보더라도 암수가 비교적 적은 침입절도나 자동차절도도 증가하고 있으며, 이러한 죄질이 무거운 절도의 증가는 역시 간과할 수 없는 요소이다. 그리고 무엇보다 암수의 변화만으로 인지 건수의 증가를 설명하는 견해로는 2003년 이후의 인지 건수의 급감을 설명 할 수 없다.

한편, 이른바 체감치안의 악화에 대해서는 2가지 측면이 있다. 그 하나는 범죄의 실태를 제대로 반영하고 있지 않는 부분이다. 그 주된 원인은 국민이 형법범의 증가를 흉악범죄의 증가와 동일시하기 쉬운 경향에 있다고 할 수 있다. 일반국민이 범죄라고 하면 먼저 떠올리는 것은 살인이나 강도, 강간 같은 흉악범죄이고, 형법범 인지 건수가 몇만 건이나 증가하였다고 들으면 이러한 흉악범죄가 몇만 건이나 증가한 것처럼 느끼게 된다. 언론에 매일 같이 보도되는 흉악사건의 보도가 이와 같은 인상을 강화하여 '안전신화의 붕괴'라는 친숙한 문구가 이를 정착시키는 측면이 있었던 것은 부정할 수 없다고 생각한다.[23]

또 다른 측면은 범죄의 실태를 반영한 부분이다. 즉, 체감치안의 악화가 범죄동향의 악화에 의해 뒷받침되는 부분이 있다는 점도 인정해야 한다. 길거리범죄나 침입범죄와 같이 주변에서 발생하는 범죄가 증가하면 자신의 피해경험과 친밀한 자의 피해경험을 통해 국민이 불안감을 느끼는 것은 당연한 것이다. 또한 강도나 날치기 등이 도시의 중심부에서 인근 지역으로 확산하여 안전지역과 위험지역의 경계가 무너지면, 예컨대 전체 범죄발생건수가 변하지 않더라도 특정 지역의 체감치안은 당연히 악화될 것이다. 나아가 예를 들어 자물쇠를 여는 공구를 이용한 외국인 범죄와 같이 종래에 경험한 적이 없는 범죄피해의 발생도 주민의 불안을 증폭시켰을 가능성이 있다.

이상과 같이 일부 언론보도에서 마치 살인도 증가하고 있는 것처럼 언급하여 '안전신화의 붕괴'를 부추기는 논조에 대해서는 사실에 반하는 것으로 비판되어야

---

23   佐伯仁志, "平成18年版犯罪白書を読んでールーティン部分に関して", ひろば 60권 1호, 2007, 4쪽 이하.

하지만 다른 한편으로 치안상의 우려를 과소평가하여 범죄동향의 악화를 일반적으로 부정하는 입장도 타당하지 않다고 생각한다.

Ⅲ 치안동향 악화 요인

그렇다면 이 시기에 치안동향이 왜 악화된 것일까? 그 원인의 해명은 향후 본격적인 실증연구를 기다려야하지만, 우선 다음과 같은 요인을 들 수 있다.[24]

첫째, 경제 불황의 영향이다. 경찰청이 2002년에 실시한 '인지 건수의 증가가 현저한 범죄에 관한 실태조사'에 따르면 강도, 자동차절도 및 자동차털이의 피의자의 약 60%가 무직이며, 동기도 생활비 목적이나 채무상환이 상위를 차지하고 있다.[25] 여기에서 알 수 있듯이 이 시기의 범죄 증가 기조를 이루는 재산범 증가의 배경에는 버블경제 붕괴 후 장기적인 경기 침체, 구조조정의 증가와 실업률 상승, 빈부 격차의 확대 등 경제적 요인이 존재한다는 점은 부정할 수 없다. 최근 실증연구에서도 경제동향이나 고용동향을 나타내는 완전실업률 및 소득불평등을 나타내는 지니계수의 상승과 일정한 범죄의 증가 사이에 상관관계가 있음이 지적되고 있으며,[26] 1995년 이후의 완전실업률의 추이([그림 6] 참조)가 형법범의 추이와 거의 중첩되고 있다는 점도 이 점을 뒷받침하고 있다.

둘째, 비공식적인 사회적 통제력 저하가 지적되고 있다. 일반적으로 지역사회의 상호감시와 관심이 범죄를 억제하는 요인으로 생각되고 있고, 그 기능의 저하가 지적되어 왔는데, 최근에 이르러 그 영향은 대도시뿐만 아니라 지방도시에도 확산되고 있는 것으로 보고되고 있다.[27] 이 외에 직장, 학교, 가정 등 소규모 집단에서의 비공식적인 범죄 억제력의 저하도 들 수 있다.

셋째, 경찰활동을 비롯한 공적인 범죄 통제력의 저하도 하나의 요인으로 생각된다. "검거를 능가하는 예방 없다"라는 말이 있듯이 종래에는 높은 검거율이 양호

---

24 田中良昌, "犯罪情勢の変化とその原因", 警学 59권 11호, 2006, 115쪽 이하 참조.

25 2002년 경찰백서, 25쪽 이하.

26 山口寬峰ほか, "治安に影響を与える要因の統計分析について", 警学 62권 12호, 2009, 53쪽 이하.

27 2002년 경찰백서, 298쪽.

한 치안의 한 요인으로 생각되었으나, 소화시대에서 평성시대로의 이행기 이후 검거율이 급락하였다. 검거율의 저하는 인지 건수의 급증에 의해 초래된 부분이 크다. 그러나 그것뿐만 아니라 이 시기에 한정된 경찰자원을 중요사건 수사에 중점적으로 투입하는 방침을 택함으로써 기타 범죄의 수사가 허술하게 되었고, 결과적으로 검거건수가 감소한 것에도 원인이 있다. 인지 건수의 증가가 검거율의 저하를 초래하고 그것이 또한 인지 건수의 증가를 가져와 검거율이 떨어진다고 하는 악순환에 빠졌을 가능성이 있다.

[그림 6] 완전 실업률의 추이

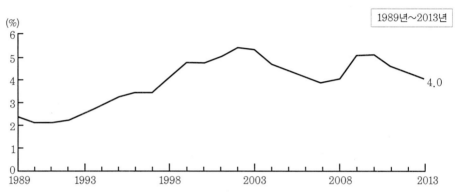

주 1. 총무성 통계국의 '노동력조사'에 의함.
   2. '완전실업률'은 노동력인구에서 완전실업자가 차지하는 비율이다.
   3. 2011년에 대해서는 동년 3월에 발생한 동일본대지진재해의 영향에 의해 일시 조사가 곤란하게 된 현에 대해서 보완적인 추계를 실시하였고 이것을 기초로 산출한 참고치이다.

(출전) 2014년 범죄백서, 221쪽.

Ⅳ 치안동향의 현황과 과제

1. 종합적 치안대책의 전개

이러한 범죄동향의 악화에 대처하기 위해 국가 차원의 본격적인 치안대책이 전개되었다.

먼저, 정부 차원에서는 2003년 9월에 범죄대책 각료회의가 출범하여 같은 해 12월에 '범죄에 강한 사회의 실현을 위한 행동계획'이 결정되었다. 여기에서는 ① 국민이 스스로의 안전을 확보하기 위한 활동의 지원, ② 범죄가 발생하기 어려운 사회 환경의 정비, ③ 국경대책을 비롯한 각종 범죄대책이라고 하는 3가지 관점에서 정부가 해결해야 할 각종 시책이 제시되었다.

이처럼 범죄대책이 정부 전체의 정책 과제로 채택된 것은 세계대전 이후 처음으로 획기적인 의의를 가진다. 대책의 내용을 보더라도 범죄의 사후 검거에 그치지 않고 범죄의 사전예방을 강조하고 있는 점, 그리고 그 예방을 경찰만이 아니라 지방자치단체, 사업자, 지역주민 모두가 해결해야 할 과제로 한 점에 특징이 있다(제2편 참조).

이와 함께 경찰은 2003년 1월부터 길거리범죄 및 침입범죄의 억제를 목적으로 하여 '길거리범죄 등 억지종합대책'을 개시하여 길거리범죄 등의 단속을 강화하는 한편 다른 기관과의 연계를 통한 방범대책을 추진하였다.

지방자치단체의 차원에서도 많은 지자체에서 안심·안전한 마을 만들기 조례(생활안전조례)가 제정되어 범죄의 예방을 위한 자발적인 노력이 이루어지게 되었다. 또한 지역주민에 의한 방범순찰활동 등 자발적인 방범자원봉사활동도 활발하게 이루어지게 되었다.

2. 범죄의 감소

이상의 치안대책의 실시와 거의 동시에 범죄가 크게 감소하기 시작하였다. 형법범 인지 건수는 2016년에는 99만 6,120건으로, 정점이었던 2002년에 비해 약 3분의 1정도로 세계대전 이후 처음으로 100만 건 이하로 감소하였다(앞의 [그림 1] 참조).

형법범의 감소는 주로 절도의 감소에 따른 것이다. 즉, 절도의 인지 건수는 2002년에 약 238만 건이었던 것이 2016년에는 약 72만 건으로 3분의 1이하로 감소하였다. 특히 범죄의 급증에 가장 기여한 자동차털이나 자판기털이와 같은 비침입절도가 모두 급격히 감소하였다. 또한 피해자에 미치는 영향이 큰 침입절도나 자동차·오토바이절도도 모두 대폭적으로 감소하였고, 날치기도 2016년에는 약 3,500건으로 2002년에 비해 10분의 1 이하로 감소하였다.

흉악범에 대해서 살펴보더라도 살인의 인지 건수는 2004년 이후 감소 추세에 있으며, 2016년 895건으로 세계대전 이후 최저를 기록하였다. 강도 또한 2016년에 노상강도의 인지 건수는 580건으로 정점이었던 2003년에 비해 약 80% 감소하였고, 침입강도의 인지 건수는 811건으로 정점이었던 2003년에 비해 약 60% 감소하였다.

이러한 범죄동향의 호전에는 다양한 요인이 복합적으로 영향을 미친 것으로 생각되지만, 경제동향과 고용동향의 호전이 하나의 요인으로 작용하였다고 생각된다.[28] 또한 관민이 일체가 되어범죄대책을 본격적으로 추진한 것도 일정한 효과를 가져 온 것으로 보인다.[29] 길거리범죄 및 침입범죄에 대한 단속 강화에 따른 억제효과(검거건수, 특히 검거인원의 증가가 현저하다.) 범죄예방을 고려한 환경정비 등에 의한 범죄기회의 감소, 주민의 자주적인 방범활동으로 상징되는 지역사회의 비공식적인 범죄통제력의 강화 등의 요인이 종합적으로 범죄의 감소에 기여한 것으로 보인다.

3. 향후 과제 및 최근 동향

(1) 특정범죄 유형에 대한 대책

이처럼 일본의 범죄동향은 전체적으로는 형법범 인지 건수가 세계대전 이후 최저를 기록할 정도로 개선되었지만, 반면 낙관 할 수 없는 요소도 존재한다. 우선 개별 범죄유형에 주목하면 범죄발생 상황이 개선되지 않고 있는 범죄나 심각화하고 있는 범죄가 있다.

전자의 대표적인 사례가 이른바 보이스피싱 사기[30]를 포함한 특수사기[31]이다. 2008년 2만 건을 넘어선 특수사기의 인지 건수는 다양한 대책의 결과, 2009년에는 7,340건으로 크게 감소하였지만 2010년을 기점으로 다시 증가로 전환하여 2016년에는 1만 4,154건으로 피해액은 약 3,890억 원에 이르고 있다. 한편, 2016년의 검거율은 31.6%에 그쳐 범행수법의 교묘화에 따라 예방의 측면뿐만 아니라 수사에 있어서도 많은 어려움이 있음을 알 수 있다.

범죄동향이 심각해지고 있음을 보여주는 대표적인 사례가 이른바 사이버 범죄이다. 이 범죄에는 컴퓨터·전자적 기록 대상 범죄(전자적 기록 부정 작출·훼손, 전자

---

28 高山佳奈子, "平成26年版犯罪白書を読んで―特集部分に関して", ひろば 68권 1호, 2015, 13쪽 이하 참조.

29 12종류의 주요범죄의 발생률과의 상관관계에 대한 통계분석에 의하면 경찰관수의 증가가 날치기, 자동차털이, 자판기털이, 자동차절도, 오토바이절도, 침입절도, 강도의 7종류의 범죄 감소와 상관관계가 있다고 보고하고 있다.(山口寛峰ほか, 앞의 주26), 56쪽 이하 참조)

30 보이스피싱사기, 가공청구사기, 융자보장금사기 및 환부금사기를 말한다.

31 피해자에게 전화를 거는 등 비대면으로 기망하여 지정한 예금계좌에의 송금, 기타 방법에 의해 불특정 다수로부터 현금 등을 편취하는 범죄의 총칭이다.

계산기 사용사기 등), 지불용카드 전자적 기록에 관한 죄, 부정 접속 금지법 위반, 네트워크이용 범죄[32] 등이 포함되는데, 그중에서도 네트워크이용 범죄의 검거건수가 증가하고 있으며 2016년에는 7,448건에 이르고 있다.[33] 통계가 검거건수를 기준으로 삼고 있는데서 알 수 있듯이 이러한 죄에 대해서는 원래 인지 조차 할 수 없는 경우도 적지 않다. 사이버 범죄에 대해서는 범죄자가 사용하는 기술 수단의 발달에 수사기법이 따라가지 못하는 측면이 있으며, 따라서 현행법하에서 수사의 한계를 분명히 한 후 새로운 기술에 대응하는 법적 정비를 검토할 필요가 있다.

(2) 재범방지 대책

개별 범죄유형에 대한 대책이 아닌 일반범죄대책으로 최근 중요성을 더해 가고 있는 것이 재범의 방지이다. 그 배경에는 초범자의 형법범 검거인원이 크게 감소하고 있는 반면, 재범자[34]의 형법범 검거인원은 기본적으로 횡보하는 상태에 있기 때문에 1997년을 경계로 검거인원에서 재범자가 차지하는 비율(재범자율)이 계속 상승하고 있다는 사실이 있다. 1997년에 27.9 %였던 재범자율은 2016년에는 48.7%에 이르고 있다([그림 7] 참조).

[그림 7] 형법범 검거인원중의 재범자 인원재범자율의 추이

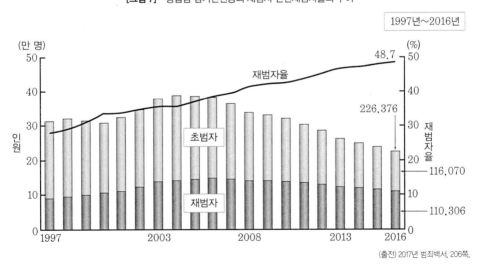

(출전) 2017년 범죄백서, 206쪽.

---

32   인터넷을 이용한 사기나 아동포르노와 관련한 범죄 등의 컴퓨터 네트워크를 이용한 범죄를 말한다.

33   2017년 범죄백서, 167쪽.

34   이전에 도로교통법 위반을 제외한 범죄에 의해 검거된 적이 있고, 다시 검거된 자를 말한다.

비슷한 상황은 교도소의 입소자에 있어서도 나타난다. 입소수형자에서 재입소자가 차지하는 비율(재입자율)은 2004년부터 꾸준히 상승하여 2016년에는 59.5%에 이르고 있다.([그림 8] 참조).

[그림 8] 입소수형자 인원중 재입자 인원 · 재입자율의 추이

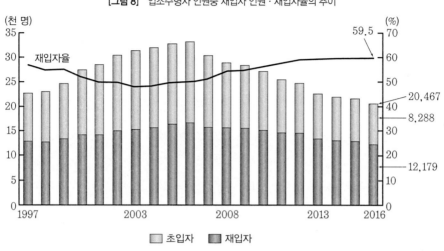

이러한 상황에서 재범방지가 범죄대책에 있어서 중요한 과제라는 인식이 점점 확산되어 2012년 7월에는 범죄대책 각료회의에서 '재범방지를 위한 종합대책'이 결정되었다. 여기에서는 향후 추진해야 할 중점시책으로서 ① 대상자의 특성에 맞춘 지도 및 지원의 강화, ② 사회에서의 '거주지'와 '일자리' 마련, ③ 재범의 실태와 대책의 효과를 조사 · 분석하고, 또한 효과적인 대책의 검토 · 실시, ④ 널리 국민에게 이해되고 지지되는 사회복귀의 실현이라고 하는 4가지 항목이 구체적으로 제시되었다. 이 외에도 종합대책에서는 교도소 출소 후 2년 이내에 다시 교도소에 입소하는 자 등의 비율을 2021년까지 20% 이상 감소시킨다는 수치목표가 제시되어 있다. 또한 종합대책에서는 그 추진 체제로서 각 시책의 성과 및 목표 등의 달성상황을 매년 팔로우업 하도록 하고 있다.

그 후에도 범죄대책 각료회의는 재범방지를 위한 활동을 계속하고 있으며 2014년 12월에는 관민 일체가 된 노력을 통해 범죄자의 '거주지'와 '일자리'의 확보를 한층 더 추진한다고 하는 관점에서 "범죄로 돌아오지 않는다, 돌아오지 않도록 하겠다"고 하는 선언이 결정되었다. 나아가 2016년 7월에는 교도소에의 재입소율이 목표한대로 감소하지 않은 약물사범자와 고령범죄자에 대해서 전국 각지에 그

자립을 지원하는 네트워크의 구축을 목표로 하는 '약물의존자 · 고령범죄자 등의 재범방지 긴급대책'이 결정되었다.

이러한 정부의 노력과 병행하여 2016년 12월에 의원입법을 통해 「재범의 방지 등의 추진에 관한 법률」(재범방지추진법)이 성립되었다. 이 법률은 국민의 이해와 협력을 얻으면서 범죄를 저지른 자의 원활한 사회복귀를 촉진하는 것 등에 의한 재범의 방지가 범죄대책으로서 중요하다는 인식하에 재범방지에 관한 시책에 대해서 그 기본이념과 국가 및 지방공공단체의 책무를 분명히 하고 있다.

이 법률은 재범방지에 한정된 형태이기는 하지만 범죄대책에 관한 최초의 기본법이라고 할 수 있으며 그러한 점에서 획기적인 의미를 가지는 법률이다. 동시에 재범 문제의 배경에는 범죄자 개인이 안고 있는 다양한 문제뿐만 아니라 사회와의 관계가 희박하여 범죄자가 사회에서 고립되어 있다는 인식하에 교정보호에서 개인의 특성에 맞춘 처우 및 취업지원, 복지지원을 포함한 사회복귀지원을 국가 및 지방 자치단체가 민간의 협력을 얻어 추진해 나갈 책임이 있다고 한 점에서 앞으로의 범죄대책의 방향성을 제시하는 것이라고 할 수 있다.

재범방지추진법에 근거하여 재범의 방지 등에 관한 시책을 종합적이고 계획적인 추진하기 위하여 '재범방지추진계획'이 수립되어 2017년 12월에 각의 결정되었다. 이 계획에서는 ① 취업 · 주거의 확보, ② 보건의료 · 복지서비스의 이용 촉진, ③ 학교 등과 연계한 취학지원 실시, ④ 범죄자 등의 특성에 맞춘 효과적인 지도의 실시 , ⑤ 민간 협력자 활동의 촉진, 홍보 · 계발 활동의 추진, ⑦ 지방공공단체와의 연계 강화, ⑧ 관계기관의 인적 · 물적 체제의 정비, 각각에 대해 관계 부처가 해결해야 할 과제가 자세히 제시되어 있다. 내용으로서는 법적 정비보다 운용면에서의 대응이 중심이 되어 있다.[35]

[참고문헌]

"〈特集〉昭和の刑事政策", 平成元年版犯罪白書, 1989.

"〈特集〉増加する犯罪と犯罪者", 平成13年版犯罪白書, 2001.

"〈特集〉暴力的色彩の強い犯罪の現状と動向", 平成14年版犯罪白書, 2002.

---

35 재범방지추진법은 정부뿐만 아니라 도도부현, 시정촌에 대해서도 재범방지추진계획을 감안하여 '지방재범방지추진계획'을 수립할 노력의무를 부과하고 있으며(제8조), 앞으로 각 지역의 실정에 맞는 추진계획이 수립될 것으로 기대된다.

"〈特集〉変貌する凶悪犯罪とその対策", 平成15年版犯罪白書, 2003.

河合幹雄, 安全神話崩壊のパラドックスー治安の法社会学, 岩波書店, 2004.

刑事政策研究会, "再犯防止", 論究ジュリ 11호, 2014.

"再犯の現状と対策のいま", 平成28年版犯罪白書, 2016.

제 2 편

범죄 예방

제 1 장 범죄예방정책의 전개

전통적인 범죄대책은 범죄가 발생한 경우 범인에게 형벌을 부과하고 처우함으로써, 범죄자의 재범을 방지함과 동시에 형벌의 일반예방효과를 통하여 다른 사람이 범죄를 저지르는 것을 방지하려는 것이었다. 이는 범죄에 대한 사후적 대응으로 범죄방지를 도모하는 것이라고 할 수 있다.

이에 반하여 최근에는 범죄가 발생하기 전에 이를 방지한다는 의미에서 범죄예방이 주목받고 있다. 이러한 움직임은 원래 1980년대에 미국과 유럽에서 시작되었다. 여기에는 1970년대 이후 범죄의 원인을 규명하고 그에 근거하여 범죄자를 개선갱생시킴으로써 재범을 방지하려했던 정책의 효과에 의문이 제기되었고, 이른바 사회복귀모델에서 공정모델로 전환되는 과정에서 범죄예방론이 형벌로는 기대할 수 없게 된 범죄방지 기능을 대신하여 담당하는 대안으로 등장하게 된 경위가 있다고 알려져 있다.[36]

한편, 일본에서는 1998년경부터 범죄 인지 건수가 급증하여 범죄 예방이 중요한 문제가 되었고, 이를 계기로 다양한 시책이 시작되게 되었다. 그 가운데에서도 생활범죄인 길거리범죄와 침입범죄의 급증은 국민 사이에 범죄에 대한 불안감을 증대시켰고 동시에 그 반작용으로 안전과 안심을 요구하는 목소리가 높아지게 만들었다. 정부도 이에 호응하는 형태로 2003년 범죄대책각료회의에서 '범죄에 강한 사회의 실현을 위한 행동계획'을 수립하였다. 행동계획은 치안 회복을 위해서는 ① 국민이 스스로의 안전을 확보하기 위한 활동의 지원, ② 범죄가 발생하기 어려운 사회환경의 정비, ③ 국경대책을 비롯한 각종 범죄대책이라는 3가지 시점이 중요하다고 한 다음에, 국가가 국민, 사업자, 지방자치단체 등의 협력을 얻어가면서 대처해야할 중점과제로서 (a) 평온한 생활을 위협하는 생활범죄의 억지, (b) 소년범죄의 전사회적 억지, (c) 국경을 초월한 위협에의 대응, (d) 조직범죄 등으로부터 경제, 사회의 방호, (e) 치안회복을 위한 기반정비를 들었다. 그리고 이 중에서 '평온한 생활을 위협하는 생활범죄의 억지'에 대해서는 지역연대를 재생하고 안전하고 안심한 거리 만들기를 실현하기 위한 시책과 범죄방지에 유효한 제품, 제도

---

36 小宮信夫, "犯罪社会学に基づく犯罪予防論", 渥美東洋編 犯罪予防の法理, 成文堂, 2008, 68쪽.

등의 보급을 촉진하기 위한 시책을 강구하는 것으로 하고, 이에 대응하는 구체적인 시책으로서, 자율방범활동에 노력하는 지역주민, 자원봉사단체의 지원과 범죄가 발생하기 어려운 도로, 공원, 주차장 등의 정비 · 관리 등을 열거하고 있다. 이로써 국가가 대처해야 할 범죄대책상의 과제로서 범죄예방을 구체적인 시책과 함께 정면에서 제시한 것이다.

범죄예방에서 중심적인 역할을 담당하게 된 경찰도 우선 조직을 개편하여 1994년 경찰청에 생활안전국을 설치하여 시민생활의 안전확보를 중요한 정책으로 포함시킴과 동시에, 지금까지 형사부문의 소관사무였던 '범죄 예방'을 생활안전국의 소관사무로 하였다. 이에 따라 범죄 예방이 범죄 검거와 독립한 경찰활동으로 자리매김하게 되었다. 나아가 이후 범죄 인지 건수가 급증함에 따라 검거율이 저하하고, 범죄피해자의 입장이 중시됨에 따라 피해방지의 필요성이 높게 인식되면서 구체적인 시책도 종래의 검거를 통한 예방뿐만 아니라, 범죄의 사전예방에 직접 초점을 맞춘 시책이 시행되게 되었다.

그 하나로서 길거리범죄 및 침입범죄의 억지를 목적으로 하여 2003년 1월부터 개시된 '길거리범죄 등 억제종합대책'이 있다. 경찰청 내부에 길거리범죄등억지종합대책실이 설치되어, 각 도도부현경찰이 경찰청이 작성한 기본방침에 따라 각 지역의 범죄 발생 실태를 반영하여 중점을 두어야 할 지역과 범죄유형에 특화된 계획을 수립하고 실시할 것이 요구되었다. 그 시책에는 다음과 같은 내용상의 특색이 있다.

첫째는 범죄의 총량을 억제하기 위해, 주민이 평소에 불안을 느끼는 길거리 범죄와 침입범죄의 검거 · 예방에 경찰력의 투입을 증대시킨 것이다. 구체적으로는 범죄발생의 실태를 정보분석하여, 야간, 휴일 등 경찰의 집행력이 취약한 시간대와 범죄다발지역에 경찰력 투입을 늘리고, 불심검문을 집중적으로 실시하는 등, 길거리범죄 등의 현장검거활동을 강화하였다.

또한 길거리범죄와 침입범죄 그 자체의 검거뿐만 아니라, 이들 범죄를 사전에 억지하는데 도움이 된다고 생각되는 활동도 강화하였다. 예를 들어, 이른바 피킹방지법상의 특수해정용구의 휴대 등 길거리범죄 등의 수단이 될 수 있는 행위의 검거활동을 추진함과 동시에 이른바 성매매전단지의 배포 등과 길거리에서 공공연하게 이루어지고 있는 호객행위 등의 질서위반행위에 대해서도 관계기관과 연계하여 적극적으로 지도 및 단속을 실시하였다.

둘째는 경찰만이 아니라 관계부처와 민간과 연계하여 방범대책을 추진한 것이다. 예를 들어 1998년 이후 인지 건수가 급증한 자동차절도에 대해서는 2002년에 '자동차도난 등 방지행동계획'을 수립하여, 재무성, 경제산업성, 국토교통성 및 민간단체와 함께 설립한 민관합동프로젝트팀에서 이모빌라이저 등을 장착한 도난방지성능이 높은 자동차 보급, 도난차의 부정수출방지대책, 주차장대책 등을 추진하였다.[37] 또한 침입절도에 대해서도 관계행정기관과 사업자와 협력하여 방범을 고려한 주택을 보급하도록 노력함과 동시에, 방범성능이 높은 건설부품의 개발·보급을 촉진하는 대책을 실시하였다.

이처럼 일본에서도 범죄 인지 건수의 증가를 배경으로 범죄예방을 목적으로 하는 정책이 추진되게 되었는데, 이는 범죄자의 개선갱생을 통한 재범방지라는 기존의 범죄대책에 대한 부정적인 평가를 전제로 한 것이 아니라, 병행하여 추진해야 할 정책으로 보고 있다. 이러한 점이 미국과 유럽과는 다른 일본의 특색이다.[38]

---

37 田村正博, "犯罪予防の現状と課題", ジュリ 1431호, 2011, 113쪽.

38 2008년 12월에 각의결정된 새로운 행동계획은 ① 생활범죄에 강한 사회의 구축, ② 범죄자를 낳지 않는 사회의 구축, ③ 국제화에의 대응, ④ 조직범죄 등 반사회적 세력에의 대책, ⑤ 안전한 사이버공간의 구축, ⑥ 테러의 위협 등에의 대처, ⑦ 치안재생을 위한 기반 정비의 7가지 중점과제를 채택하고 있다. 이 중 ②의 '범죄자를 낳지 않는 사회의 구축'의 핵심으로 '소년의 건전육성과 고립된 청년 등의 사회참가 촉진'과 함께 제1차 행동계획에는 포함되지 않았던 '교도소 출소자 등의 재범방지'가 추가되었다.
그 후 2012년 7월에는 범죄대책각료회의가 '재범방지를 위한 종합대책'을 결정하고, 나아가 2013년 12월에 각의결정된 "'세계 제일 안전한 일본' 창조전략"은 7가지 주요전략의 하나로, '범죄의 반복을 막는 재범방지대책의 추진'을 명기하였다.

제 2 장   범죄예방의 이론과 기법

제 1 절   범죄예방의 이론

범죄를 미연에 방지하기 위한 전략은 크게 ① 법집행모델, ② 발달모델(발달적 범죄예방), ③ 커뮤니티모델, ④ 상황모델(상황적 범죄예방)로 구분된다.[39] 이 중에서 ①의 법집행모델은 형벌을 부과함으로써 재범을 방지하는 것을 의미하므로, 여기서 다루어야 할 모델은 ②부터 ④까지가 된다.

우선 ②의 발달모델은 사람의 발달과정에 착안한 것으로 이른바 발달범죄학과 생애주기이론[40]을 기초로 하여, 범죄로 이어지는 요인(위험인자)와 이를 저해하는 요인(보호인자)을 추출한 다음에, 주로 소년을 대상으로 위험인자를 감소시킴과 동시에, 보호인자를 강화하기 위한 정책을 시행하는 것이다. 위험인자로서는 반사회적 행동, 아동학대, 중도퇴학, 비행집단에의 소속 등이 있고, 반대로 보호인자로는 자존심, 가족의 결속, 학교활동에의 참가, 사회공헌활동에의 참가 등이 있다. 이와 같이 각각의 인자 중에는 소년의 일반적 생활에 관계되는 것도 있기 때문에 이 시책은 비행소년을 대상으로 하는데 그치지 않고, 예를 들어 빈곤가정의 원조 등 보다 폭넓게 육아지원에 관계된 활동도 포함하고 있다.

다음으로 ③의 커뮤니티·모델은 후술하는 커뮤니티 폴리싱에 대응한다. 또한 ④의 상황모델은 범죄가 발생하는 장소와 상황에 착안한 이론으로 범죄를 저지르기 어렵게 함과 동시에, 범죄가 저질러진 경우에도 범죄가 발각될 가능성을 높이고 또 범죄의 성과를 거두기 어렵게 하는 상황을 만들어 냄으로써 범죄를 예방하려고 하는 것이다. 그 중심을 이루는 것은 범죄발생률이 높은 지역학적 장소 혹은 건축학적 특징에 주목하여 여기서 범죄를 유발하기 쉬운 환경적 요인을 뽑아 내어, 이를 개선함으로써 범죄를 사전에 예방한다고 하는 환경설계를 통한 범죄예방CPTED: crime prevention through enviromental design이다. 나아가 상황적 범죄예방에는 이러한 물리

---

39 原田豊＝四方光, "犯罪予防論の動向", 警学 59권 6호, 2006, 70쪽; 守山正, "犯罪予防論の現代的意義", 刑法雑誌 54권 3호, 2015, 60쪽.

40 양 이론의 내용에 관해서는 守山正＝小林寿一編著, ビギナーズ犯罪学, 成文堂, 2016, 126쪽 이하 참조.

적 대책에 그치지 않고, 사람의 인식까지 포함하여 지역전체를 범죄에 강한 지역으로 바꾸어 나간다고 하는 발상도 포함되어 있다. 상황적 범죄예방론은 이러한 의미에서 환경에 착안한 이론이므로 환경범죄학으로도 불린다.

제 2 절 환경설계를 통한 범죄예방

환경설계를 통한 범죄예방의 핵심은 범죄에 대한 저항성과 감시성을 높이는 것, 두 가지이다.[41] 전자의 예로는 주택의 자물쇠를 보안성이 강한 것으로 교환하는 것이나 공중전화를 카드식으로 교체하는 것을 들 수 있다. 또한 후자의 예로는 공원의 시야를 좋게 하려는 조치나 CCTV의 설치를 들 수 있다.

이 두 가지 핵심에 따른 조치는 다양한 차원에서 이루어지고 있다. 개인 차원에서는 위의 주택 자물쇠 교체와 자동차에 경보장치 설치 등이 전형적인 사례이다. 또한 지역 차원에서는 공원의 시야를 좋게 하는 조치나 가로등 설치 등을 들 수 있을 것이다. CCTV의 설치도 전국적으로 확산되고 있다.[42] 보다 대규모 사례로는 이른바 게이티드 커뮤니티Gated Community가 있다. 이는 어떤 지역 전체를 벽과 울타리로 둘러싸고 몇 개의 문을 설치한 후, 여기에 감시원을 두어 사람의 출입을 체크하는 것이다. 미국에서는 이러한 형태의 주택가가 전국에 2만 개소 이상 만들어져 있으며 약 800만 명이 살고 있다고 알려져 있고, 일본에서도 최근 전국 각지에 같은 형태의 주택지가 나타나고 있다.

환경설계를 통한 범죄예방은 범죄가 발생하기 쉬운 환경과 상황에 주목하고 있다는 의미에서 일종의 원인론이라고도 할 수 있지만, 범죄자의 개인적 특성은 전혀 고려하고 있지 않다. 여기서는 오히려 범죄자와 비범죄자의 차이는 거의 없고, 사람

---

41 田中法昌, "我が国の犯罪予防政策の概況", 警察政策研究 13권, 2009, 65쪽.

42 경찰과 지방자치단체가 설치하는 CCTV도 증가하고 있지만, 대부분의 CCTV는 주민자치단체나 상점 조합 등 민간단체가 설치한 것이다. 다만, 그 설치에 대해서는 지방자치단체가 지역의 방범기기정비로 보아 보조금을 지원하는 경우가 적지 않다. 경찰은 각 도도부현경찰별로 정한 '가두방범카메라시스템 운용요강'에 근거하여 설치와 운용을 하고 있다. 또한 지방자치단체도 조례로 그 설치기준 등을 정한 곳이 있다.

이 범죄를 저지를지 여부는 그 기회가 있는지 여부에 의해 결정된다는 전제를 두고 있어 이러한 점에서 이는 원인론이라고 하기 보다는 기회론이라고 해야 할 것이다.

이러한 이론에 근거한 시책에 대해서는, 이 이론이 범죄자에 주목하지 않기 때문에 결국 범죄를 저지르기 어려운 장소로부터 저지르기 쉬운 장소로 범죄자를 이동시킬 뿐으로(범죄의 전이), 범죄의 총량은 줄어들지 않으므로 문제의 근본적인 해결책이 될 수 없다는 비판이 있다.[43] 또한 이 이론은 범죄자가 합리적인 판단에 근거하여 행동한다는 것을 전제로 하고 있기 때문에, 침입절도와 같은 이득목적형 범죄에는 효과가 있어도, 예를 들어 감정의 불화 등으로 인해 발생하는 대인 범죄에 대응하게에는 어렵다는 한계가 있다.

제 3 절 커뮤니티 폴리싱Community Policing

환경설계를 통한 범죄예방은 주로 물리적 측면에 주목한 것이지만 범죄를 저지르기 어려운 환경은 거기에 거주하는 사람의 행동을 통해서도 형성된다. 예를 들어 특정 지역에서 주민의 감시활동을 활성화시키거나, 범죄가 되기 전단계의 질서위반행위를 줄여서 그 지역의 질서를 유지함으로써, 범죄자가 활동하기 어려운 환경을 만드는 것을 들 수 있을 것이다. 주민으로 하여금 지역사랑과 주인정신을 가지게 함으로써 해당 지역의 범죄를 방지할 수 있다고 하는 이른바 '깨진 창이론broken window theory[44]은 이러한 의미에서 사람의 심리가 범죄의 발생에 미치는 영향에 주목한 것이다.

---

43 이에 대해 환경범죄학의 주장자들은 범죄의 전이가 발생했다는 실증적 데이터는 존재하지 않고, 오히려 특정한 장소에 대한 범죄의 미연방지효과는 다른 장소에도 파급된다고 반론하고 있다(守山, 앞의 주40), 68쪽.)

44 주민의 지역사랑과 주인의식이 낮으면, 범죄자가 침입하기 쉬워지고 결국 그 지역 전체가 황폐해진다는 이론으로 어떤 건물의 유리창 1장이 누군가에게 깨진 경우 이것을 수리하지 않고 방치해 두면 곧 모든 유리창이 깨지고 나아가 그 주변의 환경이 악화되고 다른 범죄도 유발하여 해당지역 전체가 범죄다발지역이 되어 버린다는 것을 예로 들고 있다. 따라서 '깨진 창 이론'은 작은 질서위반행위도 눈감아 주지 말고 조기에 조치하는 것이 범죄예방을 위해서 중요하다고 주장하고 있다.

범죄에 대한 심리적 장벽은 개인 차원에서도 구축할 필요가 있지만, 지역 전체가 적극적으로 심리적 장벽 구축에 노력함으로써, 한 층 더 큰 효과를 불러올 수 있다. 여기서 커뮤니티 폴리싱(지역안전활동)이라는 이론이 탄생하였다. 이는 지역의 안전을 확보하기 위해, ① 자연감시력을 높이기 위해 건물과 거리의 구조를 개선한다, ② 주민의 범죄예방활동에의 관여를 촉구하고, 사회자원을 활용하여 지역주민의 조직화를 도모한다. ③ 아이를 위한 여가활동 등 의식적인 범죄예방활동을 실시한다는 내용을 담은 것이다.

이러한 활동은 지역을 기반으로 한다는 이유도 있어, 그 추진에는 지방자치단체가 해야 하는 역할이 크다. 일본에서도 지방자치단체에 범죄방지를 담당하는 부서가 설치되었고, 또한 1990년대 이후 많은 자치단체가 이른바 생활안전조례를 제정하고 있다. 이는 안전하고 안심하며 살 수 있는 지역사회 실현을 목적으로 제정된 조례의 총칭이다. 자치단체마다 명칭과 내용은 다르지만, 기본적으로는 지역의 범죄예방에 관하여 자치단체, 주민, 사업자의 역할, 책임을 명확히 함과 동시에 주택, 도로, 상업시설 등의 안전성 향상, 학교 등에서 아동의 안전 확보 등에 대하여 추진해야 할 시책의 기본방침을 정한 것이다. 조례에 근거하여 각 분야에서 안전을 확보하기 위한 가이드라인을 작성함과 동시에 행정지도와 재정지원을 통하여 각각의 시책을 추진하고 있다.

민간 차원에서도 주민이 자율적으로 실시하고 있는 방범자원봉사활동이 확산되고 있다. 경찰청에 따르면, 방범자원봉사단체[45]의 수는 2003년 말 기준으로 3,056단체, 구성원수는 177,831명이었지만, 매년 증가하여 2016년말 기준으로 48,160단체, 2,725,437명이 되었다([그림 1] 참조). 최근 수년 동안 단체수 · 구성원수 모두 정체상태로 전국에 거의 정착된 상태라고 생각된다. 주요활동은 도보로 실시하는 방범순찰과, 통학로에서 아동을 보호 · 유도하는 것이다. 또한 방범순찰용 차량에 청색 회전등을 달 수 있는 제도가 만들어져 현재 전국에서 4만 5천여 대의 차량이 방범순찰을 하고 있다. 경찰도 방범순찰용품의 대여와 지역안전정보의 제공 등을 통해 이들 단체의 활동을 지원하고 있으며, 대략 반수 정도의 단체가 경찰과 합동순찰을 실시하고 있다.

지역의 이러한 방범활동은 지역의 '거리만들기'와 결합된 형태로 이루어지는

---

45 자율방범활동을 하는 지역주민 · 자원봉사단체로, 평균하여 월 1회 이상의 활동실적(단순히 의견교환과 정보교환만을 하는 회의를 제외한다.)이 있고 동시에 구성원이 5인 이상인 단체를 말한다.

경우가 적지 않다. 이는 범죄의 방지라는 직접적인 효과를 가져올 뿐만 아니라, 참가자들에게 지역연대의 중요성을 재확인시킴과 동시에 새로운 만남과 교류의 장이 되어서 커뮤니티의 재생과 지역협동의 촉진으로도 이어진다. 그리고 이러한 요소들이 범죄방지 효과를 더욱 더 크게한다고 지적되고 있다.

[그림 1] 방범자원봉사단체수 · 구성원수의 추이

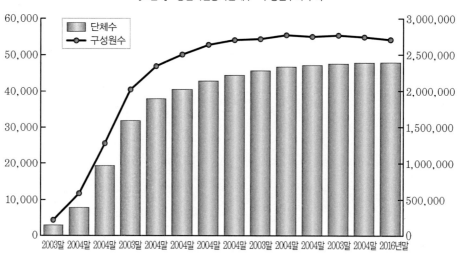

(출전) 경찰청, '防犯ボランティア団体の活動状況等について', 2017년 3월

제 4 절　범죄발생전 행위의 규제

　　범죄를 미연에 방지한다는 관점에 양 이론의 내용에 관해서는서는 범죄의 전 단계에 해당하는 행위나 범죄를 조장하는 행위가 발생한 경우에 국가가 개입하여 이를 규제하는 것도 범죄를 방지하기 위한 유효한 대책이 될 수 있다. 최근에는 이러한 목적을 가진 입법도 증가하고 있다. 그중에는 이들 행위 자체를 범죄로 한 다음에 처벌의 대상으로 하는 입법과 범죄로는 하지 않고 행정적 개입을 하는 형태의 입법이 있다.

전자의 예로는 이른바 해정도구를 사용한 침입절도가 급증함에 따라 2003년 제정된 「특수개정용구의 소지의 금지 등에 관한 법률」을 들 수 있다. 동법은 "건물에 침입하여 저지르는 범죄의 방지에 기여하는 것"을 법률의 목적으로 제시하고 있으며, 정당한 이유없이 해정도구 등의 특수개정용구를 소지하는 것을 금지하고 그 위반에 대하여 벌칙을 부과하고 있다. 또한 범죄를 조장하는 행위를 처벌하는 입법으로는 보이스피싱 등에 타인명의의 구좌가 악용되고 있으므로 2004년 「금융기관 등에 의한 고객 등의 본인확인 등에 관한 법률」을 개정하여 예적금통장과 현금카드의 매매를 범죄로 한 사례를 들 수 있다(동법은 2007년 폐지되어 현재는 범죄로 인한 수익의 이전방지에 관한 법률로 처벌이 이루어지고 있다).

이에 비하여 범죄가 발생하기 이전에 행정청이 피해의 예방을 목적으로 일정한 조치를 할 수 있게 된 사례로는 2000년 제정된 「스토커행위 등의 규제 등에 관한 법률」에 근거한 조치가 있다. 동법은 스토커행위에는 이르지 않은 '따라다니기 등[46]'에 대하여 경찰기관이 경고를 하고 대상자가 이에 따르지 않은 경우에 금지명령을 할 수 있게 하였다. 그리고 이 금지명령에 따르지 않은 경우에 벌칙을 부과하도록 하고 있다. 행정처분은 아니지만 「배우자로부터의 폭력의 방지 및 피해자의 보호에 관한 법률」상의 재판소에 의한 보호명령도 같은 기능을 가지고 있다.

제 5 절   범죄예방정책의 과제

범죄를 미연에 방지한다는 것은, 그것만을 놓고 보면 바람직하지만, 반면에 그를 위해 추진되는 시책이 다양한 문제를 초래할 가능성이 있는 것도 사실이다.

첫째로 상황적 범죄예방론에 근거한 시책은 지역주민에 대하여 범죄의 불안을 불러일으킴과 동시에, 감시사회를 불러올 수 있다는 지적이 제기되고 있다. 특히 커뮤니티 폴리싱에 근거한 시책에 대해서는 그러한 시책이 지역의 범죄발생 우

---

46 스토커행위등규제법은 스토커행위를 처벌의 대상으로 규정하고 있는데 스토커행위란 동일한 사람에 대해 따라다니기 등을 반복하여 하는 것을 말하고(제2조 제2항), 단순한 따라다니기 등은 범죄로 규정하고 있지 않다.

려를 강조하고 수상한 사람을 찾아내는 점에만 중점을 두게 되면 위와 같은 상황이 발생할 가능성이 있다. 이러한 관점에서 보면, 지역주민의 방범활동이 안전한 거리 만들기의 일환으로 이루어지고, 그것이 다시 지역사회의 재건으로 연결되어 가는 일본의 방향성은 바람직하다고 할 수 있다.

둘째, 범죄예방을 위한 시책에는 대상자의 권리·이익을 침해할 수 있는 것이 있는데 범죄발생 전에 이루어지는 조치는 그 성질상, 범죄발생 후의 조치보다도 권리침해의 범위가 확대되기 쉽다는 문제가 있다. 우선 어떤 조치를 하는 근거가 되는 장래의 범죄발생의 예측은 원래부터 과거의 범죄발생의 혐의 판단에 비하여 불확실한 것이다. 또한 범죄방지를 위한 조치를 범죄의 발생으로 이어지는 일정한 행위를 대상으로 하는 경우, 그로 인해 그 자체로서는 범죄라고 할 수 없는 행위까지 규제하게 된다. 더하여 범죄에 대한 사후적인 조치는 기본적으로 범죄에 관계한 의심이 있는 특정인을 대상으로 하는 것인데 반하여, 범죄예방을 위한 조치는 예를 들어 CCTV설치와 같이 그 수단에 따라서는 실제로 범죄를 저지르려고 하는 사람뿐만 아니라, 범죄와는 관계가 없는 일반국민의 권리와 자유를 제한하게 되는 경우도 있다.

위와 같은 의미에서, 범죄예방목적의 조치를 인정하는 것은 권리침해의 범위를 확대시키는 것이 분명하고, 그 권한이 남용될 위험도 부정할 수 없다. 범죄예방에서 있어서 중심적 역할을 하는 것은 경찰이지만, 지금까지 범죄예방을 목적으로 하는 경찰권의 행사에 대한 경계감이 강하였기에, 범죄에 대한 사후적 대응이 중심이 되어 왔던 것에는 이유가 있었던 것이다.

그러나 국민이 안전한 사회를 강하게 요구하는 한편, 지금까지 범죄에 대한 억지력으로 기능해왔던 사회적 요인이 약해지고 있는 지금, 이제까지와 같이 사후적 규제로 동일한 범죄억지효과를 거두려고 한다면, 제재를 강화할 수밖에 없다. 제재를 통한 범죄억지효과는 간접적인데다가, 자칫하면 지나친 엄벌화를 초래할 수 있다. 더하여, 국민의 의식도 오히려 경찰을 비롯한 국가기관이 범죄예방을 위한 적극적인 조치를 하도록 요구하는 방향으로 전환하고 있다고 할 수 있다. 따라서 이러한 점을 정면으로 인정하고 경찰 등의 권한행사를 합리적인 범위로 한정할 필요가 있다.

일반적으로 범죄를 예방하기 위해서 어떠한 시책을 채택할 것인지는 가능한 범죄예방수단을 다양하게 고르고 명확히 한 다음에 해당 시책에 따른 비용과 효과의 균형을 고려하여 결정해야 할 것이다.[47] 이는 최종적으로는 정책판단이 되므로, 비용으로 시책에 따라 직접 내지 간접적으로 침해되는 권리 · 이익의 비용뿐만 아니라 시책에 필요한 재정상의 비용 등도 고려할 필요가 있다. 또한 시책의 효과에 대해서는 가능한 한 검증을 실시하여 그 시책이 보다 효과를 발휘하기 쉬운 조건을 명확히 해 나갈 필요가 있다.[48]

〔참고문헌〕

"〈特集〉現代犯罪予防論", 犯罪と非行 135호, 2003.

渥美東洋編, 犯罪予防の法理, 成文堂, 2008.

"警察政策フォーラム―安全 · 安心なまちづくりの成果と課題", 警察政策研究 14권, 2010.

刑事政策研究会, "犯罪予防", ジュリ 1431호, 2011.

小宮信夫, 犯罪は予測できる, 新潮社, 2013.

"〈特集〉犯罪予防政策の総合的検討", 刑法雑誌 54권 3호, 2015.

---

47 田村正博, "犯罪予防のための警察行政法の課題", 渥美編 앞의 주36), 117쪽.

48 CCTV의 설치에 관해서는 지역을 한정하여 다수의 카메라를 설치함으로써, 특정 범죄에 대하여 범죄방지의 효과를 거둘 수 있다는 검증결과가 보고되고 있다("警察が設置する街頭防犯カメラシステムに関する研究会最終とりまとめ"(2011년 3월). 다른 연구에서도 공공공간에서 카메라에 의한 감시가 일정한 범죄억지효과를 가진 점이 제시되고 있다.(島田貴仁, "エビデンスに基づく防犯―監視.照明.パトロール", 浜井浩一編, 犯罪をどう防ぐか, 岩波書店, 2017, 287쪽.)

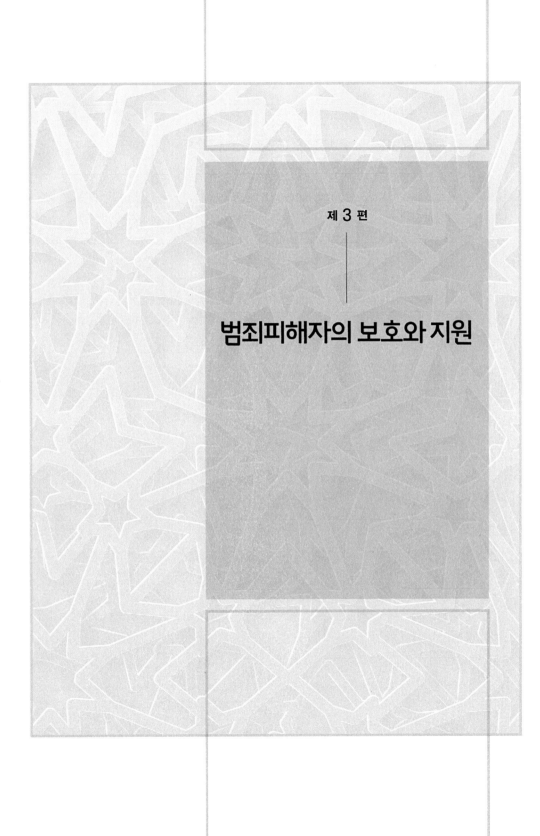

제 3 편

범죄피해자의 보호와 지원

제 1 장   범죄피해자를 위한 시책의 전개

제 1 절   범죄피해자의 의의

　　범죄피해자란 범죄로 인해 피해를 입은 자를 말하는데, 여기에서 말하는 범죄
란 구성요건에 해당하고 위법한 행위를 의미하며, 예컨대 책임무능력자에 의한 행
위도 포함된다. 이러한 의미에서 피해자가 입은 피해는 범죄로 인해 생명, 신체,
재산 등에 직접적으로 입은 피해로 한정되는 것은 아니다. 사건을 겪음으로 인해
정신적인 충격을 받고, 심신에 부진을 겪어 그 후 생활에 지장이 발생하거나 막대
한 의료비를 부담하거나 범죄의 후유증으로 인해 실직하여 경제적인 곤궁에 빠지
는 경우도 있다. 또한 사건 발생 후에 주변 사람들의 분별없는 소문이나 언론의 취
재 · 보도, 형사사법관계자의 부적절한 대응으로 인해 피해자가 정신적으로 상처
를 받는 경우도 있다. 이들을 총칭하여 제2차 피해라고 한다. 그리고 이와 같은 직
접적인 피해 이외의 불이익을 포함시키는 경우 이는 피해자뿐만 아니라 그 가족에
게도 어느 정도 발생할 것이며, 피해자에 대한 보호나 지원을 고려하는 데는 이를
포함하여 검토할 필요가 있다. 따라서 피해자와 관련된 법령에서는 그러한 사람을
포함하는 의미에서 '피해자 등'이라는 용어가 사용되는 경우가 많다. 이하에서는
피해자의 친족 등을 포함하는 의미에서 '피해자'라는 단어를 사용한다.

제 2 절   여러 외국에서의 전개

　　범죄피해자에 대한 형사정책적 관심은 20세기 중반에 범죄원인론의 일환으로
범죄발생에서의 피해자의 역할을 밝히려는 데에서 시작되었다. 범죄의 발생에 피
해자가 어떤 역할을 했는지, 범죄를 유발하는 피해자의 행위나 속성은 무엇인지,

범죄자와 피해자가 어떤 관계였는지와 같은 내용이 연구의 주제이다.[49] 이에 따라 범죄피해를 입기 쉬운 사람을 유형적으로 추출하여 그에 따른 대책을 세움으로써 범죄피해를 방지하기 위한 것이었다.

그러나 그 후에는 보다 광범위하게 범죄피해자가 입는 피해의 실태나, 범죄 후에 피해자가 처해지는 상황으로 관심이 쏠리게 되었다. 이에 따라 유럽과 미국에서는 1960년대 후반부터 범죄피해자의 보호나 구제를 위한 다양한 시책을 실시하고, 법제도에 대해서도 형사절차에서의 피해자의 법적지위라는 문제가 왕성하게 논의되었다. 그 배경에는 형사절차에서 발생하는 제2차 피해의 존재를 인식하게 된 것 이외에, 형사절차가 복잡해지고 피해자로부터 지나치게 멀어지면서 일반국민의 형사사법에 대한 불신이 발생할 수 있다는 우려가 있었다고 한다. 이러한 배경하에서 1980년대에는 각국에서 피해자의 지위를 배려한 운영이나 이를 위한 입법이 이루어지게 되었다.

또한 국제적인 움직임으로써, 1985년에 국제연합총회에서 '범죄 및 권력 남용의 피해자를 위한 정의에 관한 기본원칙 선언'이 결의되었다. 여기서는 ① 피해자가 피해회복을 위해 재판제도에 접근할 수 있도록 하고, 형사절차에서 공정한 대우를 받을 것, ② 피해자가 가해자로부터 공정한 피해변상을 받을 것, ③ 가해자로부터 충분한 변상을 받지 못한 경우에는 국가가 경제적으로 보상할 것, ④ 피해자가 관계기관으로부터 사회적으로 필요한 지원을 받을 수 있도록 할 것이 필요하다고 하여, 회원국에 대하여 이러한 조치의 실시할 것이 제언되었다. 이러한 제언을 수렴하여 1996년 5월에 국제연합범죄방지 형사사법위원회에서 이 선언의 활용 및 적용에 대한 매뉴얼을 작성하자는 취지의 결의안이 채택되어, 국제연합전문가 그룹에 의해 '국제연합피해자선언 이행을 위한 입법자에 대한 가이드 및 국제연합피해자선언의 활용 및 적용을 위한 피해자를 둘러싼 사법에 관한 핸드북'이 작성되었다.

---

49 루마니아의 변호사였던 벤자민 멘델스존은 1958년에 이러한 문제를 과학적으로 연구하는 학문을 나타내는 언어로 Victimology(피해자학)라는 합성어를 만들어 내었다(諸澤英道, 被害者学, 成文堂, 2016, 13쪽). 다만, 그 후에 피해자학이 대상으로 하는 피해는 범죄피해 보다도 확대되면서, 그 결과 피해자학이 다루는 영역은 형사정책의 범위를 초과하게 되었다.

제 3 절   일본에서의 전개

　일본이 공적인 측면에서 범죄피해자를 지원한 것은 많은 사상자가 발생한 폭탄사건의 발생 등을 계기로 1980년에 제정한 「범죄피해자 등 급부금지급법」이 선구라고 할 수 있다. 그러나 그 후에는 범죄피해자에 대한 관심은 실무에서도, 학계에서도 높지 않았다. 그러나 1995년의 지하철 사린 사건 등을 계기로 피해자 스스로가 목소리를 높일 뿐만 아니라 피해자가 처한 비참한 상황이 언론에서 왕성하게 다루어지면서 사회적인 관심이 급속히 증가하게 되었다. 그와 병행하여 연구자 그룹이 1992년부터 3년에 걸쳐 범죄피해자에 대한 실태조사를 본격적으로 실시하였고, 이를 계기로 범죄피해자가 처한 상황과 피해자가 필요로 하는 지원의 내용이 밝혀지게 되었다.[50]

　이런 가운데, 경찰청이 먼저 1996년 '피해자 대책요강'을 제정하여 피해자의 시점에 입각한 각종 시책을 종합적으로 추진하기 위해 당면한 기본 방침을 제시하였는데 여기에는 상기의 실태조사 등을 통해 밝혀진 피해자의 상황이 반영되었다. 뒤이어 1999년에는 범죄피해자의 보호 · 구제 · 지원을 위한 시책을 관계 부처의 긴밀한 협력하에서 검토 · 추진하기 위하여 정부에 '범죄피해자 대책 관계 성 · 청 연락회의'가 설치되었고, 다음 해에는 관계 부처의 검토결과를 종합한 '범죄피해와 당면한 범죄피해자의 대책에 대해'라는 제목의 보고서가 공표되었다.

　2000년에는 위 보고서에서도 언급된, 소위 범죄피해자 등 보호 관련 2개의 법 [형사소송법 및 검찰심사회법의 일부를 개정하는 법률 및 범죄피해자 등의 보호를 도모하기 위한 형사절차에 부수하는 조치에 관한 법률(범죄피해자보호법)]이 제정되었다. 그것은 ① 성범죄의 고소기간의 철폐, ② 비디오링크 방식에 의한 증인신문, ③ 증인신문 시 증인의 차폐, ④ 증인신문 시 증인에 대한 보조, ⑤ 피해자 등의 방청에 대한 배려, ⑥ 피해자 등에 의한 공판기록의 열람 및 등사, ⑦ 공판절차에서 피해자 등에 의한 심정, 그 밖의 의견 진술, ⑧ 민사상의 화해를 기재한 공판조서에 대한 집행력의 부여를 내용으로 하고 있다. 또한, 같은 해에 소년법이 개정되어 ① 피해자에 대한 심판결과 등의 통지, ② 피해자에 의한 심판기록 열람 · 등사, ③ 피해자의 의견 청취에 관한 규정이 마련되어 소년보호절차에서도 피해자에게 특별한 법적지위가 인정되었다.

50　宮澤浩一ほか編, 犯罪被害者の研究, 成文堂, 1996.

그리고 2004년에는 「범죄피해자 등 기본법」이 제정되었다. 동법은 범죄피해자 등이 개인의 존엄이 존중되고, 그 존엄에 합당한 처우를 보장받는 권리를 가지는 것을 기본이념으로 하면서, 범죄피해자 등을 위한 시책에 관한 국가, 지방공공단체 및 일반국민의 책무를 명확히 하고, 범죄피해자 등을 위한 시책의 기본사항을 규정하고 있다. 이는 피해자에게 보장되는 구체적인 권리를 규정한 것은 아니지만, 범죄피해자에 관한 기본이념을 내세우면서 피해자를 위한 시책을 국가나 지방공공단체가 추진해야 한다는 점을 법률상 명문으로 규정했다는 점에서 큰 의미가 있다.

　　이 기본법에 근거하여 2005년에는 종합적이고 장기적으로 추진해야 하는 범죄피해자 등을 위한 시책의 개요 등을 담은 '범죄피해자 등 기본계획'이 각의에서 결정되었다. 동계획에서는 ① 존엄에 합당한 처우를 권리로 보장할 것, ② 개개의 사정에 따라 적절하게 시행할 것, ③ 중단되는 일이 없도록 시행할 것, ④ 국민의 여론을 형성하면서 전개할 것이라는 4가지 기본방침과, (a) 손해회복·경제적 지원 등에 대한 노력, (b) 정신적·신체적 피해의 회복·방지에 대한 노력, (c) 형사절차 참여 확대에 대한 노력, (d) 지원 등을 위한 체제정비에 대한 노력, (e) 국민의 이해 증진과 배려·협력의 확보에 대한 노력과 같은 5가지 중점과제를 내세우면서 각 부처에서 실시해야 할 250개 이상의 구체적인 시책 및 실시기간을 명기하였다.

　　이러한 기본계획에 따라 형사사법의 영역에서도 운용을 개선하면서 법률차원에서도 계획 안에 포함된 항목을 실현하고자 2007년에 「범죄피해자 등의 권리이익의 보호를 도모하기 위한 형사소송법 등의 일부를 개정하는 법률」이 제정되었다. 그 내용으로는 ① 범죄피해자 등이 형사절차에 참가하는 제도 창설, ② 형사절차에서 범죄피해자 등의 성명 등의 정보를 보호하기 위한 제도 창설, ③ 민사소송에서 비디오링크 등의 조치 도입, ④ 손해배상청구에 관하여 형사절차의 성과를 이용하는 제도 창설, ⑤ 공판기록의 열람 및 등사의 범위 확대가 있다. 나아가 2008년에는 소년법이 개정되면서 ① 피해자 등에 의한 소년심판의 방청을 허용할 수 있는 제도 창설, ② 가정재판소가 피해자 등에 대하여 심판상황을 설명하는 제도 창설, ③ 피해자 등에 의한 기록의 열람 및 등사의 범위 확대, ④ 피해자 등의 신청에 의한 의견 청취 대상자 확대 등이 이루어졌다.

　　그 후, 기본계획의 기간 종료로 인해 2011년 3월에 제2차 범죄피해자 등 기본계획이, 2016년 4월에 제3차 범죄피해자 등 기본계획이 각의에서 결정되었다. 모든 계획이 제1차 기본계획의 4가지 기본방침과 5가지 중점과제를 유지하면서, 종전의 기본계획에 있던 시책에 대해서는 실시 또는 조치가 끝난 것을 제외하고, 지속적으로 충실한 이행을 도모하는 동시에, 범죄피해자단체 등의 요구를 바탕으로 새로운 시책을 담고 있다. 큰 흐름으로는 제1차 기본계획의 각의 결정으로부터 10년을 경과하여 법개정을 필요로 하는 제도의 개정은 일단락되었고, 운용 측면에서의 세부적인 대응책이 중심이 되고 있다.

제 2 장 범죄피해자의 보호와 구제

제 1 절 형사절차에서의 범죄피해자의 법적 지위

종래 피해자는 형사절차의 당사자가 아니기 때문에 자신이 피해자가 된 사건의 형사재판에 참가하는 것은 물론, 사건의 내용이나 그 처리에 관한 정보조차 받을 수 없었다. 법률상 피해자는 단순히 증거방법의 하나에 불과했기 때문이다. 이는 형벌을 사적인 복수로부터 분리시켜 공적인 제재로 순화시켜온 형사사법 역사의 하나의 도달점이었다. 그러나 피해자는 형사절차의 당사자는 아니라 하더라도 틀림없는 사건의 당사자이다. 그러한 지위를 고려하지 않는 형사사법제도가 정당한 것인지, 그래서 국민의 형사사법에 대한 신뢰를 유지시킬 수 있을지에 대한 의문이 피해자에 대한 사회적 관심이 높아짐과 동시에 커지면서 형사절차에서의 피해자의 법적지위에 대한 재검토가 도모되었다. 이에 관한 문제는 크게 ① 형사절차에서의 피해자 보호, ② 피해자에 대한 형사절차 관련 정보 제공, ③ 형사절차에 대한 피해자 참여, ④ 형사절차에서의 손해 회복이라는 4가지로 나눌 수 있다.

I 형사절차에서의 피해자 보호

1. 피해자에 대한 보복 방지

형사절차에서 피해자를 보호한다는 것에는 2가지의 서로 다른 내용이 포함되어 있다. 첫 번째는 피해자가 피의자 · 피고인의 유죄를 입증하기 위해 정보를 제공하거나 제공하려고 함으로써 피의자 · 피고인이나 기타 주변사람으로부터 보복 내지 협박을 받는 것을 방지하는 것이다. 물론 이와 같이 범죄 관련 정보의 제공자를 보호한다는 관점에서 파악하는 경우에는 그 대상이 반드시 피해자로 한정되는 것은 아니지만, 이러한 보호를 위한 조치는 동시에 피해자 보호라는 측면도 가지게 된다.

피해자를 포함한 정보 제공자의 보호에 관한 현행법상의 규정으로 실체법적으로는 형법의 증인협박죄 규정(형 제105조의2)이 있다. 또한 절차법적으로는 피고인이 피해자나 그 친족의 신체 또는 재산에 손해를 가하거나 이러한 자를 외포畏怖시키는 행위를 할 우려가 있는 경우에 보석을 인정하지 않는다는 규정, 또는 실제로 이러한 행위를 한 경우에는 보석을 취소하는 규정을 직접적인 조치로 두고 있다(형소 제89조 제5호, 제96조 제4호). 또한 간접적인 조치로 재판소는 피해자를 특정하는 사항(피해자 특정사항)이 공개 법정에서 밝혀짐으로써 피해자나 그 친족에 대한 가해행위 또는 이러한 자를 외포·곤혹시키는 행위가 발생할 우려가 있다고 인정되는 사건에 대하여 피해자 특정사항을 공개 법정에서 공개하지 않는다는 취지의 결정을 할 수 있다(동법 제290조의2 제3항).

또한 증거개시단계에서의 조치로, 먼저 피고인 또는 그 관계자를 통해 증인이나 그 친족에 대한 가해행위 등이나 이러한 사람을 외포·곤혹시키는 행위가 발생할 우려가 있다고 인정되는 경우에는 검찰관이 증인신문에 앞서 변호인에게 증인의 성명 및 거주지를 알 기회를 부여할 때(형소 제299조 제1항) 이를 피고인에게 알려서는 안 된다는 취지의 조건을 부가할 수 있다(조건부 조치. 동법 제299조의4 제1항). 또한 증거서류·증거물을 열람하는 기회를 부여할 때에도 동일한 요건에 따라 성명 및 거주지가 기재되어 있는 자로 검찰관이 증인으로 신문을 청구하는 자 또는 진술녹취서 등의 진술자에 대하여 조건부 조치를 취할 수 있다(동조 제3항). 게다가 조건부 조치로는 증인 등에 대한 가해행위 등을 방지할 수 없는 우려가 있는 경우에는 검찰관이 변호인에 대해서도 증인의 성명 및 거주지를 알 기회를 부여하지 않을 수 있다(동조 제2항). 이 경우에는 성명을 대체하는 호칭, 거주지를 대체하는 연락처를 알 기회를 부여하는 것으로 되어 있다(대체 개시 조치). 증거서류·증거물을 열람할 기회를 부여해야 하는 경우에도 검찰관 청구 증인 등의 성명·거주지의 기재에 대하여 동일한 조치를 취할 수 있다(동조 제4항).

수사단계에서는 피해자에 대한 보복을 방지하기 위한 조치 관련 규정은 존재하지 않는다. 그러나 실무에서는 피해자에게 피해가 발생할 우려가 있는 사건에서는 피의자, 그 밖의 관계자에게 피해자의 성명이나 이를 추측할 수 있는 사항을 알리지 않도록 하는 것 이외에, 필요에 따라 자택이나 근무지 주변에 경찰관이 순찰을 실시하도록 하는 등, 피해자 보호를 위한 조치를 실시하고 있다.

2. 제2차 피해 방지

절차에서의 피해자 보호에 대한 또 다른 내용은 형사절차 과정에서 발생할 수 있는 제2차 피해의 방지이다. 이때 특히 문제가 되는 것은 수사단계 및 공판단계에서 성범죄 피해자가 받는 제2차 피해이며, 이를 방지하기 위하여 다양한 시책이 실시되고 있다.

(1) 수사단계

단계에서는 참고인인 피해자에 대한 조사에서 조사 주체, 방법, 장소, 조사사실의 비밀 유지 등에 대한 배려가 필요하다. 이 부분에 관한 특별한 규정은 존재하지 않지만, 경찰에서는 경찰서에 피해자 전용 조사실을 설치하여 응접세트를 포함하여 인테리어나 조명을 개선하는 것 이외에, 성범죄조사에 대해서는 각 도도부현경찰본부의 수사간부 중에서 '성범죄 수사지도관'을 지정하고, 그 아래에서 성범죄수사 지도를 담당하는 계係를 설치하여 성범죄 수사의 지도 · 조정, 전문수사관의육성을 도모하고 있다. 또한, 전국에 약 8,500명의 여성경찰관이 성범죄수사원으로 지정되어 가능한 한 피해자가 희망하는 성별의 경찰관이 조사를 할 수 있는 체제가 정비되어 있다.[51]

(2) 공판단계

1) 증언으로 인한 부담의 완화

공판단계에서는 먼저 피해자가 증인으로 신문을 받음으로 인해 발생하게 되는제2차 피해의 방지가 문제가 된다. 이러한 경우에 피해자에게 발생하는 정신적 부담은 다음의 3가지 요소로 구성된다. 첫 번째는 피해상황에 대해 공판정에서 증언해야 한다는 부담, 두 번째는 공개법정에서 증언해야 한다는 부담, 그리고 세 번째는 피고인의 면전에서 증언해야 한다는 부담이다.

첫 번째 부담과 관련하여, 피해자를 증인으로 세우는 이상, 그 자체를 막을 수있는 수단은 없다. 그래서 그 부담을 완화시키기 위하여 2000년 형사소송법을 개정하여 재판소가 증인을 신문할 때 불안 · 긴장을 완화시키기 위해 적절한 사람을

---

51 山本昭広=砂田武傍, "警察における性犯罪に係る取組について", ひろば 제70권 제11호, 2017, 16쪽.

증인과 동석할 수 있도록 하였다(형소 제157조의24). 보조인으로는, 전형적으로 심리상담사나 증인이 연소자인 경우에는 부모 등이 상정되는데, 이에 한정되지 않고 변호인이나 피해자지원요원인 경찰관 등이 보조인이 되는 경우도 있다. 보조인은 기본적으로 증인의 옆에서 동석하면서 상태를 지켜보는 것뿐이며, 신문이나 진술을 방해하거나 진술내용에 부당한 영향을 끼치는 언동이 금지되는 것은 물론, 질문에 대한 대답에 대하여 조언하는 적극적인 행위를 할 수 없다.

두 번째로 공개법정에서의 증언으로 인한 부담에 대해서는 먼저 공개정지조치가 고려될 수 있다. 공개재판을 규정하고 있는 「헌법」 제82조에 따르면 "공공의 질서 또는 선량한 풍속을 해할 우려"가 있는 경우에는 예외적으로 공개를 정지할 수 있으며(헌 제82조 제2항), 실무적으로는 강간사건에서 간음 당시의 구체적인 피해상황에 대한 진술을 요구할 때에는 "선량한 풍속을 해할 우려"가 있는 경우로 보아 공개정지조치를 취하는 경우가 많다.

그러나 이에 따른다고 하더라도 피해자의 증언 전체에 대하여 비공개할 수는 없다. 그래서 현행법상 활용이 가능한 수단 중의 하나가 공판기일 외 증인신문(형소 제158조 제281조)이다. 공판기일 외 증인신문은 공판준비에 해당하여 비공개로 이루어지기 때문에, 이를 활용할 수 있다면 증인신문 전체를 비공개로 실시할 수 있다. 실무적으로는 피해자가 공개 법정에서는 증언하는 것이 곤란한 경우에 「형사소송법」 제158조에 근거하여 수소재판소 외에서 기일 외 신문을 실시하는 방법으로 이루어지고 있다.

그러나 기일 외 신문은 기본적으로 이를 통한 증언의 확보라는 관점에서 두어진 제도라는 점에서, 증인보호를 직접적인 목적으로 하지 않는다. 따라서 피해자인 증인이 공판기일에 증언할 수 있다면, 이로 인해 마음에 아무리 깊은 상처가 생길 수 있다고 하더라도 이러한 조치를 취할 수 없다는 한계가 있다.

세 번째로 피고인의 면전에서의 증언으로 인한 정신적 부담에 관해서는 피해자가 피고인의 면전에서 충분한 증언을 할 수 없다면 피고인을 퇴정시킬 수 있다(형소 제304조의2 전단). 다만, 피고인에게는 신문 종료 후 증인에 대한 반대신문을 할 권리가 인정되기(동조 후단) 때문에 피해자가 공판정에서 피고인과 마주치지 않은 채로 끝낸다는 것은 불가능하다. 또한 피고인 퇴정 규정도 기일 외 신문과 동일하게 직접적인 목적은 증언의 확보이며, 증인의 보호가 목적이 아니다.

이렇게 몇 가지 수단이 있을 수 있으나, 이들 중에서 피해자 보호를 직접적인 목적으로 하는 것은 없기 때문에 이에 따른 대처에는 한계가 있었다. 그래서 2000년의 형사소송법의 개정에 따라 새롭게 도입된 제도가 증인신문 시의 차폐조치와 비디오링크 방식에 의한 증인신문이다. 이러한 제도들은 주로 피해자를 대상자로 상정하고 있는데, 예를 들어 목격자가 된 연소자 등과 같이 동일한 보호가 필요한 사람도 있기 때문에 대상자가 반드시 피해자로 한정되는 것은 아니다.

이 가운데 증인신문 시의 차폐는 증인신문을 실시하는 동안 증인과 피고인 및 증인과 방청인 사이에 칸막이 등을 설치하여 차폐하는 조치이다(형소 제157조의5). 먼저 피고인과의 관계에서는 ① 증인이 피고인의 면전에서 진술할 때 압박을 받아 정신적인 평온이 현저하게 침해될 우려가 있다고 인정되는 경우이며, ② 상당하다고 인정되는 때에는 검찰관 및 피고인 또는 변호인의 의견을 청취하여 재판소가 피고인과 증인 사이에 한쪽 또는 서로 상대방의 상태를 인식할 수 없도록 하기 위한 조치를 취할 수 있다(동조 제1항). 이를 통해 증인이 피고인의 모습을 보지 않고, 또한 피고인에게 증인의 모습을 보여주지 않고 증인이 증언할 수 있도록 하여 증언으로 인한 정신적 부담의 경감을 의도한 것이다. 다만, 피고인에게 증인의 모습이 보이지 않도록 하는 조치를 취하는 경우에는 피고인에게 증인신문권을 보장하기 위하여 변호인 출석이 필요하며, 이때 변호인은 증인의 모습을 보면서 신문할 수 있다.

또한 방청인과 관련하여 재판소는 범죄의 성질, 증인의 연령, 심신의 상태, 명예에 대한 영향, 그 밖의 사정을 고려하여 상당하다고 인정하는 때에는 방청인과 증인 사이에 서로 상대방의 상태를 인식할 수 없도록 하는 조치를 취할 수 있다(동조 제2항). 이에 따라 재판 자체는 공개라고 하더라도 방청인에게 증인의 모습이 보이지 않도록 하는 조치를 취할 수 있게 되었다.

다음으로 비디오링크 방식에 의한 증인신문은 재판소가 ① 성범죄의 피해자 등, 재판관 및 소송관계인이 증인을 신문하기 위하여 재석장소에서 진술할 때 압박을 받아 정신적인 평온을 현저하게 침해할 우려가 있다고 인정되는 자를 증인으로 신문할 경우, ② 상당하다고 인정하는 때에는 검찰관 및 피고인 또는 변호인의 의견을 들어 재판관 및 소송관계인이 증인을 신문하기 위하여 재석장소 이외의 장소에 증인을 재석하도록 하고 영상과 음성 송수신에 의해 상대방의 상태를 상호 인식하면서 통화하는 방식을 통해 신문할 수 있도록 하는 것이다(형소 제157조의6 제1항). 구체적으로는 재판소 내의 법정과는 별개의 방에 증인을 입실시킨 후, 양쪽에 모니터와 카메라를 설치하여 이를 통해 법정 내의 신문자 등은 증인의 모습을, 증인은 신문자 등의 모습을 보면서 신문이 이루어지는 형태가 된다. 별실 내에는 증인과 보조인이 있을 뿐이며, 소송관계자는 그 안에 들어갈 수 없다. 이러한 의미에서 이 조치는 법정이라는 장소에서 비롯되는 정신적인 부담의 해방을 목적으로 한다고 할 수 있다.[52]

비디오링크 방식에 의한 증인신문의 경우에도 차폐 조치를 취할 수 있다. 구체적으로는 피고인 및 방청인과의 관계에서 증인의 모습이 나오는 모니터를 보지 못하도록 조치를 취하게 된다.[53]

이와 같이, 형사소송법 개정을 통해 피해자인 증인의 보호라는 관점에서 새로운 신문형태가 인정되었으나, 피해자의 정신적인 부담은 형사절차에서 자신이 입은 피해에 대하여 여러 차례 증언을 요구받는 것에 의해서도 발생된다. 이러한 신문의 반복을 피하기 위해서는 공판에서의 증인신문 결과를 대신하여 이전에 피해자가 진술한 기록을 증거로 사용할 것이 고려되는데, 이러한 조치는 전문법칙에 저촉될 가능성이 있다.

현행법에서는 비디오링크 방식에 의한 증인신문을 하는 경우에 그 증인이 추후 형사절차에서 동일한 사실에 대해 다시 증인으로 진술을 요구받을 가능성이 있는 경우에는 증인의 동의를 얻은 후에 신문 상황을 DVD 등의 기록매체에 기록할 수 있다(형소 제157조의6 제3항). 그리고 그 기록매체는 소송기록에 첨부되어 공판조서의 일부가 되며, 그 조서는 향후 형사절차에서 이를 공판에서 조사한 후에 소송관계인에 대하여 그 진술인을 증인으로 신문할 기회를 부여하는 것을 조건으로 증거

---

52 2000년의 비디오링크 방식을 통한 증인신문제도 도입에서는 증인을 재석시키는 장소가 재판관 및 소송관계인이 재석하는 법정이 설치된 재판소와 동일한 구내로 한정되어 있었으나, 2016년의 형사소송법 개정에 따라 동일 구내 이외에 있는 장소에 재석시키는 방식도 인정될 수 있게 되었다(형소 제157조의6 제2항). 요건으로는 ① 증인이 동일한 구내에 출두할 경우 정신적인 평온이 현저하게 침해될 우려가 있다고 인정될 때, ② 동일한 구내에 출두한 경우 증인 또는 그 친족의 신체 혹은 재산에 해를 가하거나 또는 외포 혹은 곤혹시키는 행위가 발생될 우려가 있다고 인정될 때, ③ 증인이 원격지에 거주하고, 그 연령, 직업, 건강상태, 그 밖의 사정에 의해 동일한 구내에 출두하는 것이 현저하게 곤란하다고 인정될 때, 이 중 어느 하나에 해당하여 상당하다고 인정될 때이다. 종래의 비디오링크 방식을 통한 증인신문은 한결같이 증인이 법정에서 진술해야 한다는 것에 의한 정신적 부담으로부터의 해방을 목적으로 한 것이지만, 이번 개정에서는 ①의 경우에 더하여 ②의 가해행위 등의 우려가 있는 경우, 더 나아가서는 ③의 일반적인 공판정 출석이 현저하게 곤란한 경우에도 동일한 방식에 의한 신문이 가능하도록 하여, 증언 확보를 위한 제도라는 색채가 강해지게 되었다.

53 최고재판소는 차폐조치 및 비디오링크 방식에 의한 증인신문 모두 공개재판을 규정한 「헌법」 제82조 제1항, 제37조 제1항 및 피고인의 증인신문권을 보장하는 「헌법」 제37조 제2항의 전단에 반하는 것은 아니라고 보고 있다 (最判 平成 17 · 4 · 14 刑集 제59권 제3호 259쪽).

능력이 인정된다(동법 제321조의2 제1항 후단). 전문증거의 증거능력이 원칙적으로 부정되는 실질적인 근거로는 ① 선서에 따른 진술이 아니며, ② 불이익을 받을 당사자에 의한 반대신문이 이루어지지 않았고, ③ 사실인정을 할 재판관에 의하여 진술자의 진술 시의 태도·상황에 대한 관찰이 이루어지지 않는다는 3가지 근거가 있다고 여겨지며, 비디오링크 방식에 의해 증인신문을 기록한 기록매체에 대해서는 공판에서 반대신문의 기회를 보장한다면 모두 해소되므로 증거능력을 인정할 근거가 된다. 그리고 당해 기록매체에 기록된 증인의 진술은 피고사건의 공판기일에 이루어진 것으로 간주되기 때문에(동조 제3항), 증인에 대한 신문이 조서에 기록되어 있는 신문과 중복되는 경우에는 제한할 수 있다. 이를 통해 피해자가 반복해서 같은 내용을 증언하도록 하는 것을 피할 수 있게 되었다.

본 제도는, 예를 들어 여러 사람에 의한 강제성교사건에서 여러 피고인들의 공판이 분리되어 있는 경우에 각각의 공판에서 피해자가 동일한 내용의 증언을 반복하는 것을 방지하기 위한 것이다. 그러므로 이를 통해 1개의 사건의 수사단계부터 공판단계까지의 진술의 반복을 피할 수는 없다. 여러 외국에서는 수사기관에 의한 피해자 조사장면을 녹음·녹화한 기록매체를 공판에서의 증인신문 전체를 대신하여 조사하는 제도를 채택한 곳도 있다. 일본에서는「헌법」제37조에 따른 증인신문권이 보장되어 있기 때문에, 처음부터 피고인에게 반대신문 기회를 부여하지 않는 조치를 정당화하는 것은 곤란하지만, 그 기회를 부여하는 것을 전제로 기록매체 조사를 주신문에 대신하는 조치는 검토의 여지가 있을 것이다.[54]

2) 피해자 특정 사항의 은닉 조치

증인으로 신문을 받음에 따라 발생하는 정신적 부담과는 별개로 공판에서 피해자의 성명이 공개됨으로써 명예나 프라이버시가 침해되는 등, 공개 법정에서 사건이 심리되는 것 자체에 의해 피해자가 불이익을 받는 경우도 있다. 이를 피하기 위해 재판소는 성범죄사건 등과 같이 피해자 특정 사항이 공개 법정에서 밝혀짐으로

---

54 피해자가 연소자인 경우는 최근 정신적인 부담을 최소화하면서 가능한 한 정확한 정보를 얻기 위한 조사방법으로 사법면접이 주목받고 있다(仲真紀子編著, 子どもへの司法面接, 有斐閣, 2016). 일본에서도 아동이 피해자 또는 참고인인 사건에 대하여 검찰청, 경찰, 아동상담소 담당자가 사전에 협의하여 3개 기관의 대표자가 아동의 진술을 청취하는 대응이 실시되고 있다(佐久間佳枝, "年少者の取調べ (司法面接)", 高嶋智光編, 新時代における刑事実務, 立花書房, 2016, 45쪽). 이는 관계기관이 각각 조사하면 중복 청취로 인해 아동에게는 과도한 심신 부담이 되기 때문에, 이를 방지하기 위한 목적과 아동이 유도나 암시의 영향을 받기 쉽다는 특성을 배려한 조사방법을 취하면서 그 진술의 신빙성을 담보한다는 목적까지 같이 고려한 것이다.

써 피해자의 명예 또는 사회생활의 평온이 현저하게 침해될 우려가 있다고 인정되는 사건에는 피해자 등[55]의 신청에 따라 피해자 특정 사항을 공개 법정에서 밝히지 않는다는 취지의 결정을 할 수 있다(형소 제290조의2). 이 결정이 내려지는 경우에는 기소장이나 증거서류를 낭독할 때에는 가명을 이용하는 등 피해자 특정 사항을 밝히지 않는 방법으로 실시된다(동법 제291조 제2항, 제305조 제3항). 또한 재판장은 소송관계인이 하는 신문이나 진술이 피해자 특정 사항과 관련이 있을 때에는 이를 제한할 수 있다(동법 제295조 제3항).[56]

Ⅱ 피해자에 대한 정보 제공

1. 형사사법기관의 정보 제공

자신이 당사자가 된 사건에 관한 정보를 제공받는 것은 범죄피해자가 가진 기본적인 권리 내지 이익이라고 보고 있으며, 국제연합의 '범죄 및 권력 남용의 피해자를 위한 정의에 관한 기본원칙 선언'을 비롯한 국제문서나, 적지 않은 국가의 입법이 이를 명문으로 인정하고 있다. 사건에 관한 정보를 아는 것은 피해자에게 정신적 회복의 첫 걸음에 해당할 뿐만 아니라 다시 피해를 입는 것을 방지하고, 또한 손해배상청구 등을 통해 범죄로 인한 피해를 회복하기 위한 전제가 될 수도 있다.

피해자에게 정보를 제공하는 것에 대하여 일본의 현행법상 규정으로는 형사소송법이 피해자의 고소가 있는 경우에 사건처리 통지가 이루어지는 동시에 불기소 된 경우에는 그 이유를 고지받을 수 있다는 취지 정도를 규정하고 있을 뿐이며(형소 제260조, 제261조), 실무 운용을 통해 그 대상이 확대되고 있다. 경찰은 1996년부터 '피해자연락제도'를 개시하여 살인·상해, 성범죄 등의 신체범죄 및 뺑소니 사건이나 교통사망사고 등의 중대한 교통사건의 피해자와 그 유족에 대하여 형사

---

[55] "피해자 등"이란 피해자 본인 이외에 피해자가 사망한 경우 또는 그 심신에 중대한 장애가 있는 경우 그 배우자, 직계 친족 또는 형제자매를 말한다(형소 제290조의2 제1항). 이러한 정의는 형사소송법, 범죄피해자보호법 및 소년법에 공통적으로 적용된다.

[56] 최고재판소는 피해자 특정사항을 은닉한다는 결정은 공개재판을 받을 권리를 보장한 「헌법」 제37조 제1항에 반하는 것은 아니라고 하고 있다(最決 平成 20·3·5 判タ 1266호 149쪽).

절차 및 범죄피해자를 위한 제도의 내용과 같은 일반적인 정보 이외에 당해 사건에 대한 수사 상황, 피의자의 성명이나 연령, 피의자 검거상황, 체포된 피의자의 처분상황(사건이 송치된 검찰청, 기소·불기소 등의 처분 결과, 기소된 재판소) 등을 사건을 담당하는 수사원이 연락하고 있다. 또한 검찰청도 1999년부터 '피해자 등 통지제도'를 실시하고 있어서 접수사건 전부를 대상으로 피해자 등에 대하여 피의자의 성명, 사건 처리결과, 기소한 경우 공판기일, 공소사실 요지, 형사재판 결과 이외에도 불기소한 경우에는 주문±¤ 및 이유의 요지나 구금, 보석 등의 신병 상황 등을 통지하고 있다.

또한 판결 후 교정보호단계에서도 가해자인 수형자에 관하여 자유형 집행종료 예정시기, 가석방 또는 자유형의 집행종료에 의한 석방 및 석방연월일을 통지하도록 되어 있다. 또한 범죄의 동기, 태양 및 가해자와 피해자의 관계, 가해자의 언동, 그 밖의 언동에 비추어보아 통지하는 것이 상당하다고 인정되는 때에는 이에 더하여 석방예정과 예정시기, 석방 후의 거주예정지도 통지 대상이 된다. 이는 재피해 방지를 직접적인 목적으로 한 것이다. 또한 2007년부터 가해자의 처우상황에 관한 사항(가해자가 수용되어 있는 형사시설의 명칭 및 거주지, 징역형의 작업명, 개선지도명, 제한구분, 우대구분)도 통지되고 있다.

2. 형사기록의 열람·등사

피해자가 사건관련 정보를 얻을 수 있는 다른 수단으로 사건기록의 열람이 있다. 먼저 확정된 사건의 소송기록에 대해서는 누구라도 열람이 가능하며(형소 제53조), 이에 따라 피해자도 소송기록을 열람할 수 있다. 이를 위한 구체적인 요건이나 절차는 형사확정소송기록법에 규정되어 있다.

이에 반하여 아직 사건이 확정되지 않은 단계에는 소송계속 중인 형사피고사건의 종결 전에 피해자 등의 신청이 있는 경우에는 재판소가 당해 피고사건의 소송기록에 대하여 열람·등사를 요구하는 이유가 정당하지 않다고 인정되는 경우 및 범죄의 성질, 심리 상황, 그 밖의 사정을 고려하여 열람·등사가 상당하지 않다고 인정되는 경우를 제외하고 열람·등사를 하게 할 수 있다(범죄피해보호 제3조).

다른 한편, 불기소된 사건의 기록은 소송기록이 아니기 때문에 원칙적으로 열람은 불가능하다(형소 제47조). 다만, 당해 사건에서 피해자나 친족 등이 민사소송

등에 대하여 손해배상청구권, 그 밖의 권리를 행사할 목적으로 열람을 요청하는 경우에는 현장검증조서 등 객관적 증거로, 대체성이 부족하고, 그 증거 없이는 입증이 곤란하거나 대체성이 없다고는 할 수 없지만 폐해가 적은 것에 대해서는 검찰관이 관련사건의 수사·공판에 구체적인 영향을 미치거나 관계자의 명예나 프라이버시를 침해하지 않는 범위 내에서 개별적으로 피해자의 열람·등사를 인정하고 있다. 나아가 피해자참가제도의 대상이 되는 사건의 피해자에 대해서는 "사건 내용을 알 것" 등을 목적으로 하더라도 열람·등사가 인정되고, 그 대상에 대해서도 객관적 증거는 원칙적으로 대체성의 유무와 상관없이 상당하지 않다고 인정되는 경우를 제외하고, 열람·등사의 대상으로 되어 있어, 일반 피해자보다도 열람·등사가 인정될 수 있는 범위가 확장되어 있다.

3. 재판의 방청

피해자가 사건 관련 정보를 얻을 수 있는 또 다른 방법은 재판을 방청하는 것이다. 형사사건을 담당하는 재판소의 재판장은 당해 사건의 피해자 등의 방청신청이 있는 경우에는 방청석의 수나 방청희망자의 수 등을 고려하여 신청자가 방청할 수 있도록 배려하여야 한다(범죄피해자보호 제2조). 다만, 이 제도는 피해자 등에게 재판을 방청할 권리를 인정한 것은 아니기 때문에 피해자 등이 다수인 경우에는 일부의 피해자 등이 방청하지 못할 수도 있다.

4. 소년사건의 정보 제공

경찰의 '피해자연락제도' 및 검찰청의 '피해자 등 통지제도'는 소년사건도 대상으로 하고 있다. 다만, 소년보호절차에서의 비밀성 요청은 수사단계에도 영향을 미치기 때문에, 그러한 관점에서, 예를 들어 피해자에게 소년의 성명은 통지하지 않고, 그 보호자의 성명을 통지하는 것에 그치는 경우가 있다.

다른 한편, 심판단계에서는 종국결정이 이루어진 경우 피해자 등의 신청에 따라 가정재판소에서 소년의 건전한 육성을 방해하지 않는 범위 내에서 ① 소년 및 그 법정대리인의 성명 및 거주지, ② 당해 결정의 연월일, 주문^{호} 및 이유의 요지가 통지된다(소 31조의2). 또한 사회기록을 제외한 소년사건의 기록에 대해서는 심판개시결정이 난 사건에 대하여 이유가 정당하지 않거나 상당하다고 인정되지 않는 경우를 제외하고 피해자 등은 이를 열람·등사할 수 있다(동법 제5조의2).

나아가 소년심판은 비공개지만, (a) 고의의 범죄행위로 피해자를 사상에 이르게 한 죄, (b)「형법」제211조(업무상과실치사상 등)의 죄, (c)「자동차의 운전에 의해 사람을 사상에 이르게 한 행위 등의 처벌에 관한 법률」제4조(과실운전치사상알코올 등 영향발각면탈), 제5조(과실운전치사상), 제6조 제3항 및 제4항(제4조 및 제5조의 죄의 무면허운전에 의한 가중)의 죄에 대하여 소년이 행위 당시 12세 이상인 경우에는 가정재판소가 피해자 등의 신청에 따라 소년의 건전한 육성을 방해할 우려가 없어 상당하다고 인정되는 경우에 피해자 등이 소년심판을 방청하는 것을 인정할 수 있다(소 제22조의4). 또한 심판의 방청과는 별도로 가정재판소는 피해자 등의 신청에 따라 소년의 건전한 육성을 방해할 우려가 없어 상당하다고 인정되는 경우에는 심판기일에 심판의 상황을 설명하도록 되어 있다(동법 제22조의6).

심판 이후의 단계에서는 소년이 보호처분을 받는 경우에 그 소년의 소년원에서의 처우상황이나 보호관찰 중의 처우상황 등에 대하여 피해자 등의 신청에 따라 통지된다.

Ⅲ 형사절차 참여

1. 수사단계 참여

피해자는 사건의 참고인으로 수사에 참여하게 되는데, 이때 더욱 적극적인 의미를 가지는 것은 고소이다. 고소는 피해신고와 같이 수사 단서로서 절차가 개시되는 계기가 되는데, 중요한 의미는 그러한 적극적인 측면보다도 오히려 반대로 친고죄에서 피해자의 의사에 따라 처벌을 포기하도록 하는 효과를 가진다는 점이다.

지금까지 친고죄의 전형으로 알려진 것은 강간죄 등의 성범죄이다. 그리고 성범죄가 친고죄로 규정되어 있는 취지는 공소제기로 인해 피해자의 명예나 프라이버시가 침해당할 우려가 있기 때문에 공소제기에 있어서 피해자의 의사를 존중하는 데서 비롯된다고 알려졌다. 그러나 성범죄 피해자의 조사 등을 통해 피해자가 고소 여부의 선택을 강요당하는 것처럼 느끼게 하거나 고소로 인해 피고인으로부터 보복을 받는 것은 아닐까라는 불안을 느끼는 등, 친고죄 규정이 도리어 피해자에게 정신적으로 부담을 주는 경우가 적지않다는 것이 밝혀졌다. 이에 따라 친고죄로 인해 발생하는 피해자의 정신적 부담을 경감시키기 위해 2017년에 성범죄를 비친고죄로 하는 형법 개정이 이루어졌다.

다만, 위와 같은 개정 취지를 고려하면, 성범죄가 비친고죄가 되더라도 검찰관에게 수사나 처분을 결정하는데 있어서 피해자의 의사를 정중하게 확인하고, 그 심정을 적절하게 배려하면서 운영해야 할 것이다.[57]

2. 공소제기단계 참여

현행법에는 기소·불기소 결정단계에서 피해자 의견 청취를 검찰관에게 의무화하는 규정은 존재하지 않는다. 그러나 통상적으로는 검찰관이 피해자를 조사하며, 이를 통해 피해감정을 파악하고, 이를 사건의 기소 여부를 판단하는 데 하나의 요소로 고려하는 식으로 운용되고 있다. 다만, 검찰관의 기소·불기소의 판단은 다양한 요소를 고려한 종합적인 판단으로 피해자의 의사가 기소·불기소 결정에 그대로 반영된다고는 할 수 없다.

피해자의 의사에 반하여 불기소처분이 내려진 경우에 이에 대하여 불복신청절차로 기능하는 현행법상의 제도로는 부심판청구절차와 검찰심사회에 대한 심사신청이 있다. 이 중에서 부심판청구절차는 공무원의 직권남용 등의 죄에 대하여 고소, 고발되었음에도 불구하고 검찰관에 의해 불기소처분이 내려진 경우에 고소인, 고발인의 청구에 따라 사건의 재판 여부를 심리하는 것이다(형소 제262조 이하). 재판한다는 취지의 결정이 내려진 경우에는 이에 따라 당해 사건에 대한 공소가 제기되는 효과가 발생한다. 이 경우에는 재판소에 의해 변호사가 지정되어 검찰관을 대신하여 공소를 유지하게 된다.

이에 반하여 검찰심사회는 선거인명부 중에서 추첨하여 선택된 심사위원이 고소, 고발, 청구를 한 자 또는 범죄피해자의 신청, 또는 직권으로 검찰관의 불기소처분을 심사하는 것이다. 심사 신청자는 검찰심사회에 대하여 의견서나 자료를

---

57   田野尻猛, "性犯罪の罰則整備に関する刑法改正の概要", 論究ジュリ 23호, 2017, 112쪽.

제출할 수 있다. 종래에는 그 의결에 법적구속력은 인정되지 않았으나, 2004년의 검찰심사회법의 개정에 따라 검찰심사회가 기소 상당의 의결을 한 사건에 대하여 검찰관이 재고 후 다시 불기소처분을 한 경우에 검찰심사회가 그 불기소처분을 심사하여 다시 기소해야 한다는 취지의 의결(기소의결)를 한 경우에는 재판소에서 검찰관의 직무를 수행할 변호사를 지정하고, 그 지정변호사가 당해 사건에 대한 공소를 제기함과 동시에 그 유지를 맡게 되었다. 부심판청구와 달리 검찰심사회의 신청에는 죄명에 따른 제한은 없으나, 불기소처분이 전제되기 때문에 피해자가 기소사실 내지 죄명에 대한 불복이 있는데 불과한 경우에는 불복신청을 할 수 없다.

이처럼 일본의 제도는 모두 검찰관이 불기소처분을 한 경우에 피해자가 다른 기관에 불복을 신청하고 그 결정을 거쳐 공소제기 효과를 발생시킨다. 이에 반하여 여러 외국에서는 일정한 범죄에 대하여 사인私人에 의한 형사소추를 인정하는 경우도 있으며, 이에 따르면 검찰관이 불기소하는 경우에는 피해자 스스로가 사건을 소추할 수 있게 된다. 그러나 사인소추제도는 불필요한 소추를 야기하는 동시에 민사사건을 유리하게 진행시키기 위한 도구로 이용될 우려가 있다는 문제점이 지적되고 있다.

3. 공판단계의 참여

(1) 의견진술제도

피해자는 형사재판의 당사자가 아님은 물론, 종래에는 공판에 출석할 권리도, 공판에서 의견을 표명할 권리도 없었다. 물론 실제로는 수사단계에서 피해자의 진술조서에 처벌감정이 녹취되어 이것이 공판에서 증거로서 많이 채택되었고, 또한 사실 유무가 쟁점이 되어 피해자가 증인으로 소환되는 경우에는 그 신문 시에 거의 예외 없이 처벌감정에 대한 진술도 요구받고 있었다. 더 나아가 사실에 다툼이 없더라도 중대한 사건에서 희망하는 경우에는 정상증인으로 법정에서 의견을 진술할 기회가 부여되는 경우가 많다고 한다.

그러나 이는 공소사실의 인정 내지 양형의 심리에 필요한 경우로 한정되며, 그 형식은 어디까지나 증인신문이기 때문에 피해자 자신의 생각을 그대로 진술하는 것이 불가능하였고 질문에 대한 대답만 할 수 있었다. 따라서 2000년 형사소송법 개정을 통해 피해자의 의견진술제도가 도입되고(형소 제292조의2), 피해자는 공판에서 피해에 관한 심정, 그밖에 피고사건에 대한 의견을 진술할 수 있게 되었다. 이것은 어디까지나 의견 진술로 증인으로서의 증언은 아니기 때문에 이에 대한 반대신문은 상정되지 않고, 따라서 그 진술을 사실인정의 증거로 삼을 수 없다. 다른 한편, 이를 양형자료로는 사용할 수 있고 본제도의 목적 중 하나는 양형에 대한 피해자의 주관적 사정을 더 합리적으로 반영시키는 것이다. 그러나 이 제도의 주목적은 공판에서 피해자의 생각을 진술하는 것을 인정하고, 이를 통하여 재판절차에 대한 확신을 높이는 것에 있다.

(2) 피해자참가제도

의견진술제도는 피해자가 특별한 법적지위의 주체로써 형사재판에 참여하는 것을 인정했다는 점에서 획기적이지만, 그것은 어디까지나 의견진술이라는 제한된 측면에서의 참여를 인정한 것에 불과하다. 2004년에 성립된「범죄피해자 등 기본법」에서는 범죄피해자에 대한 개인의 존엄이 중시되어 그 존엄에 합당한 처우를 보장받을 권리를 가진다(범죄피해기 제3조 제1항)는 전제하에서 국가 및 지방공공단체에 대하여 범죄피해자 등이 피해 관련 절차에 적절하게 참여할 수 있도록 형사절차에 대한 참여 기회를 확충하기 위하여 제도를 정비할 것이 요구되었다(동법 제18조). 2007년의 형사소송법 개정에 의해 피해자참가제도가 도입되었다.

이와 같이 피해자참가제도는 피해자의 "개인의 존엄"의 존중을 근거로 창설되었으며, 여기에서 그 근간을 이루는 인간의 생명, 신체 또는 자유를 침해하는 죄(① 고의의 범죄행위에 의해 사람을 사상에 이르게 하는 죄, ② 강제추행, 강제성교 등, 준강제추행, 준강제성교 등, 감호자추행, 감호자성교 등의 죄, ③ 업무상 과실치사상 등의 죄, ④ 체포 및 감금의 죄, ⑤ 약취 및 유인, 인신매매 등의 죄, ⑥ 자동차운전사상행위처벌법 제4조(과실운전치사상알코올 등 영향발각면탈), 제5조(과실운전치사죄), 제6조 제3항 및 제4항(제4조 및 제5조의 죄의 무면허운전에 의한 가중)의 죄)가 대상범죄로 되어 있다. 이러한 죄의 피해자 등이 재판소에 대하여 피고사건의 절차에 대한 참가를 신청한 경우에 재판소는 범죄의 성질, 피고인과의 관계, 그 밖의 사정을 고려하여 상당하다고 인정되는 때에는 절차 참가를 허락하도록 되어 있다(형소 제316조의33).

피해자참가인에게는 ① 공판기일 등의 출석(형소 제316조의34), ② 증인신문(동법 제316조의36), ③ 피고인 질문(동법 제316조의37), ④ 사실 또는 법률의 적용에 관한 의견 진술(동법 제316조의38)의 권한이 인정되고 있다.[58] 이 중에서 ②의 증인신문은 그 대상이 정상에 관한 사항(범죄사실에 관한 것을 제외한다)에 대하여 증인이 한 진술의 증명력을 다투기 위해 필요한 사항으로 한정하고 있다. 또한 ③의 피고인 질문은 의견진술을 위해 필요한 경우에 실시하도록 되어 있다.

이에 반하여 소인訴因의 설정권, 증거조사청구권, 상소권 등은 인정되지 않는다. 즉, 피해자참가인에게는 심판대상을 설정할 권한이 없을 뿐만 아니라 범죄사실 입증에 직접적으로 관련 있는 행위를 할 권한도 인정되지 않는데, 그 권한은 검찰관의 권한과 비교해 볼 때 상당히 제한된 것이다.

한편, 피해자참가인은 검찰관에 대하여 당해 피고사건에 대한 검찰관의 권한의 행사에 대하여 의견을 진술할 수 있으며, 검찰관은 당해 권한을 행사 또는 행사하지 않을 때에는 필요에 따라 당해 의견을 진술한 피해자참가인에 대하여 그 이유를 설명해야 한다(형소 제316조의35). 또한 개개의 권한 행사에 있어서도 먼저 피해자참가인이 검찰관에게 신청하고, 다음으로 검찰관을 통해 재판소에 신청하는 형태로 되어 있다(동법 제316조의36 제2항, 제316조의37 제2항, 제316조의38 제2항).

지금까지 살펴본 바와 같이, 피해자참가제도는 기존 형사재판의 당사자 대립구조를 유지하면서 거기에 피해자의 절차참여를 인정하는 것으로, 본제도하에서도 피해자는 독립적인 소송당사자로 자리매김하지 못하고 있다. 다만, 피해자참가인은 검찰관의 보조인이 아니며, 독자적인 판단으로 권한을 행사할 수 있다. 그러나 이는 피해자참가인과 검찰관이 완전히 독립하여 각각 활동을 한다는 것이 아니며, 본제도는 양쪽의 밀접한 의사소통을 전제로 하고 있다.

이상 살펴본 바와 같이, 형사소송법의 개정에 의해 피해자의 형사재판 참가가 제도로 인정받게 되었으나, 범죄피해로 인한 심신의 타격이나 법적 지식의 부족을 이유로 피해자참가인이 법에서 규정한 권한을 스스로 행사하는 것이 곤란한 경우도 있다. 그래서 피해자참가인은 변호사에게 그 권한의 행사를 위탁할 수 있도록 되어 있다.[59] 그리고 피해자참가변호사의 지원 여부가 피해자의 자력에 의해 좌우된다는 것은 공평하지 않기 때문에, 피해자의 현금, 예금 등의 자산총액에서 범죄

---

58 피해자참가인이 「형사소송법」 제316조의34의 규정에 의해 공판기일 등에 출석한 경우에는 이를 위한 여비 등이 지급된다(범죄피해보호 제5조).

59 피해자참가인으로부터 위탁받은 권한을 행사하는 변호사를 피해자참가변호사라 한다(범죄피해보호 제11조 제 1항).

로 인한 치료비 등을 공제한 금액이 기준금액에 미달하는 경우에는 피해자참가인은 당해 피고사건이 소송계속중인 재판소에 대하여 국가비용으로 피해자참가변호사(국선피해자참가변호사)의 선정을 청구할 수 있다(범죄피해보호 제11조). 이 경우 피해자참가변호사는 일본사법지원센터(법테라스)에 의해 후보자 지명 및 재판소 통지를 거쳐 선정된다.

2016년에는 통상 제1심에서 피해자참가가 허가된 피해자 등의 수는 총 1,396 명인데, 그중에서 1,100명이 변호사에게 위탁하고 있으며, 그중에서 국선피해자참가변호사가 선임된 경우는 578명이었다.[60]

(3) 피해자 참여에 대한 비판

피해자에게 형사재판 참여를 인정하는 것에 대하여 이는 실체적으로 존재하는 피해자를 전제로 한 것이기 때문에 무죄추정의 원칙에 반한다는 원리적인 비판이 있다. 그러나 형사절차에서의 피해자란 어디까지나 공소사실에서 피해자로 된 자에 불과하며, 피고인의 유죄를 전제로 하는 것은 아니다. 따라서 이러한 의미에서 피해자의 참여를 인정하더라도 그것이 무죄추정의 원칙에 반하는 것은 아니다. 다만, 이것과는 별개로 피해자가 된 자가 재판에 참여하면 마치 피고인이 범죄를 저지른 것처럼 취급받기 쉽다는 문제는 있다. 그러나 이것은 그러한 심증을 배제해야 하는 문제이며, 그 때문에 피해자 참여가 무죄추정의 원칙에 반한다고 해서는 안 될 것이다.

또한 실제적인 문제로, 피해자 참가로 인해 ① 피고인이 위축되어 충분한 방어를 할 수 없게 되고, ② 피해자의 처벌감정이 그대로 공판에 흘러들어 냉정한 심리가 불가능해지고, ③ 특히 재판원과의 관계에서 사실인정과 양형이라는 양쪽 측면에서 부당한 영향을 끼친다는 비판도 있다. 이 중에서 ①과 ②에 대해서는 공판을 담당하는 재판소가 그러한 상황이 발생하지 않도록 소송을 운영함으로써 해결해야 할 것이고, 실제로도 지적된 문제는 발생하지 않고 있다. 또한 ③에 대해서도 피해자가 참가하여 잘못된 사실인정이 이루어졌는지, 부당하게 중한 양형이 부과되었는지에 대한 사례는 확인되지 않고 있다. 양형에 대하여 피해자가 심정이나 의견을 진술하는 것이 양형에 영향을 주는 것은 부정할 수 없다고 하더라도, 이것은 양형의 고려 요소의 하나에 불과하고, 재판원은 피고인의 진술에도 영향을 받기 때문에

---

60 2017년 범죄백서, 238쪽.

일반적으로 양형이 무거워진다고 할 수 없을 것이다.

4. 형 집행단계 참여

형 집행단계에서 피해자가 직접 절차에 참여하는 제도는 존재하지 않았으나, 갱생보호법 제정에 의해 ① 가석방 심리에서 미리 신청한 피해자 등으로부터 의견을 청취하는 제도(갱생 제38조)와, ② 보호관찰 중에 미리 신청한 피해자 등으로부터 그 심정 등을 청취하여 보호관찰대상자에게 전달하는 제도(동법 제65조)가 도입되었다.

5. 소년사건

2000년의 소년법 개정을 통해 피해자 등이 피해에 관한 심정, 그밖에 사건에 관한 의견 진술의 신청을 한 때에는 재판소가 청취하는 제도가 마련되었다(소 9조의 2). 의견 청취의 형태에는 (a) 심판정에서 재판관이 실시하고, (b) 심판정 외에서 재판관이 실시하고, (c) 심판정 외에서 가정재판소 조사관이 실시하는 3가지가 있다. 형사재판의 경우에는 공판정에서의 의견진술이 피고인의 면전에서 실시됨에 비하여, 소년보호절차에서의 의견청취는 반드시 심판정에서 소년을 앞에 두고 행해지는 것이 아니다. 이는 의견청취도 소년의 건전한 육성을 방해하지 않는 범위에서 인정되는 것이며, 사안에 따라서는 소년이 재정하는 심판기일에 의견청취를 실시하는 것이 타당하지 않을 수도 있음을 고려한 것이다.

Ⅳ 범죄로 인한 재산적 피해의 회복

1. 제도의 형태

피해자는 범죄로 인해 입은 손해에 대하여 민사절차를 통해 가해자에게 배상을 요구할 수 있다. 그러나 손해배상을 요구하는 민사재판을 하는 것은 비용 지출은 물론, 많은 노력과 시간을 요구하며, 범죄로 인해 상처받은 피해자에게 정신적 · 경제적으로도 큰 부담이 된다. 이에 대한 대책으로 여러 외국에서는 당해 범죄를 대상으로 한 형사절차 안에서 손해 회복을 도모하기 위한 제도를 마련하여 피해자 부담을 경감시키는 기능을 담당하고 있다. 이러한 제도는 크게 3가지 유형으로 나눌 수 있다.

첫 번째는 가해자에 의한 손해회복행위 그 자체를 양형의 고려요소로 삼는 제도이다. 예를 들어 가해자가 피해자에게 손해배상을 한 경우에는 그 형을 면제 내지 경감한다는 취지의 명문규정을 두는 제도가 이에 해당한다.

두 번째는 형사절차와 민사절차를 결합하여 형사절차에서 손해회복을 도모하는 제도이다. 그 대표적인 형태가 이른바 부대사소이다. 이것은 주로 대륙법계의 여러 국가에서 채택되고 있으며, 동일한 재판소가 형사절차에서 당해 범죄에 대한 민사상의 청구에 대해서도 심리하여 형사판결과 동시에 민사상의 청구에 대해서도 판단을 내리는 것이다. 일본의 (구)형사소송법도 채택하고 있었다. 이를 통해 피해자가 별개의 민사소송을 제기하는 수고를 덜고 신속한 손해회복이 가능하게 됨과 동시에 양쪽 절차의 판단의 불일치도 방지할 수 있다는 장점이 있다.

세 번째는 손해배상명령이다. 이것은 주로 영미법계의 여러 국가에서 채택되고 있는 제도이며, 형사재판소가 다른 형벌이나 처분과 동시에 또는 이를 대신하여 형벌로 손해배상을 명하는 것이다.

이처럼 형사절차에서 피해자의 손해회복을 도모하고자 하는 제도에 대해서는 민사와 형사의 분리라는 역사의 흐름에 역행하는 것은 아닌지라는 의문도 있을 수 있다. 그러나 국가의 형벌권 독점이 바로 형사절차와 민사절차를 완전히 분리해야 한다는 결론을 가져오는 것은 아니다.

일본에서는 형사절차 및 민사절차가 제도적으로 분명히 구별되어 있으며, 상기의 제도는 어떤 것도 존재하지 않는다. 그러므로 피해자가 범죄로 입은 손해를 회복하기 위해서는 가해자 측이 임의로 응하지 않는 한, 결국 민사소송에 의할 수밖에 없다. 다만, 형사절차를 통한 형태로 손해회복 도모를 목적으로 하는 제도는 몇 가지 존재하고 있다.

2. 형사화해

실무적으로는 피해자와의 합의 성립 여부가 검찰관의 기소 · 불기소의 결정 및 재판소의 양형에서 고려되기 때문에 변호인을 통해 합의가 이루어지는 경우가 많으며, 이것이 곧 형사절차를 통한 손해회복에 사실상 도움이 되고 있다. 다만, 합의라는 것은 법률적으로는 어디까지나 재판 외의 화해에 불과하기 때문에, 만약에 관련 문서를 작성하여 재판소에 제출하여 양형자료로 사용된다고 하더라도 그것만으로는 채무명의가 될 수 없고 집행력을 가지지 않는다. 그러므로 가해자가 그 이행을 성실히 수행하지 않으면 피해자로서는 민사소송을 새로 제기하여 확정판결을 받아 강제집행을 할 수밖에 없게 된다. 그래서 이에 대한 수단으로 민사상의 화해를 기재한 공판조서에 집행력을 부여하는 제도가 마련되어 있다(범죄피해보호 19조).

이는 피고인에 대한 공판이 진행되는 동안에 피고인(보증인도 포함한다)과 피해자 사이에서 당해 범죄로 인한 피해를 포함하는 민사상의 분쟁에 대하여 합의가 성립된 경우 양 당사자가 공동으로 형사재판소에 대하여 합의내용을 공판조서에 기재하도록 요구할 수 있고, 이렇게 기재된 경우에는 그 기재에 재판상 화해와 동일한 효력을 인정하는 것이다. 이것은 재판 외에서 양 당사자 사이에 합의가 성립되는 것을 전제로 한 제도이며, 형사재판소가 스스로 적극적으로 범죄에 유래(由來)하는 민사상의 문제에도 개입하여 화해를 권하는 것은 아니다. 또한 양 당사자의 합의를 전제로 하는 이상, 피고인이 기소사실을 다투거나 피고인 측이 합의를 요구하더라도 피해자가 희망하지 않는 경우에는 이용할 수 없다는 한계가 있다.

3. 피해회복급부금제도

형사절차에서 피해자의 손해회복을 도모하기 위한 제도로는 범인이 피해자로부터 획득한 재산을 국가가 형사절차에서 범인으로부터 몰수·추징한 후에 피해자가 입은 손해의 회복에 충당하는 제도를 생각해 볼 수 있다. 이러한 발상으로부터 나온 것이 피해회복급부금제도이다.

「조직적 범죄 처벌법」은 범죄수익에 대하여 광범위한 몰수·추징제도를 규정하고 있는데, 범죄수익 등이 범죄피해자의 재산인 경우에는 원칙적으로 몰수·추징을 인정하지 않는다(조직범죄 제13조 제2항, 제16조 제1항). 이는 몰수·추징이 이루어지면 그 재산은 국고에 귀속되기 때문에 피해자의 손해회복에 방해가 되기 때문이다. 그러므로 범죄피해재산을 몰수·추징의 대상에서 제외하는 제도는 원래 피해자를 보호하기 위한 것인데, 반면에 피해자가 소송을 제기하지 않으면 결국 범죄수익이 범인의 수중에 남게 되는 결과가 된다. 그래서 범죄의 성질에 비추어 범인에 대한 손해배상청구권의 행사가 곤란한 경우 등에는 범죄피해재산에 대한 몰수ㆍ추징을 인정하고(동법 제13조 제3항, 제16조 제2항), 또한 몰수ㆍ추징한 범죄피해재산은 「범죄피해재산 등에 의한 피해회복급부금의 지급에 관한 법률」에 따라 피해회복급부금으로 피해자에게 지급하도록 되어 있다(동법 제18조의2 제2항).

본 제도는 국가가 적극적으로 피해자가 범죄로 인해 입은 손해의 회복을 도모한다는 점에서 획기적이기는 하지만, 급부금은 몰수ㆍ추징된 재산을 재원으로 국가가 피해자에게 지급하는 것으로서, 국가가 몰수ㆍ추징이라는 형식으로 피해자를 대신하여 피해금액에 상당하는 금액을 가해자로부터 징수하여 피해자에게 지급하는 것은 아니다. 신고된 피해총액이 몰수ㆍ추징한 총액보다 많은 경우에는 피해금액에 따라 재원을 배분하는 형태를 취할 수 있기 때문에, 지급금액은 개별 피해자의 피해금액과 반드시 일치하지 않으며, 그보다 적은 경우도 있을 수 있다. 또한 이 제도의 대상이 되는 범죄는 조직적 범죄처벌법이 적용되는 재산범 등에 한정되어 있기 때문에, 그 이외의 범죄로 인한 손해의 회복은 통상 민사재판을 통해서 이루어져야 한다는 점은 변함이 없다고 할 것이다.

4. 손해배상명령

(1) 제도창설의 배경

손해배상을 요구하는 민사소송을 제기하는 것은 정신적ㆍ경제적으로 큰 부담이 된다. 그래서 「범죄피해자 등 기본법」은 국가 및 지방공공단체에 대하여 범죄로 인한 피해와 관련된 손해배상청구의 적절하고 원활한 실현을 도모하기 위하여 범죄피해자에 의한 손해배상청구에 대한 지원을 제공할 뿐만 아니라, 당해 손해배상의 청구에 대하여 피해 관련 형사절차와 유기적인 연계를 도모하기 위한 제도의 확충 등 시책을 강구할 것을 요구하고 있다(범죄피해기 제12조). 이를 수렴하여, 제1차 범죄피해자 등 기본계획에서는 형사절차의 성과를 이용하여 손해배상청구에 관한 범죄피해자 등의 노력을 줄이고, 간이ㆍ신속한 절차로 할 수 있는 제도를 새롭게 도입하는 방향으로 검토되었다. 이에 따라 2007년에 범죄피해자 등의 손해배상청구에 대해 형사소송절차와 연계된 특별한 재판절차가 창설되었다(범죄피해보호 제23조 이하).

(2) 제도의 개요

법으로 정한 일정한 범죄[61]의 피해자 또는 일반승계인은 범죄에 관한 형사피고사건이 소송계속중인 재판소에 당해 범죄사실을 원인으로 하는 불법행위에 따른 손해배상명령을 신청할 수 있다. 이러한 신청이 받아들여진 경우 형사재판에서 유죄판결 선고 후 동일한 재판소에서 자동으로 이를 위한 심리가 개시된다. 심리는 간이·신속한 절차로 진행되기 때문에 원칙적으로 4회를 한도로 진행되며, 형식도 반드시 구두변론을 거칠 필요가 없으며, 신문형식을 취할 수도 있다고 되어 있다. 심리 결과, 재판소에 의해 손해배상명령이 이루어져 이에 대한 적법한 이의신청이 없을 때에는 손해배상을 명한 재판은 확정판결과 동일한 효력을 가진다. 다른 한편, 피고 측에서 적법한 이의신청이 있을 때에는 민사재판소에 소송이 제기된 것으로 간주하여 통상의 민사소송으로 이행移行된다.

(3) 제도의 평가

본 제도는 범죄로 인해 발생한 손해의 배상에 대하여 그것이 민사상의 배상이라는 전제를 유지한 후, 그 청구에 관한 심리절차도 형사재판에서 유죄판결이 선고된 후에 손해배상명령에 대한 심리를 개시하는 형태를 취함으로써, 그 절차를 형사절차와 독립적인 것으로 하고 있다. 이러한 점에서 여러 외국에서 채택하고 있는 손해배상명령이나 부대사소와도 다르다. 그러나 형사사건 심리를 담당하고, 유죄판결을 선고한 재판소와 동일한 재판소가 계속해서 손해배상명령의 심리를 담당하는 동시에 그 심리에서 증거조사를 할 때에는 처음에 형사피고사건의 소송기록을 직권으로 조사하는 형태를 취함으로써 재판소가 형사재판에서의 심증을 손해배상명령사건의 심리에 사실상 계속 유지할 것으로 예상된다. 이로 인해 형사절차의 성과를 이용하여 간이하고 신속하게 범죄를 통해 입은 손해회복을 도모할 수 있게 되었다.

다른 한편, 본 제도는 대상을 간이·신속한 절차로 처리할 수 있는 사건으로 한정하고 있기 때문에 피고인이 손해배상명령사건의 심리에서 기소사실을 철저하게 다투어 새로운 증거를 제출하려는 사건이나, 그렇지 않더라도 복잡한 민사상의 문제를 포함하는 사건은 손해배상명령 신청이 이루어진다고 하더라도 통상의 민사소

---

61 대상범죄는 ① 고의의 범죄행위에 의해 사람을 사상에 이르게 한 죄, ② 강제추행, 강제성교 등, 준강제추행 및 준강제성교 등, 감호자추행 및 감호자성교 등의 죄, ③ 체포 및 감금의 죄, ④ 약취 및 유인의 죄, 이러한 죄의 미수범 및 그 범죄행위에 ②부터 ④의 범죄행위를 포함하는 죄이다(범죄피해보호 제23조 제1항).

송으로 이행移行될 가능성이 높다. 그러한 의미에서 본제도는 통상의 민사재판을 일반적으로 대체하기 위한 것이 아니라 피해자가 범죄로 인해 발생한 손해를 회복하기 위하여 가능한 절차의 선택지를 하나 추가한 것으로 볼 수 있다.

제 2 절 형사절차 밖에서의 피해자 보호와 구제

Ⅰ 범죄피해급부제도

1. 제도의 취지

범죄피해자 및 그 가족에 대하여 공적기금을 통한 금전을 급부하는 제도는 1963년에 제정된 뉴질랜드의 범죄피해보상법을 시작으로 각국에서 입법되었고, 일본에서도 많은 희생자를 낸 폭탄사건의 발생 등을 계기로 소화昭和 55(1980)년에 「범죄피해자 등 급부금지급법」이 제정되었다.[62] 피해자는 범죄로 인해 생명을 빼앗기고, 신체에 상해를 입는 등 큰 피해를 입을 뿐만 아니라 집안의 기둥을 잃음으로써 수입이 끊어지거나 장기치료 비용의 부담 등으로 인해 피해자나 그 가족이 경제적으로 곤궁에 빠지는 경우도 적지 않다. 한편, 가해자 측은 통상 자력資力이 없기 때문에 피해자가 충분한 손해배상을 받는 경우는 드물다. 그와 같은 경우 사회연대정신에 입각하여 피해자 등에 대하여 정신적 · 경제적 손해의 회복을 지원함으로써 법질서에 대한 불신을 제거하는 것이 본제도의 취지이다.

2. 제도의 개요

급부금의 지급요건은 사람의 생명 · 신체를 해하는 고의에 의한 범죄행위로

---

62 「범죄피해자 등 급부금지급법」은 2001년 및 2008년에 크게 개정되어 급부내용이 대폭 확충되었고 급부금 지급 이외에 지원조치에 관한 규정이 마련되기도 하여, 현재는 명칭이 「범죄피해자 등 급부금의 지급 등에 의한 범죄피해자 등의 지원에 관한 법률」(범죄피해자지원법)로 변경되었다.

인하여 사망, 중상병重傷病[63] 또는 장애의 결과 발생이다. 긴급피난이나 행위자가 책임무능력을 이유로 범죄가 성립되지 않는 경우도 포함된다(범죄피해급부 제2조 제 1항).

다른 한편, 대상이 되는 범죄행위는 일본 국내 또는 일본 국외에 있는 일본 선박 또는 일본 항공기 내에서 발생하는 것으로 한정된다. 또한 범죄피해자와 가해자 사이가 친족관계이거나, 범죄피해를 입은 것에 대하여 피해자에게도 책임이 있는 경우 등에는 급부금의 전부 또는 일부를 지급하지 않을 수 있다(범죄피해급부 제6조).

급부금에는 사망한 사람의 유족에 대한 '유족급부금', 중상병을 입은 사람에 대한 '중상병급부금', 장애가 남은 사람에 대한 '장애급부금'이 있다(범죄피해급부 제4조). 이 중에서 유족급부금과 장애급부금의 금액은 정령으로 정한 바에 따라 산정되는 급부기초액에 정령으로 정하는 배수를 곱하여 산정된다. 급부기초액은 연령단계별로 최고 금액과 최저 금액을 정하고 그 범위 내에서 피해자의 근로소득에 따라 산정되며, 한편으로 배수는 유족급부금에서는 유족의 생계유지 상황을 감안하고, 장애급부금에서는 장애의 정도를 기준으로 정해지고 있다. 급부기초액 및 배수는 서서히 인상되어 현재는 유족급부금의 최고 지급액은 2억 9,645만 원, 장애급부금의 경우에는 3억 9,744만 원이다. 또한 중상병급부금은 보험진료에 의한 치료비의 자기부담 상당금액(1년을 한도로 한다)에 범죄피해로 인해 휴업한 기간에 따라 산정한 금액을 가산한 금액을 지급한다.[64] 다만, 상한은 1,200만 원이다.

급부의 유무 및 급부금액은 신청을 받아 도도부현의 공안위원회가 결정한다. 2016년에는 지급결정이 390건, 결정총액은 88억 2,301만 원이다.[65]

급부금의 성격에 대하여 가해자의 피해자에 대한 손해배상을 국가가 대신 지급하는 것이 아니라 손해의 일부를 전보한다는 요소를 포함하는 위문금적인 것으로

---

63 치료가 1개월 이상인 동시에 3일 이상의 입원을 필요로 하는 부상 또는 질병을 말한다(범죄피해급부 제2조 제5호). 다만, 당해 질병이 정신질환인 경우에는 입원은 불필요하며, 그 증상의 정도가 3일 이상 근로가 불가능할 정도면 된다고 되어 있다.

64 보험진료의 실시가 전제이기 때문에, 예를 들어 성범죄의 피해자가 임상심리사로부터 상담을 받은 경우 그 비용은 중상병급부금의 대상이 되지 않는다. 그래서 2016년도부터 범죄피해자가 스스로 선택한 정신과의사, 임상심리사 등에 의한 상담비용에 대하여 도도부현 경찰이 공적기금으로 부담하는 제도가 실시되고 있다. 2017년 4월 1일 현재, 성범죄는 36개 도도부현, 일반 신체범은 33개 도도부현에서 제도가 운용되고 있다.

65 경찰청 급여후생과, "平成28年度中における犯罪被害給付制度の運用状況について", 2017년 5월.

제도 창설 당시 설명되었다. 그러나 위문금이라고 하면 은혜적인 것으로 받아들여지기 쉽지만, 급부금은 신청에 따라 일정한 요건을 갖추어지면 반드시 지급해야 하는 것이며, 공안위원회의 결정에 대한 불복신청도 인정되고 있기 때문에 법적인 권리성을 가지고 있다. 또한「범죄피해자 등 기본법」에 의해 범죄피해급부제도도 범죄피해자의 지원을 위한 시책의 일환으로 자리매김하며, 그 지급액이나 지급대상이 대폭 확대되었다. 이러한 사정을 감안하면 급부금은 위문금이라기보다는 범죄피해자 등이 범죄피해로부터 회복하고 자립하는 것을 경제적으로 지원하기 위한 지원금이라고 해야 할 것이다.[66]

3. 제도의 전개와 향후 과제

(1) 제도개정의 경위

본 제도에 대하여 다양한 관점에서 재검토를 위한 제언을 있었고, 일정 부분 해결되어 왔다. 첫 번째로, 그 적용대상이 일본 국내에서 발생된 범죄피해에 한정되어 있다는 점에 대하여 범죄피해급부제도의 취지는 국외에서 일본국민이 피해를 입은 경우도 지급대상에 포함시켜야 한다는 의견이 있다. 그러나 이에 대하여 현재 범죄피해급부제도는 부지급사유 해당 여부 등에 대하여 상세한 사실조사를 전제로 하고 있으며, 국외의 범죄피해에 대해서는 적용이 곤란하여 상당한 시간을 필요로 하는 사례가 많을 것으로 예상되기 때문에 본제도를 적용하는 것은 적절하지 않다는 지적이 있었다.

그래서 양쪽의 의견을 감안하여 2016년에 「국외 범죄피해자의 유족에 대한 조위금 등의 지급에 관한 법률」이 제정되어, 범죄피해급부제도와는 별도로 국외에서의 범죄피해자 등에게 일정한 금액을 지급하는 제도가 창설되었다.

본법의 내용은 일본 국외에서 저질러진 사람의 생명 또는 신체를 해할 고의의

---

66 奥村正雄, "犯罪被害給付制度の現状と課題", 被害者学研究 25호, 2015, 133쪽. 더 나아가 범죄피해자에게 국가에 대하여 피해보상을 청구할 권리가 있으며, 범죄피해급부제도는 그 권리를 구체화한 것으로 봐야 한다는 견해도 있다(高橋則夫, "被害者の財産的損害の回復", ジュリ 1163호, 1999, 73쪽). 이러한 견해는 국가에게는 범죄를 방지하고 국민의 생명, 신체를 보호할 의무가 있다는 것을 전제로 하는데, 이를 처음부터 법적 의무로 볼 수 있는지 의문이며, 반대로 이를 인정한다 하더라도, 국가가 국민의 일거수일투족을 감시하는 사회라면 몰라도 현재 범죄가 발생한 경우에 그 사정을 묻지 않고 국가에게 의무위반이 있다고 평가하는 것은 곤란할 것이다.

범죄행위에 의해 일본국적을 가지고 있는 자(일본 국외의 영주권자는 제외된다)가 사망하거나 1급 장애가 남는 경우에 정액의 조위금 내지 위문금을 지급한다는 것이다. 지급액은 전자의 경우에는 유족에 대하여 2,000만 원, 후자의 경우에는 피해자에 대하여 1,000만 원으로 되어 있다. 현행 범죄피해급부제도와 달리, 엄격한 사실조사를 기반으로 하는 인정 없이 일정액을 지급하는 형태로 이루어지고 있다.[67]

두 번째로, 특히 최근에는 친족 간의 범죄인 경우가 부지급 사유가 되고 있다는 점에 대하여 재검토를 요구하는 주장이 탄력을 받고 있다.

범죄피해자지원법은 범죄피해자 등 급부금의 전부 또는 일부를 지급하지 않을 수 있는 사유로 범죄피해자와 가해자 사이의 친족관계(사실상의 혼인관계를 포함한다)의 존재를 들고 있다(범죄피해급부 제6조 제1호). 이에 따라 동법의 시행규칙에서는 첫 번째로 범죄행위 시에서 범죄피해자 또는 제1순위 유족과 가해자 사이가 ① 부부, ② 직계혈족, ③ 동거 형제자매 관계인 경우에는 전액 부지급으로 하고(제2조), 두 번째로 범죄피해자 또는 제1순위 유족과 가해자가 3촌 이내의 친족에 해당하는 친족관계인 경우에는 본래 금액의 3분의 1만 지급하고(제3조), 세 번째로 범죄피해자 또는 제1순위 유족과 가해자 사이에 이 이외의 친족관계가 있는 때에는 본래 금액의 3분의 2를 지급하도록 되어 있다(제7조).

이렇게 친족 간 범죄에 대하여 급부금 지급을 제한하는 근거로는 ① 범죄피해 급부제도의 대상은 묻지마 범죄 내지 이에 준하는 범죄피해가 상정되고 있어, 본래 상호 협력해야 하는 가족 사이에서 발생한 범죄는 똑같이 볼 수 없고, ② 친족 간의 범죄의 경우 범죄가 발생되기까지 오랜 기간 동안의 불화나 친족관계가 아니고는 발생할 수 없는 범죄가 많고, ③ 친족 간의 범죄에 대하여 급부금을 지급하면 그 금액이 가해자에게 전달되어 오히려 가해자를 이롭게 할 우려가 있다는 점 등이 열거되고 있다.

그러나 이러한 근거에 대해서는 각각 ① 현재는 본제도의 창설 당시와 달리 가족제도의 성격이 변하고 있으며, 친족 간의 범죄라 하더라도 형태가 다양하기 때문에 친족 간의 범죄에 급부금을 지급하는 것에 대해 국민적인 합의를 얻을 수 있는

---

[67] 이 외에 조위금의 부지급 사유로써 가해자와 친족관계에 있거나 범죄발생에 관하여 피해자 측의 귀책사유의 존재에 더하여 피해자가 범죄의 발생 시에 정당한 이유 없이 치안상황에 비추어 생명 또는 신체에 대한 고도의 위험이 예측되는 지역에 소재하고 있었던 것이 규정되어 있다는 점도 현행의 범죄피해급부제도와는 다르게 되어 있다.

경우도 있을 수 있으며, ②친족 간의 속박이나 불화가 친족관계 이외의 범죄에서 부지급사유나 감액사유가 되는 피해자의 귀책사유에 필적할 정도의 것인지는 의문이며, ③ 가해자를 이롭게 할 위험성이 인정될 수 있는 사안이라 하더라도 그것은 별도의 대책을 세움으로써 피할 수 있기 때문에 그 위험성을 이유로 원칙적으로 부지급하는 것은 이상하다는 반론이 제기되고 있다.

친족 간의 범죄이기 때문에 사정 여하를 불문하고 급부금을 지급하지 않거나 감액하는 것에 합리성이 결여된 것은 확실하다. 실제로도 친족 간 범죄에 대하여 지급을 제한하는 원칙에는 제도 발족 당시부터 일정한 예외를 인정했고, 그 후 예외적으로 지급되는 경우가 확대되었다. 예를 들어 원칙적으로는 전액 부지급으로 되어 있는 부부 사이의 범죄피해에 대해 살펴보면, ① 피해자가 남편의 가정폭력으로 인해 혼인을 해소하려는 경우 등, 피해자와 가해자 사이의 혼인관계가 사실상 파탄되었다고 인정되는 사정이 있는 경우에는 본래 지급액의 3분의 1을, ② 이에 더하여 피해자 등의 신청에 따라 가해자에 대하여 DV방지법상의 보호명령이 내려진 경우에는 본래 지급액의 3분의 2를, ③ 가해자에 대하여 보호명령이 내려진 경우로 피해자 측에게 당해 범죄행위의 원인이 된 부주의 또는 부적절한 행위가 없는 등, 당해 범죄에 관한 사정을 감안하여 특히 필요하다고 인정되는 경우에는 전액이 지급되도록 되어 있다.

위의 예를 비롯하여 친족 간 범죄의 경우에는 급부금은 부지급 또는 일부만을 지급한다는 원칙에는 상당한 예외가 인정되어 왔다. 여기서 다시 일보 전진하여 원칙자체를 변경하여 친족 간 범죄를 특별하게 취급하는 것 자체를 그만두어야 한다는 주장이 제기되고 있는 것이다.

(2) 전문가검토회의 제언

범죄피해급부제도에 대해서는 제3차 범죄피해자 등 기본계획에서 ① 중상병 급부금의 지급대상기간 등의 방식, ② 범죄피해자에게 부담이 적은 지급 방식, ③ 청소년의 급부급 방식, 및 ④ 친족 간의 범죄피해에 관한 급부금 방식에 대하여 경찰청에서 실태조사나 다른 공적급부제도에 관한 조사를 1년을 목표로 실시하고, 이를 토대로 한 검토를 신속하게 실시하여 필요한 시책을 시행한다는 취지가 포함되어 있다. 이에 따라 경찰청이 실태조사를 실시하고 '범죄피해급부제도에 관한 전문가 검토회'가 설치되어 그 결과를 토대로 검토한 다음 2017년 7월에 '제언'을 발표하였다.[68] 위의 4가지 과제에 대하여 다음과 같은 제언이 이루어졌다.

먼저, 첫 번째 과제에 대해서는 조사결과 범죄를 원인으로 하는 부상과 질병의 치유 또는 증상이 고정될 때까지 소요된 기간은 3년 이내가 약 99%, 치료비의 자기부담 금액은 120만 엔 이하가 약 99%였던 것으로 판명되었기 때문에, 지급대상기간을 1년부터 3년으로 확대하는 한편, 상한금액은 120만 엔을 유지해야 한다고 하였다.

다음으로 두 번째 과제에 대해서는 범죄피해자 측이 요청하였던 치료비의 현물지급의 도입은 부상과 질병이 범죄행위를 원인으로 발생하였을 뿐만 아니라 부지급·감액사유의 존재 여부, 다른 공적급부나 손해배상의 유무 등이 인정되어야 하는 범죄피해급부제도에는 실현이 곤란하다고 하였다. 그래서 이와 별개로 임시 급부금의 지급금액의 제한을 완화하는 동시에 고액 요양비제도 등 기존의 의료비부담 경감제도를 철저하게 고지하고, 그 이용을 촉진하여 피해자 부담의 경감을 도모해야 한다고 제언하고 있다.

또한, 세 번째 과제에 대해서는 원래 어린 아이가 있는 젊은 피해자의 사망시 급부금의 증액을 요구하는 것이었으나, 조사결과 젊은 범죄피해자뿐만 아니라 폭넓은 연령대의 범죄 피해자에게 아이를 남기고 사망한 것으로 밝혀졌다. 그래서 제언에서는 범죄피해자의 연령에 착안하여 급부수준을 인상하지 않고, 오히려 반대로 유아의 연령에 착안하여 종래에는 일률적으로 범죄발생으로부터 10년에 상당하는 금액을 지급했던 것을 범죄발생 시의 연령을 묻지 않고 적어도 18세가 될 때까지 연도별로 충족하도록 유족급부금을 증액해야 한다고 제언하였다.

마지막으로 친족 간 범죄피해에 관한 급부금 방식에 대해서는 ① 종래의 복잡한 급부기준을 재검토하고, 친족관계가 사실상 파탄된 경우[69]에는 전액을 지급하고, ② 지급제한에 따른 친족유형을 합리화하고,[70] ③ 18세 미만의 자가 피해자 또

---

68 小堀龍一郎, "犯罪被害給付制度の課題と見直しの方向性", 刑ジャ 제54호, 2017, 57쪽 이하.

69 혼인관계나 양자결연관계가 사실상 해소된 경우 이외의 부부관계라면 피해자가 폭력으로부터 도망치기 위하여 별거하거나 이혼조정 중에 있는 경우 등이 이에 해당한다. 또한 부부사이나 직계혈족 사이에서 동거하는 가해자로부터 지속적인 폭력 등에 의해 양 당사자가 지배·예속관계에 있는 경우도 친족관계가 단절되어 있다는 의미에서 사실상의 파탄과 동일하게 볼 수 있을 것으로 생각된다(小堀, 앞의 주68), 65쪽).

70 ① 피해자와 가해자가 형제자매의 관계인 경우에는 동거 유무와 상관없이 원칙적으로 3분의 1 지급으로 분류할 것, ② 지금까지 원칙적으로 3분의 2를 지급하도록 되어 있던 3촌 이내를 초과하는 친족관계의 분류를 폐지하고, 개별 관계를 실질적으로 살펴보고 3분의 2로 지급하는 유형인 "밀접한 관계"의 안에서 판단할 것이 제언되고 있다.

는 제1순위 유족으로 수급자인 경우에는 친족관계를 이유로 하는 제한은 적용하지 않으며, ④ 가해자가 심신상실의 상태에 있는 경우에는 친족관계를 이유로 하는 제한은 적용하지 않으며, ⑤ 상기의 재검토에 의해 지급대상이 되는 사안이라도 만일 급부금을 지급할 경우에 가해자를 이롭게 할 우려가 있는 경우에는 부지급으로 하자는 취지의 제언이 이루어졌다. 피해자 및 제1순위 유족과 가해자 사이에서 친족관계가 있는 경우에는 그렇지 않은 경우와는 다르게 취급한다는 구분은 유지하면서도 친족 간의 범죄라도 피해자 등을 구제해야 하는 사안에 대해서는 급부대상에 포함하기 위한 제언이다.

이 제언을 바탕으로 경찰청에서 범죄피해자지원법의 시행규칙 및 정령의 개정 작업이 실시하였고, 2018년도에는 시행될 예정이다.

Ⅱ 공공기관에 의한 지원

1. 경찰의 지원

(1) 지원 구조

경찰청은 1996년에 '피해자 대책요강'을 수립하고, 범죄피해자에 대한 조직적·종합적인 노력을 개시하였다. 그 배경에는 피해자의 보호, 구제를 확대하는 국제적인 조류와 '범죄피해자실태조사연구회'에 의해 비로소 피해자 실태조사가 본격적으로 실시되고, 그중에서 피해자의 정신적 피해의 심각성과 경찰활동이 피해자에게 미치는 영향이 밝혀지게 된 점이 있다. 이 요강에 따라 각 도도부현 경찰은 각종 시책을 실시하여 피해의 회복, 경감 및 재발방지에 노력하는 동시에, 경찰활동의 과정에서의 피해자의 부담 경감에 노력하였다.

법령으로도 피해자의 보호, 구제가 경찰의 중요한 역할임을 명확히 하기 위해 먼저 규칙차원에서는 1999년에 범죄수사규범이 개정되어 수사할 때 필요한 피해자에 대한 배려, 피해자에 대한 수사경과 등의 통지, 피해자의 보호조치에 대한 명문규정이 마련되었다(제10조의2~제11조). 또한 법률 차원에서는 2008년의 「범죄피해자 등 급부금의 지급 등에 관한 법률」이 개정되어 경찰본부장 등이 피해자 등에 대하여 정보 제공 등의 필요한 지원을 제공하도록 노력해야 한다는 규정이 마련되었다(범죄피해급부 제22조 제1항). 이에 의해 피해자지원이 경찰의 책무임을 법률차원에서 명확히 규정하고, 이를 바탕으로 국가공안위원회가 '범죄피해자 등의 지원에 관한 지침'을 정하게 되었다.

이와 같은 경위를 거치고 2011년에 각의에서 제2차 범죄피해자 등 기본계획을 결정함에 따라, 2011년 7월에는 향후 5년 동안 특히 추진해야 하는 구체적인 시책이 포함된 「범죄피해자 지원요강」이 제정되었다. 여기에는 제2차 기본계획에 포함된 경찰관계의 시책 이외에 「피해자 대책요강」을 승계한 항목 및 기타 중요한 항목이 제2차 기본계획의 5가지 중점과제에 맞추어 제시되고 있으며, 이에 따라 「피해자대책요강」은 폐지되었다.

또한 그 후에 2016년 4월에 제3차 범죄피해자 등 기본계획의 국무회의 결정에 따라 그 후 5년 동안 경찰청이 추진해야 하는 구체적인 활동내용 및 그 추진요령을 제시한 '범죄피해자지원기본계획'이 수립되었다. 동계획은 '피해자가 잠재화되기 쉬운 범죄피해자 등에 대한 지원' 등 제3차 기본계획에 새롭게 포함된 방향성도 반영된 형태로 전부 51개의 시책을 담고 있다.

(2) 시책의 내용

경찰의 시책은 광범위하고 매년 충실해지고 있다. 구체적으로는 첫째, 조직상의 조치로 경찰청에 범죄피해자대책실이 설치된 것 이외에 도도부현 경찰에 이를 위한 담당계가 설치되었다. 또한 1998년부터 범죄수사와 피해자 대책을 동일한 경찰관이 담당하는 것은 곤란하다는 인식하에, 필요한 훈련을 받은 특정 경찰관에게 피해자 지원을 전문적으로 담당하도록 '지정피해자지원요원제도'를 실시하였다. 이 임무를 담당하는 경찰관이 사건발생 직후부터 피해자 곁에서 도와주고, 상담하는 동시에 필요한 조언이나 정보의 제공, 관계기관이나 단체와의 협력에 의한 지원, 이들 단체의 소개나 연계 활동을 실시하고 있다.

둘째, 피해자에게 정보를 제공하기 위한 시책으로 피해자연락제도를 창설하였으며, 형사절차의 흐름, 피해자가 이용할 수 있는 제도, 각종 상담기관·창구 등에 대하여 알기 쉽게 설명한 '피해자 안내서'를 작성하여 원칙적으로 살인, 상해, 성범죄 등의 신체범이나 뺑소니 사건이나 교통사망사고 등 중대한 교통사고사건의 피해자에 대하여 수사원 등이 필요한 설명을 하면서 교부하고 있다.

셋째, 피해자의 심정을 배려하는 수사를 하기 위해 경찰서에 피해자용 조사실을 마련하고, 조사 시 경찰시설에 출입하는 것 자체에 저항을 느끼는 피해자를 위해서 특별히 '피해자지원용차량'을 정비하여 피해자의 조사나 현장조사 등에 활용하고 있다.

넷째, 재피해방지조치로 1997년에 '재피해방지대상사건등록요령'이 제정되어 각 도도부현 경찰이 특히 주의를 요하는 사건을 등록하고, 피해자 집에 순찰 등의 조치를 실시하고 있다. 그 후 2001년의 경찰청의 통달에 따라 도도부현 경찰마다 '재피해방지요강'이 제정되었다. 그래서 범죄피해자 중에서 가해자의 재범에 의해 생명 또는 신체에 관한 범죄피해를 받을 우려가 크고, 조적적이고 지속적으로 재피해방지조치를 실시할 필요가 있는 자를 "재피해방지대상자"로 지정하여 재범방지를 위한 조치를 하는 것 및 실시체제를 정하고 있다. 구체적인 재범방지조치로 실시되는 것은 재피해방지대상자와의 관계에서는 방범지도나 경계조치를 실시하고, 필요한 경우에 가해자 석방 등의 정보를 알려주는 것, 가해자와의 관계에서는 그 동향을 파악하여 필요에 따라 지도경고 등의 조치를 실시하는 것 등이 있다.[71]

2. 검찰청의 지원

검찰청은 피해자 등 통지제도를 실시하고 있을 뿐만 아니라 1999년부터는 각 지검에 '피해자지원 요원'을 두고 있으며, 피해자의 다양한 상담에 대한 대응, 법정으로의 안내 · 보조, 사건기록의 열람이나 증거품의 반환 등 각종 절차 조력, 피해자지원을 실시하는 관계기관이나 단체 등의 소개 등을 지원하고 있다.

3. 기타 기관의 지원

일본사법지원센터(법테라스)는 범죄피해자지원 업무를 그 업무의 하나로 하고

---

71 2005년 6월부터 경찰에 대하여 법무성에서 어린이를 대상으로 한 폭력적인 성범죄로 형사시설에 복역하고 있는 자의 출소예정일, 출소 후의 거주예정지 등의 출소정보를 제공하는 제도가 시작되었다. 경찰은 대상자에 대하여 원칙적으로 5년 이상 계속적으로 거주를 확인하고, 출소자의 갱생이나 사회복귀를 방해하지 않도록 배려하면서 범죄의 예방이나 수사의 신속화 등에 활용하고 있다.

있다. 이는 본래업무와 수탁업무 쌍방에 걸친 것이며, 본래업무로는 범죄피해자 등의 지원에 관한 제도의 이용이나 범죄피해자지원을 실시하고 있는 기관·단체와 그 활동에 관한 정보 제공, 범죄피해자지원에 정통한 변호사 소개, 국선피해자참가변호사 선정에 관한 업무이다.[72] 수탁업무는 일본변호사연합회로부터 위탁을 받아 실시하고 있으며, 피해자 등이 변호사를 의뢰하여 지원받을 경우 변호사 보수나 비용 등을 지원하고 있다.[73] 또한, 범죄피해자만을 대상으로 하는 것은 아니지만, 법테라스가 본래 업무로 소관하고 있는 민사법률부조제도도 피해자가 가해자에게 손해배상청구를 하는 경우에 이용할 수 있다.

또한, 지방자치단체는 「범죄피해자 등 기본법」에 의해 피해자 지원에 관하여 지역상황에 따른 대책을 수립하여 실시할 책무를 진다(범죄피해기 제5조)고 되어 있어 담당부서이나 범죄피해자의 종합적 대응창구가 설치되면서 현재 설치율은 거의 100%에 도달하고 있다. 다만, 종합적인 대응창구는 피해자 상담에만 특화된 것은 아니며, 이를 위한 전문가가 배치되어 있는 곳은 소수인데다가, 그 이후에 구체적으로 피해자를 지원하는 시책을 실시하는 지방자치단체는 적은 것이 현실이다.

---

[72] 2016년의 종합법률지원법의 개정에 의해 스토커행위, 아동학대 및 배우자로부터의 폭력을 '특정침해행위'로 한 후에 특정침해행위를 실제로 당하고 있다는 의심이 있다고 인정되는 자를 지원하기 위하여 특정침해행위에 의한 피해방지에 관해 필요한 법률상담을 실시하는 것이 본래업무로 추가되었다(제30조 제1항 제5호. 2018년 6월까지 실행). 이 법률상담은 피해자의 자력(資力)을 묻지 않고 무료로 실시된다.

[73] 대상이 되는 것은 생명, 신체, 자유 또는 성적자유에 대한 범죄 및 DV, 스토커행위에 의한 피해를 받은 범죄피해자 등 중에서 일정한 자력(資力)요건을 충족하지못하는 자이다. 일본변호사연합회의 피해자법률지원사업을 법테라스가 수탁하여 실시하고 있으며, 그 비용은 일본변호사연합회가 회비에서 지출하고 있다. 변호사비용의 공비부담은 현재 피해자참가가 이루어지는 경우 국선피해자참가변호사에 관한 것으로 한정되어 있으나, 피해자법률지원사업은 고소·고발이나 조사에의 동행, 법정방청보조, 형사절차에서 화해교섭, 보도대응 등 범죄발생 직후부터의 폭 넓은 행위를 지원 대상으로 한다는 점에서 피해자지원에 있어서 큰 의의를 가지고 있으며 이에 대해서도 공비로 부담하는 제도를 창설해야 한다는 의견도 있다(武內大德, "犯罪被害者に対する支援の現状と課題", 論究ジュリ 6호, 2013, 133쪽).

Ⅲ 민간단체의 지원

피해자의 수요에 맞추어 세밀한 지원을 하기 위해서는 공공기관의 지원만으로는 한계가 있으며, 민간차원에서의 지원이 중요한 위치를 차지한다. 여러 외국에서는 영국의 VS^{Victim Support}, 미국의 NOVA^{National Organization for Victim Assistance}, 독일의 흰 고리^{Weisser Ring} 등 범죄피해자 지원을 위한 전국적인 조직이 1970년대 중반에 설립되어 피해자의 정신적 케어나 법정에서의 보조 등 폭넓은 실천적인 지원활동을 하고 있다.

일본에서는 과거 범죄피해급부제도와 같은 해에 발족한 '재단법인 범죄피해구원기금'이 있고, 범죄피해자의 자녀에 대한 장학금 급부사업을 중심으로 피해자상담이나 피해자지원단체에 지원해왔다. 최근에는 피해자 문제에 대한 관심이 높아지고 전국에서 다양한 조직이 생겼으며, 전화나 면접을 통한 상담활동, 법정으로의 동행 등 피해자에 대한 지원활동이 실시되고 있으며, 피해자지원에 종사하는 자원봉사자의 양성·연수 등도 실시되고 있다. 또한 1998년에는 전국의 민간피해자지원조직의 모임인 '전국피해자지원네트워크'가 설립되어 지원자의 훈련이나 연수이외에 새로운 지원단체의 설립의 추진 등을 위한 활동을 하고 있다.

나아가 2001년 「범죄피해자 등 급부금지급법」의 개정에 의해 도도부현 공안위원회가 일정한 요건을 충족한 민간피해자지원단체를 '범죄피해자 등 조기지원단체'로 지정하고, 경찰이 피해자 등의 동의를 받아 그 단체에 성명, 거주지 등 피해자 관련 정보를 제공할 수 있도록 하는 제도가 마련되었다(범죄피해급부 제23조). 이것은 피해를 받은 직후에 피해자가 어디에 지원을 요청하면 되는지 알기 어렵고 지원단체 측도 피해자의 지원신청이 없는 이상 충분한 정보를 얻을 수 없어 적극적·효과적인 대응이 곤란한 상황에 대응하기 위한 제도이다.

민간의 지원단체는 공공기관만으로는 충분히 대응할 수 없는 부분에 대하여 개별 피해자의 사정에 따라 유연하게 신속하고 지속적으로 지원할 수 있다는 장점을 가지고 있는데, 다른 한편 그 활동기반이 취약한 단체도 많아 단체에 따라 지원내용에 상당한 차이가 있다는 문제가 있다. 그래서 범죄피해자 등 조기지원단체를 포함하는 민간지원단체에 대해서는 공안위원회가 그 자주적인 활동을 촉진하기 위해 필요한 조언, 지도 등의 조치를 하도록 하고(범죄피해급부 제22조 제3항), 그 구체적인 내용과 이를 실시할 때의 유의사항을 정한 지침이 국가공안위원회에 의해 제정되었다.

Ⅳ 　다기관 협력에 의한 노력

이처럼 공공기관과 민간조직 양쪽에서 지원체제가 확실하게 정비되고 있는데, 개별 시책의 충실과 함께 피해자가 어디로 가면 어떤 지원을 받을 수 있는지 신속하게 알 수 있도록 하는 것이 중요하다. 그러한 점에서 공사를 불문하고 다양한 조직이 네트워크를 만들어 정보를 서로 공유하는 것이 필요하다. 이에 대한 조직으로 피해자 지원 관련 기관·단체가 참가하는 도도부현차원에서의 '피해자지원연락협의회'가 모든 도도부현에 설치되었다. 구성원은 경찰, 검찰청, 변호사회 이외에 의사회, 임상심리사회, 복지사무소, 현이나 시의 담당부서나 상담기관 등이다. 또한 개별 피해자의 구체적인 요구를 파악하고, 더욱 세밀하게 지원하기 위하여 경찰서의 관할구역을 단위로 한 피해자지원네트워크 구축이 진행되고 있다. 여기에는 경찰서, 시정촌의 생활지원담당과, 변호사, 병원 이외에 부동산업자, 운송회사, 공무(工務)점, 장의사 등, 사건 발생 후에 피해자가 직면하는 문제에 대응할 수 있는 다양한 민간업자도 포함되어 있다.

또한 성범죄·성폭력피해에 관해서는 소위 원스톱지원센터가 각지에 설립되고 있다. 이 센터는 특정한 장소에 민간피해자지원단체 등의 지원가가 상주하여 성범죄피해자에 대한 대응요령을 습득한 의사·간호사, 경찰, 임상심리사, 변호사 등과의 연락을 조정하고, 성범죄 피해자가 그 자리에서 산부인과의료, 상담, 법률상담 등 각종 필요한 지원을 받을 수 있도록 하는 동시에 피해신고서 접수, 조사, 증거자료 채취 등의 수사도 같은 장소에서 실시하는 것이다. 이는 성범죄피해자가 수사나 지원을 받는 과정에서 여러 장소로 이동해야 하는 것을 방지하고, 이를 통해 성범죄피해자의 부담을 경감하고 수사를 적절하게 추진하는 것을 목적으로 하고 있다.

지원센터의 형태로는 크게 ① 병원을 거점으로 하는 형태, ② 상담센터를 거점으로 하는 형태, ③ 상담센터가 중심이 되어 여러 협력병원이나 기타 기관과 협력하는 형태로 3가지 종류가 있다. 또한 설치·운영주체로는 지방공공단체나 민간단체가 있다.

지원센터는 2010년 4월 오사카에 개설된 '성폭력구제센터·오사카 SACHICO'가 처음으로 설치되었는데, 2015년 12월 각의로 결정된 '제4차 남녀공동참획기본계획'은 2020년까지 각 도도부현에 최저 1개의 원스톱지원센터를 설치한다는 목표를 설정하였다. 이에 따라 도도부현 및 내각부의 재정적 지원을 포함하여 설치를 추진하는 시책이 강력하게 추진되고 있어, 2017년 8월 1일 현재 38개 도도부현에 40개에 달하는 센터가 설립되어 있다.[74]

---

74 내각부 남녀공동참획국추진과 폭력대책추진실, "性犯罪·性暴力被害者のためのワンストップ支援センターの
    現状と課題", ひろば 제70권 11호, 2017, 27쪽.

제 3 장   회복적 사법

제 1 절   회복修復적 사법의 의의

형사사법제도에서 피해자의 지위를 개선, 강화하는 움직임은 이제 확고한 국제적 조류가 되고 있다. 그리고 최근에는 이에 그치지 않고, 형사절차나 형사사법제도의 목적 자체에 대하여 종래와는 달리 이해되고 있으며, 회복적 사법restorative justice으로 총칭되는 견해도 유력해지고 있다. 그 내용을 어떻게 파악할 것인지 자체가 아직 통일되지 않았으나 기본적인 견해는 다음과 같다.

지금까지 범죄라는 것은 규범 위반이며, 형사절차의 목적은 진실을 해명하고 범죄를 범한 자에게 형벌을 부과하여 실체형법을 실현하고, 응보, 일반예방, 특별예방이라는 효과를 달성하는 것이라고 생각되어 왔다. 여기에서는 국가와 범인 사이의 관계가 문제이며, 피해자는 기본적으로 그 외부에 있는 존재였다. 회복적 사법은 이와 달리, 범죄란 범인과 피해자 및 사회 사이에서 발생하는 분쟁이며, 형사사법제도의 목적은 그 분쟁을 제거하고 법적평화를 회복하는 것이라고 한다.

이러한 사고방식하에서 피해자는 분쟁의 일방 당사자이기 때문에 형사사법제도에서 중요한 역할을 담당하게 된다. 그리고 분쟁을 해결하기 위해 다양한 수단이 고려되는데, 형벌이라는 것은 한 가지 수단에 지나지 않기 때문에 만약에 그것보다 더 적절한 수단이 있다면 그것을 선택해야 한다. 이를 위한 방법으로 주목받고 있는 것이 가해자와 피해자의 화해프로그램이다. 이는 유럽의 여러 국가, 미국, 오세아니아 여러 국가 등에서 실시되는 것으로, 원래는 소년사건의 프로그램으로 발전해 온 것인데, 현재는 성인사건에도 적용되고 있다. 구체적인 방법은 각각의 국가, 지역에 따른 차이가 있는데, 기본적으로는 형사절차에서 가해자와 피해자가 대면하는 자리를 마련하고, 거기에서 범죄사실, 범죄 후의 사정, 양 당사자의 감정, 더 나아가 피해자가 입은 정신적, 물질적 손해에 대해 어떤 회복방법이 가능한지 등을 서로 논의하며, 예를 들어 가해자에 의한 사과, 금전을 통한 배상 등을 내용으로 하는 협정이 체결되는 것이다. 그리고 나서 가해자가 체결된 협정을 이행하면 그 절차단계에 따라 기소유예, 공판절차의 중단, 형의 면제나 경감과 같은 효과가 동반된다. 이 외에 지역에 따라서는 가해자와 피해자뿐만 아니라 그 가족이나 친구가 함께 하는 형태로 서로 논의하는 '집단회의'라는 형태, 더 나아가 사건에 관심이 있는 지역사회의 일원이 참가하는 형태도 있다.

제 2 절   일본에서의 전개

일본에는 형사절차에 가해자와 피해자의 화해프로그램이 정규 제도로 존재하지 않는다. 소년사건에 대해서는 2004년도부터 2006년까지 경찰의 시범사업으로 경찰직원이 사회자가 되고, 비행소년, 보호자, 피해자 사이의 대화의 기회를 제공하는 '소년대화회'가 실시되었다.[75] 이것은 비행소년의 회복지원과 피해자지원 둘 다를 목적으로, 보호처분이나 형사처분이 필요 없다고 인정되는 범죄소년의 사건에 대하여 소년, 보호자, 피해자 모두의 동의를 받은 경우에 사건을 가정재판소에 송치하기 전에 이루어지는 것이다. 그 후, 경찰청이 비행소년의 지원대책의 하나로 검토를 촉구하라는 통달을 내렸는데, 현재는 실시되지 않고 있다. 이외에, 몇 개의 변호사회나 NPO가 피해자와 가해자의 대화를 중개하는 프로그램을 실시하고 있다.[76] 그러나 이러한 것들은 형사절차나 소년보호절차 밖에서 실시되는 것으로, 그 결과는 공적인 사건처리와는 연계되지 않는다.

이와 같이 가해자와 피해자의 대화의 장의 존재를 회복적 사법의 필수적인 요소로 보는 경우 일본에는 그에 상응하는 정식제도가 존재하지 않지만, 회복적 사법을 더욱 넓게 파악하여 범죄로 인해 발생한 손해를 복구·회복하는 것을 형사사법의 목적으로 파악하고 가해자와 피해자의 대화가 필수요소가 아니라는 견해도 있다. 이에 따르면 일본에서 실시되고 있는 일련의 피해자보호를 위한 제도도 회복적

---

75   小林寿一, "警察と修復的司法——少年対話会の取り組みを考える", 細井洋子ほか編 修復的正義の今日·明日, 成文堂, 2010, 130쪽.

76   平山真里, "修復的司法——何が実現され,何が実現されなかったのか", 指宿信ほか編 犯罪被害者と刑事司法, 岩波書店, 2017, 181쪽.

사법의 하나라고 할 수 있을 것이다.

제 3 절   평가와 향후 전망

　　회복적 사법과 이에 기반을 둔 프로그램이 주목받고 있는 것은 그것이 형사사법제도의 목적에 대한 관점의 전환을 도모할 뿐만 아니라 실질적으로도 피해자, 가해자 양 당사자에 대하여 장점이 있기 때문이다. 먼저 피해자 입장에서 말하자면, 이를 통해 물질적인 손해가 회복되는 것뿐만 아니라 사건의 배경을 알고 범인의 사죄를 받음으로써 정신적인 만족과 안정을 얻을 수 있다. 다른 한편, 가해자의 입장에서는 불필요한 형벌을 피할 수 있을 뿐만 아니라 피해자와 직접 대면하여 자신이 저지른 범죄의 결과에 직면하는 것은 자기 행위가 비난받아야 한다는 것을 인식하고, 자신이 일으킨 결과에 대한 책임을 수용하는 것으로 연결되어 개선갱생을 재촉하는 효과를 가진다.

　　이러한 장점이 있는 것은 분명하지만, 중대한 사건을 대상으로 한다면 가해자와 피해자가 서로 이해할 수 있고, 그 이익은 항상 조화될 수 있다는 생각은 너무나도 비현실적이다. 또한 처음부터 기존의 형벌의 목적을 무시하고, 모든 범죄를 가해자와 피해자의 의향만으로 처리하는 것은 타당하지 않을 것이다. 그러한 의미에서 회복적 사법은 기존의 형사사법제도와 병존하고, 그것을 보충은 할 수 있더라도 이를 전면적으로 대신할 수 있는 것은 아니다. 때문에 그 한계를 고려하며 기존의 제도 안에서 어떻게 맞춰나갈 것인지가 앞으로의 과제라고 할 것이다.

[참고문헌]

諸澤英道, 被害者学, 成文堂, 2016.

髙井康行ほか, 犯罪被害者保護法制解説 (第2版), 三省堂, 2008.

"〈特集〉刑事司法における犯罪被害者等施策", 犯罪と非行 164호, 2010.

"〈座談会〉犯罪被害者支援の現状と課題", 論究ジュリ 20호, 2017.

松尾浩也編著, 逐条解説 犯罪被害者保護二法, 有斐閣, 2001.

椎橋隆幸ほか, わかりやすい犯罪被害者保護制度, 有斐閣, 2001.

酒巻匡編, Q&A平成19年犯罪被害者のための刑事手続関連法改正, 有斐閣, 2008.

被害者支援研究会編著, 警察の犯罪被害者支援 (第3版), 立花書房, 2010.

細井洋子ほか編, 修復的正義の今日・明日, 成文堂, 2010.

指宿信ほか編, 犯罪被害者と刑事司法, 岩波書店, 2017.

제 4 편

각종 범죄와 그 대책

제 1 장 소년비행

제 1 절 소년비행의 동향

I 2차대전 이후 소년비행의 변화

소년이 저지른 형법범 등[77]의 검거인원을 살펴보면, 제2차 세계대전 이후 소년비행에는 3번의 중요한 시기가 있다([그림 1] ① 참조). 첫 번째 시기는 1951년을 정점으로 하는 제2차 세계대전 직후의 혼란기, 두 번째 시기는 1964년을 정점으로 하는 고도성장기, 그리고 세 번째 시기는 1983년을 정점으로 하는 시기이다. 모든 시기에 걸쳐서 소년범의 검거인원 대부분이 절도와 유실물횡령에 해당한다는 점에서 소년비행의 기본적인 성격은 변하지 않았다고 볼 수 있다.

그러나 각 시기별로 소년비행의 기본적인 성격은 동일하더라도 다음과 같은 특색을 보이고 있다.

우선 첫 번째 시기에는 직업이 없는 연장소년(18세, 19세)이 생활필수품을 획득하기 위해 저지른 절도·강도가 두드러진다. 제2차 세계대전 직후의 혼란기에 발생한 빈곤이 주원인으로 작용한 고전적인 범죄라고 할 수 있다.

이에 비하여 두 번째 시기에는 상해, 공갈 등의 폭력범이 급격하게 증가하였다. 고도성장에 따른 사회의 급격한 변화가 초래한 긴장이 원인이라고 생각된다. 예를 들어, 집단 취직 등의 이유로 다수의 소년이 대도시로 이동했지만, 직장에 적응하지 못하고 비행을 저지르게 되는 사례가 나타났다. 또 고도성장하에서 가정 간의 경제적 격차에 대한 불만이 비행증가를 초래하였다는 견해도 있다. 이 외에 강간 등의 성범죄가 급격하게 증가한 것도 이 시기의 특색이다. 도시로의 인구유입 및 경제발전에 동반하여, 향락적 풍조와 성풍속의 개방이 원인이라고 생각된다. 주체에 있어서는 첫 번째 시기에 비해 중간소년(16세, 17세), 연소소년(14세, 15세)가 차지하는 비율이 높아졌다.

---

[77] 형법범 외에 위험운전치사상 및 과실운전치사상 등을 포함한다.

[그림1] 소년의 형법범 등 검거인원 · 인구비의 추이

① 형법범 · 위험운전치사상 · 과실운전치사상 등

1946년~2016년

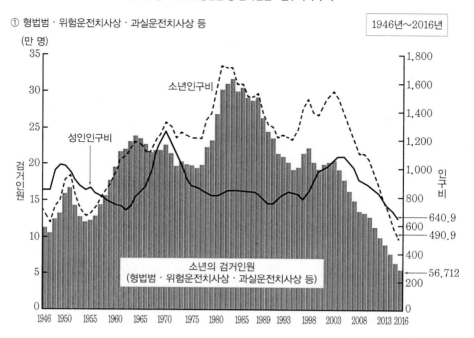

② 형법범

1966년~2016년

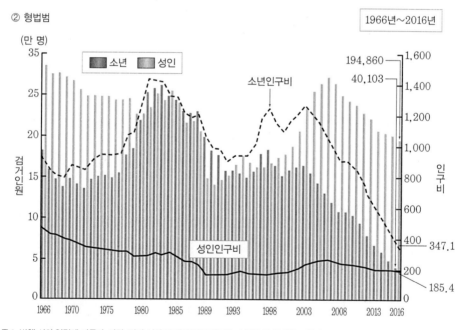

주 1. 범행 시의 연령에 따른다. 다만, 검거 시에 20세 이상이 된 자는 성인으로 집계하고 있다.
　2. 촉법소년의 보도인원을 포함한다.
　3. '소년인구비'는 10세 이상의 소년 10만 명당이고, '성인인구비'는 성인 10만 명당으로 각각 형법범(등)의 검거인원이다.

(출전) 2017년 범죄백서, 92, 93쪽.

[그림 2] 소년의 형법범 검거인원·인구비의 추이(연령층별)

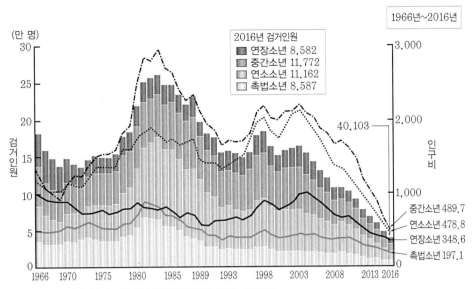

주 1. 범행시의 연령에 따른다. 다만, 검거 시에 20세 이상이 된 자는 제외한다.
  2. '촉법소년'은 보도인원이다.
  3. '인구비'는 각 연령층의 소년 10만 명당의 형법범 검거(보도)인원이다. 촉법소년의 인구비 산출에 이용되는 인구는 10세 이상 14세 미만의 인구이다.

(출전) 2017년 범죄백서, 93쪽.

  세 번째 시기에는 범죄력이 거의 없는 연소소년이 저지르는 '유흥형 비행'이 중심이 되었다. 유흥형 비행에는 상점절도, 자전거절도, 신나 흡입 등이 포함된다.[78] 이러한 범죄는 핵가족화와 도시화에 따라 가정과 지역의 교육기능이 저하됨과 동시에, 슈퍼마켓 등 비대면식의 점포와 방치자전거가 증가하는 등 환경적인 변화가 요인이 되어 증가한 것으로 생각된다.

  이러한 범죄들은 동기가 단순하고 소년 개인에게 특별한 배경사정이 없으며 유흥과 장난의 연장선상에서 발생한다. 대부분의 경우 일회성으로, 일정 연령대가 되면 멈추는 경우가 많다.

  비행의 성질이 이와 같으므로 비행이 일반화되었다. 이른바 보통가정에서 성장한 보통소년이 비행을 저지르는 경우가 증가한 것이다. 예를 들어, 비행소년의 대부분은 경제적으로 보통 이상의 가정 출신이었기 때문에, 더 이상 가정이 빈곤하여 비행을 저지른다는 설명은 유지하기 어려워졌다.

---

78 경찰에서는 이후의 본격적 비행의 유입경로가 될 가능성이 있다는 의미에서 '초발형 비행(初發型 非行)'이라는 용어를 사용하고 있다. 초발형 비행에는 상점절도, 자전거절도, 오토바이절도, 점유이탈물횡령이 포함된다.

세 번째 시기가 지나간 이후, 검거인원은 계속하여 감소하였다. 또한 인구비를 살펴보더라도 1995년까지는 거의 일관되게 감소하였다. 그러나 1996년부터는 인구비뿐만 아니라 검거인원 그 자체도 다시 증가로 전환하여 1998년까지 그러한 경향이 계속되었다. 이 시기를 소년비행의 네 번째 시기로 보는 평가도 일부 제기되었지만, 1999년부터는 감소와 증가가 반복되면서 평행상태가 이어진 후 2003년을 기점으로 검거인원과 인구비가 지속적으로 감소하여 2016년에는 검거인원, 인구비 모두 전후 최저를 기록하기에 이르렀다.

1998년까지의 소년비행 증가와 세 번째 시기의 소년비행 증가를 비교하면, 세 번째 시기에는 성인이 저지른 형법범 등의 검거인원의 인구비가 거의 평행수준을 유지하는 한편, 소년은 인구비가 급격하게 상승하였으나, 1998년경에는 성인도 인구비가 상승하고 있다는 점에서 차이가 있다([그림 1] ① 참조). 즉, 이 시기의 소년비행 증가는 형법범 등 전체의 증가와 연동된 것이라고 할 수 있다. 그 후의 감소에 대해서도 동일하게 볼 수 있으나, 다만 소년이 저지른 형법범 등의 인구비가 감소하는 정도가 최근에는 성인에 비하여 아주 크다. 이는 성인과 소년이 검거인원 전체에서 차지하는 비율이 크게 차이나는 위험운전치사상·과실운전치사상을 제외한 형법범만의 인구비를 비교하면 더 뚜렷하게 나타난다([그림 1] ② 참조). 2003년에는 5배 이상의 차이가 있던 성인과 소년의 인구비가 2016년에는 2배에도 미치지 못할 정도로 그 차이는 급격하게 줄어들고 있다.

비행의 내용을 살펴보면, 현재에도 전체적인 경향은 아직 유흥형 비행이 주류를 차지하고 있다고 할 수 있다. 2016년 소년의 형법범 검거인원의 죄종별 구성비에서는 절도와 유실물횡령이 전체의 71.3%를 차지하고 있다.

다만, 이에 대해서는 최근의 소년비행은 세 번째 시기와는 그 성질이 달라지고 있다는 지적도 있다. 그 하나가 소년비행의 흉악화이다.

대표적인 흉악범[79]은 살인으로 세상의 이목을 끄는 사건이 종종 발생하기는 하지만, 장기적 관점에서 볼 때 살인은 지금까지 숫자상으로는 감소해왔다([그림 3] 참조). 1998년부터 몇 년동안 약간 증가경향을 보였으나 그 이후는 감소하고 있고, 이러한 점을 고려할 때 소년이 저지르는 살인이 증가하고 있다고는 볼 수 없다. 장기

---

[79] 범죄백서는 살인과 강도를 흉악범이라고 하지만, 경찰백서는 강간과 방화를 추가하여 흉악범으로 보고 있다.

적으로 감소경향에 있다는 점에서는 강간과 방화도 마찬가지이다.

[그림 3] 소년 흉악범 검거인원의 추이

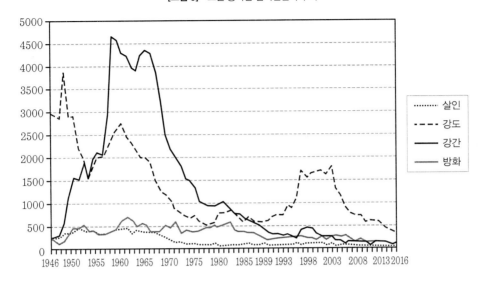

다른 한편으로 흉악범과 관련하여 뚜렷한 경향을 보이고 있는 것은 강도가
1998년경에 증가하였다는 점이다. 다만, 이에 대해서는 그 시기의 강도 증가는 그
때까지 공갈과 절도(날치기)로 취급해 왔던 것을 경찰이 검거방침을 전환하여 강도
로서 집계한 결과에 불과하다는 주장도 있다.[80] 그러나 이 시기에는 공갈과 날치기
의 검거인원도 동시에 증가하고 있고, 이에 더하여 강도 자체의 검거인원이 2003
년 이후 급격하게 감소하고 있다는 점에서도 실제 발생한 건수 자체가 변동했다고
보아야 할 것이다.

다만, 소년의 경우 강도의 대부분이 집단으로 저지른 노상강도인 것으로 보고
되고 있다.[81] 이러한 형태의 강도는 원래 공갈 정도의 의도로 시도된 범죄가 상대
방의 반응에 따라 무계획적으로 돌변하는 경우도 많아 이를 흉악범죄라고 하기 보

---

80 河合幹雄, 安全神話崩壊のパラドックス, 岩波書店, 2004, 66쪽.

81 소년 강도의 검거인원이 가장 많았던 2003년에는, 성인만의 강도사건 공범률이 22.1%였던 것에 비하여, 소년
　　만의 강도사건 공범률은 68.3%에 달했다(경찰청, 平成15年の犯罪). 다만, 2016년에는 소년만의 강도사건 공범
　　률이 45.5%로 낮아졌다(경찰청, 平成28年の犯罪). 성인사건과 비교할 때 소년사건은 강도뿐만 아니라 일반적
　　으로 공범률이 높은데(2014년 형법범 전체의 공범률은 성인사건이 9.9%인 것에 비하여, 소년사건은 23.0%이
　　다), 최근에는 공범률이 낮아지는 경향을 보인다.

다는 오히려 비행소년의 미숙함을 나타내는 것이라고 보는 견해도 있다.[82]

소년비행이 점점 더 폭력적인 경향을 보이고 있는가라는 관점에서는 흉악범뿐만 아니라 상해, 폭행, 공갈, 협박과 같은 폭력범의 동향에도 주의할 필요가 있다. 폭력범의 검거인원도 1998년을 전후로 증가하였으나, 그 후로는 상해와 공갈은 일관되게 감소하였고 폭행과 협박은 평행을 유지하고 있는 수준이다. 이러한 점과 2004년부터 강도의 검거인원이 감소했음을 같이 고려하면 현재는 소년비행의 폭력적 경향이 오히려 감소하고 있다고 평가할 수 있을 것이다.

이처럼 소년비행의 흉악화는 일부 사건에 대한 언론 보도 등을 통해 형성된 이미지인 측면이 강하다. 다만, 이것이 현실인 것처럼 논의되는 것은 몇몇 흉악사건에서 그 범죄를 저지른 소년의 범행 동기가 일반인의 감각으로는 이해할 수 없는 측면이 있었기 때문일 것이다. 이러한 점과의 관계에서 최근 소년비행의 또 한 가지 특색으로 거론되는 것이 '돌발형 비행'의 증가이다. 즉, 지금까지는 유흥형 비행과 초발형 비행으로 불리는 경미한 비행의 경험이 있는 소년이 강도 등의 흉악범죄를 저지른다고 알려져 왔다. 이에 대하여 최근에는 그러한 경과를 거치지 않고 갑자기 흉악범죄를 저지르는 사례가 늘고 있는 것으로 보고되고 있다.

돌발형 비행에 관해서는 가정재판소조사관연수소가 가정재판소가 2000년에 취급한 살인사건, 상해치사사건에 대하여 그 배경과 원인을 실증적으로 분석한 연구 결과가 공표되어 있다.[83] 이에 따르면 갑자기 중대사건을 저질렀다고 보여지는 소년의 경우 이를 단독으로 저질렀는가, 그렇지 않으면 집단으로 저질렀는가에 따라 다른 특징이 파악된다고 한다.

우선 집단으로 중대사건을 저지른 소년의 경우, 평상시에는 특별한 문제가 없는 소년이 다른 사람의 꼬임에 빠져 범죄에 가담하고, 그 과정에서 집단심리에 따라 억제할 수 없게 되어 중대한 결과를 발생시키는 사례가 대부분이라고 보고되고 있다.

이에 반하여 단독으로 중대사건을 저지른 소년의 경우, 인간관계를 제대로 형성할 수 없다는 소년의 내적 요인과 가정문제 등 소년을 둘러싼 환경요인이 장기간에 걸쳐 복잡하게 얽혀 사건에 이르고 있고, 일반 비행소년과는 질적으로 다른 특

---

82 土井隆義, 少年犯罪減少のパラドックス, 岩波書店, 2012, 109쪽. 이와 관련하여 불량집단과 비행그룹도 대규모 폭주족과 같이 통제된 조직이 줄어 그때 그때 모이면서 멤버사이의 결속력이 약한 유형이 늘고 있다는 지적도 제기되고 있다(같은 책 70쪽).

83 가정재판소조사관연구소, 重大少年事件の実証的研究, 司法協会, 2001.

징이 있으며, 비행이라는 형태로 표출되지 않더라도 어떠한 전조행동을 보인다. 다만, 이를 중대사건을 저지를 것이라고 예측할 수 있을 정도의 징조로 평가할 수 있는 사례는 적다고 보고되고 있다.

이 외에 연소소년 혹은 촉법소년이 저지른 중대사범을 고려하여 소년비행이 흉악화를 동반하고 동시에 저연령화되고 있다는 주장도 적지않다. 그러나 저연령 소년이 저지르는 중대사범은 제한적이며 게다가 증가하지 않고 있다. 또한 소년비행 전체를 살펴보더라도 세 번째 시기의 소년비행의 특징인 저연령화도 더 이상 진행되지 않고 있으며 최근에는 오히려 반대 경향을 보이고 있다. [그림 2]에서 알 수 있듯이, 형법범 검거인원의 연령층별 인구비의 추이에서 세 번째 시기에는 큰 차이를 보였던 연소소년과 중간소년의 인구비가, 소년비행이 다시 증가로 전환한 1993년 이후에는 그 차이가 점점 좁혀져 2002년에는 거의 같은 수치를 기록하고 있다. 또한 출생연도가 1974년부터 1997년까지인 사람에 대하여, 6년마다 세대를 구분하고 각 세대에 대하여 12세부터 19세까지 각 연령별로 비행소년율[84]을 살펴보면 ([그림 4] 참조), 모든 세대에서 비행소년율이 가장 높은 것은 15세에서 16세로, 저연령층의 비행소년율은 상승하지 않고 않다.

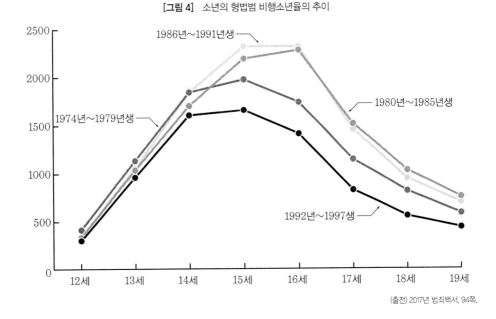

[그림 4] 소년의 형법범 비행소년율의 추이

(출전) 2017년 범죄백서, 94쪽.

---

84   각 연령의 사람 10만 명당 형법범 검거(보도)인원을 말한다.

최근 소년비행의 특색으로 지적되고 있는 또 하나는 비행소년의 자질 변화이다. 법무성이 2005년 근무년수 6년 이상의 소년원 교관 546명에 대해 실시한 설문조사에 의하면, '최근 비행소년은 변화했는가'라는 질문에 대해 63.5%가 '변화했다'고 응답했고, '처우곤란한 소년이 증가했는가'라는 질문에 대해 72.7%가 '증가했다'고 응답했다. 또한 '비행소년의 처우에 있어서 곤란해지고 있는 문제는 무엇인가'라는 질문에 대해서도, '소년의 자질'이라는 응답이 가장 많았다. 이전보다 현저하게 나타나고 있는 자질상의 구체적인 문제로는 '사람에 대한 배려와 사람의 아픔에 대한 이해력·상상력이 부족하다', '자신의 감정을 잘 통제할 수 없다'라는 점이 상위를 차지하고 있다.[85]

최근 소년의 자질에 관해서는 특히 중대한 범죄를 저지른 소년에게 발달장애가 존재한다는 점이 종종 지적되고 있다. 그러나 이러한 장애의 존재는 다른 요소와 결부되어 비행으로 이어진다는 의미에서 리스크 요인의 하나에 불과하고, 직접적인 비행원인으로 평가할 수 없을 것이다.[86] 또한 발달장애는 최근 들어 진단기술이 발전하면서 표면화된 것으로, 그러한 장애를 가진 비행소년 자체가 증가한 것은 아니라는 지적도 있다.

제 2 절   소년법의 기본이념

소년은 성인에 비하여 일반적으로 미성숙하고 가소성이 풍부하므로, 범죄를 저지른 경우라도 성인과는 다르게 처우할 필요성과 합리성이 인정된다. 이러한 견해는 동서고금을 막론하고 널리 받아들여지고 있으며, 일본도 예외가 아니다. 소년이 범죄를 저지른 경우에는 성인과 달리 소년법에 의한 특별한 절차를 통해 사건이 처리된다.

---

85 2006년 범죄백서, 217쪽 이하.

86 十一元三, "司法領域における広範性発達障害の問題", 家月 58권 12호, 2006, 1쪽; 榊原洋一, "発達障害と少年非行", 家庭の法と裁判 8호, 2017, 1쪽.

일본에서 소년법이라는 명칭의 법률이 제정된 것은 1922년으로, 제2차 세계대전 후인 1948년에 개정되어 현재의 소년법이 성립하였다.

소년법은 제1조에서 동법이 소년의 건전한 육성을 위하여 비행이 있는 소년에 대하여 성격교정 및 환경조정에 관한 보호처분을 함과 동시에, 소년의 형사사건에 대하여 특별한 조치를 강구함을 목적으로 한다고 규정하고 있다. 이러한 점에서 소년법의 기본이념은 소년의 건전육성에 있다고 볼 수 있다. 이는 소년법이 소년이 저지른 과거의 범죄에 대한 응보로서 소년을 처벌함에 목적이 있는 것이 아니라, 장래에 또 다시 범죄 내지 비행을 저지르지 않도록 소년을 개선교육함에 목적이 있다는 것을 의미한다. 형사재판을 통해 형벌을 부과하는 경우 응보와 일반예방이 주된 목적이 되고 특별예방은 부수적인 목적에 그치는 데 반하여, 소년법은 어디까지나 소년 개인에 주목하여 그 소년을 개선교육함으로써 재범을 방지하는 데 주안점을 두고 있다. 이러한 점에서 소년법에 근거하는 절차를 소년보호절차라고 부른다. 소년법이 이러한 목적을 규정하고 있는 배경에는 소년은 가소성이 풍부하므로 범죄를 저지른 소년이라 하더라도 적절한 조치를 하면 건전한 사회인으로서 성장할 가능성이 높고, 또한 그렇게 하는 것이 단순하게 제재로서 형벌을 부과하는 것보다도 소년 본인은 물론, 사회에도 이익이 크다는 생각이 깔려 있다.

그렇다면 소년의 개선교육과 그로 인한 재비행의 방지를 목적으로 하는 일련의 조치는 대체 무엇을 위해 이루어지고, 어떤 이유로 정당화되는 것일까? 여기에는 2가지 견해가 대립하고 있다.

그중 첫 번째는 이른바 보호원리에 근거하여 소년법에 근거한 조치는 어디까지나 비행을 저지른 소년 자신의 이익을 도모하기 위해 인정된다는 견해이다. 즉, 비행을 저지른 소년은 미성숙하기 때문에 충분한 판단능력이 없고, 그대로 방치하면 계속 비행을 반복하다가 결국 제대로 된 인생을 살 수 없게 될 가능성이 있기 때문에, 그렇게 되지 않도록 소년 본인의 이익을 위해 국가가 개입한다는 것이다. 성인 범죄자와 구별하여 비행소년을 다루는 특별한 재판소가 최초로 창설된 것은 1899년 미국 일리노이주 쿡군에 세워진 소년재판소로 알려져 있는데, 당시 그 이론적 기초가 된 것이 이른바 국친parens patriae사상이었다. 그곳에서는 비행소년에 대한 절차를 국가가 부모를 대신하여 소년을 보호, 교육하는 것으로 보았다. 즉, 비행을 저지른 소년에 대하여 가정의 감호교육이 제대로 기능하지 못하므로, 국가가 부모를 대신하여 친권을 행사하고 소년을 위해 본래 부모가 해야 할 조치를 한다는 것이다. 보호원리를 비행소년에 대한 개입의 근거로 삼는 위의 견해는 이러한 국친사상이 일본 소년법의 기초에 있다는 것으로, 이 견해에 따르면 소년법은 아동복지법과 마찬가지로 소년의 복지를 도모하기 위한 법률로 자리잡게 된다.

이에 비하여 두 번째 견해는 국가개입의 근거를 소년이 비행으로 다른 사람의 이익을 침해한 점에 구하고(침해원리), 소년의 개선교육과 재비행의 방지를 형벌의 목적인 특별예방과 동일하게 보면서 소년법의 목적을 소년의 재범방지를 통한 사회안전의 확보에 있다고 본다. 이 견해에 따르면 소년법은 형사사법제도의 일부로 명확하게 자리잡게 된다.

제정경과를 살펴보았을 때, 현행 소년법이 그 당시 미국 소년재판소가 이념으로 삼았던 국친사상의 영향을 받았던 점은 분명해 보인다. 그 내용을 보더라도, 소년의 건전육성을 기본이념으로 삼아, 전문인력을 갖춘 가정재판소가 소년의 요보호성에 대응하여 보호처분을 부과한다는 제도의 체계는 보호원리에 친숙하다고 할 수 있다. 그러나 다른 한편으로, 현행 소년법은 그 대상을 범죄소년, 촉법소년, 우범소년에 한정하여 당시의 미국 소년재판소와 같이 요보호소년 일반을 대상으로 하고 있지 않다. 그러한 의미에서 소년법은 순수한 의미에서의 복지법이 아니라 범죄와 관련된 형사정책입법의 하나이다. 그러한 이상 소년법에 의한 개입을 보호원리만으로 설명하기에는 무리가 있고, 침해원리가 그 근거가 되고 있다는 사실을 부정하기 어렵다. 즉, 현행 소년법은 침해원리와 보호원리가 함께 국가에 의한 개입의 근거가 되고 있다. 양자는 서로 배척관계에 있지 않고, 모두 소년의 개선교육을 통해 재비행을 방지하려는 조치를 정당화한다. 그리고 침해원리가 작동하는 범위에서는 형벌과 보호처분이 공통점을 가지지만, 응보나 일반예방도 목적으로 하는 형벌과는 달리 보호처분은 어디까지나 특별예방을 목적으로 한다는 점에서 양자의 차이가 인정되게 될 것이다. 소년법이 형사법적 측면과 복지법·교육법적 측면을 함께 가지고 있다는 것은 이렇게 소년의 건전육성이라는 소년법의 기본이념이 중층적인 의의를 가지고 있는 사실에서 비롯된 것이다.

제 3 절   소년사건의 절차

☐I   절차의 대상

소년이란 20세 미만의 사람을 말한다(소 제2조 제1항). 소년법에 의한 절차의 대상은 비행을 저지른 소년인데, 여기서의 비행은 소년법이 비행으로 정의하고 있는 것에 한정된다. 사회에서 일반적으로 비행으로 여겨지는 모든 행위가 포함되는 것은 아니며, 경찰이 보도활동의 대상으로 삼고 있는 불량행위보다도 범위가 좁다. 이는 소년법상의 여러 조치가 소년의 건전육성을 도모함을 목적으로 한다고는 하지만, 경우에 따라서는 소년 본인의 의사에 반하여 그 자유를 제한하는 성격을 가지고 있기 때문이다.

소년법의 대상인 비행소년에는 범죄소년, 촉법소년, 우범소년의 3종류가 있다(소 제3조 제1항). 이 중에서 범죄소년이란 죄를 범한 소년을, 촉법소년이란 14세 미만으로 형벌법령에 저촉되는 행위를 한 소년을 말한다. 형법에서 14세 미만의 사람은 일률적으로 책임능력이 없다고 정하고 있으므로(형 제41조), 14세 미만인 사람의 행위는 형법상의 범죄행위는 아니지만 소년법은 그 행위도 대상으로 하고 있다. 우범소년이란 「소년법」 제3조 제1항 제3호에 규정된 4가지 사유(우범사유) 중 어느 하나에 해당하고, 그 성격 또는 환경에 비추어 장래 죄를 범하거나 또는 형벌법령에 저촉되는 행위를 할 우려(우범성)가 있는 소년을 말한다. 우범사유는 ① 보호자의 정당한 감독에 복종하지 않는 성벽이 있는 것, ② 정당한 이유 없이 가정에서 이탈하는 것, ③ 범죄성이 있는 자 또는 부도덕한 자와 교제하거나 저속한 장소에 출입하는 것, ④ 자기 또는 타인의 덕성을 해하는 행위를 하는 성벽이 있는 것으로, 모두 그 자체로는 형벌법령에 저촉되는 행위가 아니다. 이처럼 소년법은 책임능력이 결여되어 형법상 죄가 되지 않는 촉법행위, 나아가 범죄구성요건에조차 해당하지 않는 우범사유가 있는 소년도 대상으로 하고 있다. 이는 소년법이 과거의 행위에 대한 처벌이 아니라, 장래를 향하여 소년을 개선교육하고 재비행을 방지하는 것을 목적으로 하고 있기 때문이다.

Ⅱ 보호사건의 절차

1. 비행소년의 발견과정

(1) 가정재판소에의 사건계속

소년보호사건은 가정재판소가 전속적 관할권을 갖는다(재31조의3 제1항 제3호). 가정재판소에는 재판관 외에 가정재판소 조사관이 배속되어 있어, 양자가 공동으로 사건을 처리한다. 조사관은 대부분이 심리학, 교육학, 사회학 등의 전공자로서, 전문적 식견에 근거하여 비행소년이 가지고 있는 문제를 파악하고 가정재판소가 소년의 개선갱생에 가장 적합한 처분을 결정하는데 조력하는 역할을 담당하는 것이 기대된다.

따라서 비행소년의 존재가 인지되면 사건은 가정재판소에 보내지게 된다. 사건이 가정재판소에 오는 경로는 사법경찰원 및 검찰관에 의한 가정재판소 송치(소 제41조, 제42조) 외에 가정재판소 조사관에 의한 보고(소 제7조 제1항), 도도부현 지사 또는 아동상담소장에 의한 송치(소 제3조 제2항), 보호관찰소장에 의한 통고(갱생 제68조 제1항), 나아가 일반국민에 의한 통고(소 제6조 제1항)가 있다. 이 중에서 사법경찰원 및 검찰관의 송치가 가정재판소가 수리하는 인원의 대부분을 차지하고 있다.

(2) 수사기관의 송치

범죄소년에 대한 수사는 기본적으로 형사소송법에 따라 진행된다(소 제40조). 몇 가지 특칙은 있지만 성인의 경우와 거의 다를 바 없다.

수사기관은 수사한 결과, 일정한 혐의가 인정되는 한 원칙적으로 모든 사건을 가정재판소에 송치해야 한다(소 제41조, 제42조 제1항). 즉, 수사기관의 판단으로 절차를 종결하는 것은 불가능하고, 이를 전건송치주의라고 한다. 소년법이 이러한 제도를 채택하고 있는 이유는 사건의 객관적 측면만 본다면 경미하더라도 그것이 소년의 심각한 범죄성의 징후일 수도 있으므로, 이를 과학적으로 조사하고 나서 조치할 필요가 있다는 점, 그리고 이러한 조사에 가장 적합한 기관은 이를 위한 전문인력을 갖춘 가정재판소이며 수사기관은 아니라는 생각에 기초한 것이다.

전건송치주의의 유일한 예외는 교통반칙통고제도의 대상이 되는 경미한 도로교통법 위반사건이다. 이에 대해서는 소년이라도 반칙금을 지불하면 가정재판소에 사건이 송치되지 않고 경찰단계에서 절차가 종결된다(도교 제130조).

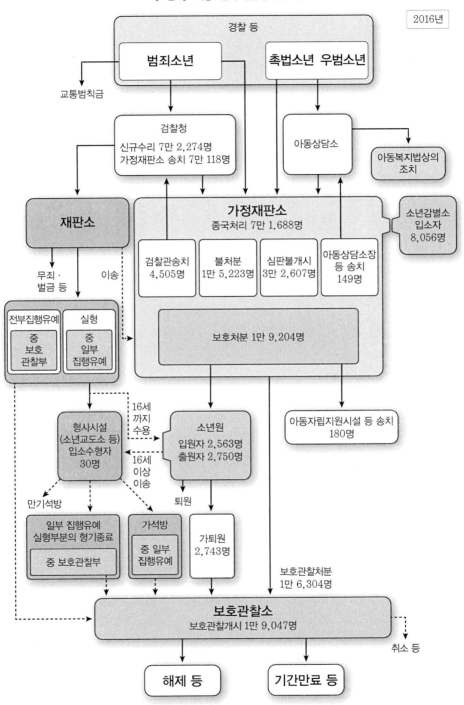

[그림 5] 비행소년에 대한 절차의 흐름

2016년

경찰 등

범죄소년

촉법소년 우범소년

교통범칙금

검찰청
신규수리 7만 2,274명
가정재판소 송치 7만 118명

아동상담소

아동복지법상의 조치

재판소

가정재판소
종국처리 7만 1,688명

소년감별소 입소자 8,056명

무죄·벌금 등

이송

검찰관송치 4,505명

불처분 1만 5,223명

심판불개시 3만 2,607명

아동상담소장 등 송치 149명

전부집행유예
중 보호관찰부

실형
중 일부 집행유예

보호처분 1만 9,204명

16세까지 수용

형사시설 (소년교도소 등) 입소수형자 30명

16세이상 이송

소년원
입원자 2,563명
출원자 2,750명

아동자립지원시설 등 송치 180명

만기석방

퇴원

일부 집행유예 실형부분의 형기종료
중 보호관찰부

가석방
중 일부 집행유예

가퇴원 2,743명

보호관찰처분 1만 6,304명

보호관찰소
보호관찰개시 1만 9,047명

취소 등

해제 등

기간만료 등

(출전) 2017년 범죄백서. 103쪽.

다만, 실무상으로는 최고재판소, 최고검찰청, 경찰청의 3자 협의에 근거하여 일정한 경미사건은 간이송치라고 불리는 방식으로 송치되고 있다(범죄수사규범 제214조). 이 경우 경찰은 소년별로 소년사건간이송치서 및 수사보고서를 작성하고, 소년의 신상조사표 외에 수사상황에 따라 소년의 진술조서 등 수사관계서류를 첨부하여 검찰관 또는 가정재판소에 월별로 일괄하여 사건을 송치한다. 그리고 사건처리에 있어서는 미죄처분에 준하여 경찰관이 소년을 훈계하거나 보호자를 불러 소년의 감독에 관한 주의를 주는 등의 조치를 하도록 되어 있다. 간이송치방식으로 사건이 송치된 경우 가정재판소는 송부된 기록에 근거하여 간이송치의 형식적인 기준에 적합한지 여부 및 형사처분 또는 보호처분을 부과할 필요가 없음이 명백한 사건인지 여부를 판단하여 그렇다고 판단되면 조사명령을 하지 않고 심판불개시결정을 내린다.

이렇게 간이송치의 경우에도 형식적으로는 가정재판소에 사건이 송치되고 그 후의 조사나 심판의 여지가 남아있다고는 하지만, 실질적으로는 경찰에서 절차가 종결되는 것에 가깝다. 통계를 보면 2016년의 경우 일반사건[87]으로 송치된 소년 중에서 22.2%가 간이송치로 처리되고 있다.

촉법소년과 우범소년은 그 행위가 범죄에 해당하지 아니하므로, 경찰의 사실해명을 위한 조사활동에 형사소송법이 적용되지 않는다. 그 때문에 촉법사건에 대해서는 경찰의 조사에 관한 규정이 소년법에 있고(소 제6조의2~제6조의5), 신병구속을 제외한 강제처분의 권한도 인정되고 있다. 이에 반하여 우범사건의 조사에 대해서는 소년법에 특별한 규정이 없기 때문에 경찰은 임의의 조사만을 할 수 있는데 그친다.

나아가 촉법소년과 14세 미만의 우범소년은 가정재판소에의 송치절차에 있어서도 범죄소년의 경우와 차이가 있다. 이들 사건은 가정재판소가 아니라 우선 아동복지기관인 아동상담소에 송치 내지 통고된다(소 제6조의6, 아복 제25조). 그리고 아동상담소가 스스로 일정한 조치를 취하지 않고 사건을 송치한 경우에 한하여 가정

---

87 사법통계상 소년사건은 2가지 방법으로 분류된다. 그중 하나는 소년사건을 일반사건과 교통관계사건으로 나누는 방법이다. 교통관계사건이란 도로교통법 위반사건, 「자동차 보관장소의 확보 등에 관한 법률」 위반사건 외에 자동차운전사상행위처벌법상의 (무면허) 과실운전치사상사건, (무면허) 과실운전치사상알콜등영향발각면탈사건, (무면허) 위험운전치사상사건 및 형법전상의 업무상(중)과실치사상사건을 말한다. 이들 이외의 사건이 일반사건이 된다. 또 하나는 일반보호사건과 도로교통사건을 구분하는 방법이다. 일반보호사건은 일반사건에 상기의 자동차운전사상행위처벌법과 형법전상의 범죄를 더한 것으로, 그 외의 사건이 도로교통사건이다.

재판소가 사건을 취급하도록 되어 있다(소 제3조 제2항). 이를 아동복지기관선의^{先議}의 원칙이라고 부른다. 이는 14세 미만의 소년은 저연령이라는 점에서 소년법에 근거한 조치보다도 오로지 아동의 복지를 도모함을 목적으로 하는 아동복지법상의 조치를 우선한다는 생각에 기초한 것이다.

2. 사건의 수리와 조사

형사절차에서는 공소가 제기되어 재판소가 사건을 수리하면 일정한 준비절차를 거쳐서 공판이 개시되지만, 소년보호사건에서는 사건이 수리되었다고 해서 심판이 당연히 열리는 것은 아니다. 가정재판소에 사건이 수리되면, 재판관은 우선 수사기관으로부터 송부된 증거자료에 비추어, 소년이 비행사실을 저질렀을 개연성이 인정되는지 여부를 판단한다. 그리고 개연성이 인정되는 경우에도 바로 심판이 열리는 것이 아니라, 재판관은 조사관에게 비행을 저지른 소년이 성격이나 가정환경 등에 어떠한 문제를 안고 있는지, 이를 개선하기 위해서는 어떠한 조치가 필요한지에 관한 조사를 명한다(소 제8조 제2항, 조사전치주의). 명령을 받은 조사관은 소년이나 보호자 외에 소년이 다니는 학교의 교사 등과 면접을 하고 나서 그 결과를 조사보고서의 형태로 정리하여 재판관에게 제출한다. 또한 조사의 일환으로서 소년의 심신에 관하여 과학적인 전문기술을 이용하여 진단하는 감별이 실시되기도 한다. 감별은 통상 관호조치(소 제17조)에 의하여 소년감별소에 소년의 신병을 수용한 상태에서 실시된다.

3. 심판의 개시와 불개시

재판관은 조사관의 보고, 사건에 따라서는 감별소의 감별결과도 함께 고려하여 심판을 열지 여부를 결정한다. 심판의 개시 여부는 심판의 대상이 무엇인지에 따라 결정된다.

형사사건의 경우 공판에서의 심판대상은 소인에 기재된 범죄사실이다. 이에 대하여 소년심판에서의 심판대상은 비행사실뿐만 아니라 소년의 요보호성이 포함된다. 요보호성은 ① 소년이 그 환경, 성격에 비추어 장래 다시 비행을 할 위험성이 있을 (누비행성), ② 보호처분에 따른 교정교육을 실시함으로써 소년의 범죄적 위험성을 제거할 수 있는 가능성이 있을 (교정가능성), ③ 소년의 처우에 있어서 보호처분이 가장 유효하고 적절한 수단일 것(보호상당성)으로 이루어진다. 요보호성은 실체법상으로는 보호처분을 부과하기 위한 요건의 하나로, 그것이 절차면에 반영되어 절차법상으로는 심판의 대상이 된다. 따라서 소년이 비행사실을 저지른 사실이 인정되더라도, 장래에 다시 비행을 저지를 가능성이 없는 경우라면 그 소년에게 보호처분을 부과할 수 없다. 이러한 점도 소년법이 소년의 과거행위를 처벌하려는 것이 아니라, 소년이 장래에 다시 비행을 저지르지 않도록 하려는 목적에서 나오는 당연한 귀결이다.

따라서 법원이 심판을 개시하기 위해서는 소년이 비행사실을 저질렀다는 개연성과 함께 요보호성이 존재할 개연성도 있어야 하고, 이들이 인정되지 않는 경우에는 심판을 개시하지 않는다는 결정을 하게 된다. 실무상 심판불개시로 절차가 종료되는 사건 비율이 상당히 높게 운용되고 있다. 2016년 우범 및 업무상과실치사상 등의 보호사건을 제외한 일반보호사건에서 가정재판소의 종국처리인원 중 55.1%가 심판불개시였다([그림 6] 참조). 그 이유의 내역을 살펴보면, 사안이 경미하여 처음부터 요보호성이 인정되지 않는 경우가 약 50%, 그렇지는 않지만 조사과정에서 조사관이 소년을 훈계하거나 부모나 교사 등의 면접을 통해 환경을 조정하는 등 사

[그림 6] 소년보호사건 종국처리인원의 처리구분별 구성비(2016년)

① 일반보호사건(업과등 보호사건 및 우범을 제외한다)(38,243)

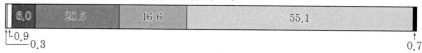

② 업과등 보호사건(16,239)

③ 도로교통보호사건(16,972)

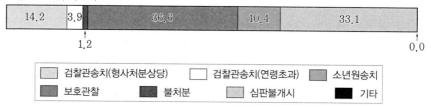

검찰관송치(형사처분상당)　검찰관송치(연령초과)　소년원송치　보호관찰　불처분　심판불개시　기타

(출전) 2017년 범죄백서, 108쪽.

실상 보호적 조치가 취해진 결과로 요보호성이 소멸한 경우가 약 42%, 이미 다른 사건으로 보호처분이 이루어져 있어 새롭게 개별처분을 할 필요가 없는 경우(별건 보호중)가 약 8%로, 비행사실이 인정되지 않는다는 이유로 불개시되는 경우는 거의 없다. 여기서 알 수 있듯이, 조사관의 조사는 문자 그대로 조사만을 하는 것이 아니라 동시에 소년의 개선교육을 위한 처우가 적극적으로 이루어지고 있다. 이처럼 절차의 진행과정 자체가 소년의 개선교육의 장으로서 기능하고 있다는 점에서도 소년의 건전육성이라는 소년법의 목적이 구현되고 있다.

4. 심판절차

소년이 비행사실을 저질렀다는 개연성이 있고 위의 조사를 거친 후에도 여전히 소년에게 보호처분을 부과할 필요성이 인정되는 경우에는 심판개시결정이 내려져 심판이 열리게 된다.

(1) 심판의 출석자

심판에는 재판관과 소년 외에 소년의 보호자(소심규 제25조 제2항), 재판소 서기관(소심규 제28조 제1항), 그리고 원칙적으로 가정재판소 조사관이 출석한다(소심규 제28조 제2항). 재판관은 통상 1명이지만, 비행사실의 인정이나 처우결정이 어려운 사건의 경우 3인의 재판관에 의한 합의체 형태로 진행하는 경우도 있다(재 제31조의4).

또 형사사건의 변호인에 상당하는 보조인이 선임되어 있는 경우에는 보조인에게도 심판출석의 권리가 있다(소심규 제28조 제4항). 보조인이 변호사일 필요는 없지만, 실제 대부분의 사건에서 변호사가 보조인이 된다. 일정한 사건(범죄소년 또는 촉법소년 사건으로 사형, 무기 또는 장기 3년을 초과하는 징역 또는 금고에 해당하는 죄의 사건)으로 감별소에 관호조치로 수용된 경우에는 가정재판소의 직권으로 국선보조인이 선정되는 경우도 있다(소 제22조의3 제2항). 다만, 형사사건과 비교하면 보조인의 선임율은 매우 낮아서, 매년 증가하고는 있지만 2016년에 일반보호사건의 종국총인원 중에서 보조인 선임율은 23.6%에 불과하였다.

나아가 검찰관도 법원의 허가를 얻어 심판에 출석할 수 있다. 다만, 출석이 인정되는 경우는 ① 범죄소년으로, ② 사형, 무기 또는 장기 3년을 초과하는 징역 또는 금고에 해당하는 죄의 사건에서, ③ 비행사실을 인정하기 위해 필요한 때로 한정된다(소 제22조의2 제1항). 따라서 검찰관은 처우결정단계에는 관여하지 않는다. 또 가정재판소의 결정이 있는 경우에만 심판에 출석하는데 불과하기 때문에 위의 요건을 충족하는 사건에 대하여 검찰관에게 심판에 출석할 권리가 있는 것이 아니다. 이와 같이 검찰관의 관여는 직권주의에 기초한 심판구조를 유지하면서, 가정재판소의 사실인정에 필요한 범위내에서만 인정되기 때문에 검찰관의 법적 지위는 절차의 당사자는 물론 소년의 처분을 요구하는 소추관·원고관도 아니며, 어디까지나 공익의 대표자로서 사실인정이 적확하게 이루어질 수 있도록 심판에 협력한다는 의미에서 '심판의 협력자'라고 할 수 있다.

(2) 심판절차의 기본원칙

a) 비공개원칙

소년심판은 비공개로 이루어진다(소 제22조 제2항). 이는 미성숙한 소년의 정서를 보호함과 동시에, 소년이 특정됨에 따라 소년의 사회복귀가 곤란해지는 것을 방지하는 데 목적이 있다. 나아가 심판에서는 소년의 요보호성을 판단하기 위해서 소년이나 가족의 프라이버시에 깊이 관계되는 사항도 상세히 밝혀지므로 보호할 필요가 있다는 점, 또한 이와 관련하여 만약 심판이 공개된다면 조사 및 심판에 있어서 소년이나 보호자가 그러한 사항을 밝히는 것을 꺼리게 되어 충분한 정보에 기반한 적정한 심판이 불가능해 질 우려가 있다는 점도 심판을 비공개로 하는 이유이다. 이러한 취지에서 이 규정에는 심판 자체를 비공개로 하는 것뿐만 아니라 그 결과를 공표하지 않는 것도 당연히 포함한다. 또한 비밀유지의 원칙은 심판단계뿐만 아니라 가정재판소의 조사 나아가서는 수사단계에도 해당된다.

다만, 일정한 중대사건의 피해자 등은 심판을 방청할 수 있으므로(소 제22조의4), 그 한도에서 비공개 원칙의 예외가 인정되고 있다. 그러나 피해자의 심판방청은 소년의 건전육성을 방해하지 않을 것이 그 요건일 뿐만 아니라, 방청한 피해자에게 비밀준수의무가 부과되어서 비공개원칙의 취지가 실질적으로 훼손되지 않는 형태로 되어 있다.

b) 직권주의

형사재판은 당사자주의를 기반으로 대심구조가 채택되어 있고, 검찰관이 소인으로 설정한 범죄사실의 존부에 관하여 검찰관과 피고인·변호인이 대립당사자로서 각각 주장·입증을 하여 이를 중립적인 입장에 있는 재판소가 판단하는 형태이다. 이에 비하여 소년심판은 수사기관이 송치한 사건에 대해 가정재판소 스스로가 주체가 되어 증거조사를 거쳐 사실을 규명하고, 소년에 대한 처분을 결정하는 직권주의 구조를 채택하고 있다. 소년심판에는 대립당사자가 없으며, 검찰관이 관여하는 경우에도 그 지위는 심판의 협력자에 불과하다.

소년심판이 이러한 심리구조를 채택하고 있는 것은 소년심판의 목적이 비행을 저지른 소년의 책임을 추궁하는 데 있지 않고, 소년의 문제성을 명백하게 하고 소년의 개선갱생을 위해 최적의 처분을 결정하는 데 있는 이상, 관계자가 서로 대립하는 절차가 아니라 가정재판소를 중심으로 관계자가 서로 협력하는 절차가 적절하다는 점, 또한 심판 자체가 일종의 카운슬링기능을 가진 개선교육의 장이 되기 위해서는 재판관 자신이 소년에게 직접 말을 건네면서 절차를 진행해 가는 형태가 바람직하다는 생각에 근거한 것이다.

이러한 심리구조를 반영하여 소년보호사건에서는 수사기관이 가정재판소에 사건을 송치할 때 사건에 관한 증거서류를 일괄하여 송부한다. 재판관이 심판에서 스스로 증거조사를 하고 사실을 규명하기 위해서는 미리 사건의 내용을 파악하고 있을 것이 필수적이기 때문이다. 이렇게 소년사건에서는 형사사건의 기소장일본주의에 해당하는 규율은 존재하지 않으므로 소년심판의 재판관에게는 심판에 백지 상태로 임하고, 제3자적인 입장에 서서 양당사자의 주장·입증에 근거하여 소년이 비행사실을 저질렀는지 여부를 판단하고, 그 판단에 근거하여 처분을 결정한다는 의미로서의 중립성은 해당하지 않는다. 가정재판소에 요구되는 중립성이란 소년에게 유리하게도 불리하게도 치우치지 않고 직권을 행사한다는 것으로, 그 때문에 직권에 의한 증거조사는 소년에게 유리한 방향으로도 불리한 방향으로도 이루어진다.

c) 개별심리의 원칙

소년심판은 그 자체가 소년의 개선교육의 장으로 기능하고 있으므로, 각 소년별로 개별적으로 대응할 필요가 있다. 나아가 소년 및 관계자에 대한 비밀유지도 요청되므로 명문규정은 없지만 원칙적으로 다른 소년의 사건을 병합하는 것은 허용되지 않는다고 해석된다.

(3) 증거조사절차·증거법칙

소년심판은 소년이 비행사실을 저질렀는지 여부를 인정할 뿐만 아니라, 케이

스워크적인 기법에 기반하여 소년이 안고 있는 문제를 발견하고 소년의 개선갱생을 위해 가장 적합한 처분을 결정함을 목적으로 함과 동시에 그 절차 자체가 하나의 처우의 장으로서 기능하고 있다. 이러한 기능을 보다 잘 발휘하기 위해서는 개별 사안에 맞게 유연한 대응이 필요하고 엄격한 절차를 적용하는 것은 오히려 장애가 될 수 있다. 따라서 형사소송법이 상세한 규정을 두고 있는 것과 달리, 소년법은 심판에서의 증거조사절차에 관한 규정이 거의 없고, 증거법칙에 관해서도 아무런 규정도 두지 않고 있다. 즉, 적어도 소년법이 제정된 당시에는 어떠한 증거조사절차를 취할지, 그리고 어떠한 증거를 채용할지는 재판관의 재량에 맡겨진 문제로 여겨졌던 것이다.

그러나 보호처분도 소년의 의사에 반하여 그 자유를 제약하는 것이므로 불이익성을 가진다는 점은 부정할 수 없다. 그렇다고 한다면, 그 내용이 형사절차와 동일하지 않더라도, 소년보호절차에도 적정절차가 보장되어야 할 것이다. 판례도 비행사실의 인정에 관한 증거조사의 범위, 한도, 방법의 결정은 가정재판소의 완전한 재량에 속하는 것이 아니라 합리적 재량에 의해야 한다고 판시하고 있다.[88] 그리고 현재 실무는 적정절차 보장의 관점에서 소년에 대한 비행사실의 고지와 변명 기회의 부여, 묵비권 · 보조인선임권의 고지, 중요한 증인에 대한 반대심문 기회의 보장 등, 소년의 절차적 권리를 보장하도록 운용되고 있다. 또한 증거법칙에 대해서도 자백법칙, 보강법칙, 위법수집증거배제법칙이 모두 소년심판에서 적용되고 있다.

(4) 시험관찰

심판이 이루어진 다음 소년에게 어떠한 처분을 할 것인지에 관한 판단이 내려지게 되는데, 가정재판소는 소년에 대하여 종국처분의 결정을 일정기간 유보하고 조사관에게 소년의 행동 등을 관찰시킬 수 있다(소 제25조 제1항). 이를 시험관찰이라고 한다. 시험관찰은 조사관이 실시해온 조사를 더욱 보강, 수정하고 요보호성에 관한 판단을 보다 확실하게 하는 기능을 가짐과 동시에, 종국결정을 유보함으로써 소년에게 심리적 강제효과를 통한 지도원호를 실시하여 개선교육의 효과를 높이는 기능도 가지고 있다. 후자의 측면에서 일종의 프로베이션probation이라고 할 수 있다. 일반적으로 3개월에서 4개월을 기준으로 실시된다.

---

88 最決 昭和58 · 10 · 26 刑集 37권 8호 1260쪽.

나아가 가정재판소는 시험관찰과 함께 ① 준수사항을 정하여 그 이행을 명하거나, ② 조건을 붙여서 보호자에게 인계하거나. ③ 적당한 시설, 단체 또는 개인에게 보도를 위탁하는 3가지의 부수조치를 선택적 또는 중첩적으로 부가할 수 있다(소 제25조 제2항). 보도위탁에는 소년을 위탁처의 시설에 거주 내지는 숙박시킨 다음, 통근이나 통학을 시키면서 생활지도와 직업보도를 받게 하는 신병부 보도위탁과 소년을 본인의 주거에 거주시킨 채, 생활지도 등의 보도만을 학교 교사와 고용주에게 위탁하는 재택 보도위탁이 있다.

5. 종국결정

(1) 불처분결정

소년의 비행사실을 인정할 수 없거나 비행사실은 인정되지만 소년에게 요보호성이 인정되지 않는 경우에는 불처분결정이 내려진다(소 제23조 제2항). 실무상 불처분결정이 내려지는 비율도 상당히 높아서 2016년에 우범 및 업무상과실치사상 등 보호사건을 제외한 일반보호사건에서 16.6%를 차지하고 있다([그림 6] 참조).[89] 다만, 불처분이라고 하더라도 대부분은 심판단계에서 조사관과 재판관에 의한 훈계 등 보호적 조치가 취해지거나 다른 사건으로 이미 보호처분을 받고 있는 등 요보호성이 없음을 이유로 하고 있으며, 비행사실이 인정되지 않는다는 이유로 불처분되는 것은 매우 드물다.

(2) 보호처분결정

비행사실이 증명되고 심판단계에서 보호적 조치가 취해졌음에도 계속 요보호성이 인정되는 경우에는 소년에게 보호처분을 부과하는 결정이 내려진다. 현행법상 보호처분은 ① 보호관찰, ② 아동자립지원시설 또는 아동양호시설에의 송치, ③ 소년원 송치의 3가지 종류가 있다(소 제24조). 이 중 어떤 보호처분을 부과할지는 기본적으로 그 소년을 개선교육하여 장래에 다시 비행을 저지르지 않도록 하기 위해서

---

[89] 업무상과실치사상 등 보호사건에서 심판불개시보다 불처분의 비율이 높아지고 있다. 이는 실무상 이러한 사건에서는 심판을 개시하여 집단강습 등을 실시한 다음 요보호성이 해소되었다고 인정되는 경우에 불처분하는 식으로 상당히 많이 처리되고 있기 때문이다. 동일한 조치가 도로교통보호사건에서도 실시되고 있다.

는 어떤 처분을 부과하는 것이 가장 적당한지라는 관점에서 그 소년의 요보호성에 대응하여 결정된다. 소년이 저지른 비행사실의 내용은 요보호성을 판단하기 위한 중요한 요소이기는 하지만, 그 자체가 보호처분의 선택에 있어서 직접 고려되는 것은 아니다.

우범 및 업무상과실치사상 등 보호사건을 제외한 일반보호사건에서 아동자립지원시설·아동양호시설에의 송치는 그다지 이용되고 있지 않고 있으며, 보호처분의 중심은 보호관찰과 소년원송치이다([그림 6] 참조).

(3) 검찰관송치결정

보호처분은 형벌이 아니며, 가정재판소에는 소년에게 형벌을 부과할 권한은 인정되지 않는다. 그러나 가정재판소가 소년에 대하여 보호처분이 아니라 형벌을 부과하는 것이 상당하다고 판단한 경우에는 결정으로 사건을 검찰관에게 송치할 수 있다. 이를 일반적으로 역송결정이라고 부른다.

역송결정은 소년에게서 보호처분에 따른 개선교육을 받을 수 있는 이익을 박탈하는 성격을 가지므로, 역송결정을 할 수 있는 경우는, 사형, 징역 또는 금고에 해당하는 죄의 사건으로 한정되어 있다. 이것이 형식적인 요건이며 실적적인 요건은 사건의 죄질 및 정상에 비추어서 형사처분이 상당하다고 인정되는 것이다(소 제20조 제1항). 형사처분이 상당하다고 인정되는 유형에는 소년이 보호처분에 의해서는 이미 개선의 여지가 없는 경우(보호불능)와, 보호불능은 아니지만 사안의 성질과 사회에 대한 영향 등에 비추어 형사처분을 하는 편이 보다 상당한 경우(보호부적)도 있다. 이에 더하여 실무에서는 소년의 개선갱생의 유효성이라는 관점에서도 보호처분이 아닌 형사처분을 적극적으로 선택하는 경우가 있다고 지적되고 있다. 이러한 점을 전제로 실무에서 형사처분상당성의 판단은 그 소년에 대해 보호처분과 형벌중 어느 쪽이 성격교정 등 교육적 효과를 보다 더 높일 수 있는가라는 처우상 유효성의 관점과, 그 소년의 범죄가 타인과 사회에 막대한 피해나 위협·불안 등을 주었는지 여부, 그러한 범죄의 재발방지가 강하게 요청되는지 여부라는 사회감정, 사회방위상의 관점을 함께 고려한 다음에 어느 쪽이 소년의 처우로 더 적합한지를 종합적으로 판단하는 것이라는 지적도 제기되고 있다.[90]

---

90   田宮裕＝廣瀬健二編, 注釈少年法[第4版], 有斐閣, 2017, 230쪽.

2016년 통계에 의하면, 역송결정이 내려진 비율은 우범 및 업무상과실치사상 등 보호사건을 제외한 일반보호사건에서 고작 0.3%에 불과하다([그림 6] 참조). 업무상과실치사상 등 보호사건 및 도로교통보호사건에서는 그에 비하면 역송비율이 상당히 높지만 이 경우의 역송은 대부분이 약식절차로 벌금선고를 예정하고 이루어지는 것이기 때문에, 형사처분상당이라고 하더라도 보호불능과 보호부적을 이유로 이루어지는 역송과는 의미가 다르다. 즉, 본래의 의미로 보호처분을 할 것인지 아니면 역송으로 형사처벌을 할 것인지에 대한 판단이 요구되는 단계에서 가정재판소는 역송에 신중한 자세를 취하고 있다고 할 수 있다.

다만, 살인 및 상해치사와 같이 고의의 범죄행위로 피해자를 사망시킨 죄의 사건으로 소년이 그 죄를 범한 때에 16세 이상인 경우에 가정재판소는 역송결정을 해야 한다(소 제20조 제2항). 다만, 이에 해당하는 죄라도 조사의 결과 범행의 동기 및 태양, 범행 후의 정황, 소년의 성격, 연령, 행상 및 환경, 기타 사정을 고려하여 형사처분 이외의 조치가 상당하다고 인정되는 때는 보호처분을 선고할 수 있다. 이는 일정한 중대범죄에 대해서는 원칙적으로 역송한다는 것으로, 여기서 대상으로 삼은 죄에 대해서는 보호부적격의 추정이 작동함을 규정한 것으로 볼 수 있다. 실무상은 범죄행위 자체에 대하여 악질성과 흉악성을 크게 감소시키는 특단의 사정이 있는 경우에 한정하여 단서가 적용된다는 견해가 유력하고, 이러한 이유도 있어서 대상범죄의 역송율은 그 이외의 범죄와 비교하면 급격히 높아지고 있다.[91]

6. 상소

가정재판소의 보호처분결정에 대하여 소년, 법정대리인, 보조인은 결정에 영향을 미친 법령위반, 중대한 사실오인 및 처분의 현저한 부당을 이유로 고등재판소에 항고할 수 있다(소 제32조). 이에 반하여 검찰관은 검찰관이 관여한 사건에 대해서 비행사실의 인정과 관련하여 결정에 영향을 미친 법령위반 및 중대한 사실오인을 이유로 고등재판소에 항고수리의 신청을 할 수 있을 뿐이다(소 제32조의4)

소년이 보호처분결정에 불복하여 항고한 경우에도, 항고는 보호처분의 집행을

---

91 원칙역송제도가 시행된 2001년 4월 1일부터 2016년 말까지 원칙역송사건의 종국처리인원 697명 중에서 449명 (64.4%)이 역송결정을 받았다.

정지시키는 효력이 없다(소 제34조). 소년법이 이러한 제도를 채택하고 있는 것은 개선교육을 위한 조치인 보호처분은 되도록 신속하게 집행하는 것이 중요하며, 항고를 이유로 집행을 당연히 정지시키는 것은 바람직하지 않다는 고려에서 비롯한 것이다.

항고심의 결정에 대하여 소년, 법정대리인, 보조인은 헌법 위반, 헌법해석의 잘못 또는 판례 위반을 이유로 최고재판소에 재항고를 신청할 수 있다(소 제35조). 이에 반하여 검찰관의 재항고수리 신청은 인정되지 않는다.

7. 보호처분의 취소

소년법에는 형사소송법상의 재심에 상당하는 명확한 규정이 존재하지 않는다. 그러나 보호처분이 계속되는 중에 본인에 대해 심판권이 없었음에도 불구하고 보호처분한 것을 인정할 수 있는 명백한 자료를 새로 발견한 때는 가정재판소가 그 보호처분을 취소해야 한다고 규정하고 있다(소 제27조의2 제1항). 판례는 이 '심판권'에는 비행사실의 존재가 포함된다고 판시함으로써[92] 보호처분의 취소가 재심과 유사한 기능을 수행하게 되었다. 또한 보호처분 종료 후에도 본인이 사망하고 있지 않는 한 같은 이유로 보호처분의 취소가 인정된다(소 제27조의2 제2항).

Ⅲ   형사사건의 절차

1. 공판절차의 특칙

가정재판소의 역송결정에 따라 검찰관이 공소를 제기하면 공판심리가 진행된다. 소년의 형사사건에 관해서는 소년법에 특별한 규정이 없는 한 형사소송법의 규정이 적용되기 때문에(소 제40조), 피고인이 소년인 경우의 공판절차도 기본적으로는 형사소송법에 따라 실시된다.

다만, 그 심리는 소년, 보호자 또는 관계인의 행상, 경력, 소질, 환경 등에 관하

---

92 最決 昭和58 · 9 · 5 刑集 37권 7호 901쪽.

여 의학, 심리학, 교육학, 사회학, 기타 전문적 지식을 활용하여 진행해야 한다고 규정하고 있다(소 제50조). 이는 가정재판소가 소년보호사건에 대하여 실시하고 있는 과학적 조사의 방법 및 교육적인 취급을 형사재판소의 공판심리에도 도입하려는 것으로, 소년의 형사재판에도 소년의 건전육성을 도모한다는 소년법의 기본이념이 적용된다는 점을 보여주는 것이다. 이를 위해서 어떠한 조치를 취할지는 재판소의 재량에 맡겨져 있지만, 실무상 형사재판소가 가정재판소의 소년조사기록(사회기록)을 양형이나 「소년법」 제55조에 근거한 이송의 당부를 판단할 때의 자료로서 활용하고 있다.

다른 한편으로 피고인이 소년인 경우도 공판절차는 공개로 진행된다. 그러나 연소소년과 중간소년에 대하여 공개법정에서 방청인의 눈에 노출된 상태로 심리하는 것은 정서 보호 차원에서 문제가 있을 뿐만 아니라, 그러한 상황에서 소년이 위축되어 버리기 때문에 공판에서 자신이 하고 싶은 진술을 충분히 할 수 없다는 문제점도 제기된다. 이러한 점을 감안하여 실무에서는 피고인인 소년이 입퇴정할 때에 차폐막을 세우거나 심리 중에 피고인의 착석위치를 방청인으로부터 등을 돌리는 형태로 조정하여 방청인이 얼굴을 볼 수 없도록 조치하는 등 다양한 노력이 이루어지고 있다. 그러나 이러한 운용상의 조치만으로는 한계가 있으므로 공판 중 피고인인 소년을 방청인으로부터 차폐하는 조치와 심리 자체를 비공개로 진행하는 것 등이 가능하도록 법을 개정해야 한다는 제안도 제기되고 있다.

2. 소년에 대한 처분

소년사건의 공판심리에 관한 특칙은 거의 없는 반면, 선고되는 처분에 대해서는 비교적 많은 '특별규정'이 두어져 있다. 우선 범죄행위 당시 18세 미만이었던 사람에 대해서는 사형을 부과할 수 없으며 사형으로 처단해야 하는 경우에는 무기형이 선고된다(소 제51조 제1항). 또한 이와 동일하게 범행 시 18세 미만이었던 사람을 무기형으로 처단해야 하는 경우에는 재판소의 재량으로 유기의 징역 또는 금고를 부과할 수 있다(소 제51조 제2항 전단). 감경되는 경우 선고형은 10년 이상 20년 이하의 범위 내에서 정해지는 정기형이 된다(소 제51조 제2항 후단). 소년에 대하여 이렇게 감경규정을 둔 취지는 인도적 견지에서 가혹한 형을 회피한다는 관점에 더해 가소성이 풍부하고 개선가능성이 높은 소년에 대하여 보다 교육적인 처우가 필요하고 유효하다는 점, 또한 소년은 인격이 미숙하므로 성인보다 유형적으로 책임이 가볍다는 것을 들 수 있다.

나아가 소년을 유기의 징역 또는 금고로 처단해야 할 때는 그 형의 범위 내에서 장기를 정함과 동시에 장기의 2분의 1(장기가 10년 미만인 때는 장기로부터 5년을 뺀 기간)에 미치지 않는 범위 내에서 단기형을 정하여 형을 선고하도록 규정하고 있고(소 제52조 제1항), 징역·금고형에 대하여 성인에게는 없는 부정기형이 규정되어 있고 단기가 10년, 장기가 15년을 넘을 수 없다(소 제52조 제2항). 부정기형의 선고는 실형의 경우로 한정되어 형의 집행유예가 선고되는 경우에는 통상의 정기형이 선고된다(소 제52조 제3항). 이렇게 소년에 대하여 부정기형을 둔 취지는 소년은 가소성이 풍부하고 교육에 의한 개선갱생이 보다 많이 기대되므로 형의 집행 중인 소년의 개선 정도에 따른 대응을 가능하게 하기 위해 형기에 폭을 둠으로써 처우에 탄력성을 기하려는데 있다.

또한 소년에 대해서는 노역장유치를 선고할 수 없다(소 제54조). 노역장유치가 교육을 목적으로 하지 않는 단기의 신체구속이라는 점에서 소년에 대해서는 특히 그 폐해가 크므로 금지한 것이다.

그 외에 재판소는 사실심리의 결과 소년인 피고인에게 보호처분을 부과하는 것이 상당하다고 인정하는 때는 결정으로 사건을 가정재판소에 이송해야 한다(소 제55조). 이는 역송결정에 따라 형사재판에 기소된 소년도 그 후 요보호성에 변화가 생길 수 있다는 점과 원래 가소성이 풍부한 소년사건에서는 소년을 둘러싼 상황변화에 대응하여 절차·처분의 선택을 변경가능하도록 하한 것이 바람직하다는 관점에서 다시 소년보호절차에서 처리하도록 돌려보내는 것을 인정한 것이다.

보호처분에 처하는 것이 상당한지 여부의 판단은 역송결정에서의 형사처분상당성의 판단과 동일하다. 전술한 형사처분상당성의 실무상 판단기준에 따르면 본조에 있어서 보호처분상당성은 해당사건의 형사절차를 통해 예상되는 구체적 형벌보다 이송 후의 보호절차를 통해 예상되는 구체적 처분 쪽이 소년의 개선갱생을 위해 유효하고 동시에 형벌이 아니라 보호처분을 선택하는 것이 피해감정·정의감정 등에 비추어 사회적으로 용납되고 허용되는 경우에 인정되게 된다.

제 4 절   비행소년의 처우

I   보호관찰

소년에 대한 보호관찰은 운용상 다양화가 도모되고 있다. 일반보호관찰, 단기보호관찰, 교통보호관찰, 교통단기보호관찰의 4종류가 있으며, 각각 그 기간과 처우내용이 다르다.

일반보호관찰은 다른 유형의 보호관찰에 해당하지 않는 사람에 대해 실시되는 일반적인 보호관찰이다. 통상 1년을 경과하면 해제를 검토한다.

단기보호관찰은 교통사건 이외의 비행으로 가정재판소가 보호관찰에 처해진 소년 중에서 비행성의 진도가 그렇게 심각하지 않고 단기간의 보호관찰로 개선갱생을 기대할 수 있는 사람을 대상으로 한다. 보호관찰의 실시기간은 대략 6개월 이상 7개월 이내이다. 생활습관, 학교생활, 취업관계, 가족관계, 교우관계 등의 지도영역 중 소년의 개선갱생을 위해 특히 중요한 영역을 골라 해당 영역의 문제점을 개선하기 위한 과제를 이행시키는 것에 중점을 둔 처우를 실시하고 있다. 처우의 하나로 복지시설에서 개호 등의 사회참가활동을 실시하는 경우가 있다.

교통보호관찰은 교통사건으로 보호관찰에 처해진 사람을 대상으로 한다. 일반보호관찰에 더하여 교통법규, 운전기술 등에 관한 지도 등이 실시된다. 원칙적으로 6개월을 경과하면 해제를 검토한다.

교통단기보호관찰은 교통사건으로 가정재판소에서 보호관찰에 처해진 소년 중에서 일반비행성이 없거나 그 정도가 심각하지 않고, 또한 교통에 관련된 비행성도 고착화되지 않은 사람을 대상으로 1977년부터 실시되고 있다. 보호관찰의 실시기간은 원칙적으로 3개월에서 4개월이다. 통상의 처우에 더하여 안전운전 등에 관한 집단처우가 실시되는데 여기에서는 보호관찰관이 강의와 동시에 참가자에게 자신의 위반사실을 보고하도록 하고 전원집단토의 등을 실시하고 있다.

Ⅱ 아동복지시설의 처우

1. 시설의 목적

아동자립지원시설과 아동양호시설은 모두 아동복지법상의 시설이다. 아동자립지원시설은 과거에 교호원으로 불렸으며, 불량행위를 하거나 할 우려가 있는 아동 및 가정환경 기타 환경상의 이유로 생활지도를 요하는 아동을 입소시켜 필요한 지도와 자립지원을 실시하는 것을 목적으로 한다(아복 제44조). 이에 비하여 아동양호시설은 보호자가 없는 아동, 학대당하고 있는 아동 기타 환경상 양호를 요하는 아동을 입소시켜 양육보호를 실시하는 시설(아복 제41조)이다. 아동복지법상의 아동이란 18세 미만인 사람을 말한다(아복 제4조).

실무 운용상 보호처분으로서 아동양호시설로 송치결정이 내려지는 건수는 극히 드물고 대부분이 아동자립지원시설로의 송치이다.

2. 아동자립지원시설의 처우

아동자립지원시설은 현재 전국에 58개의 시설이 있으며, 그중 국립이 2개소, 공립이 54개소, 사립이 2개소이다. 아동자립지원시설은 소년원과 달리 원칙적으로 도도부현이 관할하는 시설이다.

처우의 특색은 가족적 분위기하에서 개방처우를 실시하는 데 있다. 전통적인 형태는 부부소사제夫婦小舎制로 불리는 형태로, 시설직원인 부부가 자신의 가족과 함께 기숙사에 입주하여 10여 명의 아동과 같이 생활하면서 부모를 대신하여 생활지도 등을 하는 것이다. 아동은 야간에는 기숙사에서 생활하고, 주간에는 동일 부지 내에 있는 학습동에서 공부하는 형태가 된다.

다만, 최근에는 교대제 시설이 증가하여 현재는 교대제 시설이 7할 가까이를 차지하고 있다. 그러나 교대제 시설도 가급적 가정에 가까운 형태로 처우하는 것이 기본이므로 그러한 점에서 신병구금을 전제로 교정교육을 하는 소년원과는 다른 측면을 가진다. 이와 같은 처우내용의 특색에서 실제의 입소아동은 중학생을 중심으로 하는 의무교육 중인 자가 반 이상을 차지하고 있다.

아동자립지원시설의 처우는 개방처우를 기본으로 하지만, 아동에 따라서는 시설로부터 무단외출을 반복한다던가, 타인에게 폭력을 행사할 우려가 있다는 이유로 개방적인 환경에서 집단생활을 영위하게 하는 것이 곤란하기 때문에 시설 내의 특정장소에 수용하여 행동의 자유를 제한하는 조치가 필요한 경우도 있다. 아동에 대해 이러한 조치를 할 필요가 있는 경우에는 도도부현 지사 내지 아동상담소장이 가정재판소에 강제적 조치를 신청하고(소 제6조의7 제2항, 아복 제27조의3), 가정재판소가 신청을 허가하는 경우에는 강제적 조치의 내용 외에 조치를 할 수 있는 기간과 일수를 명시하고 사건을 아동복지기관에 송치하는 절차가 취해진다(소 제18조 제2항).

Ⅲ   소년원의 처우

1. 소년원법의 개정

소년원에 관한 기본법인 소년원법은 2014년에 전면 개정되었다. (구)소년원법에서는 소년원의 교정교육, 재원자의 권리의무관계, 직원의 권한 등, 소년원의 처우에 관한 규정이 거의 없었다. 이들 사항의 대부분이 성령省令, 훈령, 통달 등에 위임되어 있어 사회정세의 변화에 따라 그 내용을 변경하면서 이에 근거하여 운용되어 왔다. 그러나 이러한 상황은 그 자체로 바람직하지 못할 뿐만 아니라, 소년원의 교관이 재원자를 폭행한 사건을 계기로 설치된 '소년교정을 생각하는 전문가(전문가)회의'가 소년원에서의 처우 개선과 함께 적정·유효한 처우를 뒷받침하기 위한 법적 기반을 정비해야 한다고 제언함에 따라 소년원법을 전면개정하게 되었다.[93]

2. 소년원의 종류

(구)소년원법은 소년원의 혼합수용으로 인한 폐해를 회피함과 동시에 교정교육을 효과적으로 실시하기 위하여 소년원을 소년의 연령, 범죄경향의 정도 및 심신의

---

93 소년원법을 개정하면서, 그때까지 소년원법에서 규정하고 있었던 소년감별소에 대하여 소년감별소법을 독립법률로 제정하였고 이에 통해 규율하고 있다.

상황에 따라 초등소년원, 중등소년원, 특별소년원, 의료소년원의 4종류로 구분했었다. 신법은 이를 제1종(보호처분이 집행 중인 사람으로 심신에 현저한 장애가 없는 대략 12세 이상 23세 미만의 사람을 수용), 제2종(보호처분이 집행 중인 사람으로 심신에 현저한 장애는 없으나 범죄적 경향이 진전된 대략 16세 이상 23세 미만의 사람을 수용), 제3종(보호처분이 집행 중인 자로 심신에 현저한 장애가 있는 대략 12세 이상 26세 미만의 사람을 수용), 제4종(소년원에서 형이 집행 중인 사람을 수용)의 4종류로 재편하였다(소원 제4조). 구법과 비교하면 제1종이 초등소년원과 중등소년원을 합치고, 제2종이 특별소년원을, 제3종이 의료소년원을, 제4종이 종래 특별소년원에 수용되어 있던 소년원 수용 수형자를 대상으로 창설되었다고 볼 수 있다.

가정재판소가 보호처분으로서 소년원송치를 결정하는 때에는 소년감별소의 감별결과와 가정재판소 조사관의 조사보고를 고려하여 위의 4종류 소년원 중에서 어느 종류의 소년원에 수용할지를 지정한다. 그리고 나서 소년감별소장이 소년에 대하여 감별을 하고 개개의 소년원에서 실시되는 교정교육과정 등을 고려하여 소년을 수용할 구체적 소년원을 지정하게 된다(소감 제18조).

3. 소년원의 처우

(1) 처우의 기본원칙

재원자의 처우는 그 인권을 존중하면서 밝고 규칙적인 환경하에서 건전한 심신의 성장을 도모함과 동시에 그 자각에 호소하여 개선갱생의 의욕을 환기시키며, 자주, 자율 및 협동의 정신을 키우는 데 기여하도록 실시되고 있다(소원 제15조 제1항). 그리고 재원자의 처우에 있어서는 의학, 심리학, 교육학, 사회학, 기타 전문적 지식 및 기술을 활용함과 동시에 각 재원자의 성격, 연령, 경력, 심신의 상황 및 발달의 정도, 비행의 상황, 가정환경, 교우관계, 기타 사정을 감안하고, 재원자의 최선의 이익을 고려하여 그 특성에 부합하는 처우가 되도록 해야 한다(소원 제15조 제2항). 소년교정의 기본원칙으로 ① 교육주의원칙, ② 인권존중원칙, ③ 개별처우원칙, ④ 과학주의 원칙의 4가지가 논의되고 있으며,[94] 위의 규정에서 제시되고 있다.

---

94 법무성 교정국편, 新しい少年法と少年鑑別所法, 矯正協会, 2014, 31쪽.

(2) 처우의 내용과 기간

소년원 처우의 핵심은 재원자에 대한 교정교육이다. 신법은 교정교육의 목적을 재원자의 범죄적 경향을 교정함과 동시에 재원자에게 건전한 심신을 배양시키고 사회생활에 적응하는 데 필요한 지식 및 능력을 습득시키는 것에 있다고 한 다음(소원 제23조), 그 구체적인 내용으로서 생활지도, 직업지도, 교과지도, 체육지도 및 특별활동지도를 들고 있다(소원 제24조~제29조).

소년원의 수용기간은 원칙적으로 재원자가 20세가 될 때까지이지만, 가정재판소의 소년원송치결정시부터 1년 내에 20세가 되는 경우에는 송치결정으로부터 1년간이다(소원 제137조 제1항). 다만, 소년원장은 재원자의 심신에 현저한 이상이 있거나 범죄적 경향이 아직 교정되지 않았기 때문에 위의 기한을 넘겨서 수용을 계속하는 것이 상당하다고 인정하는 때는 가정재판소에 대해 수용을 계속해야 한다는 취지의 결정을 신청해야 한다(소원 제138조 제1항). 그리고 신청을 받은 가정재판소가 신청에 이유가 있다고 인정한 경우에는 수용을 계속하는 결정을 한 다음에 재원자가 23세를 초과하지 않는 기간의 범위 내에서 수용기간을 결정한다(소원 제138조 제2항). 나아가 재원자의 정신에 현저한 장애가 있고 의료에 관한 전문적 지식 및 기술을 토대로 교정교육을 실시하는 것이 특히 필요하여 수용을 계속할 필요가 있는 경우에는 26세가 될 때까지 수용할 수 있다(소원 제139조).

(3) 교정교육의 계획

소년원법은 전술한 4종류의 수용분류와 위의 수용기간에 관한 규정을 둔 다음, 교정교육 계획을 3단계로 구분하여 수립하도록 하고 있다. 우선 법무대신이 재원자의 연령, 심신의 장애상황 및 범죄적 경향의 정도, 재원자가 사회생활에 적응하기 위해 필요한 능력, 기타 사정에 비추어 공통적인 특성을 가진 일정한 재원자의 유형별로 그 유형에 해당하는 재원자에 대하여 실시할 교정교육의 중점적 내용 및 표준기간(교정교육과정. [표 1] 참조)을 정한다(소원 제30조).[95] 그 후에 각 소년원에 대하여 실시해야 할 교정교육과정을 지정한다(동법 제31조).

다음으로 각 소년원의 장이 지정된 교정교육과정에 입각하여 재원자의 특성과

---

[95] 구법에서는 통달로 수용기간 및 표준적인 교육기간을 정한 처우구분과 처우의 중점적인 내용 등을 정한 처우과정을 규정하고 있었으나, 교정교육과정은 양자를 통합하여 정리하였다. 2016년도 소년원 입원자의 교정교육과정별 인원은 [표 1]의 인원란과 같다.

지역사정을 반영하여 해당 소년원에서의 교정교육의 목표, 내용, 실시방법 및 기간 등을 내용으로 하는 소년원 교정교육과정을 정한다(소원 제32조).

[표 1] 소년원 입원자의 인원(교정교육과정별)

(2016년)

소년원의 종류	교정교육과정	부호	재원자의 유형	교정교육의 중점적 내용	표준기간	인원
제1종	단기의무교육과정	SE	원칙적으로 14세 이상으로 의무교육을 종료하지 않은 사람 중에서 그 사람이 가진 문제성이 단순하거나 비교적 경미하여 조기개선의 가능성이 큰 사람	중학교의 학습지도요령에 준거한 단기간의 집중적인 교과지도	6개월 이내의 기간	40 (1.6)
	의무교육과정 Ⅰ	E1	의무교육을 종료하지 않은 사람 중에서 12세가 되는 날 이후의 최초의 3월 31일까지의 사이에 있는 사람	초등학교의 학습지도요령에 준거한 교과지도	2년 이내의 기간	–
	의무교육과정 Ⅱ	E2	의무교육을 종료하지 않은 사람 중에서 12세가 되는 날 이후의 최초의 3월 31일이 지난 사람	중학교의 학습지도요령에 준거한 교과지도		126 (4.9)
	단기사회적응과정	SA	의무교육을 종료하지 않은 사람 중에서 그 사람이 가지는 문제성이 단순하거나 비교적 경미하여 조기개선의 가능성이 큰 사람	출원 후의 생활설계를 명확하게 하기 위한 단기간의 집중적인 각종지도	6개월 이내의 기간	465 (18.1)
	사회적응과정 Ⅰ	A1	의무교육이 종료한 사람 중에서 취업상, 학업상, 생활환경의 조정상 등 사회적응에 문제가 있는 사람으로서 다른 과제의 유형에는 해당하지 않는 사람	사회적응을 원활하게 하기 위한 각종 지도	2년 이내의 기간	1,142 (44.6)
	사회적응과정 Ⅱ	A2	의무교육을 종료한 사람 중에서 반사회적인 가치관·행동경향, 자기통제력의 저하, 인지왜곡 등 자질상 특히 문제가 되는 사정을 개선할 필요가 있는 사람	자기통제력을 높이고 건전한 가치관을 세우며 착실하게 생활하는 습관을 익히기 위한 각종 지도		224 (8.7)
	사회적응과정 Ⅲ	A3	외국인 등으로 일본인과 다른 처우상의 배려를 필요로 하는 사람	일본의 문화, 생활습관 등을 깊게 이해함과 동시에 건전한 사회인으로서 필요한 의식, 태도를 기르기 위한 각종 지도		10 (0.4)
	지원교육과정 Ⅰ	N1	지적장애 또는 그 의심이 있는 사람 및 이에 준하는 사람으로 처우상의 배려를 필요로 하는 사람	사회생활에 필요한 기본적인 생활습관·생활기술을 익히기 위한 각종 지도		111 (4.3)

소년원의 종류	교정교육과정	부호	재원자의 유형	교정교육의 중점적 내용	표준기간	인원
제1종	지원교육과정 Ⅱ	N2	정서장애 혹은 발달장애 또는 이러한 의심이 있는 사람 및 이에 준하는 사람으로 처우상의 배려를 필요로 하는 사람	장애 등 그 특성에 맞추어 사회생활에 적응하는 생활태도·대인관계를 익히기 위한 각종 지도	2년 이내의 기간	107 (4.2)
	지원교육과정 Ⅲ	N3	의무교육을 종료한 자 중에서 지적능력의 제약, 대인관계방식의 서투름, 비사회적 행동경향 등에 대응하는 배려가 필요한 사람	대인관계기능을 익히고 적응하며 생활하는 습관을 익히기 위한 각종 지도		226 (8.8)
제2종	사회적응과정 Ⅳ	A4	특히 재비행방지에 초점을 맞춘 지도 및 심신의 훈련을 필요로 하는 사람	건전한 가치관을 익히고 착실하게 생활하는 습관을 익히기 위한 각종 지도		55 (2.1)
	사회적응과정 Ⅴ	A5	외국인 등으로 일본인과 다른 처우상의 배려를 필요로 하는 사람	일본문화, 생활습관 등을 깊게 이해함과 동시에 건전한 사회인으로서 필요한 의식, 태도를 익히기 위한 각종 지도		—
	지원교육과정 Ⅳ	N4	지적장애 또는 그 의심이 있는 사람 및 이에 준하는 사람으로 처우상의 배려를 필요로 하는 사람	사회생활에 필요한 기본적인 생활습관·생활기술을 익히기 위한 각종 지도		2 (0.1)
	지원교육과정 Ⅴ	N5	정서장애 혹은 발달장애 또는 이러한 의심이 있는 사람 및 이에 준하는 사람으로 처우상의 배려를 필요로 하는 사람	장애 등 그 특성에 맞추어 사회생활에 적응하는 생활태도·대인관계를 익히기 위한 각종 지도		2(0.1)
제3종	의료조치과정	D	신체질환, 신체장애, 정신질환 또는 정신장애를 가진 사람	심신질환, 장애상황에 맞춘 각종 지도		53 (2.1)
제4종	수형재원자과정	J	수형재원자	개별사정을 특별히 배려한 각종 지도	—	—

(출전) 2017년 범죄백서, 120쪽.

그리고 마지막으로 소년원 교정교육과정에 입각하여 재원자별로 개개 재원자의 특성에 맞추어 교정교육의 목표, 내용, 실시방법 및 기간 등을 정한 개인별 교정교육계획을 수립하게 된다(소원 제34조).

(4) 퇴원과 가퇴원

법률상 정해진 기한이 도래한 경우에 소년원장은 재원자를 퇴원시켜야 한다. 이 외에 소년원장이 재원자에 대하여 교정의 목적을 달성했다고 인정하여, 지방갱생보호위원회에 퇴원 허가를 구하는 취지의 신청을 하고(소원 제136조 제1항), 지방 갱생보호위원회가 퇴원이 상당하다고 인정하여 퇴원을 허가하는 결정을 한 경우에도(갱생 제46조) 퇴원이 이루어진다. 또한 지방갱생보호위원회가 소년원장의 신청 또는 직권으로 심리하여 재원자의 처우단계가 최고단계에 도달하여 임시로 퇴원시키는 것이 개선갱생을 위해 상당하다고 인정하는 때, 기타 임시로 퇴원시키는 것이 개선갱생을 위해 특히 필요하다고 인정하는 때에는 가퇴원을 허가하는 결정을 내린다(갱생 제41조).

가퇴원이 허가된 경우에 소년은 보호관찰에 처해지고(갱생 제42조 · 제40조), 그 결과가 양호하면 보호관찰소장의 신청을 통해 지방갱생보호위원회가 정식으로 퇴원을 결정한다(갱생 제74조). 반면 가퇴원 중인 사람이 준수사항을 준수하지 않은 경우에는 보호관찰소장의 신청에 따라 지방갱생보호위원회가 가정재판소에 대해 그 사람을 소년원에 다시 수용하라는 취지의 결정을 신청할 수 있다(갱생 제71조). 그리고 신청받은 가정재판소가 상당하다고 인정하는 때에는 재수용을 결정할 수 있다(갱생 제72조).

Ⅳ 소년에 대한 형벌의 집행

(1) 소년교도소의 처우

징역 또는 금고를 선고받은 소년에 대해서는 특별한 형사시설 또는 형사시설 · 유치시설 내의 특별히 구분된 장소에서 그 형을 집행한다(소 제56조 제1항). 그리고 소년이 20세가 된 후에도 26세까지는 그 장소에서 계속 집행할 수 있다(소 제56조 제2항). 이 규정에 따른 '특별한 형사시설'로서 전국에 6개소의 소년교도소가 설치되어 있다. 소년교도소에는 소년수형자 외에도 26세 미만의 청년수형자도 수용되어 있으며, 이에 따라「소년법」제56조 제2항에 근거한 계속 집행이 가능하다.

이 외에 징역 · 금고형의 집행에 관하여 소년을 대상으로 하는 특별규정은 존재하지 않는다. 다만, 실무에서는 소년수형자처우의 기본이념으로 '처우의 개별화'와 '처우내용 · 방법의 다양화'를 내세우고 있고,[96] 이에 따라 소년교도소에서는 개별

---

96 '少年受刑者等の処遇の充実について', (2006.5.23) 矯成 第3352号 矯正局長 通達.

처우계획의 작성, 개별담임제의 실시, 성적평가의 실시, 개별면접과 일기 지도, 각종 처우기법의 도입, 취업시간 중의 교육활동 실시, 의무교육연령수형자에 대한 교과교육의 중점적 실시, 직업훈련의 적극적 실시 등의 시책을 실시하고 있다.

(2) 소년원에서의 형의 집행

16세 미만의 소년이 징역·금고를 선고받은 경우에는 16세가 될 때까지 형사시설이 아니라 소년원에서 집행할 수 있고, 그 경우 징역수형자에 대해서도 교도작업을 부과하는 대신 교정교육을 실시한다(소 제56조 제3항). 이 규정은 새로운 종류의 형벌을 창설한 것이 아니라 형의 집행 방식에 관한 특칙이기 때문에 16세 미만의 소년수형자를 소년원에 수용할지 교도소에 수용할지의 판단은 재판소가 아니라 형의 집행을 담당하는 교정당국이 한다.

제 5 절 소년법 개정의 역사

1. 현행법 제정 후의 개정논의

(1) 개정의 움직임

현행 소년법은 1948년 제정된 이래 약 50년에 걸쳐 실질적인 개정 없이 시행되어 왔으나, 최근 15년 사이에 2000년, 2007년, 2008년, 그리고 2014년에 4번의 큰 개정을 겪었다. 다만, 2000년 개정에 이르기까지 소년법 개정과 관련된 논의가 전혀 없었던 것은 아니며, 1960년대 중반부터 1970년대 후반에 걸쳐 법무대신이 1970년에 법제심의회에 자문한 '소년법 개정요강'을 둘러싸고 격렬한 논의가 이루어졌다.

개정요강은 소년법 전체를 대상으로 하는 포괄적인 것이었는데, 그 핵심은 청년층의 설치로서, 이는 18세 미만을 소년으로 하고, 18세 이상 20세 미만을 청년으로 한 다음, 소년에 대한 절차는 대체로 현행법과 같이 하지만, 청년에 대한 절차는 원칙적으로 형사소송법과 기타 일반규정에 따르도록 하였다. 그 밖의 중요한 개정내용으로는 ① 전건송치주의를 재검토하여 일정한 요건하에서 수사기관의 불송치처분을 인정한다, ② 심판절차 등에서 소년의 권리보장을 강화하기 위해 진술거부권 등의 고지규정을 두고 증거조사청구권을 보장함과 동시에 국선보조인제도·필요적 보조인제도를 창설한다, ③ 심판절차에 검찰관의 관여를 인정한다, ④ 재심에 상당하는 비상구제절차를 정비한다, ⑤ 보호처분의 다양화와 탄력화를 도모하기 위해 보호처분의 종류를 늘리는 한편 사후적인 변경을 인정한다는 점을 들 수 있다.

법제심의회 소년법부회가 자문에 대한 심의를 하였는데, 개정요강의 중심내용이었던 청년층의 설치에 대해서는 연장소년에 대한 처벌강화에 다름 아니고 소년법의 기본이념에 반한다는 반대의견이 강하게 제기되었기에, 여러 차례의 심의를 거쳤음에도 의견 일치의 전망이 서지 않았다. 따라서 이 문제는 일단 보류하고, 현행법의 기본구조를 변경하지 않는 범위 내에서 개정한다는 기본방침하에 기타 문제에 관한 중간보고를 정리하여 1977년 법무대신에게 답신하였다.

중간답신은 (a) 소년의 권리보장 강화 및 일정한 한도 내에서 검찰관 관여라는 양 측면에서 현행 소년심판절차의 개선을 도모하고, (b) 18세 이상인 연장소년의 사건은 소년심판절차상 18세 미만인 중간·연소소년의 사건과는 어느 정도 다르게 특별취급을 하며, (c) 일정한 한도 내에서 수사기관에 의한 사건의 불송치를 인정하고, (d) 보호처분의 다양화 및 탄력화를 도모한다는 4가지 핵심내용으로 이루어졌다. 그러나 이 중간답신에 대해서도 강하게 비판된 결과, 법안화되지 못하였으며, 그 후 개정작업은 완전히 중단되었다.

2. 2000년 개정

(1) 개정 경위

1990년대 후반에 소년법의 개정논의가 다시 활발하게 전개되었다. 개정논의의 초점은 부인사건에서 소년심판의 비행사실 인정절차를 개선하는 것이었는데, 직접적인 계기가 된 사건이 소카草加사건, 쵸후調布역전사건, 야마가타山形매트사망사건 등 소년심판에서 비행사실의 인정 여부가 문제되었던 일련의 사건들이었다. 이들 사건에서는 소년의 비행사실 인정 여부에 대하여 재판소의 판단이 엇갈리는 사태가 발생하여, 소년이 비행사실을 부인한 경우에 소년심판에서 사실인정이 곤란하다는 점이 부각되었다.

이 개정론은 구체적인 사건이 계기가 된 점에서 알 수 있듯이 실무 현장과 뿌리가 닿아 있다는 점, 이로 인해 종전의 개정논의에서는 수동적이었던 재판소 측이 적극적으로 개정을 제언하였다는 점에 특색이 있다. 이 개정제언은 당시의 소년법상 소년심판의 사실인정절차는 ① 아무리 중대하고 곤란한 사건이라도 한 사람의 재판관이 심판해야 한다는 점, ② 검찰관이 심판에 출석할 수 없으므로 재판관이 사실을 적극적으로 해명하려면 소년에게 불이익한 행위도 할 수밖에 없어, 결과적으로 심판에서 재판관과 소년이 마치 대립하는 듯한 상황이 연출되기 쉽다는 점, ③ 소년이 심판단계에 이르러 비행사실을 부인하고 알리바이를 주장하는 경우에는 그 진위를 확인하기 위한 증거조사를 실시할 필요가 있는데, 가정재판소는 수사기관처럼 증거를 수집하는 능력은 물론 이를 위한 기관도 보유하고 있지 않으므로, 적확한 증거수집과 조사가 불가능한 경우가 있다는 점, ④ 관호조치기간이 최대 4주 밖에 되지 않아 충분히 시간을 들여 심리하기 어렵다는 점에서, 소년이 비행사실을 철저히 다투는 사건의 경우에는 제도상의 문제가 있다고 지적되었다.

이러한 의견을 받아들여 소년법 개정이 법제심의회에서 다시 논의되게 되었고, 그 답신에 기초하여 소년법 등의 개정법안이 1999년에 국회에 제출되기에 이르렀다. 개정법안의 내용은 (a) 재정합의제도의 도입, (b) 검찰관 및 변호사인 보조인이 관여하는 심리의 도입, (c) 관호조치기간의 연장, (d) 검찰관에게 사실인정 및 법령적용에 관한 항고권의 부여, (e) 보호처분종료 후의 구제절차의 정비, (f) 피해자에 대한 심판결과의 통지이다. 이는 소년법을 전면적으로 개정하고자 한 것은 아니고, 기본적으로는 전술한 기존제도의 문제점에 대응하기 위해 제한된 내용에 그치고 있다. 그러나 이 개정법안은 다양한 입장에서 반대의견이 제기되어 결국 형식적인 심의만을 거친 후 폐기되었다.

그런데 법안이 폐기된 후에 소년심판의 비행사실인정절차 개선이 아닌 2가지 다른 관점의 문제가 개정논의에서 크게 부각되었다. 그중 하나는 고베의 연속아동살상사건과 사가의 버스탈취사건 등 소년이 저지른 일련의 흉악중대사건을 계기로 나타난 소년범죄에 대한 엄벌론이다. 그리고 다른 하나는 소년범죄의 피해자에 대한 배려이다. 범죄피해자에 대한 사회적 관심이 높아지는 가운데 소년범죄도 그 예외가 될 수 없었고 이러한 관점에서의 개정은 이미 기존의 개정법안에도 어느 정도는 반영되어 있었다. 그러나 소년범죄의 피해자가 목소리를 높이고 이에 대한 사회적 공감대도 크게 형성되는 상황에서 피해자에 대한 배려는 개정논의에 있어서 한층 더 확고한 지위를 차지하게 되었다.

이렇게 서로 다른 요청이 교차하는 가운데 새로운 개정안이 2000년에 의원입법의 형식으로 국회에 제출되었고 가결통과되었다.

(2) 개정 내용과 의의

2000년 개정은 ⓐ 소년사건의 처분 등의 근본적 재검토, ⓑ 소년심판의 사실인정절차의 적정화, ⓒ 피해자에 대한 충실한 배려를 3가지 핵심으로 삼고 있다.

a) 소년사건의 처분 등의 근본적 재검토

그 중심내용은 역송규정의 개정으로, 이는 ① 역송가능연령을 종전의 16세에서 14세로 낮추어 형사책임연령과 일치시켰으며, ② 이른바 원칙역송제도를 도입하였다. 개정의 밑바탕에 깔려있는 생각은 살인과 같은 중대사건에 있어서 소년보호절차와 형사절차, 나아가 그 결과로서의 보호처분과 형사처분의 관계를 재검토하여 형사절차 및 형사처분의 비중을 종전보다 높여야 한다는 것이다.

b) 소년심판의 사실인정절차의 적정화

여기에 속하는 개정내용은 폐기된 (구)개정법안의 내용과 거의 일치하며 비행사실의 인정이 곤란한 부인사건을 상정하여 기존 심판절차의 문제점을 개선하고자 한 것이다. 여기에는 ① 재정합의제도의 도입, ② 검찰관이 관여하는 심리의 도입, ③ 관호조치기간의 연장, ④ 항고수리신청제도의 도입, ⑤ 보호처분종료 후의 구제절차 정비가 포함된다.

이 개정은 직권주의에 기초한 기존 심판절차의 구조 자체가 비행사실의 인정절차로서 문제가 있다는 인식을 전제로 한 것은 아니었으므로, 일부에서 주장된 것처럼 소년심판에 대심구조를 도입하는 내용까지는 담지 않았다. 오히려 본 개정은 직권주의구조 그 자체는 비행사실의 인정절차에 한정하더라도, 재판소로 하여금 유연하고 비정형적으로 절차를 운영할 수 있도록 해주기 때문에 소년의 건전육성이란 관점에서 바람직한 절차구조이고 이를 유지해야 한다는 생각에 입각한 것이다. 때문에 검찰관의 심판관여도 비행사실의 인정에 필요한 경우에, 그러한 한도에서 재판소의 허가를 얻어 심판의 협력자로서 관여하는 것으로, 비교법적으로도 극히 드문 관여형태이다.

c) 피해자에 대한 충실한 배려

(구)개정법안이 제출된 이후 범죄피해자에 대한 사회적 관점이 더욱 높아졌고 형사절차에서는 2000년에 이른바 범죄피해자보호를 위한 2건의 법률이 성립하여 발빠른 입법조치가 이루어졌다. 이런 상황을 반영하여 개정법은 소년보호절차에서 피해자를 보호하기 위한 제도를 도입하였다. 이는 ① 피해자 등에 대한 심판결과 등의 통지, ② 피해자 등의 심판기록의 열람·등사, ③ 피해자 등으로부터의 의견청취라는 3가지 내용으로 이루어져 있다.

이들 제도는 소년의 건전육성 여부를 문제 삼지 않고, 피해자 자신의 이익을 도모하기 위한 제도로 도입된 것이므로 그러한 의미에서 소년법 안에 이질적인 내용을 반입한 측면이 있다. 그와 동시에 이들 조항에 의해서 피해자라는 존재가 소년법 안에 명시적으로 자리잡아 피해자가 소년보호절차 내에서 특별한 법적 지위를 가진다는 점이 명백해졌다. 다만, 본 개정을 통해 새롭게 도입된 제도는 모두 소년의 건전육성을 방해하지 않는 범위 내에서 인정된다는 제약이 있다.

3. 2007년 개정

(1) 개정 경위

2007년 개정은 (a) 촉법소년에 관련된 사건의 조사에 관한 규정의 정비, (b) 14세 미만 소년의 소년원송치의 승인, (c) 보호관찰 중인 소년에 대한 새로운 조치의 창설, (d) 일반적인 국선보조인제도의 도입을 4가지 핵심으로 삼고 있다.

개정의 직접적인 계기는 2003년부터 2004년에 걸쳐서 발생한 저연령소년이 저지른 일련의 중대사건이었다. 다만, 이에 더하여 2003년 12월에 청소년육성추진본부가 '청소년육성시책대강'을, 범죄대책각료회의가 '범죄에 강한 사회를 실현하기 위한 행동계획'을 공표하였고, 각각의 내용에서 소년비행대책의 일환으로 촉법사건에 대한 대응을 포함하는 일정한 사항들에 대하여 법률 정비를 검토해야 한다고 제시하였다. 또한 이와 별도로 법조 삼륜이 일반적인 국선보조인제도 도입을 검토하고 있었다.

(2) 개정 내용과 의의

본 개정의 중심이 되는 촉법사건의 조사규정 정비는 경찰의 조사권한에 관한 명문의 근거규정을 두는 동시에 신병구속을 제외한 강제처분을 촉법사건에서도 인정하는 것이다. 이 개정은 종래 촉법사건에서 경찰에게 충분한 조사권한이 없었고, 또한 아동상담소의 조사도 그 직원이 비행사실에 관한 조사능력이 부족하였으며, 원래 비행 자체의 해명에 주안점을 두고 있지 않았으므로, 결국 어느 단계에서도 비행사실에 관한 충분한 증거가 수집되지 않은 채 가정재판소로 사건이 송치되어, 심리가 곤란해지는 경우가 있다는 문제에 대응하는 것이다.

또한 촉법소년에 대해서는 아동복지기관선의의 원칙이 채택되어 있지만, 개정법은 조사규정의 정비와 함께 일정한 중대사건에서는 원칙적으로 아동복지기관이 사건을 가정재판소에 송치하도록 하였다. 이는 중대사건에 대하여 사법절차를 통한 사실인정을 확보함으로써 사건처리의 투명성을 제고하는 것을 목적으로 하는 것이다.

이처럼 촉법사건에 관하여 소년법에 경찰조사를 위한 규정이 마련되고, 일정한 중대사건에서 아동복지기관선의의 원칙이 실질적으로 수정된 것은 14세 미만 소년에 대해서 소년원송치의 승인과 맞물려서 촉법소년에 대해서는 아동복지법에 따른 절차와 조치를 우선해 온 그때까지의 법체계에 하나의 전환을 가져왔다고 평가할 수 있다. 비행소년에 관한 일본의 법체계는 아동복지절차, 소년보호절차, 형사절차가 교차하고 있는데, 2002년, 2007년의 개정을 통해 중대사건에 관해서는 그 중심이 각각 후자의 방향으로 옮겨졌다고 할 수 있다.

4. 2008년 개정

(1) 개정 경위

2000년 개정법은 이른바 5년 후 재검토규정을 두고 있었는데 2000년 개정의 핵심 중 하나였던 '피해자에 대한 충실한 배려'에 대해서 피해자 측으로부터 그 내용이 여전히 불충분하므로 추가적인 제도개정이 필요하다는 주장이 있었기 때문에 5년 후 재검토할 때 중요한 검토항목의 하나가 되었다. 이와 더불어 2004년에 「범죄피해자 등 기본법」이 성립하였고, 이에 따라 2005년에 각의결정된 범죄피해자 등 기본계획은 소년심판 방청의 허가 여부를 포함하여 범죄피해자 등의 의견·요망을 반영하여 검토하고 그 결론에 따른 시책을 실시한다는 내용을 담고 있었다. 이러한 움직임에 따라 소년심판에서 범죄피해자 등의 권리이익을 한층 더 보호하기 위한 법개정이 이루어지게 되었다.

(2) 개정 내용과 의의

본 개정은 (a) 피해자 등의 소년심판 방청을 허용할 수 있는 제도의 창설, (b) 가정재판소가 피해자 등에게 심판상황을 설명하는 제도의 창설, (c) 피해자 등의 기록의 열람 및 등사의 범위 확대, (d) 피해자 등의 신청에 의한 의견청취의 대상자의 확대로 이루어졌다. (a)~(d)가 피해자의 지위 개선에 관한 내용으로 그 중심내용은 피해자 등의 심판 방청이다.

이들 개정을 통해 소년보호절차에서 피해자의 권리이익 보호는 한 단계 더 발전하게 되었다. 다만, 심판의 방청이나, 심판상황의 설명 모두 소년의 건전육성을 방해할 우려가 없는 범위 내에서 인정되는 것이므로, 이러한 점에서 본 개정도 2000년 개정 이래의 기본적인 전제가 유지되고 있다.

5. 2014년 개정

(1) 개정 경위

2008년 개정법 부칙은 3년 후 재검토에 관한 규정을 두고 있어, 이를 이행하는 형태로 법무성에서 의견교환회를 개최하였다. 의견교환회는 2008년 개정의 주요 내용이었던 소년심판에서의 범죄피해자 등의 권리이익 보호 확대 외에도 국선보조인제도 및 검찰관관여제도의 대상사건 확대와 이른바 소년형의 재검토 등 실무상 개정이 필요하다고 지적되어 온 문제를 다루었다. 그리고 의견교환회에서의 논의도 반영하여 개정하기에 이르렀다.

(2) 개정 내용과 의의

본 개정은 크게 (a) 국선보조인제도 및 검찰관관여제도의 대상사건 범위를 확대하는 부분과 (b) 소년의 형사사건에 관한 처분규정을 재검토하는 부분으로 나누어진다. 의견교환회에서 논의된 문제 중에서 범죄피해자의 권리이익을 확대하기 위한 제도개정은 본 개정에서는 실현되지 않았다.

a) 국선보조인제도 및 검찰관관여제도의 대상사건 확대

국선보조인제도와 검찰관관여제도의 대상사건을 '사형, 무기 또는 장기 3년을 초과하는 징역이나 금고에 해당하는 죄'의 사건으로 확대하였다.

우선 국선보조인제도에 대해서는 지금까지 그 대상사건이 검찰관관여가 인정되었던 사건(① 고의의 범죄행위로 피해자를 사망시킨 죄, 또는 ② 그 이외에 사형, 무기 또는 단기 2년 이상의 징역이나 금고에 해당하는 죄에 관한 사건)에 한정되어 있었다. 그러나 이러한 범위 외의 사건이라도 소년심판절차에서 사실인정과 환경조정에 변호사인 보조인의 관여가 필요하다고 생각되는 사건이 존재하고, 이에 더하여 동일한 변호사가 수사절차와 가정재판소의 보호절차에서 소년을 계속적으로 원조할 수 있도록 하기 위해서는 국선보조인제도의 대상사건 범위를 피의자국선변호제도의 대상사건 범위와 일치시킬 필요가 있다는 점에서 상기의 범위까지 대상사건이 확대되었다.

또한 검찰관관여제도의 도입취지는 ① 재판관과 소년의 대립상황을 회피하고, ② 소년 측 이외의 공익이라는 관점을 중시하여 증거의 수집, 검토를 거친 사실인정을 가능하게 한다는 것으로, 이는 본래 모든 사건에 타당하지만 2000년 개정 시에는 검찰관관여에 대한 반대론이 강했다는 이유도 있어, 특히 적정한 사실인정이 필요한 위의 사건만으로 대상이 한정된 경위가 있다. 그러나 대상 외의 사건이라도 적정하게 사실을 인정하기 위해 검찰관 관여가 필요하다고 여겨지는 사건이 존재한다고 재판소 측이 주장하였고, 이에 더하여 국선보조인제도의 대상사건을 확대한다면 검찰관이 관여할 수 있는 사건의 범위를 일치시킬 필요가 있다는 이유에서 위의 범위로 확대하게 되었다.

b) 소년의 형사사건에 관한 처분규정의 재검토

여기에는 ① 무기형의 완화형으로 선고되는 유기의 징역 또는 금고의 상한을 15년에서 20년으로 올리는 부분과 ② 부정기형의 규정을 재검토하는 부분이 포함된다. 이 중에서 부정기형을 재검토하는데 핵심은 장기와 단기의 상한을 각각 10년과 5년에서 15년과 10년으로 올리는 점에 있고, 무기형의 완화형의 상한을 올리는 것은 이와 균형을 맞춘다는 관점에서 이루어진 것이다. 따라서 부정기형의 장기 상한을 10년에서 15년으로 올린 것이 본 개정의 출발점이라고 할 수 있다.

이와 같이 상한을 올린 이유로는 소년이 피해자의 생명을 빼앗는 흉악·중대한 범죄행위를 저지른 경우 등에 소년에게 무기형을 부과하는 것은 가혹하지만 5년 이상 10년 이하의 부정기형은 너무 온정적으로 평가되는 사안이 존재한다고 지적되었다. 즉, 성인의 경우 유기형의 상한이 30년이라는 점을 감안하면, 피고인이 소년이라는 점을 고려해도 상한이 10년이라는 것은 무기형과의 차이가 너무나도 크다. 그 결과 양형을 하는 재판관의 입장에서는 소년의 형사책임에 비추어 무기형을 부과할 정도는 아니지만, 유기형으로 할 경우에는 그 책임에 상응하는 형이 현행법상 존재하지 않는 사태가 발생하고 있었다. 본 개정은 이렇게 과도한 간극을 메꾸어 소년에 대해 그 책임에 상응하는 형을 부과할 수 있도록 하는 것이 목적이라고 평가할 수 있다.

6. 소년법 적용연령의 인하문제

2007년 5월에 성립한「일본국헌법의 개정절차에 관한 법률」은 18세 이상의 사람이 국민투표의 투표권을 가진다고 규정함과 동시에 그 부칙에서 선거권연령을 정한 공직선거법, 성년연령을 정한 민법, 기타 법령의 규정을 검토하여 필요한 조치를 강구하도록 정하고 있다. 이에 따라 우선 2015년 6월에 공직선거법이 개정되어 국정선거에서의 선거권연령이 20세 이상에서 18세 이상으로 낮추어졌다. 또 민법의 성년연령에 대해서는 이미 일정한 조건이 정비되는 것을 전제로 18세로 낮추어야 한다는 법제심의회의 답신(2009년 10월)이 있었다. 그리고 소년법의 적용대상연령 인하에 대해서도 법무성에 설치된 '약년자에 대한 형사법제 방식에 관한 공부회'의 종합보고서가 공표되었고, 법무대신이 2017년 2월 자문을 구하여 현재 법제심의회 소년법 · 형사법부회에서 심의되고 있다.

공직선거법이나 민법의 개정에 맞추어서 소년법의 적용연령을 18세 미만으로 낮추어야 한다는 견해의 논거는 일반적인 법률에서 '성인'으로 취급하는 연령을 일치시키는 것이 국민들이 알기 쉽고, 19세가 된 사람에게 성인이라는 자각을 촉구한다는 관점에서도 적절하다는 점에 있다. 그리고 이러한 자각이 18세, 19세의 사람이 저지르는 범죄의 억제로 이어진다는 의견도 있다.

그러나 사람의 성장과정은 생물학적은 물론 사회적으로도 연속적이기 때문에, 일정한 연령이 된 사람을 성인으로 정하는 선긋기는 특정한 목적에 입각한 정책적 판단이 될 수 밖에 없다. 그러한 이상 성인의 나이를 몇 세로 할지는 각각의 법률 내지는 제도가 성인인 사람에 대해 권리, 의무를 포함하여 어떠한 지위를 주려고 하는지에 따라 결정하여야 할 것이다. 때문에 소년법의 적용대상연령이 공직선거법의 선거법연령과 민법의 성년연령과 필연적으로 연동해야 하는 것은 아니다.

덧붙여서 소년법의 절차 및 보호처분에 처해진 사람에 대한 처우가 그들의 개선갱생과 재범방지를 위해 기능해왔음은 분명하다. 이러한 점은 특히 성인이라면 기소유예나 벌금으로 처리되었을 비교적 경미한 범죄를 저지른 소년에 대해서는 타당하다. 만약 소년법의 적용대상연령을 18세 미만으로 낮출 경우 18세, 19세인 사람에 대해서는 지금까지와 같은 처우와 개입을 할 수 없게 되고, 결과적으로 재범 증가가 우려된다. 이러한 이유에서 소년법의 적용대상연령을 낮추는 것에 대해서 반대하는 견해가 적지 않다.

확실히 법률의 적용대상연령은 그 입법취지와 목적에 비추어 각 법률별로 개별적이고 구체적으로 검토하여야 한다. 그러나 다른 한편으로는 각각의 제도에서 성인과 미성년자에 대해 다른 취급을 하는 근거에 공통점이 있는 경우에는 법률 사이에 정합성을 취할 필요가 있다. 소년법에서는 소년이 미성숙하고 가소성이 풍부한 점을 근거로, 개선교육이라는 관점에서 보호원리paternalism에 근거하여 국가의 후견적 개입을 인정하고 있다. 그리고 현재는 민법에서도 미성년자는 부모의 감독과 보호에 복종할 지위에 있으므로 정합성이 있다. 그러나 만약 민법의 성년연령을 18세로 낮출 경우 부모의 감독과 보호에도 복종하지 않는 18세, 19세인 사람에 대하여 국가가 그 의사에 반하여 후견적 개입을 하는 것이 인정될 수 있는지라는 관점에서 소년법의 적용대상연령에 대하여 검토할 필요가 있다.

다른 한편으로 단순하게 18세, 19세인 사람을 소년법의 적용대상에서 제외하는 경우 전술한 것과 같은 문제가 발생할 수도 있다. 따라서 그러한 경우에는 그들을 포함하여 청년층에 대한 새로운 형사정책적 조치를 강구해야 할 것이다. 그때 소년법의 절차와 처분에 준하는 조치를 도입하는 것도 하나의 선택지가 될 수 있지만 이에 대해서도 성인에 대한 절차와 처분이 가능한지를 절차와 처분의 근거와 법적 성격을 고려하면서 검토할 필요가 있다.

제 6 절 기타 대책

소년비행을 방지하기 위한 조치는 소년법에 근거한 조치에 한정되지 않으며 이외에도 여러 기관이 다양하게 대처하고 있다.

Ⅰ 소년경찰활동

이른바 소년경찰은 소년법상의 비행소년에 대한 활동에만 한정되지 않고, 보다 넓은 영역을 포함하고 있다. 이를 규율하는 것이 2002년에 제정된 소년경찰활동규칙이다. 이 규칙은 소년경찰활동을 소년비행 방지 및 보호를 통해 소년의 건전한 육성을 도모하기 위한 경찰활동이라고 정의하고(제1조), 소년법상의 비행소년뿐만 아니라 음주, 흡연, 심야배회, 기타 자기 또는 타인의 덕성德性을 해하는 행위를 하는 소년(불량행위소년), 피해소년[97], 요보호소년[98]도 대상으로 삼아 이들에 대한 경찰활동을 규정하고 있다.

소년비행의 방지 및 보호를 위한 구체적인 활동으로는 비행소년에 대한 수사 내지 조사와 가두보도(제7조) 및 소년상담(제8조)이 실시되고 있다. 나아가 소년상담을 받은 소년 및 불량행위소년에 대하여 그 비행를 방지하기 위해 특히 필요하다고 인정되는 경우에는 보호자의 동의를 얻어 가정, 학교, 친구, 기타 환경에 대해 상당한 개선이 인정될 때까지 소년에 대한 조언, 지도, 카운셀링 등의 보도를 지속적으로 실시하는 경우도 있다. 이러한 계속보도는 전문적인 지식을 필요로 하므로 원칙적으로 각지에 설치된 소년서포트센터에 소속된 소년보도직원 등이 실시하고 있다.[99]

이러한 소년경찰활동은 형사소송법 및 소년법에 개별적으로 규정된 것을 제외하고는 특별한 법률상의 근거규정 없이「경찰법」제2조에 근거하여 실시되고 있다. 보도로서 실시되는 행위는 어디까지나 소년과 보호자의 동의에 근거한 임의 조치이지만, 특히 불량행위소년에 대한 가두보도 등은 경찰직원이 소년과 직접 접촉하여 그 행동에 영향을 미치는 것이다. 이는 동의에 근거한 것이라고는 하지만, 소년의 권리를 제한하는 성격을 가지므로 명확한 법률상의 근거를 부여한 다음에 그 요건과 범위를 정해야 할 것이다.[100]

---

97 범죄 기타 소년의 건전한 육성을 저해하는 행위에 의하여 피해를 입은 소년을 말한다(제2조 제7호).

98 아동학대를 받은 아동, 보호자가 없는 소년 기타 아동복지법에 의한 복지를 위한 조치 또는 이와 유사한 보호를 위한 조치가 필요하다고 인정되는 소년을 말한다(제2조 제8호).

99 소년경찰활동을 전체적으로 파악할 경우, 소년법의 영역 외에서 이루어지는 활동도 중요한 위치를 차지하고 있다. 예를 들어, 2016년에 도로교통법 위반을 제외하고 비행소년을 검거 · 보도한 인원수는 63,807명인데 비하여, 불량행위소년을 보도한 인원수는 536,420명이었다.(경찰청 생활안전국 소년과, "平成28年中における少年の補導及び保護の概況", 1쪽).

100 少年非行防止法制に関する研究会, "少年非行防止法制の在り方について(提言)", 2004. 12.

Ⅱ   비행방지를 위한 다기관연계

소년이 가지고 있는 문제는 다양하기 때문에 이를 해결하기 위해서는 소년과 관련된 기관들이 연계하여 정보를 공유한 다음, 각각의 특색을 반영하여 처우할 필요가 있다. 이렇게 여러 기관이 연계한 비행방지 대처가 주로 소년법에 근거한 절차 이외의 부분에서 실시되고 있다.

우선 교육위원회 등과 경찰 간에 체결한 협정 등에 근거하여 문제가 있는 소년에 관한 정보를 학교와 경찰이 상호 통지하는 '학교·경찰연락제도'가 모든 도도부현에서 운용되고 있으며, 경찰서의 관할구역과 시구정촌의 구역을 단위로 학교경찰연락협의회가 설치되어 있다. 또한 퇴직 경찰관 등을 학교의 요청에 따라 파견하여 소년의 문제행동에 대한 대응, 순회활동, 상담활동을 실시하는 스쿨서포터제도도 실시되고 있다.

또한, 전국에 6만 명 정도의 소년보도원과 소년지도위원 등의 자원봉사자가 경찰로부터 위탁을 받아 소년보도직원 등과 협력하여 가두보도활동 및 회복지원활동을 하고 있다.

나아가 지역에 따라서는 개개 소년의 문제상황에 맞춘 적확한 대응을 하기 위해, 학교, 경찰, 아동상담소 등의 관계기관 실무담당자로 구성된 소년서포트팀이 문제상황 발생시마다 편성되는 경우가 있다. 서포트팀은 해당 소년에 관한 정보교환과 사례분석을 실시하고, 전문분야에 따라 역할을 분담하여 소년과 보호자에게 지도, 조언을 하고 있다.

〔참고문헌〕

平場安治, 少年法[新版], 有斐閣, 1987.

澤登俊雄, 少年法入門[第6版], 有斐閣, 2015.

武内謙治, 少年法講義, 日本評論社, 2015.

川出敏裕, 少年法, 有斐閣, 2015.

廣瀬健二, 子供の法律入門[第3版], 金剛出版, 2017.

小林寿一編著, 少年非行の行動科学, 北大路書房, 2008.

非行問題研究会編, わかりやすい少年警察活動[第3版], 東京法令出版, 2016.

法務省矯正局編, 新しい少年院法と少年鑑別所法, 矯正協会, 2014.

石川正興, 子供を犯罪から守るための他機関連携の現状と課題, 成文堂, 2013.

제 2 장　폭력단 범죄

제 1 절　폭력단과 폭력단 범죄

I　폭력단 세력의 추이

　　폭력단은 "그 단체의 구성원이 집단적으로 또는 상습적으로 폭력적 불법행위 등을 행하는 것을 조장할 우려가 있는 단체"를 말한다(폭력단 제2조 제2호). 조직의 실태에 주목하면 그 위력을 배경으로 경제적 이익을 추구하는 단체가 폭력단이라고 해도 좋을 것이다.

　　폭력단 구성원 및 준구성원 등을 포함하여 폭력단 세력이라고 부르고 있다. 이중 준구성원 등은 폭력단과 관계가 있는 자로서 폭력단의 위력을 배경으로 폭력적 불법행위를 행할 우려가 있는 자 또는 폭력단 또는 폭력단 구성원에 대해 자금, 무기 등 공급하는 등 폭력단의 유지 또는 운영에 협력하거나 관여하는 자를 말한다. 폭력단 세력은 1963년에 전후 최대인 18만 명을 넘었지만 이듬해부터 폭력단 간부에 의한 불법사범, 자금원 범죄 및 무기 관련 범죄 등의 엄중단속을 중심으로 한 폭력단에 대한 종합적인 집중단속(이른바 정상頂上 작전으로 1964년, 1970년, 1975년에 3차에 걸쳐 실시되었다) 등의 시책을 강력하게 전개한 결과, 1983년에는 10만 명 이하로 감소하여 1986년 이후에는 8만 명대의 추이를 보이고 있다.

　　그 후, 폭력단 배제 활동의 진전과 폭력단 범죄의 단속에 따른 자금 확보의 어려움 등을 배경으로 폭력단 세력의 수는 2005년부터 현저하게 감소하여 2016년에는 3만 9,100명에 이르고 있다. 그중 구성원 수는 1만 8,100명으로 10년 전의 약 2분의 1 이하로 감소하였고, 준구성원 수는 2만 900명으로 10년 전에 비해 3분의 2 이하로 감소하였다.[101]

　　한편, 폭력단 조직의 광역화, 과점화가 진행되고 있다. 폭력단 중 두 개 이상의 도도부현에 걸쳐 조직을 보유한 폭력단을 광역폭력단이라고 부르고 있는데, 그중에서도 구성원 수가 많은 상위 3개 단체(야마구치구미山口組, 이나가와카이稲川會, 스미요

101　2017년 경찰백서, 148쪽.

시카이(住吉會)에 속하는 구성원의 전체 폭력단 구성원에서 차지하는 비중은 1985년 24.8%에서 2014년 74%로 급증하였다. 그중에서도 야마구치구미의 구성원이 전체 폭력단 구성원의 약 50%를 차지하고 있어 일극 집중의 상태에 있었지만, 2015년 8월 야마구치의 분열에 따라 일극 집중 상태에 변화가 일어나고 있다.

Ⅱ 폭력단 범죄의 상황

폭력단 구성원 및 준구성원의 검거인원은 감소 경향에 있는데, 형법범과 특별법범(교통 법규 위반을 제외한다)의 검거인원은 1982년까지 5만 명을 넘고 있으나 이듬해부터는 4만 명대, 1989년에는 3만 명대, 2004년부터는 2만 명대로 감소하여 2016년에는 2만 50명에 이르고 있다. 무엇보다 검거인원의 감소는 폭력단 세력 총 인원의 감소에 기인한 바가 크고, 현재의 폭력단 세력의 총 인원이 약 3만 9천 명임을 감안하면 총 인원에서 차지하는 검거인원의 비율은 여전히 높은 상황으로 폭력단은 말 그대로 직업적인 범죄 집단이라고 해도 과언이 아니다.

폭력단 구성원 등의 검거인원에서 차지하는 비율을 죄명별로 살펴보면 [표 1]에서 나타나는 바와 같이 2016년에는 각성제단속법 위반이 5,003명(25.0%)으로 가장 높았고, 이어서 상해가 2,514명(12.5%), 사기가 2,072명(10.3%), 절도가 2,044명(10.2%), 폭행이 1,261명(6.3%), 공갈이 830명(4.1%)의 순이다.

덧붙여서 폭력단 구성원 등의 검거인원이 검거인원 총수에서 차지하는 비율은 전체의 6.9%에 불과하지만 죄목별로 보면 형법범에서는 도박(58.3%), 공갈(46.3%) 체포감금(45.5 %) 순으로 높다. 또한, 특별법범은 각성제단속법 위반 비율이 높고(48.8%), 검거인원 총수 자체가 적은 자전거경기법 위반에서는 검거인원의 대부분이 폭력단 구성원 등이다. 이러한 범죄는 체포감금을 제외하고 모두 폭력단의 전통적인 자금원범죄이기 때문에 이 수치는, 오늘날 폭력단의 자금획득 활동에서 이러한 범죄들이 차지하는 비중이 떨어졌다고는 하지만 여전히 무시할 수 없는 역할을 하고 있음을 말해주고 있다.

Ⅲ 폭력단 범죄의 특징

전후의 폭력단은 사회경제 정세의 변화에 대응하면서, 또한 당국의 단속의 영향을 받으면서 그 조직의 형태나 범죄의 특징을 변화시켜왔다. 오늘날의 폭력단 범죄의 특징을 이해하기 위해서는 이러한 폭력단의 역사를 되돌아 볼 필요가 있다. 전후의 폭력단 범죄는 그 조직 형태 및 범죄의 내용으로 보아 다음의 3가지 시기가 있다고 한다.[102]

[표 1] 폭력단 구성원 등의 검거인원(죄명별)

죄명	전검거인원	폭력단구성원 등	
총수	298,016	20,050	(6.9)
형법범	226,376	12,177	(5.4)
살인	816	83	(10.2)
강도	1,984	327	(16.5)
강간	875	52	(5.9)
폭행	25,736	1,261	(4.9)
상해	21,966	2,514	(11.4)
협박	2,778	534	(19.2)
공갈	1,794	830	(46.3)
절도	115,462	2,044	(1.8)
사기	10,360	2,072	(20.0)
도박	725	423	(58.3)
공무집행방해	1,991	271	(13.6)
체포감금	378	172	(45.5)
기물손괴	5,381	382	(7.1)
폭력행위 등 처벌법	67	10	(14.9)
특별법범	62,640	7,873	(12.6)
자전거경기법	10	8	(80.0)
경마법	14	1	(7.1)
풍영적정화법(風營適正化法)	2,022	327	(16.2)
매춘방지법	443	79	(17.8)
아동복지법	313	57	(18.2)
총도법	4,196	198	(4.4)
마약단속법	381	64	(16.8)

---

102 1989년 범죄백서, 338쪽 이하; 藤本哲也, 刑事政策槪論 (全訂第7版), 靑林書院, 2015, 439쪽 이하 등 참조.

죄명	전검거인원	폭력단구성원 등
대마단속법	2,479	636 (25.7)
각성제단속법	10,259	5,003 (48.8)
직업안정법	58	10 (17.2

주 1. '폭력단구성원 등'은 폭력단 구성원 및 준구성원, 기타 주변인을 말한다.
  2. ( ) 안은 전점거인원에서 차지하는 폭력단 구성원 등의 비율이다.

(출전) 2017년 범죄백서, 156쪽.

1. 제1기(1945년~1960년)

기존의 도박꾼, 야바위꾼 외에도 불량청소년 집단인 불량배와 탄광폭력단, 항만폭력단 등 많은 신흥 불법 집단들이 속속 등장하여 각종 이권을 놓고 기존 세력과 무력에 의한 격한 대립항쟁을 반복하던 시대이다. 조직은 소규모로 강력한 유사혈연관계로 맺어져 있으며, 그 세력권 내에서 도박, 매춘, 각성제 밀매, 공영경기 관계법 위반(암표 행위) 등의 행위를 함으로써 두목이 돈을 벌어 그것을 부하들에게 분배하는 형태를 취하고 있었다. 자금획득행위는 범죄이기 때문에 검거도 용이하였다. 이른바 고전적인 야쿠자의 시대였다고 할 수 있다.

2. 제2기(1960년~1985년)

이 시기가 되면 폭력단에 대한 단속이 강화되어가는 가운데, 폭력단의 자금획득 활동은 명확한 범죄 행위에서 합법적인 활동을 가장한 경제활동(예를 들어, 부동산업, 금융업)으로 확대되어 간다. 또한 이 시대의 후반에는 1973년의 이른바 오일쇼크 이후의 불황의 영향도 있어, 폭력단이 구태의연한 자금원으로는 조직을 유지하기가 곤란하였고, 따라서 조직 경영의 다각화·근대화를 도모할 수밖에 없는 측면도 있었다. 이러한 배경하에서 제1기에는 조직별로 어느 정도 구분되었던 활동 분야(예를 들어 도박꾼이라면 도박, 불량배라면 공갈)가 불명확해지고 이익이 되는 것이라면 무엇이든지 하게 되었다. 그리고 집단적 폭력을 배경으로 돈을 버는 것이 공통적인 특징이 되었고, 이에 따라 통일해서 폭력단이라고 불리게 되었다.

나아가 자금획득 활동의 변화는 종래의 세력권에 얽매이지 않는 활동을 가능하게 하였다. 그 결과 두목뿐만 아니라 부하가 두목의 조직명을 사용하여 자금획득 활동을 하게 되었고, 거기서 얻은 자금을 두목에게 상납하는 시스템이 생겨났다. 부하가 또 부하를 두기 때문에 거기서 계층구조가 만들어진다. 그리고 조직이 크면 클수록 조직의 이름(간판)도 가치를 가지기 때문에 조직의 확대가 더욱 용이해진다. 한편, 약소 폭력단은 기존의 자금원밖에 없고 더욱이 경찰의 단속이나 다른 조직의 공격에 대항할 힘이 없었기 때문에 차차 대규모 광역폭력단의 산하에 흡수되어 갔다. 이렇게 하여 폭력단의 과점화·계열화가 진행되어 갔다.

3. 제3기(1985년 이후)

이 시기가 되면 폭력단이 불법으로 획득한 자금이 합법적으로 운용되게 된다. 그 역할을 맡은 것이 '기업사제企業舎弟'로 불리는 폭력단의 유령회사이다. 거기에서는 이른바 자본과 경영이 분리되어 있으며, 양자가 서로 도와가면서 이익을 올리는 구조로 되어 있다. 버블경제는 이러한 폭력단 자금의 부동산업이나 금융증권업 등에의 대량 유입을 초래하였다.

이상의 역사적 경위를 거쳐 현재의 폭력단 범죄의 특징을 살펴보면 다음과 같이 정리할 수 있다.

첫째, 민사개입폭력에 의한 자금획득 활동의 확대이다. 각성제단속법 위반, 공갈, 도박 및 공영경기관계사법四法 위반 등의 전통적인 자금획득 활동은 현재에도 폭력단의 중요한 자금획득 수단인 것에는 변함이 없지만, 그 외에 예를 들어 채권추심, 금전소비대차, 기업파산채무정리, 부동산임대차, 교통사고 합의 등의 각종 민사분쟁이나 민사거래에 당사자 또는 관계자로서 개입하여 그것을 핑계로 부당요구행위를 하는 이른바 민사 개입 폭력에 의한 자금획득 활동이 확대되고 있다. 버블경제시대에는 폭력단의 위력을 이용한 땅투기 등의 행위가 이루어졌으나, 버블경제 붕괴 후 부실채권사범이 증가하였다. 또한 최근에는 기업이 산출하는 막대한 이익에 주목하여 기업을 갈취하는 등의 방법으로 부당한 이익을 얻는 이른바 기업대상 폭력이나 지방공공단체 등의 직원을 위협하는 등 하여 관급공사 등에 관한 부당요구행위를 하는 이른바 행정대상 폭력도 문제가 되고 있다.

이러한 부당요구행위를 할 때에 폭력단의 위력이 이용되는데, 그 행위가 공갈, 협박, 폭행, 상해 등의 범죄에 해당하는 경우에는 검거가 비교적 용이하다. 그러나 예를 들어 폭력단의 이름을 고지하는 등 그것만으로는 범죄라고 하기 어려운 경우에 형사소추에 의한 대응으로는 한계가 있게 된다.

둘째, 위력을 행사하지 않는 자금획득 활동의 증가이다. 최근 폭력단 대책법 개정에 의한 단속 강화 등에 따라 폭력단의 위력을 노골적으로 행사하는 형태로의 범죄비율은 감소 또는 정체 경향에 있으나, 폭력단의 위력을 행사할 필요가 없는 범죄비율은 증가하고 있다. 각종 공적급여제도를 악용한 사기나 보이스피싱 사기 등의 특수사기 분야로의 진출이 그 예이다.

셋째, 자금획득 활동의 불투명화이다. 최근 폭력단은 기업 활동을 가장ㆍ악용하는 형태로 자금획득을 도모하는 움직임을 강화하고 있다. 즉, 폭력단 간부나 그 친척 등이 기업 경영에 직접 참여하고 있는 폭력단 관계기업으로부터 자금 지원을 받을 뿐만 아니라 총회꾼, 불법추심업자, 투기세력 등의 폭력단의 외부에 있으면서 폭력단의 위력, 정보력, 자금력 등을 이용하여 자신의 이익 확대를 도모하는 자와의 연계를 강화하여, 거기에서 자금을 지원을 받는 경우가 증가하고 있다. 이것이 폭력단의 자금원의 불투명화의 주된 원인의 하나가 되고 있다. 이와 함께 폭력단 또한 우익단체나 정치활동 혹은 사회운동을 표방하는 등 그 조직의 실태를 은폐함으로써 이른바 폭력단과 다른 조직단체와의 비경계화가 진행되고 있다. 특히 폭력단 대책법 시행 후 그 움직임이 더욱 강화되고 있다.

넷째, 활동의 국제화이다. 해외를 무대로 하는 도박 투어 등과 같이 폭력단이 현지 범죄 조직과 제휴하면서 해외에 진출하는 한편, 일본에 진출한 해외 범죄집단에 정보를 제공하거나 불법수익을 분배하거나 하여 연계를 강화하는 경향이 보인다.

제 2 절 폭력단 대책

폭력단 대책의 기본 방향으로는 첫째, 폭력단의 조직기반인 구성원, 자금, 무기에 대한 철저한 단속을 실시하고, 이를 통해 조직에 실질적인 타격을 주어 조직 자체의 분단ㆍ해체를 도모하는 것이 중요하다. 또한 폭력단이 존재하고 있는 것은 폭력단을 적극적으로 이용하거나 그것을 필요악으로 소극적으로 용인하는 등의 사회적 기반이 잔존하고 있는 것도 한 요인이 되기 때문에 이러한 사회적 기반을 붕괴시키고 폭력단을 사회로부터 고립시켜 나가는 시책을 추진해 나가는 것도 중요하다.

이하에서는 이러한 관점에 입각한 입법 및 운영의 주요시책에 대해 살펴보기로 한다.

I 폭력단대책법

1. 법제정의 배경과 목적

1991년에 제정된 「폭력단원에 의한 부당한 행위의 방지 등에 관한 법률」(이하 폭력단대책법이라 한다)은 ① 폭력단원이 행하는 폭력적 요구행위 등에 대해서 필요한 규제를 실시하는 것, ② 폭력단의 대립항쟁 등으로 인한 시민생활의 위험을 방지하기 위하여 필요한 조치를 강구하는 것, ③ 피해방지에 도움이 되는 민간의 공익적 단체의 활동을 촉진하는 조치를 강구하는 것의 3가지 점을 목적으로 하고 있다(제1조).

①은 폭력단의 위력을 교묘하게 이용하는 것, 예를 들어 폭력단의 이름만을 말하여 협박, 공갈 등의 범죄는 되지 않는 형태로 부당하게 이득을 취하는 형태의 자금획득 활동이 널리 이용되고 있는 실정을 반영하여 이러한 범죄와의 경계선상에 있는 행위에 대해서도 규제를 하고, 또한 이러한 행위로 인한 피해의 사후적인 회복을 위한 원조를 실시하는 것을 취지로 하는 것이다. ②는 폭력단의 과점화가 진행되는 과정에서 빈발하는 대립항쟁에 총기가 사용되어, 일반 주민이 연루되어 피해가 발생하게 되었음에도 불구하고 종래는 이에 대해 경찰관을 장기간 대규모로 동원하여 조직의 사무소 주변의 경계를 서는 것 이외에 유효한 수단이 없었기 때문에 그것을 타개할 법제상의 수단이 필요하게 되었다고 하는 사정을 감안한 것이다. ③은 각지에서 폭력단의 조직 사무소의 철거를 요구하는 주민 운동이 활발해지고 있는 상황을 감안하여 이러한 활동을 지원하고 관민 일체가 되어 폭력단 추방운동의 촉진을 도모하려는 취지이다.

2. 폭력적 요구행위 등의 금지

폭력단대책법은 그 적용 대상이 되는 폭력단을 지정하고, 지정된 폭력단(지정폭력단)의 구성원(지정폭력단원)에 대해 일정한 행위를 금지하는 구조로 되어 있다. 파괴활동방지법과 같이 단체의 활동을 제한하거나 그 해산을 명하는 등의 단체에 대한 규제를 실시하는 것은 아니다.

(1) 대상 폭력단의 지정

지정의 주체는 도도부현 공안위원회이며, 지정의 요건은 다음과 같다(제3조).

ⓐ 명목상의 목적 여하를 불문하고 해당 폭력단의 폭력단원이 해당 폭력단의 위력을 이용하여 생계유지 등을 위한 자금을 얻을 수 있도록 하기 위하여 해당 폭력단의 위력을 그 폭력단원이 이용하는 것 등을 인용하는 것 등을 실질상의 목적으로 하는 경우(실질목적의 요건).

"명목상의 목적 여하를 불문하고"라고 하는 것은 현재의 폭력단이 표면상으로는 사회운동단체나 정치단체, 또는 주식회사와 같은 형태를 취하고 있는 것이 많다는 점에 대응한 것이다.

ⓑ 국가공안위원회 규칙에 의하여 산정한 당해 폭력단 간부 또는 전체 폭력단원 중 차지하는 범죄경력보유자 수의 비율이 폭력단 이외의 집단 일반에 있어서의 일정한 범죄경력보유자 수의 비율을 초과하는 것이 확실한 경우로 정령政令에서 정하는 비율을 초과하는 경우(범죄경력보유자 요건).

ⓒ 해당 폭력단을 대표하는 자 또는 그 운영을 지배하는 지위에 있는 자의 통제하에 계층적으로 구성된 단체인 경우(계층적 구조의 요건).

지정에 있어서 도도부현 공안위원회는 청문을 실시하고, 사전에 해당 폭력단이 지정 요건에 해당하는지의 여부에 대해서 국가 공안위원회의 확인을 요청해야 한다(제5조, 제6조). 지정을 하는 때에는 당해 폭력단의 명칭 등을 공시하고, 그 취지를 당해 폭력단의 대표자 등에게 통지하여야 하며(제7조), 지정에 불복이 있는 자는 국가공안위원회에 심사청구를 할 수 있고(제37조), 그 재결에 대하여는 법원에 취소청구를 할 수 있다.

(2) 폭력적 요구행위의 금지

폭력단이 폭력단의 위력을 보이며 제9조 제1호 내지 제27호에 규정된 행위를 하는 것은 금지된다. 이러한 행위들은 이른바 민사개입폭력의 전형적인 행위라고 할 수 있다. 사람의 약점을 파고드는 금품 등의 요구행위(제1호), 기부금 요구행위(제2호), 하도급 등의 요구행위(제3호), 이른바 자릿세 요구행위(제4호), 보호비 등의 요구행위(제5호), 고리채권의 추심행위(제6호) 등이 그 예이다.

금지행위 중의 일부는 입법 당시에는 포함되어 있지 않았지만, 이후 폭력단원에 의한 부당요구행위의 실태를 반영하여 새롭게 추가된 것도 적지 않다. 예를 들어, 제10호, 제11호 및 제20호 중 유가증권에 관한 부당요구행위는 이른바 증권 스캔들이 드러남에 따라 1993년에 추가된 것이다. 또한 제7호의 부당채권추심행위는 버블경기 붕괴 후 폭력단원에 의한 채권 회수에의 개입 증가에 따라 1997년에 추가된 것이다. 나아가 제21호 내지 제27호는 예를 들어 행정청에 대하여 인허가 등을 부당하게 요구하거나, 국가 등에 대하여 매매 등의 계약에 관련한 입찰 참여를 요구하거나 특정인을 이러한 인허가나 입찰에서 배제할 것을 요구하는 등의 행위를 금지하는 것으로, 이것은 이른바 행정대상폭력이 최근 문제가 됨에 따라 2008년 및 2012년에 새롭게 추가된 것이다. 행정대상폭력은 직접 자금제공을 요구하는 행위가 아니라 인허가를 받은 자로서의 지위 등, 자금을 얻기 위해서 필요한 지위를 요구하는 행위이지만, 폭력단이 기업 활동을 가장한 자금획득활동을 하는 것을 미연에 방지한다는 취지에서 이러한 행위도 금지대상이 된 것이다.

(3) 폭력적 요구행위의 요구 등의 금지

지정폭력단원에게 폭력적 요구행위를 할 것을 요구하거나 의뢰, 선동하는 행위도 금지된다(제10조). 예를 들어 폭력단 이외의 자가 채권추심, 부동산불법매입, 합의 등에 있어서 폭력단원에게 폭력적 요구행위를 의뢰하는 행위가 이에 해당한다. 이것은 폭력적 요구행위가 없어지지 않는 것은 그것을 이용하는 사람이 있는 것에도 원인이 있다는 점에 대응한 조치이다.

(4) 폭력적 요구행위 등에 대한 조치

폭력적 요구행위를 하는 것이 즉시 처벌의 대상이 되는 것은 아니다. 먼저 그것을 그만두게 하기 위한 공안위원회의 행정명령이 내려지고 이에 따르지 않을 경우 벌칙이 적용되는 구조로 되어 있다.

행정명령은 중지명령과 재발방지명령의 2종류가 있다. 전자는 폭력적 요구행위가 실제로 이루어지고 있고, 그 상대방의 생활의 평온이 침해되고 있는 경우에 내리는 것이고, 후자는 폭력적 요구행위가 이미 진행된 경우에 유사한 행위가 반복하여 이루어질 우려가 있는 때에 내리는 것이다(제11조). 폭력적 요구행위를 요구하는 등의 행위에 대해서도 재발방지명령을 내릴 수 있다(제12조).

또한 폭력적 요구행위를 한 자 이외의 자, 예를 들어 지정폭력단 대표자, 폭력단 관계기업의 대표자 등에 대해서도 재발방지명령을 내릴 수 있다(제12조의 2). 이것은 폭력적 요구행위가 조직적으로 행해진 경우에 대처하기 위한 조치이다.

또한 지정폭력단원은 아니지만, 지정폭력단과 일정한 관계를 가진 자에 의한 폭력적 요구행위 등도 준폭력적 요구행위로서 중지명령, 재발방지명령의 대상이 됨과 동시에(제12조의 5, 제12조의 6), 지정폭력단원이 이러한 행위를 하도록 요구하는 것도 재발방지명령의 대상이 된다(제12조의3, 제12조의4). 이들은 이른바 유령회사 등의 행위에 대응하기 위한 조치이다.

(5) 부당한 요구로 인한 피해 회복을 위한 원조

공안위원회는 폭력적 요구행위 또는 준폭력적 요구행위의 상대방(피해자)의 신청이 있는 때에는 상대방에게 필요한 원조를 하여야 한다(제13조). 이것은 폭력적 요구행위의 피해자가 폭력단에 대한 두려움 등으로 피해회복의 청구 등 민사해결을 도모하는 것이 곤란한 상황을 감안하여 공안위원회에 일정한 원조를 실시하도록 함으로써 그 피해회복을 용이하게 하고자 하는 것이다. 입법론으로는 공안위원회가 폭력단원에 대하여 피해회복을 권고하는 등의 조치도 생각할 수 있지만, 공안위원회가 민사관계에 개입하여 피해자에 가세하는 것은 바람직하지 않다는 이유로 외형적으로는 원조에 한정하고 있다. 예를 들어 상대방 폭력단원의 이름, 주소 등의 교시, 협상장소로서 경찰시설의 제공, 협상방법의 조언 등이 예정되어 있다.

또한 최근 기업을 상대로 하는 폭력단의 부당요구행위가 활발해지고 있어 피해를 방지하기 위한 사업자의 노력을 측면에서 원조한다는 취지로 사업자에 대해서도 자료의 제공, 조언, 기타 필요한 원조를 실시하는 것으로 하고 있다(제14조).

3. 대립 항쟁 시의 사무소의 사용 제한

지정폭력단 상호 간의 대립항쟁, 또는 동일 지정폭력단의 내부항쟁이 발생한 경우에는 공안위원회는 3개월 이내의 기간을 정하여 당해 사무소의 사용을 금지할 수 있다(제15조). 이 명령위반에도 벌칙이 있다(제47조 제5호).

이 명령은 일정한 기간을 정한 일시적 사용금지, 이른바 긴급조치로서 사무소의 폐쇄 및 철거의 조치는 명할 수 없다. 이것은 민사소송을 통해 실현해야 할 것이다.

4. 조직에의 가입 강요, 탈퇴 방해의 금지 등

사람을 협박하여 지정폭력단에의 가입을 강요·권유하는 행위, 또는 지정폭력 단으로부터의 탈퇴를 방해하는 행위가 금지되고(제16조 제1항), 또한 소년에 대해서 는 이러한 행위가 협박의 수단에 의하지 않는 경우에도 금지된다(동조 제2항).

이것은 조직차원에서 폭력단을 약화시키고자 하는 취지이다. 손가락 절단이나 문신 금지도(제20조 이하), 그것이 조직 탈퇴를 어렵게 하고, 그 후의 사회복귀에 있 어서 장해가 된다는 것을 이유로 하고 있다. 이러한 금지에 관한 명령 위반에 대해 서도 벌칙이 적용된다(제47조 제6호 내지 제11호).

또한 탈퇴 방해 금지뿐만 아니라 공안위원회는 폭력단으로부터의 이탈 희망자 의 사회경제활동에의 참여를 확보하기 위해 필요한 조치를 취하여야 하는 것도 규 정하고 있다(제28조). 이에 따라 경찰은 폭력추방운동추진센터, 관계기관·단체 등 과 연계하여 전국에 사회복귀대책협의회를 설립하고, 폭력단에서 이탈하려고 하 는 자에 대하여는 별도로 이탈·취업 지원을 실시하고 있다.[103]

5. 폭력추방운동추진센터

민간단체가 자주적으로 실시하는 폭력배제활동을 촉진하고, 관민 일체가 되어 폭력추방운동의 효과적인 추진을 도모한다는 취지에서 공안위원회는 도도부현에 하나의 특정단체를 도도부현 폭력추방운동추진센터로 지정할 수 있다(제32조의3 제 1항). 이 센터는 폭력단에 의한 부당한 행위의 예방에 관한 지식의 보급과 홍보, 부 당행위에 관한 상담에의 대응, 피해자에 대한 위로금 지급, 민사소송 지원 등의 사 업을 수행한다(동조 제2항). 또한 상담사업의 적정성을 확보하기 위해 센터에는 전

---

103 藤原孝, "暴力団離脱者に対する社会復帰支援の現状", 刑政 128권 11호, 2017, 37쪽.

문가인 폭력추방상담원이 배치되어(동조 제3항) 변호사와 소년보도원, 민사개입폭력 등에 관한 경험을 갖고 있는 전직 경찰관 등이 상담업무를 하도록 하고 있다.

또한 지금까지 폭력단 사무소 인근 주민이 재판소에 그 사무소의 사용금지를 요구하는 민사소송에서는 센터가 상담 등의 형태로 지원을 해 왔지만 주민에게 폭력단이 보복을 하는 사안도 발생하였기에 후술하는 2012년의 법개정에 따라 국가 공안위원회의 인정을 받은 도도부현 센터(적격 도도부현 센터)가 인근 주민의 위탁을 받아 자신의 명의로 그 사무소의 사용 등의 금지를 청구할 수 있는 제도가 도입되었다(제32조의4).

6. 2012년의 법률 개정

최근 일반 시민이 연루된 폭력단 대립항쟁과 폭력단의 부당한 요구를 거부한 기업을 대상으로 한 가해행위사안이 연이어 발생한 것 등을 배경으로, 2012년에 폭력단대책법 개정이 이루어졌다. 이 개정은 ① 시민생활에 대한 위험을 방지하기 위한 규정의 정비, ② 도도부현 폭력추방운동추진센터에 의한 사무실 사용금지 청구제도의 도입, ③ 폭력적 요구행위 및 준폭력적 요구행위의 규제 강화, ④ 국가 및 지방자치단체, 사업자의 책무에 관한 규정의 정비의 4가지 축으로 이루어져 있다. 그 중심을 이루는 것은 ①이며, 이에 따라 (a) 특정항쟁지정폭력단의 지정제도 및 (b) 특정위험지정폭력단의 지정제도가 새롭게 창설되었다. (a)는 공안위원회가 일정한 요건하에서 3개월 이내의 기간 및 경계구역을 정하여 대립항쟁 상태에 있는 지정폭력단을 특정항쟁지정폭력단으로 지정하고, 동폭력단의 구성원이 경계구역 안에서 폭력단 사무소를 신설하거나 대립상대의 사무소 부근을 배회하는 것 등을 벌칙규정을 두어 금지하는 것이다(제15조의2, 제15조의3). 또한, (b)는 공안위원회가 일정한 요건하에서 1년을 넘지 않는 범위 내의 기간 및 경계구역을 정하여 지정폭력단을 특정위험지정폭력단으로 지정하고, 동폭력단 구성원들이 경계구역 안에서 행하는 폭력적 요구행위 등을 벌칙규정을 두어 금지하는 것이다(제30조의8, 제30조의9). 이러한 새로운 제도는 금지 대상이 되는 행위를 한 경우, 중지명령 등을 거치지 않고 즉시 그것을 처벌할 수 있다는 점에서 종래의 폭력단대책법의 범위를 넘어서는 것이다.

7. 법률의 실제 운용

2017년 말 기준 22개 단체가 지정폭력단으로 지정되어 있으며, 현재 일본에 존재하는 대규모 폭력단은 모두 지정폭력단으로 지정되어 있다. 2016년에 도도부현 공안위원회가 내린 중지명령은 1,337건에 달하고 있으며, 형태별로는 폭력적 요구행위(제9조)에 대한 것이 70.2%, 가입강요·탈퇴의 방해(제16조)에 대한 것이 11.0%를 차지하고 있다. 재발방지명령은 33건으로 적다.[104]

폭력단대책법의 시행으로 폭력단의 위력을 과시하는 형태의 자금획득 활동은 어렵게 되었다. 또한 폭력단의 대립항쟁 사건도 격감하였다. 그러한 의미에서 법률은 일정한 효과를 거두고 있다고 할 수 있지만, 다른 한편으로 법의 규제를 피하기 위해 폭력적 요구행위를 반드시 할 필요가 없는 기업 활동에의 폭력단의 진출 증가와 이것이 가능한 대규모 폭력단에 의한 과점화가 점점 심해지는 현상도 발생하고 있다.

Ⅱ 조직적 범죄 대책3법 및 최근 입법 동향

1. 조직적 범죄 대책 3법

폭력단대책법 이외의 폭력단 대책 관련 입법은 1999년에 성립된 조직적범죄대책3법이 중요하다. ① 「조직적인 범죄의 처벌 및 범죄수익의 규제 등에 관한 법률」(이하 조직적 범죄 처벌법이라 한다), ② 「범죄 수사를 위한 통신 감청에 관한 법률」(이하 통신감청법이라 한다) 및 ③ 형사소송법의 일부를 개정하는 법률이 이에 해당한다.

이 법률들은 폭력단의 범죄뿐만 아니라 외국인 범죄조직에 의한 집단밀항사범과 이른바 옴 진리교 사건과 같은 대규모 집단에 의한 흉악사범, 회사 조직을 이용한 사기상법 등 경제범죄 등, 조직범죄 일반에 대한 대책으로 제정된 것이지만, 폭력단 범죄의 대책으로도 중요한 의의를 가지고 있다.

(1) 「조직적 범죄 처벌법」

이 법률은 주로 (a) 조직적인 범죄에 대한 형의 가중 및 (b) 범죄수익의 규제를

---

104 경찰청 조직범죄대책기획과, "平成28年における組織犯罪の情勢", 29-30쪽.

내용으로 하는 것이다.

a) 조직적인 범죄에 대한 형의 가중

일정한 범죄 행위가 ① 단체의 활동으로서 해당 행위를 수행하는 조직에 의하여 행해진 경우 또는 ② 단체에 부정권익不正權益을 얻게 하거나 또는 단체의 부정권익을 유지 또는 확대할 목적으로 행해진 경우에 형법 각칙에 규정된 각 죄의 법정형의 상한 또는 하한이 인상되어 있다(제3조). 대상범죄로는 살인, 체포 및 감금, 강요, 공갈, 사기, 도박장개장 등 이익도모 등, 폭력단을 비롯한 범죄조직에 의해 행해질 가능성이 높은 범죄가 규정되어 있다. 이러한 범죄가 조직적으로 행해진 경우 그 당벌성이 보다 높다고 할 수 있으며, 이들 범죄를 무겁게 처벌함으로써 조직의 확대를 방지하고자 하는 취지에 근거하는 규정이다.

이 외에도 조직적인 살인예비죄의 법정형 인상, 조직적인 영리목적 약취 · 유인 예비죄의 신설(제6조), 조직적인 범죄에 관련한 사법방해에 해당하는 죄의 법정형 인상(제7조)도 이루어졌다.

b) 범죄수익의 규제

폭력단 등 범죄조직에 의한 범죄의 동기를 제거하고, 범죄수익이 미래의 범죄에 재투자되는 것을 방지하기 위해서는 범죄수익을 철저히 박탈하는 것이 중요하다. 이러한 목적에서 1991년에 제정된 마약특례법에서는 약물범죄수익에 관하여 새로운 몰수 · 추징 제도와 돈세탁 행위의 처벌 등에 관한 규정이 마련되었지만, 조직범죄 수입원이 약물범죄에만 한정되는 것이 아니기 때문에 그 이외의 범죄수익에 대해서도 법 정비가 필요하다. 또한 최근에는 조직적인 범죄에 의한 수익이 사업활동에 투자되어 합법적인 경제 활동에 악영향을 준다고 하는 이른바 검은 돈에 의한 경제지배의 문제도 부상하여 그것을 방지할 필요성도 지적되었다 .

이에 따라 「조직적 범죄 처벌법」은 범죄수익이 발생하는 전제가 되는 범죄(전제범죄)를 약물범죄에서 일정한 중대범죄로 확대하고 이러한 범죄의 '범죄수익', '범죄수익에서 유래하는 재산', 이들 재산과 그 이외의 재산이 혼합된 재산 등에 대해서 마약특례법과 같은 몰수 · 추징 규정을 마련하였으며(제13조 내지 제16조), 그 실효성을 확보하기 위해 마약특례법과 같은 몰수 · 추징을 위한 보전 절차를 규정하고 있다(제22조 이하).

또한 범죄수익 등의 가장 · 은닉 행위나 범죄수익 등의 수수행위 등의 자금세탁

행위에 대해서는 마약특례법과 같이 벌칙을 마련하였으며(제10조, 제11조), 마약특례법과는 달리 범죄수익 등에 의한 법인 등의 사업지배죄를 새롭게 규정하였다(제9조). 이것은 범죄수익 등이 법인 등의 사업지배를 위해 사용되는 것에 의한 합법적인 경제 활동에의 악영향을 저지한다는 취지에서 범죄수익 등을 이용하여 법인 등의 주주의 지위를 취득하는 등 당해 법인 등의 임원 등을 변경하는 행위를 처벌하는 것이다.

C) 운영 실제

「조직적 범죄 처벌법」 위반의 검찰청 신규 접수인원은 매년 변동은 있지만 대체로 횡보경향을 보이고 있으며 2016년에는 424명이었다. 죄명별로는 범죄수익 등 은닉이 216명, 범죄수익 등 수수가 69명, 조직적인 사기가 106명이며, 이른바 돈세탁이 60% 이상을 차지하고 있다. 또한 동법에 따라 통상 제1심에서 선고된 몰수·추징 금액은 이것도 매년 변동이 있지만, 2016년은 몰수가 약 1억 9천만 엔, 추징이 약 18억 7000만 엔이었다. 이러한 금액을 고려할 때 「조직적 범죄 처벌법」이 폭력단을 포함하는 범죄조직이 획득한 불법수익을 박탈하는데 일정한 성과를 올리고 있는 것으로 볼 수 있지만, 이것은 어디까지나 법원 판결에 있어서 몰수·추징이 선고 된 금액에 불과하고, 특히 추징에 대해서는 실제로 돈을 박탈하고 있다고는 할 수는 없다는 점에 주의가 필요하다.

(2) 통신감청법

마약과 총기 관련 등의 조직범죄는 그 밀행성이 높기 때문에 범행의 파악 자체가 매우 어렵고, 범죄에 관여한 말단 조직원을 검거하였다고 해도 그 자로부터 배후 등에 대한 진술을 얻는 것은 쉽지 않다. 한편, 이러한 범죄에서는 범인 간에 휴대전화 등의 통신에 의해 지시·명령·연락·보고 등이 이루어지는 경우가 많기 때문에 이것들을 감청하는 것은 수사기법으로서 효과적이라고 생각된다. 따라서 이러한 조직적인 범죄에 관한 수사상의 어려움을 완화할 목적에서 종래 인정되지 않았던 새로운 수사 수단으로 감청제도가 도입되었다. 그러나 통신의 감청은 헌법이 보장하는 통신의 비밀을 제약하는 것이기 때문에 그 요건과 절차가 엄격히 정해져 있다.

감청 대상 범죄는 수사방법을 사용할 필요성이 특히 높은 것으로 생각되는 조직적인 범죄에 한정해야한다는 관점에서 ① 마약 관련 범죄, ② 총기 관련 범죄, ③ 집단 밀항에 관한 죄, ④ 조직적인 살인의 죄의 4종류로 한정되었다.

또한 재판관에 의한 감청영장의 발부 요건에 대해서도 예를 들어 범죄가 행해진 것으로 의심할 '충분한 이유'나 다른 방법으로는 범인 특정이 현저하게 곤란하다는 것(보충성 요건)이 요구되는 등 통상의 강제처분보다 엄격하게 정해져 있다.

또한 감청 실시의 공정성을 담보하기 위해 감청의 실시에 있어서는 통신사업자 등의 입회가 필요하고, 감청한 통신은 녹음 등의 방법에 의해 기록매체에 기록하고 입회인에 의해 봉인한 후 재판관에게 제출하여야 한다.

(3) 형사소송법의 일부를 개정하는 법률

폭력단 범죄 등의 경우 증인이나 그 친족에 대한 위협, 협박 등이 발생할 우려가 높기 때문에 그것을 방지하기 위한 조치를 취할 수 있도록 하였다. 첫째, 증인 등에 가해 등의 우려가 있는 경우에는 검찰관 · 변호인은 상대방에 대해 증인의 성명 등을 개시함에 있어 그 주거 등의 통상 소재하는 장소가 특정되는 사항이 피고인을 포함한 관계자에 알려지지 않도록 할 것, 그 외에 이들의 안전이 위협받는 일이 없도록 배려할 것을 요구할 수 있다(형소 제299조의2). 둘째, 동일한 우려가 있는 경우에는 재판장은 공판에서 증인신문시 증인의 주거 등의 통상 소재하는 장소가 특정되는 사항에 대한 심문을 제한할 수 있다(동법 제295조 제2항).

2. 2016년의 법률 개정

2016년에 성립한 형사소송법 등의 일부를 개정하는 법률은 조직범죄 대책과 밀접한 관련을 가지는 내용을 다수 포함하고 있다. 구체적으로는 ① 통신감청법 개정에 따라 통신 감청의 범위가 확대되었고, 형사소송법의 개정에 의해, ② 협의 · 합의제도 및 형사면책제도가 새로이 도입됨과 함께, ③ 증인을 보호하기 위한 조치도 확충되었다.

(1) 통신감청법 개정

2000년 8월 법 시행 후 통신감청의 실시 건수는 연간 10건 정도에 불과하였다. 그 배경으로 통신감청의 대상 범죄가 한정되어 있고 통신감청이 통신사업자의 시설에서 사업자의 상시 입회하에 실시간으로 실시하는 것이 필요적으로 되어 있다는 점이 수사기관과 사업자 모두에게 큰 부담이 되어 사실상 제약 요인이 되고 있다는 점이 지적되고 있었다. 이에 따라 통신감청의 이용을 확대하기 위해 이러한 양측면에 있어서의 개정이 이루어지게 되었다.

a) 대상 범죄의 확대

기존의 4종류의 죄에 추가하여 ① 폭발물의 사용, ② 현주건조물 등 방화, ③ 살인, ④ 상해 · 상해치사, ⑤ 체포 · 감금 관계의 죄, ⑥ 약취 · 유괴 관계의 죄, ⑦ 절도, ⑧ 강도 · 강도치사상, ⑧ 사기 · 전자계산기 사기, ⑩ 공갈,⑪ 아동포르노 관계의 죄가 대상범죄에 추가되었다(제3조, 별표 제2). 그러나 이러한 범죄에 대해서는 경미한 사안을 제외하기 위해 "미리 정해진 역할 분담에 따라 행동하는 자의 결합체에 의해 행해지는 것"이라는 조직성의 요건이 추가되었다.[105]

b) 통신감청 절차의 합리화 · 효율화

기존의 감청 방법은 통신사업자의 시설에서 사업자의 상시 입회하에 실시간으로 실시하는 것이었다. 개정법에서는 3가지 점에서 새로운 감청 제도가 마련되었다.

첫째, '일시적 보존'의 방법에 의한 감청 제도를 마련하여 수사기관이 실시간이 아니라 일단 보존된 통신을 사후적으로 재생하여 청취하는 형태를 취할 수 있도록 하였다(제20조 제1항, 제23조 제1항 제2호). 둘째, 통신사업자의 시설에서 감청을 하는 것이 아니라 통신사업자로부터 통신을 전송 받아 수사기관의 시설에서 그것을 감청할 수 있는 방식을 도입하였다(제23조 제1항). 이 경우에는 통신사업자에 의해 감청의 실시기간 내에 발생한 모든 통신에 대해 암호화가 이루어지고, 수사기관의 수중에 있는 '특정전자계산기'에 전송이 이루어져, 그것을 수사기관이 해독한 후 감청을 실시하게 된다. 셋째, 위의 특정전자계산기를 이용한 수사기관의 시설에서의 감청에 대해서는 그것을 입회 없이 할 수 있도록 하였다(제23조 제1항).

(2) 협의 · 합의제도와 형사면책제도의 도입

조사에 의존하지 않는 새로운 진술획득 수단으로 협의 · 합의제도와 형사면책제도가 도입되었다.

---

105 이 요건은 지휘명령 계통이라 하는 계층구조의 존재나 행위의 반복 계속성을 요구하는 것이 아니라는 점에서 「조직적 범죄 처벌법」의 '조직'이나 '단체'의 개념(조직범죄 제2조 제1항)과는 다르다.

a) 협의 · 합의제도

협의 · 합의제도는 피의자 내지 피고인이 타인의 범죄사실을 밝히기 위한 일정한 협력(진실의 진술과 증거물의 제출)을 하는 대가로 검찰이 일정한 혜택(불기소 또는 특정 구형 등)을 주는 것에 대해 양자가 협의, 합의할 수 있는 제도이다.

협의 · 합의의 대상 범죄는 약물범죄와 총기범죄 등과 같은 조직범죄로 이루어질 가능성이 높은 범죄와 특정경제범죄에 한정되어 있다(형소 제350조의2 제2항). 또한 피해자의 이해를 얻기가 어려운 생명 · 신체범은 대상범죄에서 제외되어 있다.

b) 형사면책제도

한편, 형사면책제도는 증인의 진술과 진술에서 유래하는 증거를 증인의 형사사건에서 불이익하게 사용할 수 있다고 함으로써 자기부죄거부특권을 소멸시켜 증언을 강제하는 제도이다(형소 제157조의2, 제157조의3). 이를 통해 얻은 진술을 공범관계에 있는 다른 사람의 범죄사실을 입증하기 위해 사용하는 것을 목적으로 한 것이며, 그러한 점에서 위의 협의 · 합의제도와 공통점이 있다. 다만, 협의 · 합의제도와 달리 대상범죄의 제한은 없기 때문에 협의 · 합의제도의 대상이 되지 않는 범죄사건과 그 대상이 되는 범죄라도 피의자 · 피고인이 협의에 응하지 않는 사건에서 형사면책제도를 이용할 것으로 예상된다.

(3) 증인을 보호하는 조치의 확충

a) 증인의 성명 · 주거의 공개에 관한 조치의 도입

종래에는 증인 등에 대한 가해행위 등의 우려가 있는 경우에는 검찰관이 변호인에게 증인의 성명 등을 공개함에 있어 그 주거 등의 통상 소재하는 장소가 특정되는 사항이 피고인을 포함한 관계자에게 알려지지 않도록 배려할 것을 요청할 수 있을 뿐이었다. 개정법에서는 증인보호를 강화하는 관점에서 이에 추가하여 변호인에게 증인의 성명 · 주거를 알 수 있는 기회를 주고, 그것을 피고인에게 알려주어서는 안 된다는 취지의 조건을 붙일 수 있도록 하였다(조건부 조치). 나아가 조건부조치에 따라 증인 등에 대한 가해행위 등을 방지할 수 없을 우려가 있는 때에는 변호인에게도 증인의 성명 · 주거를 알 수 있는 기회를 주지 않고 성명을 대체하는 호칭, 주소를 대체하는 연락처를 확인하는 기회를 줄 수 있도록(대체개시의 조치) 하였다(형소 제299조의4).

b) 공개 법정에서의 증인의 성명 등의 비공개 조치의 도입

지금까지 피해자에 대해서는 해당 사건의 피해자를 특정하게 되는 사항을 공개 법정에서 공개하지 않는 제도가 마련되어 있었다(형소 제290조의2). 개정법에서는 증인 등의 성명 등이 공개법정에서 공개됨으로써 ① 증인 등에 대한 가해행위 등이 이루어질 우려가 있다고 인정되는 경우 또는, ② 증인 등의 명예 또는 사회생활 평온이 현저하게 침해될 우려가 있다고 인정되는 경우에는 증인 등을 특정하게 되는 사항을 공개법정에서 공개하지 않는 취지의 결정을 할 수 있도록 하였다(형소 제290조의3).

Ⅲ 「조직적 범죄 처벌법」등의 개정과 국제조직범죄방지조약의 비준

1. 조직범죄대책의 국제적인 진전

국제화의 진전에 따라 범죄 조직의 활동이 국경을 초월하여 이루지게 된 결과 그에 대한 국제적인 대응이 필요하게 되었다. 그 효시가 된 것은 1995년의 '국제조직범죄 대책 고위전문가 회의(리용 그룹)'의 설립과 그에 따른 '국제조직범죄에 대처하기 위한 40개의 권고'였다. 그 후 각국에서 이 권고에 따른 형사사법제도의 정비·강화 시책이 추진되었고, 국제조직범죄에 대처하기 위해서는 그 방지를 위한 국제 협력을 추진함으로써 국제사회에 있어서의 법의 허점을 없앨 필요가 있다는 인식하에 국제법적 규범의 창설을 위한 논의가 계속되었다. 그 성과로서 2000년에 유엔총회에서 '국제조직범죄 방지에 관한 국제연합조약'(국제조직범죄방지조약)이 채택되기에 이르렀다. 동 조약은 국제조직범죄방지와 그에 대한 수사 및 소추에 관한 법적인 틀을 창설하는 종합적인 내용을 담고 있는데, 체결국에 대해서 ① 중대한 범죄의 실행에 대한 합의[106], 또는 조직적인 범죄집단에의 참여의 범죄

---

106 조약에서는 범죄화해야 할 공모행위가 "금전적 이익, 기타 물질적 이익을 얻는데 직접 또는 간접적으로 관련된 목적을 위해서 중대한 범죄를 저지르는 것을 1인 또는 2인 이상의 자와 합의하는 것이며, 국내법상 요구되는 때에는 그 합의에 참가한 1인에 의한 당해 합의 내용을 추진하기 위한 행위를 수반하거나 또는 조직적 범죄 집단이 관여하는 것"이라고 규정하고 있다. 그리고 여기서 말하는 '중대한 범죄'는 "장기 4년 이상의 자유를 박탈하는 형 또는 이보다 무거운 형을 부과할 수 있는 범죄를 구성하는 행위"를, '조직적 범죄집단'은 "3명 이상의 사람으로 구성된 조직된 집단으로서 일정 기간 존재하고, 또한 금전적 이익, 기타 다른 물질적 이익을 직접 또는 간접으로 얻기 위해 1 또는 2 이상의 중대한 범죄 또는 이 조약에 의해 규정되는 범죄를 행하는 것을 목적으로 하여 조직적으로 행동하는 것을 말한다"고 규정하고 있다.

화 중 적어도 하나를 실시할 것, ② 범죄수익의 돈세탁의 범죄화, ③ 부패행위의 범죄화, ④ 사법방해의 범죄화, ⑤ 조약의 대상이 되는 범죄에 대한 국제사법공조 절차의 정비 등을 요구하고 있다.

2. 「조직적 범죄 처벌법」 등의 개정

일본은 2000년에 동조약에 서명하였고, 2003년에는 조약을 체결하는 것에 대해 국회의 승인이 이루어졌다. 이에 선행하는 1999년의 「조직적 범죄 처벌법」의 제정에 따라 국제조직범죄방지조약이 체결국에게 요구하고 있는 조치의 상당 부분은 담보 되어 있었으나 일정한 중대범죄에 대한 공모의 범죄화 등 기존의 법률로는 대응할 수 없는 것도 있었다. 그래서 이러한 사항을 담보하기 위한 법안이 3차례에 걸쳐 국회에 제출되었지만, 특히 공모죄의 창설에 대한 반대가 강하여 모두 폐안이 되었는데, 그 후 2017년에 그 대상을 한정하는 형태로 성립하기에 이르렀다.

개정법에서는 ① 별표에 규정된 범죄[107]로서, ② 테러집단, 기타 조직적인 범죄집단[108]의 단체활동으로서 이러한 범죄를 실행하기 위한 조직에 의해 행해지는 것, 또는 테러집단, 기타 조직적인 범죄집단에게 부정권익을 얻게 하거나 그 부정권익을 유지, 확대할 목적으로 행해지는 것에 대해서, ③ 그 수행을 2인 이상이 계획한 경우에, ④ 그 계획을 한 사람 중 하나에 의해 그 계획에 따라 자금 또는 물품의 준비, 관계장소의 예비조사, 기타 계획한 범죄를 실행하기 위한 준비행위가 이루어진 때에 그것을 처벌하는 규정을 마련하였다(조직범죄 제6조의2 제1항·제2항). 법정형은 계획의 대상이 되는 범죄의 법정형이 사형 또는 무기, 장기 10년을 초과하는 징역·금고의 경우에는 5년 이하의 징역·금고, 장기 4년 이상 10년 이하의 법정형의 경우 2년 이하의 징역·금고로 규정되어 있다.

이 외에도 개정법은 ⓐ 몰수의 대상이 되는 범죄수익 대상범죄의 확대(조직범죄

---

107 이전의 법안에서는 조약의 문언에 맞추어 "사형 또는 무기 혹은 장기 4년 이상의 징역·금고의 형이 규정된 죄"가 포괄적으로 대상이 되었으나, 개정법에서는 장기 4년 이상의 징역 또는 금고의 형이 규정된 죄 중에서 조직적 범죄집단이 실행을 계획하는 것이 현실적으로 상정되는 죄를 별표에 개별적으로 대상범죄로 열거하는 형식이 취해졌다. 총 277개의 죄가 대상범죄로 되어 있으며, 이들 대상범죄는 ① 테러의 실행에 관한 범죄, ② 약물에 대한 범죄, ③ 인신에 관한 착취범죄, ④ 기타 자금원 범죄, ⑤ 사법방해에 관한 범죄의 5가지로 대별된다.

108 단체(조직범죄 제2조 제1항) 중, 그 결합관계의 기초로서의 공동의 목적이 법에서 규정하고 있는 일정한 범죄를 실행하는 것에 있는 것을 말한다(동법 제6조의2 제1항).

제2조 제2항), (b) 증인 등 매수죄의 창설(동 제7조의2), (C) 뇌물죄의 국외범 처벌 규정의 정비(형 제3조 제6호)의 내용을 포함하고 있다.

이러한 개정에 따라 국제조직범죄방지조약에 추가하여 그 내용을 보충하는 2 개의 의정서(인신 매매 의정서 및 밀입국 의정서) 및 '국제연합 반부패협약'의 비준이 가능하게 되었다. 이 4개의 조약에 대해서는 2017년 7월 개정법의 시행과 동시에 체결이 이루어져 이듬해 8월에 효력이 발생하고 있다. 이는 조직범죄대책의 국제적인 법적 테두리안에 일본도 정식으로 참여하게 된 것으로, 국제사법공조 및 도망범죄인 인도에 있어서 조약을 근거로 한 대응을 할 권리를 가짐과 동시에 그 의무를 지게 되었다.

Ⅳ 종합대책

1. 기존의 대책

폭력단대책법 시행 후 경찰에서는 ① 폭력단 범죄에 대한 철저한 단속, ② 폭력단대책법의 효과적 운영, ③ 폭력단 배제 활동의 적극적인 추진의 3가지를 중심으로 한 종합대책을 제시하고 이들 대책을 구성원, 재원, 무기의 각각에 대응하여 추진해 왔다.

즉, 구성원의 측면에서는 폭력단 구성원 검거 및 장기 수형을 통한 격리, 간부의 중점 검거, 폭력단 가입 방지와 이탈 지원 등을 통해 폭력단조직에 타격을 주어 그 세력을 약화시키는 것을 도모해 왔다. 또한 재원의 측면에서는 전통적인 자금원 범죄의 철저한 검거, 민사개입폭력이나 기업 대상 폭력의 단속, 폭력단대책법에 의한 폭력적 요구행위의 억제, 공공사업에서의 배제 등을 통해 폭력단의 자금원을 차단하기 위해 노력해 왔다. 나아가 무기의 측면에서는 무기의 철저한 검거, 사무소 철거 활동의 추진 · 지원 등의 시책을 강화해 왔다.

이러한 종합대책이 주효하여 폭력단의 전통적인 자금원 범죄의 검거건수는 최근 감소 경향을 보이고 있다. 또한 민사개입폭력에 의한 자금획득도 이전에 비해 어려워지고 있다. 그러나 한편으로 폭력단은 단속을 피해 기업 활동을 가장 · 악용한 자금획득으로 활동의 축을 옮기게 되었고, 폭력단 관계기업 외에도 총회꾼, 불법추심업자, 투기세력, 사회운동 등을 표방한 금품요구 등 폭력단과 공생하는 자와 연계를 강화하여 이들의 배후에서 폭력단 위력의 이용을 용인하면서 이익의 제공을 받는 형태로 자금획득을 도모하는 움직임을 강화하고 있다. 이러한 폭력단의 움직임에 대응하기 위해서는 기존과 같이 경찰을 중심으로 한 폭력단의 단속만으로는 충분하지 않고, 관련기관 및 단체와의 연계하에 기업과 시민에 의한 폭력단을 포함한 반사회 세력과의 관계 단절을 위한 자발적 노력을 촉진하고 사회에서 폭력을 고립시켜 나가는 것이 중요하다. 이러한 관점에서 최근 국가 및 지방 수준에서 폭력단 배제와 관련한 다양한 시책이 이루어지고 있다.

2. 폭력단 배제 활동을 둘러싼 최근의 동향

(1) 정부의 노력

2006년 7월에 범죄대책각료회의에서 관계 부처로 구성된 '폭력단 단속 등 종합대책에 관한 실무팀'이 설치되었고, 이 팀에서 ① 공공사업에서 폭력단 배제, ② 기업 활동에서의 폭력단 배제 등 4가지 사항에 관한 종합대책을 검토하게 되었다.

이에 따라, 실무팀은 ①에 관해서는 (a) 공공사업에 대해서 폭력단 관계자 등의 배제해야 할 대상을 명확히 함과 동시에 경찰과의 연계를 강화하였고, (b) 관급공사의 수주업자에 대해서 폭력단원 등에 의한 부당한 개입이 이루어진 사실을 경찰에 통보하고 발주자에 보고할 것을 의무화하고, 그 의무를 해태한 경우에는 제재 조치를 강구하는 제도를 도입하는 한편, 경찰이 통보를 접수한 경우에는 신속한 단속과 충분한 보호대책을 도모하였으며, (C) 이러한 노력을 지방공공단체, 독립행정법인 등에서도 촉진하고, 또한 ②에 관해서는 (a) 기업에서 반사회적 세력에 의한 피해를 방지하기 위한 기본이념과 구체적인 대응에 대해서 종합한 피해방지지침을 수립하였으며, (b) 금융상품 거래에서 반사회적 세력을 배제하는 등의 시책을 구체적으로 제시하였다.

이에 따라 각 부처와 지방에서 다양한 노력이 전개되고 있다. 예를 들어 ①에 관해서는 국토교통성은 국가발주의 관급공사에 대한 수주자의 지명 기준에 대해서 폭력단 관계기업이나 이에 준하는 기업도 포함하여 배제 대상이 된다는 취지를 명확히 함과 동시에 폭력단원 등에 의한 부당개입에 관한 통보보고제도가 도입되었고, 또한 그 실효성을 확보하기 위한 조치로서 보고의무를 위반한 수주자에 대한 지명정지와 문서주의 등의 조치가 도입되었다. 2008년부터는 농림수산성 발주 공사에 대해서도 동일한 제도가 도입되었다.

또한, ②에 관해서는 많은 기업에서 피해방지지침에 따라, 예를 들어 '반사회적 세력과는 계약하지 말 것', '계약 후 상대방이 반사회적 세력임이 판명된 경우나 상대방이 부당요구행위를 한 경우 계약을 해제한다'는 취지의 이른바 폭력단 배제 조항을 계약 등에 포함시키도록 하고 있다. 또한 각 업계 단체에서도 피해방지지침의 수립을 추진함과 동시에 반사회적 세력에 대한 데이터베이스를 구축하는 등의 대응을 진행하고 있다. 또한 증권업계에서는 2013년 1월에 경찰청의 폭력단 정보 데이터베이스와 일본증권업협회의 반사회세력 데이터베이스를 연결하여 고객 확인에 대한 증권회사의 조회에 대응하는 시스템을 발족시켰다.

(2) 지방공공단체에 의한 조례 제정

폭력단 배제 운동은 지방 차원에서도 활발히 전개되고 있으며, 그 단적인 사례가 이른바 폭력단 배제 조례의 제정이다. 2011년까지 모든 도도부현에서 조례가 제정되었다. 이 조례는 지방공공단체, 주민, 사업자 등이 제휴·협력하여 폭력단과의 관계를 차단하는 등 사회에서 폭력단을 배제하기 위한 활동을 촉진하는 것을 목적으로, ① 이를 위한 기본시책(공공사업에서의 폭력단 배제, 경찰에 의한 보호조치 등), ② 청소년의 건전한 육성을 도모하기 위한 조치(학교 주변 지역에서의 폭력단 사무소 개설 금지 등), ③ 사업자에 의한 폭력단원 등에 대한 이익 공여의 금지 (정을 알면서 폭력단원 등에 대해서 이익을 공여하는 것의 금지, 거래 상대방의 확인 의무, 계약 등에의 폭력단 배제 조항의 도입 의무 등), ④ 부동산 양도자의 강구해야 할 조치 등을 규정하고 있다. 또한 각 도도부현의 폭력단 정세 등에 따라 예를 들어 신사 등의 축제 등에서의 폭력단 배제, 폭력단배제 특별강화지역에서 특정 접객업에서의 폭력단 배제 등에 대해 규정하고 있는 조례도 있다.

폭력단 배제 조례의 특징 중 하나는 폭력단을 이용하는 행위를 폭넓게 금지의 대상으로 하고 있는 점이다. 폭력단대책법에서도 폭력적 요구행위를 의뢰하는 등의 폭력단원 이외의 자에 의한 폭력단의 이용 행위가 금지되어 있지만, 이 조례에서는 폭력단의 활동 등에 기여하는 것을 알면서 이익을 공여하는 행위가 폭넓게 금지되어 있다. 이것은 그로 인하여 사업자가 폭력단을 지원하거나 이용하게 되기 때문에 폭력단에 이익을 공여하는 행위에도 일정한 악성이 있다는 생각에 기초하는 것이다. 그리고 그 금지를 담보하기 위하여 권고, 공표 등의 행정조치가 규정되어 있다. 폭력단 대책법에서와 같은 명령 위반에 대한 형사처벌은 예정되어 있지 않지만, 권고을 받고도 폭력단과의 관계를 끊을 수 없는 사업자에 대해 공표 조치를 취하면, 해당 사업자는 예를 들어 금융 기관에서 대출을 거절당하는 등의 불이익을 받게 될 가능성이 있기 때문에 그것이 사실상 억지력으로서 역할을 할 수 있다. 특히, 기업이 전술한 피해방지지침에 따른 대응을 철저히 하고, 사회가 일체가 되어 폭력단 배제의 틀을 정비해 나간다면 이러한 공표 조치의 실효성이 한층 높아질 것으로 예상된다.[109]

3. 종합대책의 효과

종합대책의 진전에 따라 폭력단의 자금획득 활동은 더욱 어렵게 되었고, 특히 중소 규모의 폭력단이나 대규모 폭력단의 말단 조직은 조직을 지탱하는 자금과 인력이 부족한 상황에 처해 있다. 해산 내지 붕괴된 폭력단의 수는 2016년에만 159개 조직(구성원 544명)에 달하고 있으며, 이 중 138개 조직은 주요 4개 단체의 산하 조직이다.[110] 그러나 한편 주요단체의 중추 조직은 여전히 강력한 인적·경제적 기반을 유지하고 있어 폭력단의 양극화 현상이 더욱 진행되고 있다.

4. 향후 과제

폭력단의 존재 기반인 구성원, 재원, 무기에 대한 철저한 단속을 통해 조직의 약화를 도모하는 것의 중요성은 향후에도 변함이 없다. 이 중 먼저 구성원에 관해서는 특히 조직의 중추에 있는 간부의 검거와 교도소에의 수용에 의한 격리가 조직에 타격을 주는 효과적인 수단이라고 생각된다. 그러나 폭력단조직이 비대화하는 가운데 간부 스스로 범죄행위에 관여하지 않고 말단 구성원에게 그것을 실행시키는 경우가 많기 때문에 간부의 검거가 점점 더 어려워지고 있다. 전술한 통신감청

---

109 重成浩司, "暴力団排除条例の意義と効果—条例制定の状況,効果発揮の事例等を踏まえて", 季刊現代警察 37권 1호, 2011, 19쪽 이하.

110 2017년 경찰백서, 149쪽.

범위의 확대와 협의·합의제도, 형사면책제도의 도입 등의 법률 개정은 바로 이러한 문제에 대한 대응책으로 진행된 것이며, 향후에는 이러한 증거수집 수단을 적정하고 효과적으로 운용하고, 2016년 개정 시에 향후의 검토 과제로 삼은 대화도청 및 증인보호 프로그램 도입 등 새로운 시책에 대해서도 검토해 나갈 필요가 있다.

다음은 자금원 대책에서는 폭력단에 의한 불법수익의 철저한 박탈이 계속해서 중요한 과제이다. 이 점에 관해서는 앞서 언급했듯이 마약특례법 및 「조직적 범죄 처벌법」에 따른 몰수·추징에 의해 일정한 성과를 올리고 있지만, 폭력단의 수익은 '조'단위 규모의 금액으로 추정되고 있으며, 수십억 엔 정도의 몰수·추징이 가져오는 효과는 제한적이라고 하지 않을 수 없다. 형사절차에 의한 몰수·추징에서는 몰수 대상과 범죄와의 관련성을 엄격하게 증명해야 한다는 입증상의 어려움 외에 범죄에 이르지 않는 위력을 이용하여 획득한 자금은 원래 몰수·추징의 대상이 될 수 없다는 문제도 있다. 따라서 형사 이외의 민사 내지 행정수단에 의한 이익 박탈을 병행하여 추진할 필요가 있다.

예를 들어 민사에 관하여는 불법행위로 인한 피해자의 손해배상청구소송을 적극적으로 지원해 나가는 것이 피해자 구제의 관점에서뿐만 아니라 폭력단으로부터 자금을 박탈하는 관점에서 보더라도 중요한 의의가 있다. 이미 2004년의 폭력단 대책법 개정에 따라 대립 항쟁시 폭력단 구성원이 흉기를 사용한 폭력행위에 한정하여 그 손해배상 책임을 폭력단의 대표자에게 부담시키는 제도가 도입되어 있었지만(제31조), 2008년의 동법 개정에서는 동일한 제도가 폭력단의 위력을 이용하는 자금획득 활동 전반으로 확대되었다(제31조의2). 대표자가 배상금을 지불하는 자금의 출처는 결국 폭력단의 자금이기 때문에 배상 금액 여하에 따라 몰수·추징 이상의 효과를 기대할 수 있다. 또한 이러한 규정은 「민법」 제715조를 적용하여 사용자 책임을 추궁하는 경우에 발생하는 피해자 측의 입증 부담을 경감하는 것을 의도한 것이기 때문에 몰수·추징에 의한 경우의 입증의 어려움의 문제도 피할 수 있다. 다만, 대부분의 이러한 제도를 활용하기 위해서는 피해자 측이 민사소송을 해야 하는 것이 전제가 되기 때문에 앞으로는 경찰과 행정이 피해자나 변호사와의 연계를 강화하고 보호 대책의 철저를 도모하면서, 이러한 민사소송을 보다 지원해 나가는 것이 바람직하다.

다음으로 행정 수단으로는 지금까지도 예를 들어 과세 당국에 의한 폭력단 관계 기업 등에 대한 과세 조치를 통해 수익의 박탈을 도모해 왔으나 앞으로는 경찰과 세무 당국 간의 연계를 더욱 강화하여 정보교환을 통해 과세를 더욱 철저히 할 필요가 있다고 생각한다. 또한 입법론으로서는 불법수익 박탈을 직접 목적으로 한 행정상의 제도를 창설하는 것도 향후의 검토 과제이다.

마지막으로, 폭력단의 고립화를 겨냥한 폭력단 배제 활동의 촉진이 더욱 중요해지고 있다. 폭력단 대책법을 비롯한 일련의 법규는 폭력단 구성원과 그 주변의 부당행위를 금지하는 것에 중점을 두고 있지만, 이러한 부당행위를 이용하거나 인용하는 등 하여 폭력단에 이익을 제공하는 사람이 존재하는 한 폭력단의 부당행위를 근절할 수 없다. 폭력단과의 관계 단절은 기본적으로 기업과 시민의 자발적 노력에 달려있지만, 이를 용이하게 하는 정보제공, 보호조치 등의 공적 지원이 필수적이다. 특히 최근 폭력단에의 이익 공여를 거부하는 사업자에 대한 습격 사건이 빈발하고 있는 상황을 감안할 때 사업자 등에 대한 보호 대책을 더욱 강화할 필요가 있다. 이미 2011년에 경찰청에서 '보호 대책 실시 요강'이 제정되어 이에 따른 신변 경계원의 지정 등의 경계 체제가 강화되고 있지만, 이 외에도 실행 범인의 확실한 검거나 2012년에 창설된 특정위험지정폭력단 지정제도의 활용 등을 포함한 종합적인 보호대책을 한층 더 추진해 나갈 필요가 있을 것이다.[111]

[참고문헌]

"〈特集〉暴力団対策の現状と課題", 警学 54권 2호, 2001.

"〈特集〉暴力団対策の現状と課題", ひろば 61권 4호, 2008.

"〈特集〉組織犯罪対策の現状と課題", 刑ジャ 11호, 2008.

"〈特集〉暴力団排除に向けた取組と課題", ひろば 65권 2호, 2012.

"〈特集〉組織犯罪対策の歩みと展望", 平成27年版警察白書.

危機管理研究会編, 実戦!社会 vs 暴力団—暴対法20年の軌跡, きんざい, 2013.

---

111 田村正博, "暴力団排除条例と今後の組織犯罪法制", 産大法学 48권 1 · 2호, 2015, 104쪽.

제 3 장　약물범죄

제 1 절　약물범죄의 현황

Ⅰ　약물범죄의 유형

　　일본은 약물별로 개별법으로 두어 약물을 규제하고 있으며 각성제단속법, 마약및향정신약단속법, 대마단속법, 아편법이 이에 해당한다.[112] 이외에 신나 등을 규제대상으로 하는 법으로「독물 및 극물단속법」이 있다. 이러한 법률들은 약물의 유통을 규제하고 있으며, 규제행위로는 수출입, 제조, 양도, 양수, 사용, 소지 등이 있다. 다만, 규제내용은 규제대상인 약물마다 다르다.

　　이것이 이른바 전통적인 규제로, 그 위반이 전형적인 약물범죄이다. 이에 반하여 최근 약물범죄가 경제적 이익을 획득하기 위한 불법사업적인 측면을 가지고 있다는 점에 주목하게 되어, 범죄로 획득한 불법수익을 박탈하고 불법수익이 약물범죄에 재투자되는 것을 방지하는 것이 전통적인 규제에 더하여 새로운 대책으로 강조되게 되었다. 1988년 유엔의 마약신조약(마약 및 향정신약의 불법거래의 방지에 관한 국제연합조약)은 이러한 점을 명확하게 제시하였고, 일본은 이 조약을 비준하기 위하여 1991년에「국제적 협력하에 규제약물에 관한 부정행위를 조장하는 행위 등의 방지를 도모하기 위한 마약 및 향정신약단속법 등의 특례 등에 관한 법률」(마약특례법)을 제정하였다. 마약특례법은 새로운 범죄유형으로 업으로 하는 규제약물의 불법유입 등의 죄(제5조), 약물범죄수익에 관한 자금세탁행위를 처벌하는 약물범죄수익 등 은닉·수수죄(제6조, 제7조)를 신설함과 동시에 새로운 몰수·추징규정을 두고 있다.

112　아편에 대해서는 형법에 '아편연기에 관한 죄'가 규정되어 있지만(형 제136조 내지 제141조), 아편법의 규제가 보다 포괄적이고 벌칙도 무겁기 때문에 형법규정이 적용되는 경우는 거의 없다.

Ⅱ 약물범죄의 동향

검거인원을 살펴보면 매년 일본의 약물범죄의 약 80%를 각성제단속법 위반이 차지하고 있다. 각성제와 관련하여 제2차 세계대전 이후 1954년, 1984년, 1997년을 정점으로 하는 3번의 남용기가 있었고, 그 후 검거인원은 감소하여 2004년부터는 거의 현상을 유지하는 상태에 머물러 있다([그림 1] 참조).

[그림 1] 각성제단속법 위반 검거인원의 추이

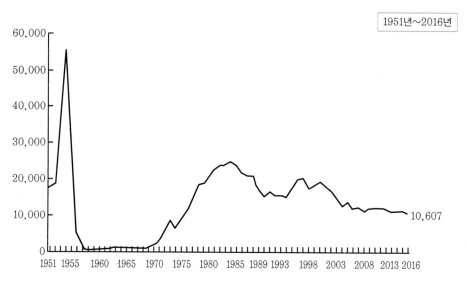

검거인원을 연령대별로 살펴보면 1997년을 정점으로 하는 3번째 남용기에는 30대까지의 검거인원이 급격하게 증가하였으나, 그 후에는 일관되게 감소경향을 보이고 있으며 특히 20대까지의 감소가 현저하다. 다른 한편, 40세 이상의 고령층에서는 이와는 반대로 최근 검거인원이 증가하는 경향을 보이고 있다([그림 2] 참조). 그리고 이러한 경향은 초범자와 재범자 양쪽 모두에서 나타나고 있다.[113]

또한 검거인원에서 폭력단구성원 등이 차지하는 비율이 전체의 약 50%에 이르고 있는 점[114]도 각성제사범의 특징이다.

---

113 大原光博, "薬物濫用防止対策の過去.現在.そして将来", 警学 70권 6호, 2017, 40쪽.

114 2017년 범죄백서, 147쪽.

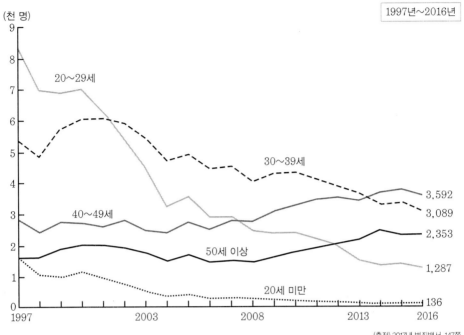

[그림 2] 각성제단속법 위반 검거인원의 추이(연령별)

1997년~2016년

(천 명)

20~29세

30~39세

40~49세

50세 이상

3,592

3,089

2,353

1,287

20세 미만

136

1997　　　2003　　　2008　　　2013　　2016

(출전) 2017년 범죄백서, 147쪽.

　　검거인원이 많다는 점뿐만 아니라 각성제사범에게 있는 또 하나의 문제점은, 다른 범죄와 비교할 때 재범에 이를 가능성이 높다는 점이다. 법무종합연구소의 조사에 의하면, 어떤 범죄로 유죄판결을 받은 자가 동일 죄명의 범죄를 반복하는 비율은 각성제단속법 위반이 절도를 제치고 가장 높게 나타나고 있다.[115] 또한 재범자율[116]을 살펴보면, 2016년의 재범자율은 형법범 전체가 48.7%인데 반하여, 각성제단속법 위반은 동일죄명의 재범자로만 한정해도 65.1%로 나타나고 있어,[117] 여기서도 다른 범죄와 비교하여 재범으로 검거되는 사람의 비율이 높다는 것을 알 수 있다. 그리고 재범자율은 상승하는 경향을 보이고 있다.

　　다른 한편 총인원수로는 각성제단속법 위반에 비하면 적지만, 최근 검거인원이 현저하게 증가하고 있는 범죄가 대마단속법 위반이다([그림 3] 참조). 2009년을

---

115 法務総合研究所研究部報告　42　再犯防止に関する総合的研究, 2009, 38쪽.

116 검거인원에서 재범자인원이 차지하는 비율을 말한다. 재범자란 검거된 자 가운데, 전에 도로교통법 위반을 제외한 범죄로 검거된 적이 있고, 다시 검거된 자를 말한다.

117 2017년 범죄백서, 206, 209쪽.

정점으로 일단은 감소했지만, 최근에 다시 증가경향을 보이고 있다. 검거인원의 연령대별 구성비를 보면, 각성제와 달리 젊은 층이 차지하는 비율이 높아서 2016년에는 20대ㆍ30대가 전체 검거인원의 74.4%를 차지하고 있다. 또한 검거인원에서 폭력단구성원 등이 차지하는 비율은 2016년에 25.6%이었다. 이러한 요인도 영향을 주어 동일죄명에 의한 재범자율은 2016년에는 22.6%에 그쳤고, 각성제사범과는 달리 초범자가 차지하는 비율이 높게 나타나고 있다.[118]

[그림 3] 대마단속법 위반 등 검거인원의 추이

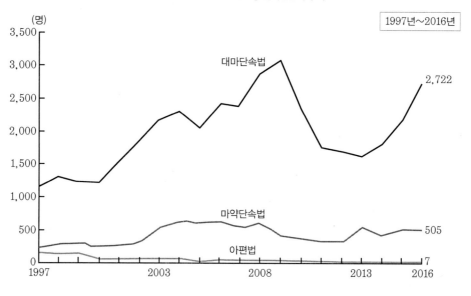

(출전) 2017년 범죄백서, 148쪽.

이에 비하여 아편법 위반의 검거인원은 일관되게 감소하고 있다. 마약단속법 위반은 1960년대 초반에 헤로인을 중심으로 하는 남용기로 인해 1963년에는 검거인원이 2,500명을 넘어서면서 정점에 이르렀지만, 그 후 급속하게 감소하였다. 2001년 이후 총 인원수는 많지 않지만 검거인원이 몇 년 동안 급증하였고, 그 후에는 증감을 반복하면서도 안정적인 상황을 유지하고 있다([그림 3] 참조)[119].

---

118 경찰청 조직범죄대책부 조직범죄대책기획과, "平成28年における組織犯罪の情勢", 50쪽 이하.

119 「독물 및 극물단속법」 위반(신나 남용)의 송치인원은 소년비행의 세 번째 중요한 시기에 해당하는 1980년대에는 3만 명을 넘었지만, 1990년을 경계로 급격하게 감소하여 2016년에는 251명으로, 정점일 때의 1%에 미치지 못하고 있다(2017년 범죄백서, 148쪽.).

최근 사용자에 의한 교통사망사고가 다발하는 등 사회적으로 문제가 된 이른바 위험약물[120]에 대해서는 2013년 12월에 의약품의료기기등법(이전의 약사법)이 개정되어 지정약물의 단순소지·사용 등에 대해서도 처벌되도록 되었고, 이에 더하여 2014년 1월부터는 새로운 포괄지정을 통해 지정약물의 대상이 확대되어 규제가 강화되었다.

이에 따라 위험약물에 관한 범죄의 검거인원은 2014년부터 급증하여 2015년도 계속 증가하였다. 그러나 2016년에는 모든 적용법령에 있어서 검거인원이 전년을 밑도는 점과([표 4] 참조), 2014년에는 위험약물의 사용이 원인으로 의심되는 사망자 수가 112명이었으나 2015년에는 11명, 2016년에는 6명으로 급감한 점[121] 등을 고려하면 규제와 단속의 강화가 일정한 효과를 거두었다고 평가할 수 있을 것이다.

[표 4] 위험약물에 관한 범죄의 검거인원의 추이(적용법령별)

(2012년~2016년)

적용법령	2012년	2013년	2014년	2015년	2016년
총 수	112	176	840	1,196	920
의약품의료기기등법(약사법)	57	37	492	960	758
마약단속법	26	89	98	148	126
교통관계법령	19	40	160	36	7
기타	10	10	90	52	29

주 1. 「교통관계법령」은 위험운전치사상, 자동차운전과실치사상, 과실운전치사상 및 도로교통법 위반 등의 검거인원이다.

　　2. 「기타」는 각성제단속법 위반, 위험약물복용에 관한 보호책임자유기치사, 각 도도부현의 약물남용방지에 관한 조례 위반 외에 2014년 이후는 지정약물 이외의 의약품의료기기 등 위반을 포함한다.

(출전) 2017년 범죄백서, 149쪽.

다만, 위험약물남용자[122]의 검거인원을 연령대별로 살펴보면, 2016년에는 20대·30대가 전체의 48.4%를 차지하고 있는 점, 또한 검거인원 중 약물사범의 재범자가 31.5%에 그치고 있는 점 등 범죄의 주체에 대해서는 대마사범과 공통된 경향을 보이고 있다.

---

120 규제약물(각성제, 대마, 마약·향정신약, 아편 및 양귀비를 말한다.) 또는 지정약물(의약품의료기기등법 제2조 제15항의 지정약물을 말한다.)과 화학구조를 유사하게 만들어, 이들과 같은 약리작용을 가진 물품을 말한다. 규제약물 및 지정약물을 포함하지 않은 물품인 것을 표방하면서 규제약물 또는 지정약물을 함유하는 물품도 포함된다.

121 경찰청 조직범죄대책부 조직범죄기획과, 앞의 주118), 65쪽.

122 위험약물에 관한 범죄의 검거인원 중 위험약물의 판매 등으로 검거된 공급자 측의 검거인원을 제외한 것을 말한다.

제 2 절 약물범죄 대책

I 대책의 현황

약물범죄의 역사는 오래되었으며, 일본에서도 약물범죄에 대한 대책은 형사정책의 중요한 과제로서 추진되어 왔다. 동시에 형사사법만으로는 효과적으로 방지할 수 없다는 점도 넓게 인식되고 있는 바이다. 1997년 내각부에 약물남용대책추진본부(현재의 약물남용대책추진회의)가 설치되었고, 1998년부터 5년마다 정부의 관계부처가 함께 추진해야 할 시책을 모은 '약물남용방지 5개년 전략'이 수립되고 있다. 현재는 2013년에 시작한 '제4차 약물남용방지 5개년 전략'에 근거하여 정책이 추진되고 있다.

제4차 약물남용방지 5개년 전략에서는 그 목표로 ① 청소년, 가정 및 지역사회에 대한 홍보강화와 규범의식 향상을 통한 약물남용의 미연방지 추진, ② 약물남용자에 대한 치료·사회복귀의 지원 및 그 가족 지원의 충실강화를 통한 재남용 방지의 철저, ③ 약물밀매조직의 박멸, 말단남용자에 대한 단속 철저 및 다양화하고 있는 남용약물에 대한 감시지도 등의 강화, ④ 철저한 국경대책으로 약물의 국내유입 저지, ⑤ 약물밀매를 저지하기 위한 국제적인 연계·협력의 추진이라는 5가지를 거론한 다음 각각에 대하여 추진해야 할 구체적인 시책을 제시하고 있다.

(1) 형사법상의 대책

약물범죄에 대한 형사법상의 대응으로 제일 먼저 고려되는 것은 철저한 단속과 처벌의 강화이다. 이 중에서 처벌 강화에는 벌칙 자체의 강화와 운용면에서의 엄벌화가 있는데 일본에서는 약물범죄에 대해서 모든 면에 있어서 상당히 강력한 대응을 하고 있다고 볼 수 있다. 예를 들어 중심적인 대응약물인 각성제 관련 각성제단속법 위반에 대해서는 법정형이 수차례에 걸쳐 상향되어 현재는 단순소지와 자기사용도 10년 이하의 징역이고(각성 제41조의2, 제41조의3), 영리목적의 수출입과 제조에 대해서는 무기징역까지 부과할 수 있도록 규정되어 있다(동법 제41조 제2항).

또한 운영면에서도 각성제단속법 위반에 대해서는 특히 엄정하게 대응하고 있다. 우선 각성제사범의 기소유예율은 2016년 7.7%로 형법범 전체의 기소유예율

52.0%에 비교하면 현저히 낮다. 또한 재판소의 선고형도 2016년에 통상 제1심에서의 유기징역·금고형을 선고받은 총인원에서 집행유예의 선고인원이 차지하는 비율이 58.2%인데 반하여, 각성제단속법 위반에서는 38.6%에 그친다.

이러한 법제면, 운용면에서의 처벌 강화가 약물범죄 방지를 위해 어느 정도 유효한가에 대해서는 약물의 영리목적 수입과 양도라는 공급사안과 단순소지나 자기사용이라는 말단사안을 구별하여 검토할 필요가 있다.

우선 전자는 폭력단과 외국인범죄조직 등의 범죄조직이 주체가 되고 있으므로, 결국 그 대책은 조직범죄대책이다. 따라서 이에 대해서는 감청과 통제배달 등의 수사기법도 구사하여 철저하게 검거하고, 말단의 구성원뿐만 아니라 조직의 중추에 있는 사람도 형벌을 부과함과 동시에, 약물범죄로 획득한 불법수익을 확실하게 박탈할 필요가 있다. 또한 일본에서 사용되는 약물의 대부분이 해외에서 들어오고 있으므로, 이를 저지하기 위해서는 외국의 단속기관과 정보교환 및 수사협력을 추진하는 것도 중요하다. 이러한 내용들은 전술한 제4차 약물남용방지 5개년 전략안에 목표로 명기되어 있다.

이에 반하여 약물범죄의 대다수를 차지하는 자기사용 등 말단사안에 대해서는 그 대책으로 첫 사용을 방지하는(제1차 예방) 측면과 재사용을 방지하는(제2차 예방) 2가지 측면이 있다. 이 중에서 제1차 예방단계에서는 그것이 범죄라는 점을 명시하고 이에 대해서 엄하게 처벌하는 것도 일반예방이라는 점에서 의미가 있다고 할 수 있다.

다른 한편으로, 제2차 예방의 관점에서는 당사자가 약물을 심하게 의존[123]하는 경우에는 단순하게 그 행위를 처벌하는 것만으로는 의미가 없고, 형벌의 집행단계에서 약물의 재사용을 방지하기 위한 처우를 적극적으로 할 필요가 있다. 교정보호의 실무에서도 이에 대응한 시책이 추진되고 있다.

우선 교정단계를 살펴보면, 각성제단속법 위반이 2016년 입소수형자 중에서 남자의 26.2%, 여자의 36.8%를 차지하고 있다. 약물사범수형자에 대해서는 종래

---

[123] 약물의존이란 약물남용(약물을 사회적 허용범위를 일탈한 목적과 방법으로 자기사용하는 것을 말한다)을 반복한 결과, 자기통제가 불가능하게 되어 약물을 끊을 수 없는 상태를 말한다. 정신의존과 신체의존으로 이루어지는데, 그 핵심은 정신의존에 있다고 한다. 의존에 따른 남용을 반복하면, 약물의 만성중독상태에 빠진다. 환각망상상태를 주된 증상으로 하는 각성제정신병이 그 예로, 이 단계에 이르면 정신보건복지법상의 정신장애자로서 명확하게 의료의 대상이 된다.(和田清, "わが国の薬物乱用・依存問題の現状と政策的課題", 論究ジュリ 9호, 2014, 96쪽).

부터 유형별 처우의 하나로서 약물남용방지교육을 실시하고 있었지만 「형사수용
시설 및 피수용자 등의 처우에 관한 법률」의 시행 후에는 교정처우의 내용 중 하
나인 특별개선지도의 하나로서 약물의존이탈지도를 실시하게 되었다. 이는 각 형
사시설에서 약물사용의 문제를 가지고 있는 대상자에 대해 법무성 교정국이 수립
한 표준프로그램을 기초로, 수형자의 범죄경향 정도, 지도에 필요한 지식 및 기능
을 습득하고 있는 직원수 등을 고려하여 시설별로 실천프로그램을 작성하고, 이
에 따라 그룹 워크를 중심으로 처우하는 것이다. 표준적으로는 12단위(1단위 50분)
로 이루어진 프로그램을 3개월에서 6개월의 기간 동안 실시하고 있다. 또한 지도
를 실시하면서 민간의 약물의존증 재활시설인 다르크[124]나 자조모임인 NA[Narcotic
Anonymous]의 협력을 얻는 형태를 취하고 있다.

이러한 종래의 프로그램에는 형기가 단기인 사람과 그룹 워크에 익숙하지 않은
사람에 대한 지도가 어렵다는 문제가 있었다. 이에 따라 2016년에 표준프로그램을
개정하여 대상자의 문제성에 부합한 처우를 할 수 있도록 프로그램을 ① 필수프로
그램, ② 전문프로그램, ③ 선택프로그램의 3종류로 구분하였다.

이 중에서 필수프로그램은 대상자 전원에게 실시하는 것으로, 1단위를 60분에
서 90분으로 2또는 3단위를 실시하고, 기간은 1개월에서 3개월을 표준으로 구성되
어 있다. 프로그램의 내용은 교재를 이용하여 약물을 재사용하지 않기 위한 과제를
학습하는 것이다. 다음으로 전문프로그램은 약물의존에서 회복하기 위하여 보다
전문적이고 체계적인 지도를 수강시킬 필요성이 높다고 인정되는 사람에 대하여
실시하는 것으로, 1단위를 60분에서 90분으로 12단위를 실시하고, 기간은 3개월
에서 6개월이 표준으로 구성되어 있으므 그룹 워크로 실시된다. 마지막으로 선택
프로그램은 대상자 중에서 개개의 문제성에 따라 필수프로그램 또는 전문프로그램
에 더하여 보완적인 지도를 수강시킬 필요성이 높다고 인정되는 사람에 대하여 실
시하는 것으로, 대상자에 대하여 전문프로그램 중에서 적합한 내용을 선택하여 적
절한 방법으로 필요한 빈도 및 기간에 따라 실시하게 되어 있다.

약물의존이탈지도는 현재 전국에 77개 있는 형사시설 중에서 76개청에서 실시

---

124 다르크(DARC)란 각성제, 유기용제(신나 등), 시판약, 그 밖의 약물에 대한 의존으로부터 이탈하기 위한 프로
그램을 운영하는 민간 약물의존증재활시설이다. 약물에 의존하는 사람들이 공동생활을 하면서 매일 수회의 미
팅(그룹치료)에 참가하여, 이를 계속함으로써 약을 사용하지 않는 생활방식을 익혀 나가는 것을 목적으로 하고
있다.

되고 있고, 2016년 수강개시 인원은 9,435명이다.

　　사회 내 처우에서도 이전부터 보호관찰대상자에 대한 유형별 처우의 하나로서 '각성제사범대상자'의 유형이 정해져 있으며, 그 대상자에 대해서는 ① 단약의사의 강화, ② 불량집단과의 절연, ③ 생활습관의 개선, ④ 취업지도, ⑤ 자조모임 참가 등을 중점으로 한 처우가 실시되어 왔다. 갱생보호법 시행 후에는 범죄사실에 각성제 소지 및 자기사용죄에 해당하는 사실이 포함되어 있는 자로서, (a) 보호관찰기간이 6개월 이상의 가석방자 및 (b) 전문적 처우프로그램(갱생 제51조 제2항 제4호) 이수를 특별준수사항으로 정하는 것이 상당하다고 법원이 의견을 제시한 보호관찰부 집행유예자에 대해서는 '각성제사범자 처우프로그램' 수강을 특별준수사항으로 의무화하는 운용이 이루어지고 있다.

　　2016년 6월부터 형의 일부집행유예제도가 시행되면서, 특별준수사항의 의무화대상이 대마, 마약, 향정신약 등의 규제약물 등과 위험약물 등 지정약물의 자기사용 또는 소지사안까지 확대됨과 동시에 프로그램의 내용도 개정되어 그 명칭이 '약물재남용방지프로그램'으로 변경되었다.

　　약물재남용방지프로그램은 '교육과정'과 '간이약물검출검사'로 구성되어 있다.

　　교육과정은 보호관찰관이 보호관찰소에서 워크북 등을 이용하여 개별 또는 집단처우로 실시한다. 대략 2주에 1회의 빈도로 원칙적으로 3개월 정도에 전 5회를 실시하는 '코어프로그램'과 그 수료 후에 대략 1개월에 1회의 빈도로 코어프로그램에서 이수한 내용을 정착시키면서, 약물의존 회복에 도움되는 발전적 지식 및 기술을 습득시키기 위해 원칙적으로 보호관찰이 종료될 때까지 실시하는 '스텝업프로그램'으로 구성되어 있다. '스텝업프로그램'에는 총 12회의 '발전과정', ① 알콜문제, ② 자조모임 알기, ③ 여성 약물남용자라는 3가지 테마를 담은 '특수과정', 외부의 전문기관·민간지원단체의 견학과 가족을 포함한 합동면접을 내용으로 하는 '특별과정'이 설정되어 있으며, 보호관찰관이 대상자의 개별상황을 고려하여 적합한 내용을 선택하고 있다.[125]

　　다른 한편, 간이약물검출검사에 대해서는 종전부터 대상자의 동의를 얻어 간이뇨검사를 실시하고 있었지만, 2008년부터 타액검사를 실시하고 있다. 이 검사는 현재 약물재남용방지 프로그램 안에 포함되어 있어 대상자가 의무적으로 검사를

---

125 前川洋平, "薬物の再濫用防止対策の現状と課題について", 警学 70권 6호, 2017, 88쪽.

받도록 되어 있다.[126]

　이렇게 교정과 보호 각각의 영역에서 약물사범자를 대상으로 한 프로그램이 개발되어 실시하여 왔지만, 지금까지는 양쪽 프로그램 간의 연계가 이루어지지 않았다는 문제가 있었다. 그래서 전술한 형사시설에서의 새로운 약물의존이탈지도는 보호관찰에서의 약물남용방지프로그램이 이론적 기반으로 삼고 있는 인지행동요법에 기반한 프로그램을 표준프로그램의 내용에 포함시킴으로써 양쪽 프로그램의 연계를 도모하도록 하였다. 여기에 더해 시설 내 처우로부터 사회 내 처우로 원활하게 이행토록 하고 중단 없는 지원을 계속해서 실시한다는 관점에서 형사시설 내의 약물의존이탈지도의 실시상황(지도의 수강 유무, 지도결과와 이해도, 그룹처우에의 적응상황, 출소 후 의료기관·자조모임 등에의 참여 의욕 등)에 대하여 갱생보호관서에서 정보를 면밀하고 확실하게 인계하도록 하고 있다.[127]

(2) 그 밖의 대책

　제4차 약물남용방지 5개년 전략도 명시하고 있는 것처럼 약물남용을 방지하기 위해서는 형사법상의 대책만으로는 충분하지 않고 약물을 사용하지 않도록 하는 교육과 홍보활동의 추진, 약물의존·중독자에 대한 상담과 의료체제의 정비를 도모할 필요가 있다. 이러한 관점에서 도도부현차원에서도 약물남용에 대한 종합적인 대책을 추진하고 있다. 예를 들어, 도쿄도는 2009년 2월에 도쿄도약물남용대책추진계획을 수립하여 약물남용대책추진본부 산하에 관계기관이 연계하여 약물남용대책을 추진하기 위한 체제를 갖추고 있다. 여기에서는 ① 홍보활동의 확대와 충실, ② 지도·단속의 강화, ③ 약물문제가 있는 사람에 대한 지원의 3가지가 핵심을 이루고 있고, 이에 기반하여 예를 들어, 초등·중·고등학교에서 경찰관이 주관하는 약물남용방지교실의 개최, 정신보건복지센터에서 상담업무와 약물의존증 회복을 위한 프로그램의 실시, 도립병원에서 약물의존증환자의 전문적 치료의 제공등이 추진되어 왔다. 동 계획은 2013년에 개정되었는데 위의 3가지 핵심을 유지하

126　검사의 목적은 의무화가 되기 이전과 같이 음성의 검사결과를 검출하는 것을 목표로 삼아 단약의사의 지속과 강화를 도모하는 데 있다. 다만, 검사결과 양성반응이 나온 경우에는 보호관찰관이 대상자에게 경찰서에 임의로 출석하여 정밀검사를 받도록 촉구하고, 대상자가 출석을 거부한 경우에는 경찰에 신고하는 방식으로 운용하고 있다(里見有功, "更生保護における薬物事犯者への処遇及び調査の実際", 犯罪と非行 181호, 2016, 237쪽).

127　中村望, "薬物依存離脱指導の新実施体制について", 刑政 128권 4호, 2017, 80쪽.

면서 기존 조치를 계속 추진함과 동시에 청소년을 중심으로 위험약물이 확대되고 있다는 점을 반영하여 새로운 조치로 위험약물대책 강화를 포함하고 있다.

공공기관의 이러한 대응과 함께, 다르크를 비롯한 민간 자조모임의 활동도 활발하게 이루어지고 있다. 자조모임의 활동이 약물의존으로부터 회복하는 데 유효하다는 점이 인식되면서, 전술한 것처럼 이들 자조모임의 활동과 형사법상의 대책을 연계하기 시작했고, 이러한 연계는 점차 활성화되고 있다.

Ⅱ 앞으로의 방향

1. 형사사법제도의 개선

약물범죄의 대다수를 차지하는 자기사용 등의 말단사안이 재범율이 높다는 점을 감안하면, 이를 어떻게 방지할 것인가가 중요한 과제가 된다. 현재 실무에서도 이를 위한 다양한 조치를 실시하고 있지만, 보다 발전적인 대책으로 가장 먼저 생각할 수 있는 것은 기존 형사사법제도 내에서 실시하고 있는 처우내용을 보다 충실하게 하는 것이다.

재범을 방지하기 위해서는 약물을 입수하려고 하면 입수할 수 있는 상황에서 그 유혹을 극복하고 약물을 사용하지 않는 상태를 지속할 수 있도록 하는 것이 필요하고, 그러한 점에서 약물과의 접촉이 물리적으로 차단된 시설 내가 아니라 사회 내에서 처우하는 것이 중요한 의미를 가진다. 전술한 것처럼 보호관찰에서 약물재남용방지프로그램이 실시되는 등 사회 내에서 대상자가 재남용을 회피하려는 행동을 돕는 제도가 충실해지고 있고 앞으로는 제도의 내용을 개선함과 동시에 다음과 같이 확대적용할 필요가 있다.

첫 번째로 보호관찰부 집행유예를 적극적으로 활용하는 것이다. 2015년 통계에 따르면 3년 이하의 징역형에서 집행유예선고율은 영리목적이 없는 소지, 양도 및 양수가 47.7%, 사용이 40.1%였지만, 집행유예선고인원 중 보호관찰에 처해진 사람은 각각 9.6%와 1.6%에 불과하였다.[128] 그 결과 약물에 심하게 의존하고 있는

---

128 최고재판소 사무총국 형사국, "平成27年における刑事事件の概況(下)", 曹時 84권 3호, 2017, 199쪽.

피고인이 이른바 아무런 관리도 없는 상태로 사회에 복귀하게 되어 재범으로 이어지는 경우가 적지 않았다.

종래의 실무는 보호관찰부 집행유예를 적극적으로 선고하지 않았던 이유로 집행유예를 반복하여 선고할 수 없다는 점과 보호관찰에 처해짐으로써 입는 불이익을 근거로 보호관찰부 집행유예가 실형에 가깝다고 평가되는 경향이 있었다는 점을 들고 있다. 그러나 보호관찰부 집행유예는 이를 통해 대상자의 개선갱생을 도모하고, 재범을 방지한다고 하는 목적이 있는 것이므로, 보호관찰이 충실해지고 있는 상황을 반영하여 적극적으로 활용될 수 있도록 추진해야 할 것이다.

두 번째는 실형판결을 받아 교도소에 수용된 사람에 대하여 시설 내 처우에 이어서 사회 내에서 처우를 충분히 받을 수 있는 체제를 만드는 것이다. 현재는 만기석방되는 수형자도 적지 않은 데다가 가석방되는 경우에도 형의 집행율이 일반적으로 높고, 이에 더하여 자기사용과 단순소지의 경우 형기가 짧기 때문에 가석방되거나 보호관찰에 처해지는 경우에도 처우를 위해 충분한 기간을 확보할 수 없다는 문제가 있다. 예를 들어, 2016년에 각성제단속법 위반으로 유기징역형을 선고받아 가석방된 사람 중에서 보호관찰기간이 6개월을 넘는 사람은 전체의 30%가 되지 않는다. 약물의존자가 약물없이 생활하는 습관을 익힐 때까지 회복하기 위해서는 적어도 3년은 필요하다는 지적도 있으므로,[129] 그 만큼의 보호관찰기간을 확보할 필요가 있다.

이러한 요청에 대처하는 것도 목적의 하나로 도입된 것이 형의 일부의 집행유예제도이다(제3편 제3장 제2절 III 2 (8)을 참조). 이 제도는 원칙적으로 처음 교도소에 수용된 사람에 대해서만 선고할 수 있는데, 약물의 자기사용과 단순소지죄의 경우는 재수용자에 대해서도 선고할 수 있도록 하고 동시에, 그 경우에는 필요적으로 보호관찰에 처하도록 되어 있다(약물일부유예 제4조 제1항). 이는 약물사범의 재수용자는 약물의존의 경향이 강하다고 생각되므로, 시설 내 뿐만 아니라 사회 내에서도 상응하는 기간 계속하여 처우할 필요성이 높다는 점을 고려한 것이다. 2016년 6월 본제도가 시행되었고 동년 12월까지 선고된 일부집행유예판결은 1,007건으로, 그 중에서 941건이 약물사범이었다.[130] 이 결과만을 보면 제도를 도입할 때 상정했던 대로 운용되고 있다고 할 수 있다.

---

129 小沼杏坪, "薬物依存者に対する治療・処遇の体制の現状と課題", 警学 57권 2호, 2004, 128쪽.

130 2017년 범죄백서, 38쪽.

2. 지역과의 연계

시설 내 처우에 이어서 어느 정도 사회 내 보호관찰기간을 확보할 수 있다고 해도, 그 것만으로는 여전히 충분하지 않고 보호관찰이 종료한 후에도 계속 어떤 형태의 지원이 필요한 대상자도 존재한다. 이러한 경우 보호관찰이 종료한 다음에 대상자를 정신보건복지센터, 약물전문의 의료기관, 약물의존의 회복을 돕는 지역 내 조직인 다르크에 연계하는 것이 필요하다. 그러나 이렇게 시설 내 처우, 사회 내 처우, 지역사회의 지원을 가능하게 하는 일관된 지원체제는 충분히 구축되어 있지 않다. 각각의 대상자에게 직접적으로 대응하는 관계는 아니지만, 2015년도에 형사시설에서 약물의존이탈지도를 수강한 수형자가 7,006명이었던 것에 반하여 보호관찰소에서 약물재남용방지프로그램을 수강한 보호관찰대상자 등은 1,391명, 의료기관 등에서 치료와 지원을 받은 약물의존인 보호관찰대상자는 238명에 그치고 있다.[131]

따라서 이러한 상황을 개선하려는 목적에서 법무성과 후생노동성은 2015년 '약물의존인 교도소 출소자 등의 지원에 관한 지역연계가이드라인'을 수립하였다. 이 가이드라인은 규제약물의 남용은 범죄행위임과 동시에, 약물의존 상태는 일종의 정신질환이라는 인식에 기반하여 관계기관[132]이 상호 연계하고 또한 민간지원단체[133]와 협력하면서 각자의 책임, 기능, 역할에 따라서 대상자에 대한 지원을 중단없이 실시하는 것을 기본방침으로 삼고 있다. 그리고 형사시설입소중, 보호관찰중, 보호관찰 종료후의 개별 단계에서 제공해야 하는 지원의 내용을 정하고 있다.

---

[131] "犯罪をした者等の保険医療・福祉サービスの利用の促進等に関する現状と課題について(범죄를 한 자 등의 보건의료 · 복지서비스의 이용 촉진 등에 관한 현상과 과제에 대하여)"(재범방지추진계획검토회 제3회 배부자료).특히 약물의존을 전문적으로 치료하는 의료기관이 극히 적다는 현실을 배경으로 하고 있다(和田, 앞의 주 123), 100쪽).

[132] 보호관찰소, 도도부현 등(정령지정도시를 포함한다.), 정신보건복지센터, 보건소, 복지사무소, 시정촌, 장애보건주관과, 형사시설, 지방갱생보호위원회, 의존증치료 거점기관 및 약물의존자에 대한 의료적 지원을 하는 그 밖의 의료기관을 말한다.

[133] 갱생보호시설, 다르크 등의 회복지원시설, NA(Narcotic Anonymous) 등의 자조모임, 그 밖의 약물의존 회복을 지원하는 민간단체를 말한다.

3. 처우이념의 전환 – 처벌에서 치료로

이와 같이 최근에는 사용자가 약물의존상태에 있는 경우, 약물사용이 범죄인 동시에 병이라는 인식이 형사사법관계자 사이에도 확산되고 있다. 나아가 약물사용을 처벌할 것이 아니라 치료를 우선하여 대처해야 한다는 주장도 유력하게 제기되고 있다. 이에 따르면 약물의 자기사용 등의 이유로 형사절차에서 처리되는 사람에 대해서는 치료를 위한 프로그램을 제공하고 그 프로그램을 마친 경우에는 형벌을 부과하지 않거나, 적어도 형벌을 집행하지 않는 방식을 선택해야 한다고 주장하고 있다. 약물의 자기사용에 대해서는 종래부터 특히 대마 등의 소프트약물을 대상으로 피해자가 없는 범죄이므로 비범죄화해야 한다는 주장이 제기되어 왔다. 이는 약물의 자기사용에 대해서 국가가 개입하는 것 자체에 의문을 나타내는 주장임에 반하여, 위의 주장은 그와 달리 약물사용 등을 범죄로서 존속시키는 것을 전제로 개입 방식을 문제로 삼는 것이라 할 수 있다.

이와 관련하여 주목받고 있는 것이 미국에서 시작되어 그 후 다른 나라에도 확산된 약물법정이다. 그 형태는 지역에 따라서 다르지만, 기본적인 형태는 약물소지와 관련범죄로 기소된 사람에 대하여 동의를 얻은 다음에 일정한 기간 동안 약물치료를 목적으로 하는 특별프로그램에 당사자를 참가시키고 그 기간 동안 재판소가 정기적인 확인 등을 통해 감독하는 것이다. 프로그램의 실시는 많은 경우 민간단체에 위탁하고 있다. 절차는 ① 기소사실 인부절차 전에 이루어지는 경우, ② 유죄답변 후에 형의 선고를 유예하여 이루어지는 경우, ③ 형의 집행을 유예하고 이루어지는 경우가 있지만, 어떤 경우든 대상자가 프로그램을 무사히 종료하면 그 단계에서 형사절차는 종료하게 된다.

이는 약물소지 등에 대해서 범죄로 인정하면서도, 치료를 통한 재범방지를 목적으로 다른 범죄와는 다른 새로운 절차를 창설한 것이다. 일본의 기존 형사사법제도에 이러한 발상을 도입한다면 민간의 치료시설에 입소하는 것과 자조단체의 프로그램에 참가하는 것을 보호관찰의 준수조건으로 하는 것을 전제로 집행유예를 선고하는 방법을 생각해 볼 수 있다.

또한 약물법정에는 위와 같이 형사재판에서 유죄판결이 확정되기 전의 단계에서 프로그램에 참가시키는 등의 조치를 하는 형태의 법정도 있는데 이러한 형태는 치료와 프로그램 참가에 보다 강하게 동기를 부여함과 동시에 조기에 개입할 수 있다는 관점에서도 검토해 볼 여지가 있다.

제도의 형태로는 약물의존을 치료하기 위한 입원과 프로그램에의 참가를 조건으로 공판절차를 정지하거나, 더 나아가 이를 기소유예의 조건으로 하는 방법을 생각해 볼 수 있다. 일본에는 현재 유죄판결이 확정되지 않은 단계에서 일정한 처우를 실시하는 제도가 존재하지 않지만, 이를 강제할 수 없다고 하더라도 동의에 근거하여 실시하는 제도는 충분히 도입할 수 있다고 생각된다.

　　이렇게 처벌보다도 치료를 우선한다는 전제하에서 형사절차 안에 치료를 위한 조치를 도입하는 것이 약물범죄대책의 향후 방향의 하나라고 생각되는데,[134] 이러한 제도를 구축하기 위해서는 재범방지 절차에 대한 발상의 전환도 필요하게 된다. 즉, 약물의존의 치료현장에서는 프로그램 참가중의 약물 재사용도 회복의 한 과정으로 보고 있어, 예를 들어 약물법정도 재사용을 바로 프로그램의 중단과 처벌로 연결시키지 않는다고 한다. 그러나 일본의 형사절차는 집행유예든 가석방이든, 대상자가 재범을 저지르지 않는 것을 전제로 하는 제도이므로, 만약 약물사범에 대하여 치료를 통한 회복을 우선시한다면 그러한 범위 내에서는 기존 제도의 틀을 바꿀 필요가 있다. 이러한 변화를 받아들일 수 있을지 여부가 약물사범에 대한 새로운 대응을 가능케 하는데 있어서 열쇠가 될 것이다.

〔참고문헌〕

石塚伸一編著, 日本版ドラッグ・コート―処罰から処遇へ, 日本評論社, 2007.

"〈特集〉薬物犯罪の現状", ジュリ 1416호, 2011.

石塚伸一編著, 薬物政策への新たなる挑戦, 日本評論社, 2013.

"〈特集〉薬物犯罪者の処遇", 罪と罰 50권 2호, 2013.

刑事政策研究会, "薬物犯罪", 論究ジュ 9호, 2014.

"〈特集〉薬物対策の現状と課題", 警学 70권 6호, 2017.

---

134 2017년 12월에 각의결정된 재범방지추진계획도 약물사범자의 재범방지대책에 관하여 "법무성 및 후생노동성은 약물의존증을 치료할 수 있는 의료기관과 상담지원 등을 실시하는 관계기관의 정비, 연계 상황, 자조모임 등의 활동상황 등을 반영하고, 약물의존증에 대한 효과적인 회복조치로 해외에서 각종 구금형을 대신하여 조치도 참고하면서, 새로운 조치를 시범적으로 실시하는 것을 포함하여 일본의 약물사범자 재범방지 등에 있어서 효과적인 대책을 검토하도록" 하고 있다.

제 4 장   정신장애인의 범죄

제 1 절   정신장애인의 범죄와 처우제도의 개요

정신장애인은 조현병, 정신작용물질에 의한 급성 중독 또는 그 의존증, 지적장애, 정신병질, 기타 정신질환을 가진 사람을 말한다(정신 제5조). 정신장애인의 대부분은 범죄와 무관하며, 그 처우의 방법은 정신건강과 복지정책의 과제가 된다. 그러나 정신장애를 가진 사람 중에는 정신장애가 원인이 되어 범죄를 저지르는 사람이 있는 것도 사실이다. 이러한 정신장애인에 대해 어떻게 대응할 것인가는 복지정책과 함께 형사정책의 중요한 과제가 된다.

[표 1]에서 알 수 있듯이 2016년의 정신장애인 및 정신장애의 의심이 있는 자에 의한 형법범 검거인원은 4,084명으로 형법범 검거인원 총수(22만 6,376명)에서 차지하는 비율은 1.8%에 불과하지만 그 비율을 죄종별로 살펴보면, 방화(20.3%)와 살인(14.8%)이 눈에 띄게 높아지고 있다. 무엇보다 정신장애인에 의한 생명·신체범에 있어서는 면식이 있는 자, 특히 부모, 자식, 배우자 등의 친족이 피해자가 되는 비율이 높다는 특징이 보인다.

[표 1] 정신장애인 등에 의한 형법범 검거인수(죄명별)

(2016년)

구분	총수	살인	강도	방화	강간·강제추행	상해·폭행	협박	절도	사기	기타
검거인원총수(A)	226,376	816	1,984	577	3,674	47,702	2,778	115,462	10,360	43,023
정신장애자 등(B)	4,084	121	74	117	91	1,040	123	1,488	172	858
정신장애자	2,463	67	49	68	65	636	66	934	94	484
정신장애의 의심이 있는 자	1,621	54	25	49	26	404	57	554	78	374
B/A(%)	1.8	14.8	3.7	20.3	2.5	2.2	4.4	1.3	1.7	2.0

주 1. 경찰청 통계에 의한다.
　　2. '정신장애인 등'은 '정신장애인'(조현병, 정신작용 물질에 의한 급성중독자 혹은 그 의존증, 지적장애, 정신병질 또는 기타 정신질환을 가진 자를 말하며, 정신보호 지정의의 진단에 의해 의료 및 보호의 대상이 되는 자에 한한다) 및 '정신장애가 의심되는 자'[정신보호 및 정신장애자 복지에 관한 법률(1950년 법률 제123호) 제23조의 규정에 의한 도도부현 지사에의 통보 대상자 중, 정신장애인 이외의 사람)을 말한다.

(출전) 2017년 범죄백서, 198쪽.

범죄를 저지른 정신장애인(촉법정신장애인)의 처우에는 복수의 법률이 관련되어 있다. ① 정신장애에 의해 자신의 행위의 시비선악을 분별하는 능력을 결여하거나 또는 그 능력은 있지만 이에 따라 행동하는 능력이 없는 자는 형법상의 심신상실자가 되어 처벌을 받지 않는다(형 제39조 제1항). 또한 이러한 변별능력 또는 변별에 따라 행동하는 능력이 현저히 낮은 자는 심신미약자로서 형이 감경된다(동조 제2항). 정신장애인이라 하더라도 책임능력이 인정되는 자 및 심신미약에 불과한 자에게는 형벌을 부과할 수 있다. ② 심신상실이나 심신미약을 이유로 불기소되거나 무죄의 재판을 받아 형사절차에서 벗어난 경우, 또는 심신미약을 이유로 형이 감경된 결과 자유형의 실형을 받지 않은 경우에는「정신보건 및 정신장애자 복지에 관한 법률」(이하 정신보건복지법이라고 한다)에서 규정하고 있는 조치입원의 대상이 되는 경우가 적지 않다. ③ 나아가 심신상실이나 심신미약 상태에서 살인, 방화 등의 중대한 범죄를 저지른 자에 대하여는「심신상실 등의 상태에서 중대한 타해 행위를 한 자의 의료 및 관찰 등에 관한 법률」(이하 의료관찰법이라고 한다)에서 규정하고 있는 강제치료를 받는 경우도 있다.

종래 촉법정신장애인은 주로 정신보건복지법상의 조치입원제도에 의해 대응해 왔으나, 2003년에 의료관찰법이 제정되어 새로운 처우제도가 발족하게 되었다. 이하에서는 먼저 기존의 제도를 설명한 후 의료관찰법의 내용을 중점적으로 검토하고 마지막으로 형사절차에서 교정보호의 내용을 살펴보고자 한다.

제 2 절   정신보건복지법상의 조치입원제도

I   제도의 개요

정신보건복지법은 정신장애인의 의료보호 및 복지증진을 목적으로 하고 있다 (제1조). 1950년 제정 시에는 정신위생법이라는 명칭이었으나 1987년에 개정되어 정신보건법이 되었고, 1995년의 개정에 의해 정신보건복지법이 되었다.

정신보건복지법은 정신장애인에 대한 의료의 방식을 정한 것으로서 정신장애에 기인한 범죄의 대책을 직접적인 목적으로 한 것은 아니다. 그러나 정신장애를 이유로 범죄를 저지른 자의 치료를 통해 새로운 범죄의 방지를 도모할 수 있다는 의미에서 간접적으로 범죄대책으로서의 측면을 가지고 있다. 이러한 관점에서 볼 때 중요한 기능을 담당하고 있는 것이 입원제도이다.

정신보건복지법상 입원 형태는 ① 본인의 동의에 기초한 '임의입원'(제22조의3), ② 본인의 동의가 없더라도 그 가족 등[135] 중의 한 사람의 동의가 있을 때 할 수 있는 '의료보호입원'(제33조), ③ 본인, 가족 등의 한 사람의 동의도 필요로 하지 않는 '조치입원'(제29조)의 3가지 종류가 있다. ②와 ③은 본인과의 관계에서 강제입원이 된다. 이러한 입원제도는 모두 촉법정신장애인만을 대상으로 하는 것은 아니지만, 촉법정신장애인의 대부분은 이러한 입원제도에 의해 그 처우가 이루어져 왔다. 그 중에서도 핵심적인 역할을 해온 것이 조치입원제도로 그 절차는 대략 다음과 같다.

경찰관이 직무를 집행함에 있어 정신장애로 인해 자상타해의 우려가 있는 사람을 발견했을 때(제23조), 검찰관이 정신장애인 또는 그 의심되는 피의자에 대하여 불기소 처분을 한 경우, 또는 동종의 피고인에 대한 자유형의 실형 이외의 재판이 확정된 때(제24조), 보호관찰소의 장이 보호관찰을 받고 있는 자가 정신장애인 또는 정신장애의 의심이 있는 자인 것을 인식하였을 때(제25조), 교정시설의 장이 정신장애인 또는 정신장애의 의심이 있는 수용자를 석방, 퇴원시키고자 하는 때 (제26조) 등에는 그 취지를 도도부현 지사에게 통보하여야 한다. 통보를 받은 도도부현 지사는 통보가 있은 자에 대하여 정신보건지정의사(제18조. 전문적인 지식과 기술을 가진 자로서 후생노동대신이 지정한다.)에 의한 진찰을 받게 한다(제27조). 그리고 진찰을 받은 자가 정신장애인으로, 또한 의료 및 보호를 위해 입원시키지 않으면 정신장애로 인해 '자상타해의 우려'가 있다고 인정되는 경우, 2명 이상의 지정의사의 진찰 결과가 일치한 때에는 그 자를 국공립 정신병원, 기타 지정병원에 입원시킬 수 있다(제29조). 조치입원의 실체적 요건인 자상타해의 '우려'에 대해서는 장래의 위험으로 해석하는 견해와 현재의 절박한 위험으로 해석하는 견해로 나뉘는데,[136] 실무상으로는 조치입원은 보안처분이 아니라 어디까지나 정신장애인의 의료보호를 위한 제도라는 이유에서 후자의 견해에 가까운 견해에 근거한 운용이 이루어져 왔다.

의료관찰법이 제정되기 이전의 조치입원의 운용상황에 대해서 살펴보면, 2004

---

135 정신장애자의 배우자, 친권자, 부양의무자 및 후견인 또는 보좌인을 말한다(제33조 제2항).

136 大谷實, 新版精神保健福祉法講義 [第3版], 成文堂, 2017, 88쪽.

년에 정신장애로 인해 심신상실 또는 심신미약을 이유로 불기소된 자 및 제1심 재판소에서 심신상실을 이유로 무죄가 된 자 또는 심신미약을 이유로 형이 감경된 자의 총수는 649명이었는데, 그중 383명(59.0%)이 조치입원이 되어, 촉법정신장애인의 대부분이 이 제도에 의해 대처해 왔다는 실정을 알 수 있다.[137]

Ⅱ 조치입원제도의 문제점

조치입원제도에 대해서는 여러 관점에서 몇 가지 비판이 있다.

첫째, 조치입원에 있어서 재판소의 심사가 이루어지고 있지 않기 때문에 대상자의 인권보장이라는 관점에서 문제가 있다는 지적이 있다. 물론 지사에 의한 조치입원 명령에 대해서는 행정사건소송법에 근거하는 행정소송이 가능하지만 서양에서는 강제입원 자체가 재판소의 판단에 의해서만 이루어질 수 있다고 하는 것이 일반적이다. 한편, 이와 같은 비판에 대해서는 조치입원이 치료를 위한 제도인 이상 의학적인 판단에 재판소가 개입하는 것은 타당하지 않고 재판소가 판단하면 아무래도 보안적인 관점에서 판단되기 쉽다는 반대론도 있다.

둘째, 범죄방지의 관점에서 볼 때 정신병원에서의 치료가 적정하게 이루어지고 있지 않다는 비판이 있다. 즉, 정신병원에서의 치료가 개방적으로 되어 오고 있는 현상에서는 범죄성이 강한 촉법정신장애인을 다른 일반정신장애인과 같은 시설에서 치료하게 되면 촉법정신장애인에게 필요한 전문적인 치료를 다양하게 제공할 수 없지만, 그렇다고 해서 촉법정신장애인을 기준으로 정신병원에서의 치료를 하려 하면 정신장애인에 대한 의료 전체가 보안적으로 되기 쉽다는 점에서 문제가 있다고 한다.

셋째, 퇴원 후 지역사회에서 지속적인 의료를 확보하기 위한 실효성 있는 제도가 없다고 하는 문제도 지적되어 왔다.[138]

---

137 2005년 범죄백서, 447쪽.

138 2017년 국회에 제출된 정신보건복지법 개정안에서는 조치입원자가 퇴원 후에 의료 등의 계속적인 지원을 확실하게 받을 수 있도록 하기 위해 ① 조치를 한 도도부현 등이 조치입원 중부터 퇴원 후에 통원할 의료기관 등과 협의한 다음, 퇴원 후 지원계획을 작성하고, ② 퇴원 후에는 환자 거주지의 보건소를 설치하고 있는 지방자치단체가 퇴원 후 지원계획에 근거하여 상담지도를 하는 체계를 갖추도록 하고 있다.

제 3 절 의료관찰법의 성립

I 입법의 경위와 법률의 성격

조치입원제도에 관한 이상의 문제점의 해결책으로서 종래에는 보안처분을 창설하고자 하는 움직임도 있었지만, 그에 대한 비판이 강해 실현되지 않았다(제3편 제1장 제6절 참조). 그러나 이후에도 정신의료의 현장을 담당하는 일본정신병원협회 등을 중심으로 중대한 범죄를 저지른 정신장애인의 재범을 방지하기 위하여 특별한 처우 제도를 마련해야한다는 강한 요청이 제기되었고, 1999년 정신보건복지법의 일부를 개정하는 법률안을 심의할 때에는 국회에서 "중대한 범죄를 저지른 정신장애인의 처우 방법에 대해서는 다양한 관점에서 검토를 신속하게 진행할 것"이라고 하는 부대 결의가 이루어져, 이에 따라 2001년 1월에 법무부와 후생노동성에 의한 합동검토회가 설치되었다. 이러한 가운데 동년 6월에 정신병원에 입퇴원을 반복하고 있던 자가 오사카교육대학 부속 이케다 초등학교에 침입하여 아동 8명을 살해하는 충격적인 사건이 일어났다. 이를 계기로 법무부와 후생노동성을 중심으로 하는 입안 작업이 급속히 진행되어 2003년 7월에 의료관찰법이 성립되었고 2005년 7월부터 시행되기에 이르렀다.

동법은 심신상실 등의 상태에서 중대한 타해행위를 저지른 자에 대하여 그 적절한 처우를 결정하기 위한 절차 등을 규정함으로써 지속적이고 적절한 의료 및 그 확보를 위해 필요한 관찰 및 지도를 실시하여 그 병상의 개선과 이에 수반하는 동종 행위의 재발방지를 도모하고 그 사회복귀를 촉진하는 것을 목적으로 하는 것이다(제1조). 이를 위해 ① 처우 내용을 결정하는 재판소의 심판 절차, ② 입원에 의한 의료, ③ 퇴원 후 지역사회의 의료 등에 대해 규정하고 있다. 본법에 있어서의 입원 등의 강제처분은 조치입원과는 달리 중대한 범죄를 저지른 심신상실자 등만을 대상으로 하고 있다는 점에서 보안처분과 유사한 측면도 있다. 그러나 상기의 목적 규정에서 알 수 있듯이 이법에 의한 처우의 궁극적인 목적은 본인의 사회복귀에 있고, 또한 재범의 방지는 오로지 의료를 통해 도모해야 하는 것으로 하고 있기 때문에 본법상의 조치를 기존의 정신의료제도의 연장선상에 있는 것으로 파악하는 견해가 일반적이다.[139]

---

[139] 최고재판소는 의료관찰법의 목적의 정당성, 동법에서 규정하는 처우 및 그 요건의 필요성, 합리성, 상당성, 절차보장의 내용 등에 비추어 볼 때 의료관찰법에 의한 처우제도는 「헌법」 제14조, 제22조 제1항에 위반하지 않고, 「헌법」 제31조의 법의에 반하지도 않는다고 판단하였다(最決 平成29 · 12 · 18 裁判所時報 1691호 12쪽).

Ⅱ 절차의 개요

1. 대상자

의료관찰법이 적용되는 대상자는 ① 대상행위[140]를 하고,[141] ② 심신상실 또는 심신미약을 인정받아, ③ 그것을 이유로, (a) 불기소처분을 받은 자, (b) 재판에서 무죄를 선고받은 자 또는 형이 감경되어 징역·금고의 집행유예를 받은 자 또는 실형을 선고받았지만 집행해야 할 형기가 없는 자이다.

2. 검찰관에 의한 신청

검찰관은 상기 대상자에 대해서 불기소처분 또는 무죄 또는 감경의 확정재판이 있는 때에는 원칙적으로 지방재판소에 대해 처우의 필요 여부 및 내용을 결정할 것을 신청해야 한다(제33조 제1항). 이와 같이 검찰관에게 신청 의무가 부과되어 있는 것은 정신장애인에 대한 의료의 필요성에 대해서는 전문가를 확보하고 있는 재판소가 판단하는 것이 타당하다고 하는 생각에 기초한다.

---

140 대상행위는 ① 살인(형 제199조, 제202조, 제203조), ② 방화(형 제109조, 제110조, 제112조), ③ 강도(형 제236조, 제238조, 제243조), ④ 강제추행·강제성교등(형 제176조~제180조), ⑤ 상해(형 제204조)에 해당하는 행위에 한정되어 있다(제2조 제2항). 이러한 행위들은 모두 개인의 생명, 신체, 재산 등에 중대한 피해를 주는 것으로써 다른 타해행위와 비교할 때 심신상실자에 의해 행해지는 것이 비교적 많다는 점에서 본법에 근거하는 의료대상으로 할 필요성이 높다고 생각되었기 때문이다(白木功ほか, 「心神喪失等の状態で重大な他害行為を行った者の医療及び観察等に関する法律」及び「心神喪失等の状態で重大な他害行為を行った者の医療及び観察等に関する法律による審判の手続等に関する規則」の解説, 法曹会, 2013, 24쪽). 다만, 상해에 대해서는 그 정도가 가볍고, 대상자에 대해서 본법에 의한 조치를 취할 필요가 없다고 인정되는 경우에는 검찰관의 판단으로 대상에서 제외하는 것도 인정되고 있다(제33조 제3항).

141 대상자가 정신장애에 의한 환각망상상태 중에 환청, 망상 등에 근거하는 행위를 한 경우에는 고의를 포함한 범죄의 주관적 요소가 충족되지 않고, 대상자의 행위가 대상행위에 해당하지 않게 되는 것은 아닌가라는 문제가 있다. 이 점에 대해서 最決 平成20·6·18 刑集 62권 6호 1812쪽은 의료관찰법의 목적에 비추어 볼 때 대상자의 행위가 대상행위에 해당하는지 여부의 판단은 "대상자가 환청, 망상 등에 의해 인식한 내용에 근거하여 행해야 하는 것이 아니라 대상자의 행위를 당시의 상황하에서 외형적, 객관적으로 고찰하여 심신상실의 상태가 아닌 자가 동일한 행위를 하였다고 한다면, 주관적 요소도 포함하여 대상행위를 행하였다고 평가할 수 있는 행위라고 인정될 수 있는지의 관점에서 행해야 하는 것으로 이것이 긍정될 때에는 대상자는 대상행위를 하였다고 인정할 수 있다"고 판시하였다.

3. 감정입원

재판소는 심판에 있어서 대상자가 정신장애인인지의 여부 및 대상행위를 저지른 때의 정신장애를 개선하여 이에 따라 동종의 행위를 하지 않고 사회복귀를 촉진하기 위하여 본법에 의한 의료를 받게 할 필요가 있는지의 여부에 대해서 정신보건판정의 또는 그 이상의 학식 경험이 있는 의사에게 감정을 명하여야 한다(제37조 제1항).

이 감정을 원활하게 수행하기 위해서는 대상자의 신체를 확보하고 대상자의 언동이나 건강상태, 치료에 대한 반응 등을 의료적 관점에서 일상적이고 지속적으로 관찰할 필요가 있다. 이에 따라 검찰관으로부터 심판 신청을 받은 지방재판소의 재판관은 본법에 의한 의료를 받게 할 필요가 분명하지 않다고 인정되는 경우를 제외하고 감정, 기타의 의료적 관찰을 위해 종국결정이 있을 때까지의 기간 동안 대상자를 병원에 입원시키는 취지를 명하여야 한다고 규정하고 있다(제34조 제1항). 입원기간은 원칙적으로 2개월을 초과할 수 없지만, 필요한 경우는 1개월을 넘지 않는 범위에서 연장 할 수 있다(동조 제3항).[142]

4. 재판소의 심판 절차

(1) 심판정의 구성

심판은 1명의 재판관과 1명의 정신보건심판원으로 구성된 합의체에 의해 이루어진다(제11조). 정신보건심판원은 학식 경험을 가진 의사(정신보건판정의) 중 재판소가 매년 미리 선임한 자 중에서 처우 사건별로 재판소에 의해 임명된 자를 말한다(제6조). 합의체를 이와 같이 구성하는 이유는 처우의 필요 여부와 내용의 판단에는 고도의 의학적 지식이 필요하기 때문에 의사의 의료적 판단이 중요하고, 한편으로 이러한 판단은 본인의 의사에도 불구하고 의료를 강제한다고 하는 법적 판단이기도 하기 때문에 그것의 허용 여부에 대해서는 재판관에 의한 법적 판단도 중요하기 때문이다.

심판기일에는 대상자를 호출하거나 그 출두를 명하여야 하고(제31조 제7항) 대

---

142 감정입원명령에 대해서는 대상자 등이 그 절차에 불법이 있었음을 이유로 취소 청구가 가능하며(제72조 제1항), 또한 사후적으로 감정입원의 필요성이 소멸하였다고 판단되는 경우에는 법원이 직권으로 감정입원명령을 취소할 수 있다(最決 平成21 · 8 · 7 刑集 63권 6호 776쪽).

상자가 심판기일에 출석하지 아니한 때에는 원칙적으로 심판을 할 수 없다(동조 제8항). 또한 대상자에 보조인이 없는 때에는 재판소는 변호사인 보조인을 붙여야 한다고 규정하고 있기 때문에(제35조), 보조인도 심판기일에 출석하게 된다(제31조 제6항). 또한 재판소는 처우의 필요 여부 및 내용에 대해 의견을 듣기 위하여 정신장애인의 보건과 복지에 관한 전문지식을 가진 '정신보건참여원'(제15조)을 심판에 관여시킬 수 있다(제36조).

(2) 절차의 진행

재판소는 검찰관이 신청한 경우에는 원칙적으로 심판기일을 열어야 한다(제39조 제1항).

심판은 형사재판과 같은 당사자주의 구조를 취하지 않고 재판소가 직권으로 사실을 탐지하는 직권주의를 채용하고 있다. 이것은 심판의 궁극적인 목적은 적절한 의료를 함으로써 대상자의 사회복귀를 촉진하는 데 있기 때문에 보다 유연하게 충분한 자료에 근거하여 적절한 처우를 결정할 수 있는 절차가 적당하다고 생각하였기 때문이다.

이 법에 따른 처우는 대상자의 신체의 자유 등의 제약을 수반하는 것이기 때문에 그 권리 보장을 위해 재판소는 심판기일에 있어서 대상자에게 진술을 강요당하지 않는다는 점을 설명하고, 본법의 적용대상에 해당하는 이유의 요지 및 검찰관에 의한 신청이 있었다는 것을 고지하여 당해 대상자 및 동석인의 의견을 들어야 한다고 규정하고 있다(제39조 제3항).

재판소는 결정 또는 명령을 하기 위해 필요가 있는 경우에는 사실 조사를 할 수 있다(제24조 제1항). 본법에 의한 처우를 받게 할지 여부의 결정도 그것에 포함되지만, 그 판단자료를 얻는 방법으로서 심판기일에 증거조사 외에 대상자의 감정명령(제37조)과 보호관찰소장에게 대상자의 생활환경을 조사하여 보고를 요청하는 제도(제38조) 등이 마련되어 있다.

또한, 실무에서는 감정입원에 의한 입원기간이 짧고, 심판기간도 짧은 등의 이유로 심판기일에 앞서 그 준비로서의 협의의 한 형태로서 대상자 이외의 관계자 거의 전원이 한자리에 모여 각각의 입장에서 서로 의견을 협의하는 '컨퍼런스'가 실시되는 경우가 많다. 이러한 방식은 신속하고 적절한 처우의 선택이나 관계자의 협력에 기여하는 것이다.

5. 재판소의 결정

(1) 신청의 각하

재판소는 불기소처분을 받은 대상자에 대해서 대상행위를 저질렀다고 인정되지 않는 경우, 또는 심신상실자 및 심신미약자에 해당하지 않는다고 인정되는 경우에는 신청을 각하하여야 한다(제40조 제1항).

(2) 처우의 필요 여부 및 내용의 결정

재판소는 의사의 감정결과를 기초로 하여, 또한 대상자의 생활환경을 고려하여 "대상행위를 저지른 때의 정신장애를 개선하고 이에 수반되는 동종의 행위를 하지 않고 사회복귀를 촉진하기 위하여 이 법률에 의한 의료를 받게 할 필요가 있는지의 여부"를 기준으로 하여 ① 의료를 받게 하기 위해서 입원시키는 취지의 결정(입원결정), ② 입원에 의하지 않는 의료를 받게 하는 취지의 결정(통원결정), ③ 이 법률에 의한 의료를 실시하지 않는 취지의 결정(불처우의 결정) 중 하나의 결정을 하여야 한다(제42조 제1항).

여기서 문제가 되는 것은 위의 처우결정의 기준을 어떻게 이해할 것인가이다. 국회에 제출된 정부 원안은 "지속적인 의료를 실시하지 않으면 심신상실 또는 심신미약 상태의 원인이 된 정신장애로 인해 다시 대상행위를 저지를 우려가 있다고 인정되는 경우"라고 되어 있었으나 보안적인 색채를 완화하여 의료의 필요성이 핵심요건임을 명확하게 한다는 취지에서 현행법의 문언으로 수정하였다는 경위가 있다. 이를 바탕으로 실무에서는 위의 기준에 부합하기 위해서는, ① 대상자가 대상행위 시의 심신상실 또는 심신미약의 원인이 된 정신장애와 동종의 정신장애를 가지고 있을 것(질병의 동일성), ② 그 정신장애를 개선하기 위해 의료관찰법에 의한 의료가 필요할 것(치료 가능성), ③ 의료관찰법에 의한 의료를 받게 하지 않으면 그 정신장애로 인해 사회복귀의 방해가 되는 동종의 행위를 할 구체적 · 현실적인 가능성이 있을 것(사회복귀 저해요인)이라는 3가지 요건이 모두 충족될 필요가 있다고 해석되고 있다.[143]

이와 같이 현행법에서도 사회복귀 저해요인으로서 재범 우려의 존재가 처우의 요건이 되지만, 치료 가능성이 없으면 본법에 의한 처우가 인정되지 않는다는 의미

---

[143] 白木ほか, 앞의 주140), 166쪽.

에서 재범의 우려는 본법의 적용대상을 확장하는 것이 아니라 오히려 그것을 한정하는 요건이 되고 있다.

각 요건의 구체적인 판단방법은 다음과 같다. 우선 ②의 치료 가능성의 판단에 있어서는 a) 항정신약 등에 의한 약물요법, 환경조정, 생활기술 훈련 등 치료방법의 존재, b) 과거의 치료 상황, c) 치료준수의 장점 등이 판단 요소로 고려된다. 인지증의 경우는 인지증 자체에 대한 치료 가능성이 인정되지 않아도 그 증상으로서의 피해망상의 감경이 가능하다면 치료 가능성이 존재한다고 본다.[144] 한편, 인격장애에 대해서는 일반적으로 치료 반응성이 없기 때문에 치료 가능성이 부정되는 것으로 생각되고 있으며 그러한 취지의 판단을 내린 판례도 있다.[145]

다음으로 ③의 사회복귀 저해요인의 판단에 있어서는 a) 대상행위와 정신장애와의 인과성, 행위에 이른 경위, b) 과거의 타해 행위, c) 현재의 증상, d) 병에 대한 지식, 치료의욕, e) 성격, f) 가족 등의 생활환경 등이 판단요소로 고려된다. 또한 '동종의 행위를 저지를 구체적 · 현실적 가능성'의 의의에 대해서는 조치입원 시의 입원의 요건 인 '타해의 우려'보다 완화하여 해석하는 것이 일반적이며, 이것을 연 단위의 범위에서 판단해야 한다고 한 판례도 존재한다.[146]

6. 항고

검찰관, 지정입원의료기관의 관리자나 보호관찰소장, 대상자, 보호자, 동석인은 재판소의 결정에 불복이 있는 때에는 결정에 영향을 미치는 법령위반, 중대한 사실의 오인 또는 처분의 현저한 부당을 이유로서 고등재판소에 항고를 할 수 있다(제64조).[147] 항고 재판소의 결정에 불복이있는 경우에는 헌법 위반 또는 판례 위반을 이유로 최고재판소에 재항고를 할 수 있다(제70조).

---

144 並木正男=西田眞基, "大阪地方裁判所における「心神喪失等の状態で重大な他害行為を行った者の医療及び観察等に関する法律」施行後の事件処理状況", 判夕 1261호, 2008, 47쪽.

145 東京高決 平成18 · 8 · 4 東時 57권 1=12호 35쪽.

146 福岡高決 平成18 · 1 · 27 判夕 1255호 345쪽.

147 불처우 결정에 대해서는 그것이 대상행위를 인정한 것이라고 하더라도, 대상자 측이 항고할 수 없다(最決 平成 25 · 12 · 18 刑集 67권 9호 873쪽).

Ⅲ 입원에 의한 의료

1. 의료의 실시

입원결정을 받은 자는 후생노동대신이 정하는 '지정입원의료기관'에서 입원에 의한 의료를 받아야 한다(제43조 제1항). 지정입원의료기관은 일정한 기준에 적합한 국가, 도도부현 또는 특정(지방)독립행정법인이 개설하는 병원 중에서 개설자의 동의를 얻어 후생노동대신이 지정하는 병원을 말한다(제16조 제1항).

종래의 조치입원의 경우는 일반적으로 정신병동에서 치료를 받게 되기 때문에 간호 직원의 수 등의 문제로 처우가 충분히 이루어지지 않는 측면이 있었고, 또한 환자의 대부분이 민간병원에 입원하고 있었기 때문에 의료 수준에 차이가 발생하기 쉽다는 문제가 있었다. 그래서 의료관찰법하에서는 입원에 의한 의료를 담당하는 병원을 국공립병원 등에 한정하여 국비로 의료시설이나 직원 등을 충실하게 함으로써 다양하고 전문적인 의료를 지속적·안정적으로 실시하고 이를 전국적으로 공평 일률적으로 실시하는 것을 도모하고자 한 것이다.

지정입원의료기관의 대략적인 특징이나 처우의 흐름은 다음과 같다.[148]

① 대상자의 조기 사회복귀를 목표로 소규모(30상 정도) 병동에서 각 대상자의 증상 단계에 따라 인적·물적 자원을 집중적으로 투입하고 전문적인 의료를 다양하게 제공한다. 예를 들어 시설에 관해서는 스트레스가 적은 개방적인 요양환경을 확보하기 위해 병실 전실을 개인실로 하고 충분한 면적을 확보한다. 또한 의료프로그램의 내용에 대해서도 고도의 기술을 가진 많은 직원들에 의한 빈번한 정신요법 실시 등 의료진에 의한 다양한 의료 활동을 핵심으로 하는 최첨단 선진 의료를 실시한다.

② 퇴원을 위한 준비단계에서는 일정한 조건하에서 외출·외박을 포함하여 원활한 사회복귀 활동을 진행한다.

③ 퇴원 후의 지역에서의 원활한 처우를 위하여 적절한 처우계획 수립에 있어서 보호관찰소에 협력한다.

이상과 같은 지정입원의료기관의 다양한 의료는 촉법정신장애인의 사회복귀에 기여할 뿐만 아니라 거기서 얻은 지식이 일반적 정신의료에도 활용되어 정신의

---

148 三好圭, "医療を中心に", 精神医療と心神喪失者等医療観察法 [ジュリ増刊], 2004, 32쪽 이하.

료 전체의 수준 향상에도 기여할 것으로 기대된다.

2. 생활환경의 조정

대상자의 원활한 사회복귀를 도모하기 위해서는 다양한 치료를 실시하는 것뿐만 아니라 입원 시점에서부터 퇴원 후의 생활환경을 정비하는 것이 필요하다. 이러한 관점에서 보호관찰소의 장은 입원환자나 가족 등의 상담에 응하여 필요한 원조를 받을 수 있도록 알선하는 등의 방법으로 퇴원 후의 생활환경의 조정을 해야 한다고 규정하고 있다(제101조 제1항).

3. 퇴원 또는 입원계속의 심판

정신보건복지법에서는 조치입원의 퇴원 결정은 사실상 의사에 맡겨져 있었지만, 의료관찰법하에서는 퇴원과 입원계속의 판단도 재판소에 의해 이루어지게 되었다. 즉, 지정입원의료기관의 관리자는 입원환자의 입원을 계속시켜 동법에 의한 의료를 할 필요가 없어졌다고 인정하는 경우에는 즉시 재판소에 퇴원 허가 신청을 해야 하고(제49조 제1항), 한편으로 입원계속의 필요가 있다고 인정하는 경우에는 원칙적으로 6개월마다 지방재판소에 입원계속 확인신청을 해야 한다(동조 제2항). 또한 입원환자 본인이나 그 보호자 또는 동석인도 지방재판소에 대해 퇴원 허가신청을 할 수 있다(제50조).

이러한 신청에 대해서도 지방재판소는 1명의 재판관과 1명의 정신보건심판원으로 구성된 합의체에 의해 앞서 언급한 처우 결정의 경우와 동일한 기준에 따라 퇴원 여부 또는 입원계속의 필요 여부를 결정한다. 또한 그 결정에 대하여는 지정입원의료기관의 관리자 또는 입원환자, 보호자 또는 동석인이 항고 및 재항고를 할 수 있다(제64조, 제70조).

이와 같이 본법하에서는 입원의 계속에 대해서 일정 기간마다 재판소의 심사가 요구되고 있지만, 입원 기간은 그 상한이 규정되어 있지 않다. 이것은 입원의료의 필요성이 인정될지의 여부는 그 사람의 건강상태와 이에 대한 치료 상황에 좌우되기 때문에 미리 입원 기간의 상한을 정하는 것은 적당하지 않다고 생각하였기 때문이다.[149] 실무상은 후생노동성에 의한 '입원처우지침'에서 대체로 18개월 이내에서의 퇴원을 목표로 하는 것으로 되어 있다.[150]

Ⅳ   지역사회에서의 처우

1. 통원에 의한 의료

통원 결정을 받은 자 또는 퇴원 허가의 결정을 받은 자는 '지정통원의료기관'에 의한 의료를 받아야 한다(제42조 제1항 제2호 · 제51조 제1항 제2호, 제43조 제2항 · 제51조 제3항). 지정통원의료기관은 일정한 기준에 적합한 병원 등 중에서 개설자의 동의를 얻어 후생노동대신이 지정하는 것을 말한다(제16조 제2항). 지정입원의료기관과 달리 지정통원의료기관은 국공립병원에 제한되지 않는다.

통원 기간은 처우종료 결정이 없는 한 원칙적으로 3년간이지만, 보호관찰소의 장에 의한 신청에 의한 재판소의 결정에 따라 다시 2년을 한도로 연장할 수 있다(제44조). 이와 같이 통원 기간에 대해서 상한이 정해져 있는 이유는 3년간에 걸쳐 병상의 악화나 문제행동이 없었던 경우에는 이미 본법의 목적인 본인의 사회복귀가 달성되고 있다고 생각할 수 있고 무제한으로 본법에 의한 처우의 대상으로 하는 것이 그 사람의 심리에 악영향을 미치고 오히려 그 원활한 사회복귀에 지장을 초래할 우려가 있기 때문이다.[151]

2. 정신보건관찰

통원 결정 등을 받은 자는 통원 기간 동안 보호관찰소에 의한 정신보건관찰을

---

149 白木ほか, 앞의 주140), 181쪽.

150 의료관찰법 시행 후, 2010년 7월 말까지 입원처우 결정을 받아 퇴원한 사람의 평균입원기간은 574일이다(법무부=후생노동성, " 心神喪失等の状態で重大な他害行為を行った者の医療及び観察等に関する法律の施行の状況についての検証結果", 2012). 그렇지만 이것은 퇴원한 사람의 평균입원기간으로 이와는 별도로 퇴원하지 않고 장기입원을 하고 있는 사람이 증가하고 있다.

151 白木ほか, 앞의 주140), 181쪽.

받아야 한다(제106조 제1항). 정신보건관찰은 대상자와 적절한 접촉을 유지하고 지정통원 의료기관의 관리자나 지방자치단체의 장으로부터 보고를 요구하는 등하여 해당 대상자가 필요한 의료서비스를 받고 있는지 여부 및 그 생활상황을 지켜보고, 또한 지속적인 치료를 받게 하기 위해서 필요한 지도, 기타의 조치를 강구하는 방법으로 실시된다(동조 제2항).

3. 원조

본인이 지역사회에서 안정된 생활을 영위하기 위해서는 지속적인 의료 이외에도 필요한 정신보건복지서비스 등의 도움을 받는 것이 중요하다. 이러한 서비스에는 도도부현 · 시정촌에 의한 정신보건복지센터나 보건소 등을 통한 원조와 정신장애인 사회복지시설의 이용 등이 포함된다.

4. 처우의 실시 계획 및 사회복귀조정관

지역사회의 처우에 있어서는 의료, 정신보건관찰, 원조라고 하는 3개의 축이 적절하고 원활하게 실시되는 것이 중요하다. 이를 위해 보호관찰소의 장은 지정통원의료기관의 관리자 및 통원환자의 거주지의 도도부현 지사 등과 협의 후 통원환자의 처우에 관한 실시 계획을 정하여야 하고(제104조), 또한 처우 계획이 적정 · 원활하게 실시될 수 있도록 사전에 관계기관의 협력 체제를 정비함과 동시에 관계기관 상호 간의 긴밀한 협력의 확보에 노력하여야 한다(제108조). 실제 운용에서는 처우 과정에 대응하여 관계기관이 모여 '처우회의'가 개최되어 정보 공유 및 실시 계획의 재검토가 이루어지고 있다.

또한 이상의 사무에 종사하기 위해 보호관찰소에 새롭게 '사회복귀조정관'이라고 하는 직책이 마련되었다. 사회복귀조정관은 정신보건복지사, 기타 정신장애인의 보험 및 복지에 관한 전문 지식을 가진 자로서 정령에서 정해진 자여야 하며 그 전문지식에 근거하여 생활환경의 조정, 정신보건관찰, 관계기관 상호 간의 연계 등의 사무에 종사하게 되어 있다(제20조).

Ⅴ 다른 절차와의 관계

1. 형사절차·소년보호절차와의 관계

의료관찰법의 규정은 대상자에 대해서 형사사건 또는 소년보호사건의 처리에 관한 법령의 규정에 의한 절차의 진행과, 또는 형 또는 보호처분의 집행을 위해 교도소, 소년원 등에 수용하는 것에 영향이 없다고 규정하고 있다(제114조). 따라서 형사절차와 소년보호절차가 의료관찰법상의 절차에 우선하게 된다.

2. 정신보건복지법과의 관계

의료관찰법에 의한 통원명령을 받은 자에 대하여 정신보건복지법의 규정에 따라 조치입원 등을 실시하는 것은 무방하다(제115조). 한편, 의료관찰법에 의한 입원 결정 또는 감정입원명령에 의해 입원하고 있는 자에 대해서는 정신보건복지법의 조치입원 등에 관한 규정은 적용되지 않는다(정신 제44조).

이들 규정은 의료관찰법상의 입원 결정 또는 통원 결정이 이루어진 후의 정신보건복지법상의 제도와의 관계를 규정한 것이지만, 의료관찰법의 처우 결정을 하는 시점에서의 양자의 관계에 대해서는 명문의 규정이 마련되어 있지 않다. 이 점에 대해 정신보건복지법에 의한 조치입원으로 충분하다고 하여 의료관찰법에 의한 의료를 불필요하다고 한 결정의 적부가 문제가 된 사안에서 최고재판소는 의료관찰법에 의한 의료의 필요가 인정되는 자에 대하여는 재판소는 동법에 근거한 입원 결정(제42조 제1항 제1호) 또는 통원 결정(동 제2호)을 하여야 하며 그 필요를 인정하면서 정신보건복지법에 의한 조치입원 등의 의료로 충분하다고 하여 불처우의 결정(동 제3호)를하는 것은 허용되지 않는다고 판시하였다(最決平成19.7.25 刑集 61권 5호 563쪽). 입법 경위 등에 비추어 보면 의료관찰법에 의한 의료의 필요성을 인정하면서 조치입원으로 충분하다고 하는 것은 의료관찰법의 존재 의의를 상실하게 할 수 있기 때문에 최고재판소의 상기의 해석은 타당하다고 할 수 있다.

2016년의 검찰관 신청인원 및 심판의 종국인원은 [표 2]와 같다. 신청인원의 내역을 살펴보면 확정재판을 통해 무죄 또는 감형이 된 자는 적고, 대부분은 심신상실 또는 심신미약에 의해 불기소된 자이다. 또한 재판소의 종국처리인원의 내역을 살펴보면 입원 결정이 69.8%로 대부분을 차지하고 있으며, 통원 결정과 의료를 실시하지 않는 결정은 각각 10.6%와 14.7%에 그치고 있다. 한편, 원래 대상자에 해당하지 않아 신청이 기각되는 경우는 예외적이다.

또한 동년의 퇴원 또는 입원 계속의 심판 운용상황에 대해서 살펴보면 지정입원의료기관의 관리자에 의한 퇴원허가신청이 236건, 대상자 등에 의한 퇴원허가 · 의료종료신청이 71건 접수되어, 퇴원허가결정은 210건, 의료종료결정은 36건이 이루어졌다.

[표 2] 검찰관 신청인원 · 지방재판소의 심판 종국처리인(대상행위별)

대상행위	검찰관 신청인원				종국처리인원							
			확정재판					의료를 하지 않는 취지의 결정	각하			신청 부적법으로 인한 각하
	총수	불기소	무죄	전부 집행 유예 등	총수	입원 결정	통원 결정		대상행위를 했다고 인정되지 않음	심신 상실자 등이 아님	취소	
총수	350	313	3	34	341	238	36	50	1	13	3	−
방화	82	70	1	11	82	50	13	16	−	3	−	−
강간 등	18	16	−	2	18	13	3	1	−	1	−	−
살인	96	87	1	8	91	69	10	8	1	1	2	−
상해	135	124	1	10	129	93	7	20	−	8	1	−
강도	19	16	−	3	21	13	3	5	−	−	−	−

주 1. 사법통계연보 및 법무성 형사국 및 최고재판소 사무총국의 각 자료에 의함.
  2. '대상행위'는 형법의 벌조에서 규정하는 일정한 행위에 해당하는 것을 말한다(심신상실자 등 의료관찰법 제2조 제1항 참조).
  3. '방화'는 현주건조물 등 방화, 비현주건조물 등 방화 및 건조물 등 이외 방화에 해당하는 행위(단, 예비에 해당하는 행위는 제외) 를 말하며, 연소 및 소화방해에 해당하는 행위를 포함하지 않는다.
  4. '강간 등'은 강제추행에 해당하는 행위를 포함한다.
  5. '살인'은 살인예비에 해당하는 행위를 포함하지 않는다.
  6. '상해'는 현장 조력에 해당하는 행위를 포함하지 않는다.
  7. '강도'는 강도 및 사후강도에 해당하는 행위(단, 예비에 해당하는 행위를 제외한다.)를 말하며, 마취강도에 해당하는 행위를 포함 하지 않는다.
  8. '집행유예 등'은 징역 또는 금고의 실형판결로서 집행해야할 형기가 없는 것을 포함한다.
  9. 복수의 대상행위가 인정되는 사건은 법정형이 가장 무거운 것으로, 복수의 대상행위의 법정형이 동일한 경우에는 대상행위의 란에 있어서 위에 열거되고 있는 것에 집계하고 있다.

(출전) 2017년 범죄백서, 200쪽.

지역사회의 처우에 대해서는 2016년 정신보건관찰의 개시건수가 239건, 종결 건수가 220건, 동년 말 현재 계류건수가 686건을 기록하고 있다. 또한 동년의 의료 종료결정은 75건이었다.[152]

Ⅶ 향후의 과제

1. 이론상의 과제

의료관찰법은 입원에 의한 의료와 입원에 의하지 않는 의료를 강제로 실시하는 것을 인정하고 있으나 왜 그와 같은 강제가 허용되는지, 그 정당화 근거가 우선 문제가 된다. 이것은 의료관찰법의 법적 성격을 어떻게 이해할 것인지와 직결되는 문제이다.

정신의료의 강제를 정당화하는 근거에 대해서는 크게 2가지 견해가 존재한다. 그 하나는 폴리스 파워에 근거하는 것으로 정신장애인에 의한 범죄로부터 사회를 방위하기 위해 그러한 위험성을 가지고 있는 정신장애인의 자유의 제약이 허용된다고 하는 견해이다. 다른 하나는 국친사상parens patriae에 근거한 것으로, 정신장애인은 자기의 의료적 이익을 스스로 판단할 수 없기 때문에 국가가 대신하여 그 이익을 도모해 줄 필요가 있으며, 이를 위해서 본인의 자유를 제약할 수 있다고 하는 견해이다.

의료관찰법상의 강제입원 등에 대해서는 그 요건이 다소 애매모호하게 되어 있는 것도 하나의 요인이 되어 그 정당화 근거나 법적 성격에 대해 의견이 나뉘고 있다. 이것을 폴리스 파워의 관점에서 정당화하는 견해는 의료관찰법의 처우요건이 "동종의 행위를 저지르지 않고 사회에 복귀하는 것을 촉진하기 위해"라고 되어 있다는 점에서 의료의 강제는 궁극적으로 재범의 우려에서 비로소 정당화될 수 있는 것이며, 동일하게 처우의 요건으로 되어 있는 의료의 필요성은 보안처분 고유의 인권침해적 측면을 제거하기 위해 필요한 것이라고 한다.[153] 즉, 의료관찰법상의 의

---

152 2017년 범죄백서, 201쪽.

153 大谷實, 新版 刑事政策講義, 弘文堂, 2009, 433쪽; 安田拓人, "心理喪失者等医療観察法における医療の必要性 と再犯の可能性", 鈴木茂嗣先生古稀祝賀論文集 上巻, 成文堂, 2007, 629쪽.

료에 대해서 그 보안처분으로서의 성격을 정면으로 인정하면서, 또한 '의료의 필요성'을 '재범의 우려'에 의한 강제의료가 지나치게 실시되지 않도록 하기 위한 제약원리로써 위치 지우고 있다.

이에 대해 국친사상의 관점에서 정당화하는 견해는 재범의 가능성을 근거로 의료를 강제하는 것은 예방구금으로 이어질 위험성이 있기 때문에 의료를 강제할 수 있는 이유는 국친사상적 고려에 다름 아니라고 한다. 또한 후견적인 강제의료의 범위가 지나치게 광범위해지는 것을 피하기 위해 재범의 위험성 제거라는 큰 사회적 필요성이 제약원리로 요구된다고 한다.[154] 이러한 이해에 따르면 의료관찰법은 정신보건복지법의 특별법으로 자리매김하게 될 것이다.

앞서 언급하였듯이 정부 원안에 있었던 '재범의 우려'라는 문구가 보안 우선의 오해를 초래한다는 이유에서 삭제되었다고 하는 입법 경위 등에 비추어 볼 때 입법자가 본법에 의한 강제입원 요건을 의료의 필요성을 중심으로 구성하고자 한 것은 분명해 보이고, 그러한 의미에서는 동법의 강제의료의 성격을 기본적으로 보안처분으로 파악하는 것은 무리이다. 그러나 한편으로 '재범의 구체적·현실적 가능성'이 강제의료의 요건으로 되어 있는 점도 부인할 수 없기 때문에 이 점에 대해서 국친사상의 관점에서 설명하는 것은 어려울 것이다. 이에 더하여 조치입원의 경우와 달리 의료관찰법상의 강제의료는 그 대상자를 중대한 타해행위를 저지른 정신장애인으로 제한하고 있으며, '자상의 우려'는 요건에 포함되어 있지 않다. 이러한 점들을 고려할 때 동법상의 강제의료에 대해서 국친사상에 의한 일원적인 설명은 곤란하고, 그것을 중심으로 하면서도 폴리스 파워의 관점도 가미한 이원적인 설명을 할 수밖에 없을 것으로 생각한다.

2. 실제상의 과제

의료관찰법의 목적을 달성하기 위해서는 입원·통원에 관계된 물적·인적 조건의 충실·강화가 필수적이지만, 이러한 측면에서의 정비가 충분하다고는 할 수 없는 상황이다. 우선 입원의료에 대해서 살펴보면, 특히 법률 시행 후 초기 단계에서 지정입원의료기관과 병상의 부족이 심각한 상황에 있고, 이것을 반영하여 판례

---

154 町野朔, "精神保健福祉法と心神喪失者等の医療観察法", 앞의 주148), 精神医療と心身喪失者等医療観察法, 93쪽; 山本輝之, "心神喪失者等医療観察法の見直しに向けて─法的問題点", 法と精神医療 25호, 2010, 88쪽.

중에는 대상자를 원격지의 지정입원의료기관에 입원시키는 것이 보이는 한편, 입원치료의 필요성을 인정하면서 원격지에 입원한 경우의 사회복귀를 위한 환경 등을 문제로 하여 입원결정을 하지 않는 경우도 나타났다.[155] 2017년 4월 1일 현재 지정입원의료기관은 전국에 32개 시설(국립 15, 도도부현 립 17) 825상으로 당초의 정비 목표였던 720상은 달성한 것으로 보인다. 그러나 시설의 편재 문제는 여전히 존재하고 있으며, 홋카이도와 시코쿠 등에는 현재도 지정입원의료기관이 존재하지 않는 상황이다.

한편, 지역사회에서의 처우에 대해서도 2017년 4월 1일 현재 지정통원의료기관의 총수는 3,393개소(병원 514, 진료소 65, 약국 2512, 방문간호스테이션 302)로, 이들 기관도 수적으로는 당초의 목표를 달성하고 있지만, 시설의 부족이나 편재에 의한 접근의 어려움도 여전히 문제로 존재하고 있다. 이와 함께 의료기관의 인력 부족과 진료 보수의 낮음도 문제로 지적되고 있으며, 2012년 의료관찰법 진료 보수 개정에 따라 일정한 가산 조치가 강구되었지만 추가 개선이 필요할 것이다. 또한 사회복귀조정관에 대해서도 당초 56명에서 순차적으로 증원되어 2016년도에는 211명이 근무하고 있다. 그러나 여전히 2명의 사회복귀조정관이 현 전역을 관할하는 것이 전형적인 실시 체제로, 사건 수를 많이 가지고 있는 보호관찰소에서는 사건에의 대응이 어려워지고 있다. 사회복귀조정관의 사건 부담을 줄이고 보다 충실한 처우를 실현하기 위해서는 증원 및 배치상황의 개선이 향후의 과제라고 할 수 있다.

제 4 절   정신장애인에 대한 교정보호

I   교정처우와 보호관찰처우

정신장애가 있더라도 심신상실이 아니라 심신미약 또는 완전한 책임 능력이 인정되어 실형을 선고받은 자는 교도소에 수용되어 교정처우를 받게 된다. 2016년의

---

155 林美月子, "医療観察法における医療の必要性——最高裁平成19年7月25日第二小法廷決定を契機として", 刑ジャ 19호, 2009, 13쪽.

입소수형자 중 정신장애가 있는 것으로 진단된 자는 2,922명으로 동년 입소수형자 총수의 14.3%를 차지하고 있다. 정신질환을 가진 수형자에 대해서도 다른 질병을 가진 수형자와 마찬가지로 의사의 진찰·치료가 행해진다(형사수용 제56조). 일반 형사시설에서는 당해 시설의 상근 또는 비상근의 정신과의가 진찰이나 치료에 임하고 있다. 또한 전문적인 치료가 필요하다고 판단되는 자에 대하여는 집단처우에 있어서의 집단 편성 시(집단처우에 대해서는 제2권 제3편 제3장 제2절 IV 참조) 그 처우지표를 M(정신상의 질병 또는 장애를 가지고 있기 때문에 의료를 주로 하는 형사시설 등에 수용할 필요가 있다고 인정되는 자)으로 지정하여 의료교도소 또는 의료중점 시설에 수용하고 전문적인 처우를 하도록 하고 있다. 2016년 말 현재 의료교도소는 4개소, 의료중점시설은 9개소가 존재하고 처우지표가 M으로 지정된 자는 257명이다.

한편, 보호관찰에서는 유형별 처우의 한 유형으로서 '정신장애 등'의 유형이 마련되어 있고, 그 특성에 맞는 지도와 지원이 이루어지고 있다. 2016년 말 현재 이 유형으로 인정된 자는 1,955명으로 보호관찰 대상자 전체에서 차지하는 비율은 12.9%이다.

Ⅱ   정신장애인에 대한 복지적 지원

교정시설에서의 정신의료는 인적·물적 조건의 정비가 늦어지고 있어 충분한 전문적 치료가 이루어지고 있지 않은 실정이다(교정의료의 현상에 대해서는 제2권 제3편 제3장 제3절 II 3 (3)을 참조). 현재 의사의 증원이나 정신보건복지사의 배치 등 교정의료의 충실 강화를 도모하기 위한 다양한 방안이 강구되고 있지만 전문적인 치료의 수요에 부응할 수 있는 의료 체제를 정비하는 것은 용이하지 않다. 따라서 이러한 시책과 함께 정신장애를 가진 자가 지역사회에서 충분한 의료 및 복지적 서비스를 받을 수 있는 체제를 구축하여 형사시설에의 수용을 가능한 회피하는 방안을 동시에 추진해 나가는 것이 중요할 것이다. 이러한 견해에 근거하여 최근 촉법정신장애인에 대한 복지적 지원을 충실 강화하기 위한 다양한 시책이 형사사법기관, 후생노동성, 지방공공단체 및 민간과의 연계하에서 전개되고 있다.

그중 하나가 2009년부터 시작된 특별조정이다. 이것은 적절한 귀주처가 없는 일정한 수형자 등을 대상으로 보호관찰소가 각 도도부현이 설치하는 '지역생활 정착 지원센터'에 협력을 의뢰하여 귀주처를 포함하여 출소 후 복지적 지원의 확보를 조정하는 것으로, 정신장애가 있는 수형자도 이 특별조정의 대상이 된다('특별조정'의 상세한 내용에 대해서는 제2권 제3편 제4장 제2절 Ⅵ 3을 참조).

또 하나는 시설에 수용하기 이전의 형사절차의 입구단계에서 동일한 지원을 실시하여 시설수용 자체를 회피하고자 하는 이른바 '입구지원' 활동으로 정신장애를 가진 피의자·피고인에게도 적용되고 있다(입구지원에 대해서는 제2권 제3편 제2장 제2절 Ⅱ 4를 참조).

다만, 이러한 복지적인 지원에는 과제도 적지 않다. 실시 체제와 이들을 받아들이는 기반을 더욱 충실하게 강화해야 할 필요가 있기 때문에 따라서 안정적인 예산 확보도 필수적이다. 또한 지원에 관계하는 복지관계자에게 있어서 대상자의 재범이 주요 관심사이기 때문에 보호관찰소는 대상자의 처우를 통해 그 재범방지에 노력하여 복지관계자의 불안을 불식해 나갈 것이 요구된다. 촉법정신장애인에 대한 복지적 지원은 형사사법과 복지에 걸친 과제인 만큼 두 분야의 상호이해를 더욱 심화시켜 나갈 것이 기대되는 부분이다.

[참고문헌]

"〈特集〉心神喪失者等医療観察法", ジュリ 1256호, 2003.

町野朔編, 精神医療と心神喪失者等医療観察法〔ジュリ増刊〕, 2004.

"〈特集〉精神医療と刑事司法", 刑法雑誌 45권 1호 2005.

町野朔=中谷陽二=山本輝之編, 触法精神障害者の処遇(増補版), 信山社, 2006.

"〈特集〉医療観察法の現在", 刑ジャ 19호, 2009.

"〈シンポジアム〉心神喪失者等医療観察法の現状と見直し", 法と精神医療 25호, 2010.

刑事政策研究会, "精神障害者による犯罪", 論究ジュリ 3호, 2012.

"〈特集〉医療観察制度の現状と課題", 罪と非行 174호, 2012.

太田達也, "精神障害犯罪者の処遇", 法教 430호, 2016.

제 5 장   고령자에 의한 범죄

제 1 절   고령자에 의한 범죄의 현황

Ⅰ   고령자에 의한 범죄의 증가

고령자는 65세 이상의 사람을 말한다. 고령자인 형법범의 검거인원은 1998년
경부터 급격히 증가하여 2008년 정점에 도달한 이후 다른 연령층에서는 대체로 검
거인원이 감소경향을 보이고 있는데 반하여 횡보 경향을 보이고 있는 특징이 있다
([그림 1] 참조).

[그림 1]   형법범 검거인원의 추이(연령층별)

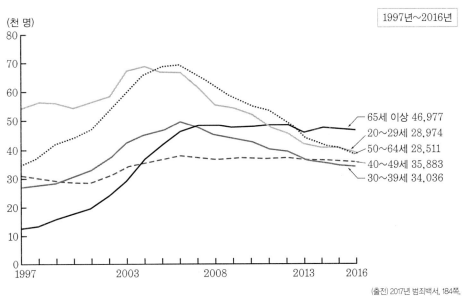

(출전) 2017년 범죄백서, 184쪽.

다만, 고령자의 검거인원이 증가하고 있는 기간은 고령자 인구 자체도 증가하
고 있기 때문에[156] 검거인원이 증가하였다고 하더라도 그것이 단순히 인구증가에
따른 결과라고 한다면 고령자에 의한 범죄가 특히 증가하였다고 평가할 수 없다는

---

156 고령자 인구는 1998년에는 약 2,051만 명이었으나, 2008년에는 약 2,819만 명에 이르고 있다.

견해도 있다. 그러나 고령자의 검거인원은 인구비[157]로 보더라도 2008년은 1998
년의 약 2.5배로 나타나고 있어([그림 2] 참조), 인구증가율을 훨씬 상회하는 비율로
그 검거인원이 증가하고 있다.

　게다가 이 10년간은 어느 연령층에 있어서도 인구비는 상승하고 있으나 고령
자층은 다른 연령층에 비해 그 상승률이 높았다. 원래 사람은 나이가 들수록 분별
력이 생기고, 동시에 범죄를 저지르는 데 필요한 기력도 체력도 떨어지기 때문에
점차 범죄를 저지르지 않게 된다고 생각되고 있으며, 실제로도 2016년도를 보면
연령이 높아짐에 따라 인구비는 낮아지고 있다([그림 2] 참조). 그러나 이전과 비교하
면 고령자와 그 이외의 연령층과의 차이가 좁혀진 것이다.

[그림 2]　형법범 검거인원의 인구비의 추이(연령층별)

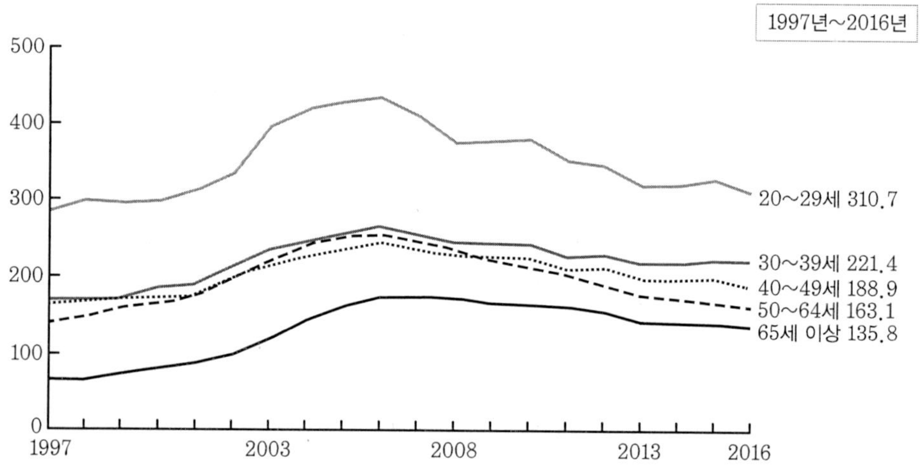

1997년~2016년

20~29세 310.7
30~39세 221.4
40~49세 188.9
50~64세 163.1
65세 이상 135.8

(출전) 2017년 범죄백서, 185쪽.

Ⅱ　고령자에 의한 범죄의 특색

　2016년도를 살펴보면 모든 연령층에서 검거인원 중 가장 높은 비중을 차지하
는 죄명은 절도이지만, 그중에서도 고령자의 검거인원에서 차지하는 절도의 비율
은 72.3%로 가장 높고, 특히 여자는 검거인원의 90%를 넘는다. 그리고 절도 중에

157　인구 10만 명당 검거인원을 말한다.

서도 고령자는 상점절도가 차지하는 비율이 높아 전체 범죄의 57.3%, 절도를 분모로 하면 79.3%를 차지하고 있으며, 특히 여자는 절도 전체의 87.4%를 차지하고 있다. 또한 횡령 비율도 높은데, 대부분 유실물횡령, 구체적으로는 방치된 자전거 타고 달아나기가 차지하고 있다. 이것과 상점절도를 합하면 고령자 전체에서 전체 검거인원의 63.7%, 남자에서 54.3%, 여자에서 82.4%가 된다([그림 3] 참조). 따라서 고령자범죄의 대부분은 비교적 경미한 재산범이라고 할 수 있다.

[그림 3] 형법범 고령자 검거인원의 죄명별 구성비(남여별)

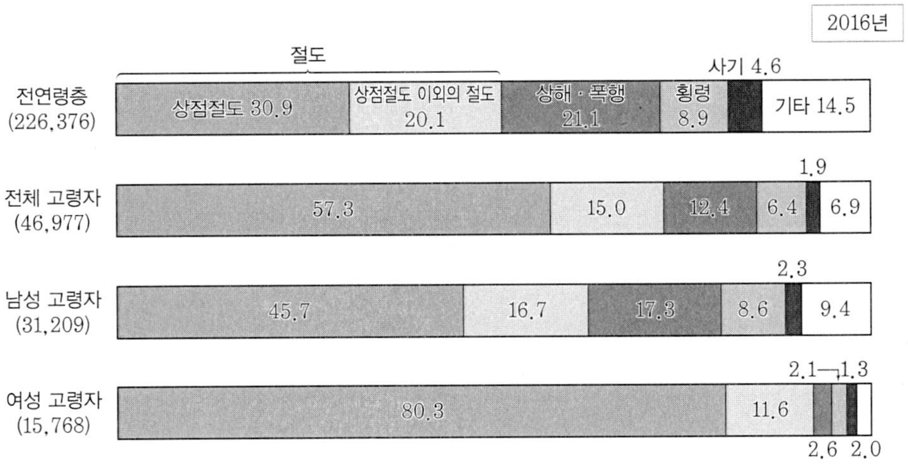

(출전) 2017년 범죄백서, 185쪽.

또한 1997년과 2016년을 비교하면 고령자의 검거인원 증가분 중 절도의 증가분이 전체의 71.6%를 차지하고 있기 때문에 고령자범죄 증가의 대부분은 절도의 증가에 기인하는 것이라 할 수 있다. 그러나 그 이외의 범죄가 증가하지 않았다는 것은 아니고, 살인이나 강도같은 흉악범, 상해와 폭행같은 조폭범도 검거인원의 증가가 보이고 있는데, 특히 상해와 폭행의 최근 10여 년간의 증가는 주목할 만하다([그림 4] 참조).

[그림 4] 고령자 검거인원의 추이(죄종별)

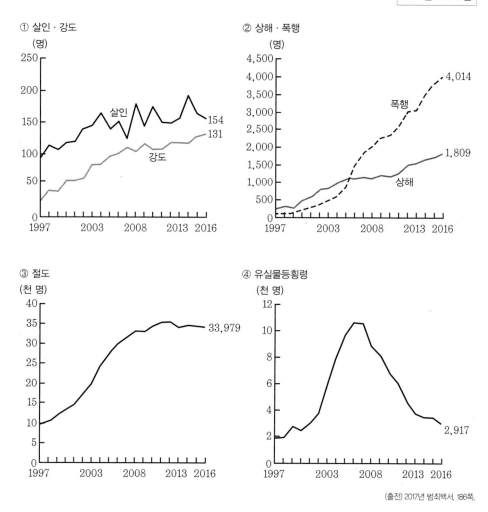

1997년~2016년

① 살인 · 강도

② 상해 · 폭행

③ 절도

④ 유실물등횡령

(출전) 2017년 범죄백서, 186쪽.

이와 같이 대부분의 죄명에서 고령자의 검거인원은 증가하고 있는데 법무성의 특별조사에 따르면 범죄별로 그 내용에 있어서 서로 다른 특징이 나타나고 있다.[158]

우선, 절도에 있어서 남자는 대체로 소지금이 적고, 노숙자 또는 주거부정인 자가 현저하고, 생활비가 부족하여 소액의 식료품 등을 상점에서 절도하는 자가 많다.

---

158 2008년 범죄백서, 270쪽 이하; 鈴木亨, "高齢犯罪者の現状と対策の在り方", ひろば 62권 1호, 2009, 30쪽. 특별조사 대상자는 제1심에서 유죄판결 또는 약식명령이 내려진 고령자로서 그 수는 절도가 139명, 상해 · 폭행이 147명, 살인이 50명이다.

또한 전과나 수형경력을 가진 자가 많고, 직업적인 절도사범자도 일정 수 포함되어 있으며, 갱생하지 못하고 경제적인 압박에 의해 범행에 이른 경우가 적지 않다.

이에 비해 여자의 경우는 생활기반이 있고 생활비 자체에 어려움은 없으나 경제적인 불안을 느끼고 돈을 절약하기 위해 소액의 식료품 등을 상점에서 절도하는 경향이 나타나고 있다. 또한 범행에 이른 배경요인으로서 소외감이나 차별감을 가지고 있던 자도 있다.

다음으로 상해·폭행은 절도에 비해 전과자의 비율이 낮고, 가족과 함께 생활하며 경제상태는 거의 문제가 없지만 음주의 영향이 인정되는 사안이 많다. 또한 범행 장소는 다양하지만 일반적인 폭행·상해와 비교하면 가해자 집이나 피해자의 집이 범행 장소가 되는 경우가 많고, 또한 피해자가 이웃인 비율이 높기 때문에 이웃과의 갈등이 배경의 하나가 되고 있는 것으로 추측된다.

한편, 살인에 있어서는 고령자의 경우 친족살해의 비율이 높은 것을 그 특징으로 들 수 있다. 살인 전체의 절반 이상을 차지하며 그 비율은 비고령자사범의 두 배 이상이다. 남자는 약 절반이 여자는 전원이 친족살해로, 여자에 있어서는 그 과반수가 요양간호의 피로가 동기인 것으로 나타났다. 여기에서 고령화가 진행됨에 따라 가족의 누군가가 요양간호를 필요로 하는 상태가 된 상황하에서 생활에 지쳐 친족살해에 이르는 사례가 고령자에 의한 살인의 수를 증가시키고 있다는 점을 알 수 있다.

제 2 절   고령범죄자에 대한 처우

Ⅰ   기소단계

고령자의 검거인원의 대부분을 차지하는 것은 절도와 유실물 등 횡령이라는 이유도 있어 미죄처분으로 절차가 중단되는 비율이 높다.[159] 미죄처분이 되지 않고

---

[159] 한 조사에 따르면 고령 범죄자의 72.8%가 미죄처분으로 처리되었고, 절도와 유실물 횡령에서는 그 비율이 각각 77.8%와 86.8%이었다고 한다(太田達也, "高齢者犯罪の実態と対策—処遇と予防の観点から", ジュリ 1359호, 2008, 121쪽.

검찰관에 송치된 사건도 고령자의 기소유예율이 다른 연령층에 비해 높게 나타나고 있다([그림 5] 참조).

[그림 5] 형법범 기소유예율(죄명별 · 연령층별)

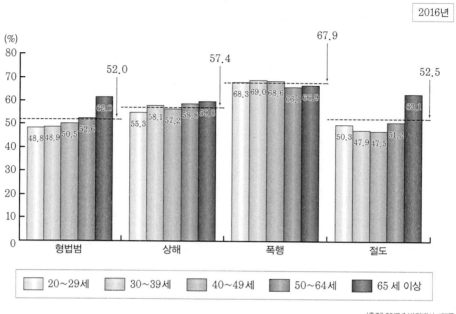

Ⅱ 고령수형자의 시설 내 처우

고령자의 검거인원이 증가함에 따라 그 입소수형자 인원도 1998년경부터 급증하여 2006년부터 입소수형자의 총수가 감소한 후에도 고령자에 있어서는 여전히 증가세가 계속되고 있다. 특히 여자인 입소수형자의 증가가 두드러져 2016년에 입소수형자에서 차지하는 고령자의 비율은 여자가 18.1%로 전체의 12.2%를 상회하고 있다([그림 6] 참조). 또한 2016년의 고령자 입소수형자 중 재입소자는 70.2%이고 입소가 6번 이상인 자도 36.9%를 차지하고 있다. 전연령대에서 재입소자 비율은 59.5%이기 때문에 고령수형자는 재입소자의 비율이 높은데, 최근에는 65세 이상이 되어 처음으로 교도소에 입소하는 자의 비율이 증가하는 추세에 있고 특히 여자에게서 그러한 경향이 나타나고 있다.

[그림 6] 고령자 입소수형자인원(입소 회수별)·고령자율의 추이(총수·여성별)

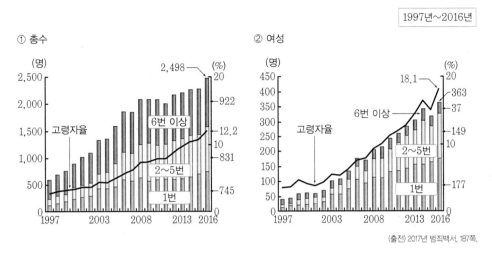

1997년~2016년

① 총수

② 여성

(출전) 2017년 범죄백서, 187쪽.

징역수형자는 작업이 의무 지워져 있지만, 고령수형자 중에는 기초체력이 저하되어 있기 때문에 장시간의 작업과 중노동을 견딜 수 없는 자도 적지 않다. 이러한 자에 대해서는 종래부터 작업시간을 단축하여 그만큼의 시간을 거실에서 독서지도 등에 할애하는 등의 조치 외에 작업의 내용도 종이제품의 제조 작업 등의 가벼운 작업을 부과해 왔다.

나아가 고령수형자 중 기초체력의 저하로 인해 보행, 식사 등의 일상적인 동작 전반에 걸쳐 도움을 필요로 하는 자, 지적능력·이해력이 떨어져 교도작업과 일상생활에서의 지시·지도에 많은 시간과 노력을 필요로 하는 자, 동작이 느려 식사, 운동, 소내의 이동 등에 있어서 일반적인 운영시간에 맞추어 행동하는 것이 곤란한 자 등에 대해서는 특정 시설에 해당 고령수형자를 집단 편성한 후, 그 특성에 맞는 처우를 실시하고 있다. 이러한 처우는 일반적으로 양호적 처우라고 불리는데, 이러한 처우를 실시하는 시설에는 고령수형자에게 가벼운 작업 중심의 작업을 실시하는 양호공장이 설치되어 있고, 시설 설비에 있어서도 고령수형자 전용공간을 마련하여 난간 등의 보조기구의 설치나 거실 출입구 등의 단차 해소 등의 장애인 친화적인 환경을 정비하고 있다.

또한 일부 시설에서는 고령수형자에게 건강관리, 신체운동과 그 유의점, 복지 등의 지식을 알려주고 석방 후의 생활설계를 하도록 하는 등 원활한 사회복귀를 저해하는 요인이 되는 자신의 문제점을 자각시켜 석방 후의 사회생활에 적응하는 능력을 육성하기 위한 교육이 실시되고 있다. 또한 양호적 처우를 요하는 고령자를 구분하여 수용하고 있는 시설 중에는 고령자를 위한 새로운 프로그램을 실시하고 있는 곳도 있다. 그러나 이러한 프로그램은 일반적 개선지도의 틀에서 이루어지고 있는 것으로 고령수형자에 특화된 특별한 개선지도 프로그램은 아직까지 마련되어 있지 않다.

그러한 상황하에서 후술하는 특별조정 등의 복지적 지원이 진행되고 있는 가운데 도움이 필요함에도 불구하고 그것을 완강히 거부하는 고령수형자나 지원을 받아 복지시설 등에 귀주하였으나 시설에서의 생활에 정착하지 못하고 문제를 일으키는 자도 나타나고 있다. 이에 따라 법무성 교정국에서는 이러한 문제의 배경에는 복지적 지원의 대상자가 복지제도에 대해 충분히 이해하지 못하고 있고, 또한 오해하고 있는 측면도 있는 점, 또한 적절한 대인관계기술이나 금전관리를 포함한 기본적인 사회생활기술을 익히고 있지 않다는 점이 있다는 인식하에 고령수형자 등에 대한 '사회복귀지원지도프로그램'을 수립하여 2017년도부터 각 형사시설에서 이에 근거한 지도가 실시되고 있다. 이 프로그램은 건강관리와 대인관계기술의 향상에 관한 지도 외에도 사회복지제도에 관한 지식을 알려주는 지도, 금전관리 등의 생활관리에 관한 지도를 내용으로 하는 것이다.[160]

Ⅲ 가석방 및 사회 내 처우

고령수형자의 수가 증가함에 따라 고령자의 가석방 인원도 증가하고 있다.

그러나 가석방률을 보면 2016년의 출소수형자 전체의 가석방률이 57.9 %인 것에 비해 고령수형자의 비율은 40.3%에 그치고 있다([그림 7] 참조). 이것은 고령수형자의 경우 부모가 사망한 경우가 많고, 배우자도 없는 경우가 적지 않기 때문에 인수자가 없고 거주지를 찾지 못하는 경우가 많기 때문이다. 물론, 인수자가 없는 경우 갱생보호시설을 거주지로 하는 것은 가능하지만 갱생보호시설에서는 범죄 경향이 강한 처우 곤란자의 수용은 어렵고, 그렇지 않더라도 갱생보호시설은 원래 대상자가 거기서 일정 기간 거주하는 동안에 일을 찾아 자립해 나가는 것을 전제로 한 시설이기 때문에 취업능력이 없고, 재소 기간이 장기화할 가능성이 높은 고령자

---

160 松村憲一, "高齢受刑者に対する再犯防止のための矯正処遇等について", ひろば 70권 1호, 2017, 42쪽.

는 사실상 받아들일 수 없다고 하는 제약이 있다.[161]

그 결과 상당수의 고령수형자는 거주지가 없는 상태로 만기 석방되고, 또한 보호관찰도 할 수 없기 때문에 사회 내에서의 처우도 받지 않는 상태가 된다. 이것이 입소빈도가 높은 고령수형자일수록 재범 기간이 짧은 이유의 하나라고 생각된다.

한편, 보호관찰에 붙여진 고령자에 대해서는 2003년부터 유형별 처우의 하나로서 '고령자 대상자'의 항목이 마련되어 있어 2016년에는 가석방자 10.9%, 보호관찰 조건부 전부집행유예자 7.6%의 자가 이 유형으로 인정되고 있다.[162] 그것이 전체에서 차지하는 비율은 증가하고 있지만 이 유형에 대해서 특별한 처우 프로그램이 존재하는 것은 아니라고 하는 문제가 있다.

[그림 7] 고령자 가석방에 의한 보호관찰 개시인원 · 가석방율의 추이

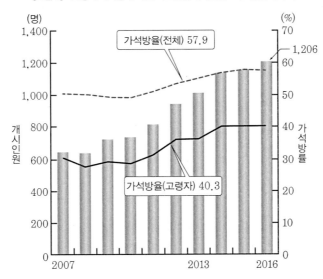

주   보호관찰에 처해진 날의 연령에 따른다. 다만, 가석방율의 산정에 있어서는 출소 시의 연령에 따른다.

(출전) 2017년 범죄백서, 188쪽.

---

161 吉田研一郎, "更生保護における高齢犯罪者の処遇の現状と課題", ひろば 62권 1호, 2009, 52쪽.

162 2017년 범죄백서, 70쪽.

제 3 절 　고령자범죄 대책의 과제

현재 고령자로 편입될 세대의 인구가 많기 때문에 앞으로 당분간은 고령자범죄의 증가가 계속될 것으로 예상된다. 이에 대해서는 고령자범죄의 특징을 고려한 다각적인 대책을 추진할 필요가 있다.[163]

첫째, 형사사법제도 내에서의 대책에 관해서는 고령범죄자에 대한 기존의 처우에 대해 ① 미죄처분이나 기소유예 시 적극적인 처우를 할 수 없고, ② 집행유예 시 보호관찰에 붙여지는 비율이 낮으며, ③ 가석방률이 낮고, 문제가 많은 수형자일수록 만기 석방되어 사회 내 처우를 받지 못하고, ④ 가석방된 경우에도 보호관찰에 붙여지는 기간이 짧다는 문제점이 지적되어 왔다. 다만, 이러한 지적들은 고령범죄자에만 나타나는 특유의 문제라기보다 기존의 형사사법제도의 문제점이 고령범죄자에서 상징적으로 나타나고 있는 것이다. 그러므로 이에 대해서는 종래의 제도 또는 그 운용 자체를 개선할 필요가 있다.

둘째, 고령범죄자의 재범을 방지하기 위해서는 고령범죄자가 범죄를 저지르지 않고 사회에서 살아갈 수 있는 기반을 갖추는 것이 필요하다. 따라서 중요한 요소 중의 하나가 취업을 통해 생활기반을 안정시키는 것이다. 이에 따라 2006년도부터는 법무성과 후생노동성이 연계하여 수형자 일반에 대해서 교도소 출소자 등을 대상으로 종합적 취업지원 대책을 실시하고 있다(제2권 제3편 제3장 제2절 Ⅵ 2 (2) (b) 참조).

다만, 고령범죄자 중에는 원래부터 노동능력이 떨어지고, 취업이 곤란한 자도 적지 않다. 이러한 자에 대해서는 취업지원 이상으로 귀주처의 확보 등의 복지적인 지원이 중요하다. 이를 위해서는 형사사법과 복지가 연계하여 재판에서 유죄판결이 선고된 후, 또는 교도소에서 출소한 후 복지적인 지원을 필요로 하는 고령자를 즉시 복지의 절차에 편입시키는 방안을 마련할 필요가 있다.

종래에는 범죄자의 처우는 법무성의 관할이었던 것에 비해 생활보호를 비롯한 복지 관련 업무는 후생노동성의 관할이었기 때문에 양자의 연계가 거의 없었고 개별사안에 있어서 형사시설의 직원이 복지시설과 절충하는 등의 대처가 이루어지는

---

[163] 고령자 중, 젊었을 때부터 범죄를 반복하고 있는 사람에 대해서는 고령자범죄에 대한 대책이라기보다는, 그 사람이 최초로 범죄를 저지른 시점에서, 재범을 행하지 않도록 하기 위해서 어떠한 처우를 해야 하는가가 본질적인 문제다.

데 그쳤다. 그러나 고령자뿐만 아니라 질병이나 장애를 가진 수형자 일반에 대해서 그 재범을 방지하기 위해서는 형사절차를 이탈한 후에 복지 절차에 편입시키는 것이 필요하다는 점이 점차 인식되게 되어, 최근에는 제도적으로 그 연계를 도모하는 시도가 이루어지게 되었다. 일반적으로 '출구지원'으로 불리는 제도이다(제3편 제3장 제4절 Ⅱ 6 (3) 참조). 예를 들어 현재 거의 모든 교도소에 지방자치단체의 복지 관계부처 및 복지시설 등과의 조정을 하기 위해 비상근 사회복지사가 배치되어 있으며, 수형자가 교도소에서 석방되기 이전부터 생활보호의 신청절차를 지원하거나 인수 시설을 찾아서 시설 측과의 절충을 하기도 한다.[164] 또한 갱생보호의 영역에서도 보호관찰소에 복지조정담당의 보호관찰관이 배치되게 되었고, 일부 갱생보호시설에도 사회복지사가 채용되어 교도소에서 출소 후, 즉시 복지시설에 입소할 수 없는 고령자 등을 일시적으로 받아들이고 복지 절차로 연계하는 역할을 담당하도록 하고 있다.

나아가 2009년 4월부터 법무성과 후생노동성의 연계를 통해 '특별조정' 제도가 개시되었다. 그 목적은 고령이나 장애로 인해 출소 후에 자립한 생활을 하기 어려운 수형자에 대해서 교정시설 입소 중부터 출소 후 신속하게 복지기관 등에 의한 필요한 원호, 의료, 기타 복지서비스를 받을 수 있도록 조정하여 원활한 사회복귀를 도모하는데 있다. 그 중심이 되는 기관으로 각 도도부현에 '지역생활정착지원센터'가 설치되어 있는데, 동센터는 특별조정의 요건을 충족하는 대상자와 면접 등을 통해 그 자의 복지적 수요를 파악하여 퇴소 후 인수시설 등을 확보하고, 퇴소 후 즉시 생활보호 등의 복지서비스를 이용할 수 있도록 하기 위한 체제를 정비하는 활동을 실시하고 있다(제2권 제3편 제4장 제2절 Ⅵ 3 참조).

또한 예를 들어 '적절한 인수자가 있기 때문에 특별조정 요건을 충족하지 않지만 복지적 수요가 있다고 판단되는 수형자나 형기가 현저히 짧아 특별조정에 적합하지 않지만 마찬가지로 복지적 지원이 필요한 수형자에 대해서는 특별조정에 준하는 형태로의 조정(일반조정)이 이루어지고 있다.[165]

이러한 교도소 출소자에 대한 지원과 함께 최근에는 기소유예 처분이 예상되는 피의자나 공판에서 집행유예 판결이 예상되는 피고인 중 고령자나 장애인 등의 복

---

164 2014년부터는 사회복지사 또는 정신보건복지사의 자격을 가진 상근직원인 '복지전문관'의 형사시설에의 배치도 실시되고 있다.

165 松村, 앞의 주160), 41쪽.

지적 지원이 필요한 자에 대해서 검찰관이 중심이 되어 석방 후 복지시설에의 입소 알선 등의 사회복귀지원을 실시하는 '입구지원'으로 불리는 제도도 실시되고 있다 (제2권 제3편 제2장 제2절 Ⅱ 4 참조).

[참고문헌]

法務省法務総合研究所, 平成20年版 犯罪白書, 2009.

"〈特集〉高齢者の犯罪と処遇", 犯罪と非行 150호, 2006.

"〈特集〉高齢犯罪者の実態と処遇", ひろば 62권 1호, 2009.

太田達也, "高齢者犯罪の実態と対策―処遇と予防の観点から", ジュリ 1359호, 2008.

"〈特集〉刑事司法と社会福祉", 犯罪と非行 167호, 2011.

"〈特集〉高齢者・障害者の犯罪 裁判～処遇～社会復帰", ひろば 67권 12호, 2014.

法務総合研究所研究部報告56, 高齢者及び精神障害のある者の犯罪と処遇に関する研究, 2017.

제 6 장 Family Violence가정 내 폭력

제 1 절 가정 내 폭력의 현황

가정 내 폭력이란 가족 내 친밀한 관계에 있는 사람들 간의 폭력을 넓게 가리키는 용어인데, 이를 가해자와 피해자의 관계에 따라서 ① 부모의 아동학대(아동학대), ② 배우자 간의 폭력Domestic Violence=DV166, ③ 보호자의 고령자학대(고령자학대), ④ 사춘기 및 청년기 아동이 부모에게 행사하는 폭력 등으로 분류할 수 있다.

가정 내 폭력은 가정 내라는 밀실에서 발생하는 폭력인만큼 은폐성이 높고 그 실태를 파악하는 것이 극히 어렵다. [그림 1]은 피해자와 가해자가 친족관계에 있는 살인 및 상해의 검거건수 추이를 표시한 것이다. 최근 20년간의 동향을 살펴보면 살인은 약간의 기복은 있지만 대략 400건 내지 500건대이다. 이에 반하여 상해는 1998년경까지는 대략 600건대였으나 다음 해부터 급격하게 증가하여 2016년에는 4,527건에 이르고 있다.

[그림 1] 피해자가 친족인 살인 및 상해의 검거건수 추이

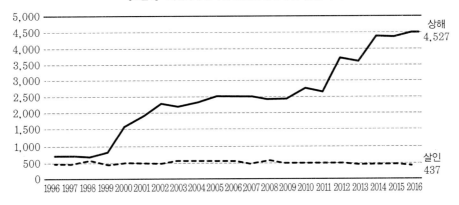

친족 간의 살인이 비교적 고르게 발생하고 있는데 반하여 상해가 1999년부터 급격하게 증가하기 시작한 것은 후술하는 학대방지법의 제정과 가정 내 폭력에 대

---

166 역자 주: 우리나라에서는 다른 가족구성원 간의 폭력도 포함하여 가정폭력으로 규정하고 있다.

한 사회인식의 변화, 경찰 개입의 적극화 등을 배경으로 그때까지 숨어 있었던 사건들이 드러나게 된 것이 주된 원인으로 생각된다. 친족 간의 살인 및 상해 이외에도 더욱 더 많은 폭력행위가 숨겨져 있을 것으로 생각되므로, 미국 및 유럽과 같이 일본의 가정 내 폭력은 상당히 심각한 상황에 있다고 할 수 있다.

제 2 절   학대방지 3법

1960년대 이후 소년이 저지르는 폭력범죄가 증가한 것을 배경으로 특히 사춘기 소년이 가정 내에서 저지르는 폭력문제가 학교 내 폭력문제와 함께 청소년문제 대책의 중요과제로서 다루어져 왔으며, 부모의 아동학대, 배우자간 폭력 및 고령자학대에 대한 관심은 비교적 낮았다. 그 배경으로는 이러한 가정 내 폭력은 가정이라고 하는 폐쇄적인 공간에서 이루어지기 때문에 문제의 발견과 개입이 곤란하다는 실제상의 이유에 더하여, '친권'이나 '가족의 자율' 혹은 '법은 가정에 개입하지 않는다'라는 법적 관념아래 가정 내라는 사적 영역에서 발생하는 문제에 대해서는 공적 개입을 가능한 한 회피해야 한다는 생각이 강했다는 점을 들 수 있다. 그러나 1980년대 이후 국제적으로는 유엔이 '아동의 권리에 관한 조약'(1989년)과 '여성에 대한 폭력의 철폐에 관한 선언'(1993년)을 채택하였고, 나아가 제2회 고령화세계회의가 '고령화국제행동계획 2002'를 채택한 것에서 상징되듯이 가정 내 폭력은 아동, 여성 및 고령자의 인권에 대한 중대한 침해라는 인식이 높아지고, 사회적 약자 보호와 권리옹호의 관점에서 방지대책을 강구할 필요성이 강하게 제기되게 되었다. 이러한 상황에서 일본에서도 기존의 관념과 법률상의 대응에 대한 비판이 강하게 제기되어고, 2000년에 「아동학대의 방지 등에 관한 법률」(이하 아동학대방지법이라고 한다)이, 2001년에는 「배우자로부터의 폭력 방지 및 피해자 보호에 관한 법률」(이하 DV방지법이라고 한다.)이, 나아가 2005년에는 「고령자 학대의 방지, 고령자의 보호자에 대한 지원 등에 관한 법률」(이하 고령자학대방지법이라고 한다)이 차례로 제정되었다. 이른바 학대방지 3법이다.

이들 법률은 행정복지분야의 대응책을 중심으로 제정된 것이지만, 이하에서는 우선 그 주된 내용을 개관한 다음에 형사사법의 대응에 대해서 서술하기로 한다.

Ⅰ 아동학대방지법

　본 법률은 아동학대의 예방 및 조기발견 등에 관한 국가 및 지방자치단체의 책무, 학대당한 아동의 보호 및 자립지원을 위한 조치 등을 규정한 것이다(아동학대 제1조). 아동학대를 포함한 아동복지 일반에 관해서는 기본법인 아동복지법에서 규정하고 있으며, 아동학대방지법은 아동복지법을 보충하는 특별법으로 제정된 것이다.

1. 아동학대의 정의

　법률상의 아동학대란 보호자가 감호하는 아동에 대하여 저지르는 다음 4종류의 행위를 말한다(아동학대 제2조).

　① 아동의 신체에 외상이 발생하거나 또는 발생할 우려가 있는 폭행을 가하는 것(신체적 학대).

　② 아동에게 음란한 행위를 하는 것 또는 아동에게 음란한 행위를 시키는 것(성적 학대).

　③ 아동 심신의 정상적인 발달을 저해할 수 있는 현저히 적은 음식의 제공 또는 장기간의 방치, 보호자 이외의 동거자가 ① 또는 ②에 해당하는 행위와 행위의 방치, 그밖에 보호자로서 감독과 보호를 현저히 게을리하는 것(방임).

　④ 아동에 대한 현저한 폭언 또는 현저하게 거절적인 대응, 아동이 동거하는 가정에서 배우자에 대한 폭력(생명신체에 위해를 끼치는 것 및 이에 준하는 심신에 유해한 영향을 끼치는 언동) 그밖에 아동에게 현저한 심리적 외상을 주는 언동을 하는 것(심리적 학대).

　방임 중 동거인에 의한 학대의 방치, 심리적 학대 중 DV의 목격은 모두 2004년 개정법에서 추가된 것이다.

2. 아동학대의 발견

(1) 조기발견의 노력의무 및 아동학대에 관한 신고

학대가 발생한 경우 피학대아동의 신속한 보호가 요구되는데, 피학대아동 자신이 스스로 피해를 신고하고 상담받는 것은 곤란하기 때문에 제3자가 조기에 발견하고 신고하는 것이 중요하다. 종래 아동복지법도 보호대상아동을 발견한 사람이 아동상담소 등에 신고할 의무를 규정하고 있었지만(아복 제25조), 아동학대방지법은 아동학대를 직접적인 대상으로 하는 신고의무를 규정함과 동시에(아동학대 제6조), 직무상 아동학대를 발견하기 쉬운 위치에 있는 학교의 교직원, 아동복지시설의 직원, 의사, 치과의사, 보건사, 간호사, 변호사 등에 대하여 아동학대의 조기발견 노력의무를 부과하고 있다(동법 제5조). 또한 아동상담소 등에 신고함에 있어서 발견자가 신고를 주저하는 일이 없도록 신고의 대상을 '학대를 받았다고 생각되는 아동'으로 함과 동시에(동법 제6조 제1항), 형법의 비밀누설죄 기타 비밀엄수의무가 신고에 저촉되지 않는다는 취지를 명확히 하고(동조 제3항), 나아가 신고를 받은 아동상담소 등의 비밀엄수의무를 규정하고 있다(동법 제7조). 다만, 신고의무위반에 대한 벌칙은 규정되어 있지 않다. 이에 관해서는 신고의 실효성을 담보한다는 관점에서 적어도 학대를 발견하기 쉬운 위치에 있는 의사 등에 대해서는 벌칙을 동반하는 신고의무를 부과해야 한다는 의견도 있다.

(2) 아동의 안전확인

아동상담소 등이 아동학대에 관한 신고를 접수한 경우 아동의 안전을 확인하기 위한 조치를 하여야 한다(아동학대 제8조). 또한 도도부현지사는 아동학대가 우려되는 경우에는 아동상담소의 직원 등에게 아동의 주소 또는 거소에 출입하여 필요한 조사 또는 질문을 하게 할 수 있다(동법 제9조 제1항). 이 현장조사를 정당한 이유없이 거부하는 등의 경우에는 벌칙이 있다(동조 제2항, 아복 제61조의5). 나아가 보호자가 정당한 이유 없이 현장조사를 거부하는 등의 경우 아동학대가 의심될 때에는 재판소가 발부하는 허가장으로 해당 아동의 주소 또는 거소에서 실력행사를 동반하는 임검 및 수색을 할 수도 있다(아동학대 제9조의3). 상기의 안전확인, 현장조사, 임검·수색 및 후술하는 일시보호에 있어서는 경찰의 원조를 요구할 수 있다(동법 제10조).

3. 피학대아동의 보호

학대가 명백해진 경우 아동과 부모를 분리하여 아동을 학대로부터 보호할 필요가 있다. 보호의 방법에는 일시보호와 사회적 양호가 있다.

일시보호란 아동상담소장이 아동을 일시보호소 등에 일시적으로 보호하는 조치이다(아복 제33조 제1항, 아동학대 제8조 제2항 제1호). 신속한 대응이 필요하므로 사법심사를 필요로 하지 않게 하는 한편, 그 기간을 원칙적으로 2개월 이내로 하고 있다(아복 제33조 제3항). 다만, 아동상담소장은 필요가 있다고 인정되는 경우 2개월을 초과하여 일시보호를 계속할 수 있다(동조 제4항). 종래는 아동상담소장의 판단만으로 일시보호의 계속이 가능했지만, 2017년 아동복지법이 개정되어 친권자 등의 의사에 반하여 2개월을 초과하여 일시보호를 계속하는 경우에는 2개월 마다 가정재판소의 승인을 얻어야 하도록 하였다(동조 제5항).

다른 한편, 사회적 양호란 아동을 위탁부모에게 위탁하거나 아동양호시설 등의 아동복지시설에 입소시키는 조치(아복 제27조 제1항 제3호)를 가리키며, 이러한 조치를 취하는 것이 친권자 등의 의사에 반하는 경우에는 가정재판소의 승인을 받아야 한다(동법 제28조 제1항). 동조치의 기간은 원칙적으로 2년 이내이지만, 해당 조치를 계속하지 않으면 보호자가 학대를 저지를 우려가 있다고 인정되는 경우에는 예외적으로 갱신이 가능하다. 갱신횟수의 제한은 없지만, 갱신할 때마다 가정재판소의 승인을 받도록 되어 있다(동조 제2항).

다만, 일시보호 또는 사회적 양호하에 있는 아동의 보호를 위하여 필요가 있는 경우 아동상담소장 등은 보호자에 대하여 해당 아동과의 면회 또는 통신을 제한할 수 있다(아동학대 제12조). 또한 특히 필요가 있는 경우 도도부현지사 또는 아동상담소장은 6개월 이내의 기간을 정하여 보호자에 대하여 해당 아동을 따라다니거나, 또는 해당 아동이 통상 소재하는 장소 주변을 배회하지 말 것을 명할 수 있다(동법 제12조의4 제1항. 이른바 '접근금지명령'). 동명령에 관계된 기간은 특히 필요가 있는 경우 6개월 이내의 기간을 정하여 갱신할 수 있다(동조 제2항). 이러한 명령을 위반한 경우에는 벌칙이 적용된다(동법 제18조).

4. 학대를 저지른 부모에 대한 지도

일시보호와 사회적 양호는 모두 임시적 보호조치에 불과하므로, 아동의 이익을 고려하면서 아동이 가능한 한 부모와의 애착관계를 재구축할 수 있도록 가족의 재통합을 촉진하는 지원을 할 필요가 있다(아동학대 제4조 제1항).

이를 위한 조치의 하나로서 아동복지사 등이 보호자에 대해 실시하는 지도(카운셀링과 심리요법 등)가 중요한 의의를 가진다. 아동복지법에 근거한 정식 조치로서 이러한 지도가 이루어지는 경우(아복 제27조 제1항 제2호) 보호자는 지도를 받을 의무가 있다(아동학대 제11조 제2항). 나아가 이러한 의무이행을 담보하기 위해 보호자가 지도를 받지 않는 때는 도도부현지사가 지도를 받도록 권고할 수 있고(동조 제3항), 보호자가 권고에 따르지 않은 경우에는 필요에 따라 아동에 대한 일시보호나 사회적 양호조치가 취해진다(동조 제4항). 나아가 보호자가 권고에 따르지 않고 해당 아동에 대하여 친권을 행사하게 하는 것이 현저히 그 복지를 해하는 경우에는 아동상담소장이 필요에 따라 친권상실 또는 친권정지의 심판청구(아복 제33조의7)를 하는 것으로 되어 있다(아동학대 제11조 제5항).[167] 또한 지금까지도 보호자에 대한 지도조치의 효과가 사회적 양호조치의 기간갱신에 관한 심판에서 고려해야 할 요소로서 규정되어 있었지만(아복 제28조 제2항), 2017년 개정으로 사회적 양호조치의 승인이 신청된 경우에 가정재판소가 도도부현에 대하여 보호자에 대한 지도조치를 하도록 권고할 수 있게 되어(동조 제4항), 권고한 경우에는 그 취지를 보호자에게 통지하도록 규정되었다(동조 제5항). 이에 따라 아동상담소의 지도조치가 가정재판소의 권고에 근거한 것이 되었고 그에 대한 대응에 따라 신고의 효과가 바뀔 수 있다는 점을 보호자가 인식하게 되었기 때문에 이것도 간접적으로는 지도조치의 실효성을 담보하는 기능을 한다고 할 수 있다.

---

[167] 친권의 상실은 그 요건이 엄격한데다가, 가족의 재통합에 지장을 초래할 우려가 크므로, 신청을 주저하는 경우가 많았다. 그래서 보다 이용하기 쉬운 제도를 만들자는 취지에서 2011년 민법 및 아동복지법을 개정하여 친권정지제도를 신설하고, 아동복지법 제33조의7에 따른 심판청구의 대상에 친권의 정지가 추가되었다("〈特集〉児童虐待防止に向けた法改正", ひろば 64권 11호, 2011 참조).

5. 관계기관 등의 연계협력

　　아동학대에 대한 대응으로 학대 발생 후 조기발견과 임시적 보호만으로는 충분하지 않고, 학대의 사전예방, 피학대아동의 자립지원과 가족재통합을 위한 지도 및 지원 등의 사후지원도 중요하다. 이러한 시책들을 통합적으로 추진해 가기 위해서는 아동복지의 핵심기관인 아동상담소뿐만 아니라 지방자치단체의 상담창구와 보건의료기관, 교육기관, 경찰, 민간의 학대방지단체 등이 서로 밀접하게 연계하고 협력해야 한다. 그리고 국가 및 지방자치단체는 이를 위한 체제를 정비하도록 노력해야 한다(아동학대 제4조). 이러한 연계를 유효하게 실시하는 데 관계기관으로 구성되는 요보호아동대책지역협의회(아복 제25조의2 제1항)가 중요한 역할을 맡고 있다.

[그림 2] 아동상담소의 아동학대상담대응건수의 추이

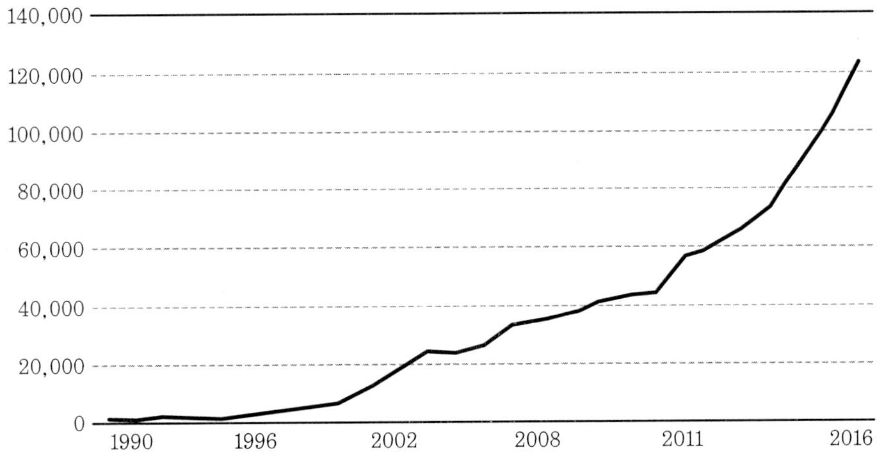

(출전) 후생노동성 "복지행정 보고례(福祉行政報告例)"

6. 법률의 실제 운용

　　[그림 2]에서 알 수 있는 것처럼, 아동상담소가 아동학대에 관한 상담에 대응한 건수[168]는 아동학대방지법 시행 전인 1999년에는 11,631건이었지만, 2016년도에는 122,575건으로 15여 년 만에 10배 이상 증가하고 있다. 이외에도 지방자치단체가 2015년 접수한 아동학대상담의 대응건수도 총 93,458건에 이르고 있다. 이렇게 수치가 증가한 이유로는 법률이 제정되면서 국민과 관계기관이 아동학대에 대해

---

168 아동상담소가 상담을 접수하고 원조방침회의의 결과에 따라 지도와 조치 등을 한 건수를 말한다.

가지는 의식이 높아졌고, 종래에는 방치되었던 아동학대가 신고되게 된 점이 크게 작용했다고 생각되므로 법률의 제정은 아동학대문제를 표면화시키는 데 상당히 효과적이었다고 할 수 있다.

한편, 대응건수가 이렇게 증가함에 따라 아동상담소의 부담이 과도해져 충분한 대응이 불가능하다는 문제가 발생하고 있고 아동상담소의 대응체제 강화가 시급한 과제로 되고 있다.

상담대응건수의 추이를 아동학대의 종류별로 살펴보면, 최근에는 심리적 학대가 현저하게 증가하여([그림 3] 참조), 상담대응건수 전체를 증가시키는 주요 원인이 되고 있다. 심리적 학대에 대한 상담건수를 증가시키는 요인의 하나는 경찰이 심리적 학대에 대하여 아동상담소에 통보하는 건수가 현저히 증가하고 있다는 점이다.[169]

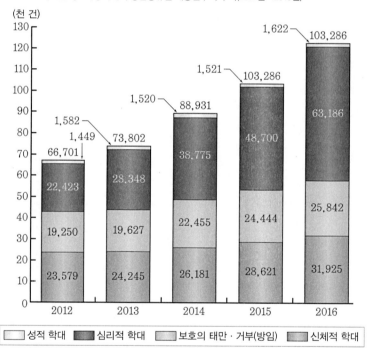

[그림 3] 아동학대의 상담종류별 대응건수의 추이(2012년~2016년)

(천 건)

성적 학대　　심리적 학대　　보호의 태만·거부(방임)　　신체적 학대

(출전) 2016년도 복지행정 보고례의 개황

---

[169] 아동학대에 관계된 경찰의 통고건수는 2015년 38,524건에서 2016년 54,813건으로 증가하였고, 그 증가분은 상담대응건수 전체 증가분의 84.4%를 차지하고 있다. 우선 심리적 학대 가운데 아동이 동거하는 가정에서 배우자에 대한 폭력이 있는 사안에 대하여 경찰의 통고가 증가하고 있다.(후생노동성, "平成28年度児童相談所での児童虐待相談対応件数").

상담건수가 증가함에 따라 아동학대를 이유로 실시되는 일시보호도 매년 건수가 증가하고 있다. 2005년에는 아동상담소의 일시보호소에의 일시보호와 아동복지시설 등에서의 일시보호위탁을 합쳐서 9,043건이었지만, 10년 후인 2015년에는 17,801건으로 증가하였다.

가정재판소가 사회적 양호조치와 친권상실·정지를 인정하는 사건도 동일하게 증가하는 경향을 보이고 있다([그림 4], [그림 5] 참조).[170]

[그림 4] 친권제한사건의 인용건수의 추이

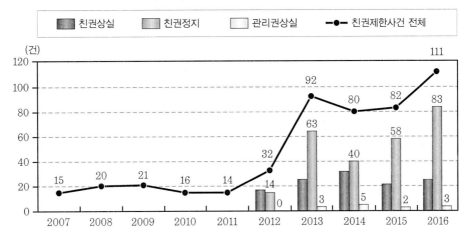

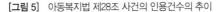

[그림 5] 아동복지법 제28조 사건의 인용건수의 추이

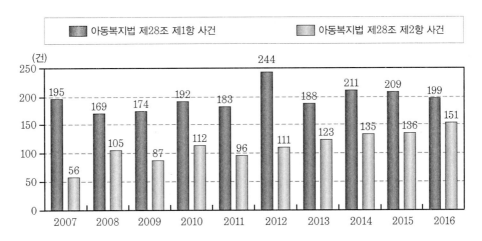

---

170 최고재판소 사무총국 가정국, "親権制限事件及び児童福祉法28条事件の概況"(2017년 4월).

Ⅱ DV방지법

본 법률은 주로 ① 배우자폭력상담지원센터의 설치, ② 피해자 보호(폭력발견자에 의한 신고, 배우자폭력상담지원센터가 하는 보호에 대한 설명 및 조언, 경찰이 하는 피해의 방지 및 원조, 복지사무소에 의한 자립지원, 관계기관의 협력연계 등) 및 ③ 보호명령제도에 관하여 규정하고 있다.

1. DV의 정의

"배우자로부터의 폭력DV"이란 배우자로부터의 신체에 대한 폭력(신체적 폭력) 또는 이에 준하는 심신에 유해한 영향을 미치는 언동(정신적 폭력 또는 성적 폭력)을 말한다. 혼인 중에 폭력을 당하고 이혼 후에도 계속하여 전배우자로부터 당한 폭력도 배우자로부터의 폭력에 포함된다(배우자폭력 제1조).[171] 또한 2013년에 법이 개정되어 생활의 본거지를 같이 하는 교제(혼인관계에서의 공동생활과 유사한 공동생활을 영위하고 있지 않은 경우를 제외한다.)를 하는 상대방으로부터의 폭력에 대해서도 본법을 준용하게 되었다(동법 제28조의2).

2. 배우자폭력상담지원센터의 설치

배우자폭력상담지원센터(이하 "지원센터"라고 한다)는 피해자의 보호 및 지원을 하는 핵심기관으로, 도도부현은 필수적으로 설치해야 하고 시정촌은 설치할 노력의무를 지게 된다(배우자폭력 제3조 제1항, 제2항). 현재 도도부현이 설치한 부인상담소 등의 시설이 센터로서의 기능을 수행하고 있다.

지원센터는 피해자 상담, 심신의 건강을 회복시키기 위한 카운슬링, 피해자의 일시보호, 피해자의 자립을 위한 원조, 보호명령제도와 보호시설의 이용에 관한 정보제공 등을 소관사무로 하고 있다.

---

171 본법의 "배우자"에는 혼인신고를 하지 않았지만, 사실상 혼인과 같은 사정에 있는 자도 포함되고, "이혼"에는 혼인신고를 하지 않았지만, 사실상 혼인과 같은 사정에 있던 자가 사실상 이혼한 것과 같은 상태가 되는 것도 포함된다(배우자폭력 제1조 제3항).

3. 보호명령제도의 창설

보호명령이란 배우자로부터 일정한 폭력 또는 협박을 당한 피해자가 배우자로부터 추가적인 폭력으로 생명 또는 신체에 중대한 위해를 입을 우려가 큰 경우, 피해자가 신청하면 재판소가 피해자의 생명 또는 신체에 위해가 가해지는 것을 방지하기 위해 해당 배우자에 대하여 일정기간, 피해자에의 따라다니기 등의 금지와 주거로부터의 퇴거를 명하는 것이다. 명령위반에 대해서는 벌칙규정을 두고 있다. 보호명령에는 다음과 같은 종류가 있다.

① 접근금지명령. 가해자에 대해 6개월간 피해자의 주거(해당 배우자와 함께 생활의 본거지로 하고 있는 주거를 제외한다.), 기타 장소에서 피해자를 따라다니거나 또는 피해자의 주거, 근무처 기타 통상 소재하는 장소의 부근을 배회하는 것을 금지하는 것이다(배우자폭력 제10조 제1항 제1호).

② 퇴거명령. 가해자에 대해 2개월간 피해자와 함께 생활의 본거지로 하고 있는 주거로부터의 퇴거를 명함과 동시에 그 부근을 배회하는 것을 금지하는 것이다(동조 제1항 제2호).

또한 ①의 접근금지명령과 같이 다음의 명령을 할 수 있다.

(a) 전화 등을 통한 접근금지명령. 피해자에 대해 면회요구, 무언전화, 전화·팩스·이메일을 연속하여 보내기, 긴급 상황을 제외한 야간전화 등, 오물·동물사체의 송부, 성적 수치심을 해하는 문서 등의 송부 등을 금지하는 것이다(동조 제2항). 접근금지명령으로 '따라다니기'나 '배회'라는 직접적인 접근행위를 금지하는 것만으로는 보호의 실효성을 확보할 수 없는 경우가 있으므로 위와 같은 접촉행위도 함께 금지한다는 취지이다.

(b) 피해자 자녀에의 접근금지명령. 피해자와 동거하는 자녀에 대한 접근을 금지하는 것이다(동조 제3항). 접근금지명령만으로는 가해자가 친권을 구실로 피해자와 동반하는 자녀에게 접근함으로써 접근금지명령의 실효성을 상실시키는 사태가 있을 수 있으므로, 이를 방지하기 위한 것이다.

(c) 피해자의 친족 등에의 접근금지명령. 배우자가 피해자의 친족이나 피해자와 사회생활에서 친밀한 관계에 있는 사람의 주거에 찾아가 현저히 난폭하고 거친 언동을 하는 등의 사정이 있는 경우, 친족 등의 동의를 얻어 친족 등에 대한 접근을 금지하는 것이다(동조 제4항, 제5항).

이상의 보호명령에 위반한 경우에는 1년 이하의 징역 또는 100만 엔 이하의 벌금에 처해진다(배우자폭력 제29조).

4. 법률의 실제 운용

2017년 3월 기준, 전국에 총 272개의 시설(이 중 시정촌이 설치한 것은 99개소)이 지원센터로 기능하고 있다. 지원센터에서 접수한 상담건수는 2002년에 35,943건이었는데, 2015년에는 111,630건으로 매년 증가하고 있다.[172] 또한 경찰의 폭력상담대응건수도 2001년에 3,608건이었는데 매년 증가하여 2016년에는 69,908건에 이르고 있다.[173] 또한 부인상담소가 남편 등의 폭력을 이유로 일시보호한 여성의 인원수는 2002년 3,974명이었지만, 2014년에는 4,143명으로 증가하였다.

보호명령의 발령건수는 2002년에 1,128건이었는데, 2015년 이후는 연간 2000건을 넘어 2016년에는 2,082건으로 증가하였다([그림 6] 참조). 보호명령위반에 대한 검거건수는 2016년 108건이고 최근 5년 동안에는 정체상태를 보이고 있다.[174]

[그림 6] 배우자폭력 등에 관한 보호명령사건의 처리상황의 추이

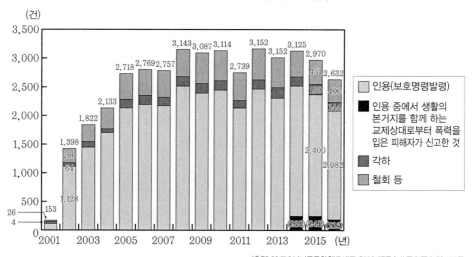

(출전) 2017년 남녀공동참획백서(平成29年版男女共同参画白書), 108쪽.

---

172 2017년 남녀공동참획백서, 106쪽.

173 2017년 경찰백서, 102쪽.

174 2017년 경찰백서, 103쪽.

Ⅲ 고령자학대방지법

본 법률은 가정 내에서 보호자가 저지르는 고령자학대와 시설 내에서 종업원 등이 저지르는 고령자학대에 대해 규정하고 있다. 이 중에서 전자에 관한 주요 내용은 다음과 같다.

고령자학대란 65세 이상의 사람을 보호자가 학대하는 것을 가리키며, 구체적으로는 ① 신체적 학대, ② 심리적 학대, ③ 성적 학대, ④ 방임, ⑤ 경제적 학대의 5가지 유형이 포함된다(고령학대 제2조 제4항). ①부터 ④는 아동학대방지법상의 행위유형에 준하는 것이지만, 고령자학대의 특성을 반영하여 ⑤의 경제적 학대(보호자 또는 고령자의 친족이 해당 고령자의 재산을 부당하게 처분하는 것, 기타 해당 고령자로부터 부당하게 재산상의 이익을 얻는 것)라는 새로운 행위유형을 규정하고 있다.

고령자학대를 방지하는 데 핵심적인 역할을 하는 기관은 시정촌이지만, 업무의 대부분은 시정촌의 위탁을 받은 지역포괄지원센터가 하도록 되어 있다(고령학대 제17조).

고령자학대의 방지는 아동학대의 경우와 동일하게 문제가 심각해지기 전에 조기대응하는 것이 중요하므로 발견, 신고, 보호라는 일련의 조치 관련 규정은 아동학대방지법과 유사한 점이 많다. 즉, 의사 등 전문직은 학대의 조기발견 노력의무(고령학대 제5조)가 있고, 학대를 발견한 사람은 시정촌에 신고의무(동법 제7조 제1항, 제2항)가 있으며, 신고를 접수한 경우 시정촌은 안전확인·사실확인(동법 제9조 제1항)을 하고, 지역포괄지원센터의 직원은 현장조사 및 현장조사 시 경찰서장에 대한 원조의 요청(동법 제11조 제1항, 제12조 제1항)을 하며, 고령자단기입소시설에 일시보호(동법 제9조 제2항, 제10조)하고, 입소조치가 취해진 경우 보호자를 고령자와 면회제한(동법 제13조)하며, 학대 방지 및 고령자보호를 위해 시정촌은 고령자 및 보호자에 대한 상담·지도·조언(동법 제6조)하는 것 등이 규정되어 있다.

다른 한편, 아동학대와 달리 고령자학대의 경우 피해자가 자율적인 결정이 가능한 성인이라는 고유의 특성도 가지고 있다는 점을 반영하고 있는데, 예를 들어 신고의무와 현장조사의 요건으로 '고령자의 생명 또는 신체에 중대한 위험이 발생하고 있을 우려가 있을' 것이 요구되고, 또한 임검·수색제도와 접근금지명령제도가 없는 등 보호자와 고령자와의 관계에 과도하게 개입하지 않도록 배려하고 있다.

또한 보호자가 학대하는 데는 돌봄에 따른 피로나 경제적 요인 등이 영향을 주는 부분이 크므로, 학대를 하는 측인 보호자에 대해서도 고령자와 동일하게 원조가 필요하다는 관점에서 시정촌에 대해 보호자의 부담을 경감해 주기 위해 보호자에 대한 상담·지도·조언 기타 필요한 조치를 강구할 것, 긴급한 경우, 고령자를 단기간 양호하기 위한 거실을 확보하는 조치를 강구할 것 등을 요구하고 있다(고령학대 제14조).

다만, 국가 및 지방자치단체는 고령자학대의 방지 및 고령자의 보호와 재산상의 부당거래로 인한 고령자의 피해 방지 및 구제를 위하여 성년후견제도의 이용을 촉진해야 한다고 규정하고 있다(고령학대 제28조).

제 3 절   형사사법상의 대응

학대방지법상의 대상행위는 범죄가 성립되는 경우가 많으므로 형사사법상의 대응방식에 대해서도 검토할 필요가 있다.

I   수사단계와 공판단계

과거 경찰은 민사불개입의 원칙하에 가정 내 폭력에는 소극적으로 개입해 왔다. 그러나 가정 내라고 하더라도 범죄가 발생하면 그것은 이미 민사영역을 넘었기 때문에 경찰의 소극적인 대응을 민사불개입의 원칙만으로 설명하는 것은 문제가 있다. 오히려 그 배경에는 가정 내 다툼은 당사자의 대화로 해결해야 하므로 공권력이 참견하는 것은 삼가야 한다는 "법은 가정에 개입하지 않는다"라는 발상과 가정 내 사건은 파악하기 어려울 뿐만 아니라 파악이 가능하다고 해도 친권이 결부되어 있는 등 범죄 성립 여부가 미묘한 사안이 적지 않은 점, 나아가 피해자가 이후의 수사에 비협조적이며 피해신고를 취소하는 경향이 강했던 점 등의 사정이 있었다고 지적되고 있다.[175] 그러나 최근에는 '개인의 생명, 신체 및 재산의 보호'라는 책무(경찰 제2조)를 완수하기 위해 가정 내의 문제에도 경찰이 적극적으로 개입하는 것을 학대방지 3법이 지지해 주고도 있어서 경찰의 대응은 크게 바뀌었다.[176] 실제로도 최근 아동학대 관련 사건의 검거건수 및 배우자로부터의 폭력 관련 검거건수 모두가 증가경향을 보이고 있어([그림 7]·[그림 8] 참조), 경찰이 적극적으로 대응하고 있음을 알 수 있다.

[그림 7] 아동학대 관련 사건 검거건수·검거인원의 추이(죄종별)

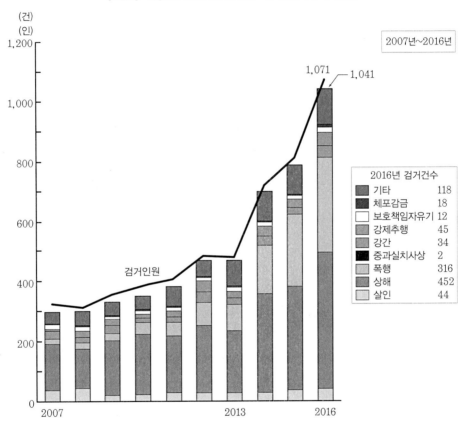

주 1. 경찰청 생활안전국 자료에 따른다.

 2. '살인' 및 '보호책임자유기'는 모두 동반자살, 출산 직후의 사안을 포함하지 않는다.

 3. '기타'는 미성년자약취, 아동매춘·아동포르노금지법위반, 아동복지법 위반 등이다.

(출전) 2017년 범죄백서, 169쪽.

---

175 中川正浩, "家庭内事案への公の介入", 警学 63권 7호, 2010,   42쪽, 青山彩子, "家族·近親者からの被害防止", 大沢秀介ほか編 社会の安全と法, 立花書房, 2013, 209쪽.

176 青山彩子, 앞의 주175), 210쪽 이하.

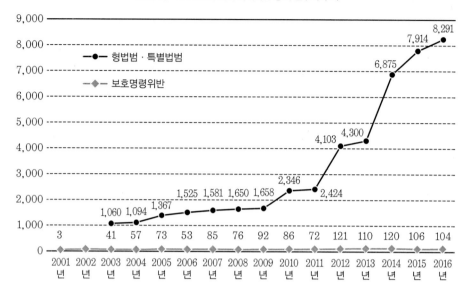

[그림 8] 배우자로부터의 폭력사안 등의 건수의 추이

(출전) 경찰청. "2016년 스토커사안 및 배우자폭력사안에의 대응상황(平成28年におけるストーカ事案及び配偶者からの暴力事案への対応状況について)"

수사 및 공판단계에서 피해자와 가해자 각각에 대하여 가정 내 폭력의 특성을 반영한 대응이 요구된다.

우선 피해자에 대해서는 심리적 부담을 경감하도록 배려할 필요가 있다. 피해자는 참고인과 증인으로 형사절차에 관여하게 되는데, 자신의 친족을 유죄로 하는 방향으로 진술 및 증언을 하는 것이기 때문에 다른 형사사건에 비해 보다 무거운 심리적 부담을 지게 되는 경우가 적지 않다. 피해자가 아동인 경우 재판 후에도 가족관계가 지속되는 경우가 많으므로 문제는 더욱 심각하다. 또한 가정 내 폭력은 밀실에서 이루어지므로 목격증인이 존재하지 않는 경우가 많아 사실을 인정하는 과정에서 피해자에 대한 경찰의 조사와 변호인의 반대신문이 상세하고 엄격하게 이루어지는 경우도 있을 수 있다. 이러한 이유로 발생하는 피해자의 심리적 부담과 데미지를 완화하기 위해서는 증인신문을 할 때 신뢰관계인이나 비디오링크를 활용하여 증인신문을 하는 등 기존 제도를 활용하고, 이에 더하여 아동과 여성이라는 피해자의 특성을 고려한 조사 및 증인신문을 가능하게 하는 새로운 조치를 검토할 필요가 있다(연소자에 대한 사법면접의 기법에 대해서는 제3편 제2장 제1절 I 2 참조).

다음으로 가해자에 대해서는 사건의 특성을 반영하여 적절하게 양형을 하는 것이 중요하다. 전반적인 가정 내 폭력의 양형실태가 분명하게 밝혀지지는 않았지만, 예를 들어 아동학대에 대해서는 양형이 상당히 엄정해지고 있다고 알려지고 있다.[177] 가정 내 폭력은 약자에 대한 용서할 수 없는 범죄행위라는 인식이 사회에 정착되고 있다는 하나의 증거라고도 할 수 있지만, 적절하게 양형을 한다는 관점에서는 행위를 객관적으로 평가할 뿐만 아니라, 가해자의 개선갱생으로 재범을 방지한다는 관점도 필수적이다. 그리고 양형을 할 때 가족의 재통합 가능성도 고려해야 할 요소의 하나이며 특히 가해자와 피해자의 관계성이 지속되는 경우가 많은 아동학대의 경우 재통합을 위한 부모의 치료와 처우의 필요성을 고려하며 양형하는 것이 바람직하다. 이 점에 관하여 현재의 형사재판은 가정 내 폭력을 저지른 가해자 자신과 가정 상황 등의 배경사정을 충분히 해명하고 있지 않다는 지적도 있으며 이를 가능하게 하는 방법을 검토하는 것이 앞으로의 과제라 할 수 있다.

Ⅱ 교정보호

가해자가 형벌을 선고받은 경우 형사시설 수용기간과 보호관찰기간을 유효하게 활용하여 효과적으로 처우함으로써 가해자의 개선갱생을 도모하는 것이 중요하다. 또한 교정보호를 통해 이루어지는 처우에는 복지행정분야의 지도와 비교해 볼 때 동기부여가 곤란한 대상자에 대해서도 보다 강력한 개입이 가능하다는 이점도 있다. 다만, 이러한 이점을 살리기 위해서는 처우체제를 효과적으로 정비할 필요가 있다.

1. 시설 내 처우

형사수용시설법이 시행된 후 '특별개선지도'로 6종류의 전문적 처우프로그램이 발족하여 수형자가 가진 특정한 문제성에 초점을 맞추어 처우하고 있지만, 가정 내 폭력의 문제에 특화된 전문적 처우프로그램은 아직 존재하지 않는다. 물론 가정 내 폭력의 원인이 약물 사용과 무직으로 인한 생활불안정 등에 있는 경우에는 기존

---

177 岩佐嘉彦, "児童虐待と刑事司法について", ジュリ 1428호, 2011, 111쪽.

의 프로그램을 적용하여 어느 정도 대처가 가능하지만, 여기에는 근본적인 한계가 있다. 또한 피해자의 시점을 반영한 교육프로그램도 주로 가족 외의 피해자를 상정한 것으로 피해자가 가족인 경우에는 이 프로그램을 사용한 지도는 곤란하다는 지적도 있다.[178] 가정 내 폭력의 수형자 수가 아직 적기 때문에 특화한 처우프로그램을 만들기 어렵다는 문제는 확실히 있지만 적어도 기존 프로그램을 운용하면서 지도내용에 차이를 두는 등의 개선이 필요할 것이다.

2. 사회 내 처우

시설 내 처우와는 대조적으로 사회 내 처우에서는 가정 내 폭력에 초점을 맞춘 처우가 실시되어 왔다. 즉, 1990년부터 보호관찰대상자에 대한 유형별 처우를 실시하여 왔는데, 그중 하나로 '가정 내 폭력'이 있다. 당초 이 유형은 소년이 부모에게 휘두르는 폭력에 초점을 맞추고 있었는데 2003년 처우요령을 개정하면서 아동학대와 DV도 대상자에 포함하게 되었다. 2016년말 기준으로 '가정 내 폭력' 유형별 처우의 대상자 수는 441명인데, 이 중에 아동학대가 110명, DV가 219명이다.[179] 대상자 수는 증가하고 있지만 유형별 처우는 일반적인 처우지침을 제시하여 보호관찰관과 보호사[180]의 지식을 향상시키고 처우기법을 통일시키는 것을 주요 목적으로 하고 있어 전문적 처우프로그램을 제공하는 것은 아니다.

전문적 처우를 실시한다는 의미에서 갱생보호법을 제정하면서 발족한 '폭력방지프로그램'이 중요하다. 이는 가정 내 폭력을 포함한 특정한 폭력사범의 대상자에 대해서 인지행동요법에 근거하여 인지의 왜곡을 시정함과 동시에, 분노와 충동적 감정의 통제수단을 습득시키는 것을 목적으로 하고 있다. 이 처우프로그램은 갱생보호법상 전문적 처우프로그램으로 활용되고 있으며 수강이 특별준수사항으로서 의무화되어 있다. 다만, 이 프로그램도 가정 내 폭력의 문제에 특화된 것이 아니기 때문에 프로그램을 더욱 더 세분화하는 것이 필요하다.

---

178 前沢幸喜, "重大事犯者の処遇の実情と課題—刑事施設における特別改善指導を中心として", ひろば 64권 1호, 2011, 41쪽.

179 2017년 범죄백서, 70쪽.

180 역자 주: 우리나라의 법사랑위원.

제 4 절   향후 과제

　이상 각 주제별로 다룬 논점 외에도 다음과 같이 검토를 필요로 하는 입법상의
과제가 있다.

　첫 번째는 가정 내 폭력의 발견시스템의 하나로서 벌칙을 동반하는 신고 · 통보
제도를 도입하는 것의 당부이다. 학대방지 3법의 제정으로 학대가 표면화되기 쉬
워졌다고는 하지만 미국과 유럽에 비하여 아직 불충분하기 때문에 현재의 통보 ·
신고의 의무의 실효성을 높이기 위해서 의무 위반에 대해 벌칙을 두어야 한다는 의
견이 있다. 다른 한편으로는 신고 · 통보가 더 증가하는 경우 복지행정의 대응능력
의 한계, 의사 등 전문직과 고객과의 신뢰관계 파탄과 직업적 딜레마 등을 이유로
반대하는 의견도 유력하다. 현행의 행정법규들도 예외적인 경우에만 통보의무위
반에 대한 벌칙규정을 두고 있는 점도 고려한 다음 다른 법제와의 정합성을 염두에
두며 신중하게 검토해야 할 것이다.

　두 번째 과제는 복지행정기관의 가해자에 대한 지도의 실효성을 어떻게 담보할
것인가이다. 예를 들어, 아동학대방지법은 부모가 아동상담소의 지도를 받도록 의
무지우고 있지만 의무위반에 대한 직접적인 제재가 없어 지도를 거부하는 부모에
대한 대응이 곤란하다는 문제가 존재한다. 그에 따라 이른바 '카운셀링수강명령'을
도입해야 한다는 제안도 있는데, 그 경우 명령의 발령주체를 행정기관으로 할 것인
지, 아니면 사법기관으로 할 것인지, 명령의 실효성을 담보하는 수단으로서 벌칙을
둘 것인지, 아니면 친권제한과 같은 민사적 수단에 그칠 것인지 등을 둘러싸고 다
양한 발상이 가능하다. 그 도입의 당부도 향후의 검토과제라고 할 수 있다.

　세 번째는 형법상의 범죄유형으로 예를 들어 '아동학대죄'나 'DV죄'와 같은 새
로운 범죄유형을 창설할지 여부로 이에 대해서도 의견은 나뉘어 있다. 적극론자들
도 주장이 통일되지 않아 기존의 살인, 상해, 강간 등 범죄의 가중유형을 규정해야
한다는 의견, 현행법으로는 처벌할 수 없는 심리적 학대 등의 행위까지 포섭한 범
죄유형을 규정해야 한다는 의견, 학대행위의 범죄성을 명시한다는 의미로 학대죄
를 규정해야 한다는 의견 등이 있다. 다른 한편으로 기존 범죄유형의 법정형이 이
미 충분히 무겁다는 점, 생명 · 신체에 위험이 없는 심리적 학대까지 처벌대상으로
하는 것은 적절하지 않다는 점 등을 이유로 한 반대의견도 제기되고 있다.

이상의 입법과제 이외에도 실무의 운용방식에 대해서도 검토해야 할 과제가 적지 않다. 지금까지 국가와 지방자치단체는 피해자의 안전확보를 최우선으로 한다는 생각에 근거하여 피해자의 조기발견과 보호에 대한 대응을 중심으로 대처를 강화해 왔고, 그 결과로서 행정창구에의 신고 · 통보가 매년 증가하고 일시보호와 시설입소도 증가하고 있다. 이 자체는 피해자보호의 관점에서 바람직한 현상이라고도 할 수 있지만, 다른 한편으로 가족분리 후의 재통합을 위한 가해자 지도와 예방을 위한 가정지원에의 대처는 충분하다고 하기는 어렵다. 학대문제에 대해서는 사전예방, 조기발견, 피해자의 보호, 가해자의 지도 · 치료, 가족의 재통합, 사후지원이라는 연속적인 대응이 중요하다. 이를 효과적으로 추진하기 위해서는 아동상담소 등 핵심기관의 체제를 인적 · 질적인 측면에서 강화함과 동시에, 의료, 보건, 교육, 사법, 경찰 등과 연계협력체제를 더욱 더 강화해 갈 필요가 있다.

〔참고문헌〕

朴元奎, "『家庭内暴力』に関する法的対応とその課題—いわゆる『虐待防止三法』の制定と改正をめぐる動向を中心として", 犯罪と非行 160호, 2009.

岩井宣子編, ファミリー · バイオレンス, 尚学社, 2010.

刑事政策研究会, "児童虐待" ジュリ 1426호, 2011.

"〈特集〉 ファミリー · バイオレンス", 刑法雑誌 50권 3호, 2011.

町野朔＝岩瀬徹編, 児童虐待の防止, 有斐閣, 2012.

"〈特集〉 児童虐待と現代社会", 犯罪と非行 175호, 2013.

"〈小特集〉 DV問題の諸相", 法時 86권 9호, 2014.

"〈特集〉 児童虐待の現状と回復への取組—防止法施行15年を迎えて", ひろば 68권 9호, 2015.

"〈特集〉 児童虐待防止のこれから—子どもの健全な育成に向けて", ひろば 70권 12호 2017.

제 7 장 교통범죄

제 1 절 교통범죄의 의의와 특색

교통범죄란 광의로는 교통에 관련된 모든 범죄를 의미하지만, 그 대부분을 차지하는 것은 도로교통에 관련된 범죄이다. 도로교통에 관한 규칙을 정한 행정단속법규가 도로교통법(1960년 제정)으로 그 위반을 대부분 범죄로 규정하고 있다. 또한 이와 별도로 사람의 사상을 동반하는 경우 「자동차의 운전으로 사람을 사상시킨 행위 등의 처벌에 관한 법률」(자동차운전사상행위처벌법)에서 위험운전치사상죄(제2조·제3조), 과실운전치사상죄(제5조) 및 과실운전치사상알코올등영향발각면탈죄(제4조)가 규정되어 있다.

교통사고는 사람의 생명과 신체라는 중대한 법익의 침해를 초래하는 것으로, 자동차 운전은 그러한 위험성을 동반하기 때문에 악질적인 위반과 그 결과로 생명, 신체의 침해가 발생하는 경우 엄한 처벌이 요구된다.

다른 한편으로 도로교통법 위반 및 과실운전치사상죄는 자동차를 운전하는 사람이라면 누구라도 저지를 수 있다는 의미에서 교통범죄는 다른 범죄와는 달리 일반성이라는 특징을 가지고 있다. 이에 더하여 운전면허보유자수가 8,200만 명을 넘은 지금은 그 숫자 자체도 막대하다. 2016년 차량 등의 위반으로 단속된 도로교통법 위반의 건수는 673만 9,199건, 과실운전치사상죄의 송치건수는 47만 7,522건이다. 이렇게 대량성과 일반성이라는 특징이 있기 때문에 교통범죄에 대해서는 특별한 대응이 필요하다.

제 2 절 악질·중대한 교통범죄에의 대응

I 도로교통법상의 범죄

최근 도로교통법 위반 가운데서도 음주운전에 대한 벌칙이 현저히 강화되고 있다. 2001년 개정 전에는 주취운전에 대한 법정형이 2년 이하의 징역 또는 10만 엔 이하의 벌금, 취기운전의 법정형이 3월 이하의 징역 또는 5만 엔 이하의 벌금이었지만, 2001년과 2007년 두 번에 걸쳐 상향되어 현재는 주취운전이 5년 이하의 징역 또는 100만 엔 이하의 벌금, 취기운전이 3년 이하의 징역 또는 50만 엔 이하의 벌금이다. 나아가 2007년 개정에서는 음주운전을 할 우려가 있는 사람에 대하여 차량과 주류를 제공하는 행위와 음주운전을 의뢰하거나 요구하여 해당 차량에 동승하는 행위 등 음주운전을 조장하는 행위에 대하여 독립된 처벌규정을 두었다.

이 중에서도 2007년 개정은 2006년 음주운전을 한 차에게 추돌당한 자동차가 바다에 추락하면서 해당 차량에 타고 있던 아동 3명이 사망한 사건을 계기로, 음주운전 박멸을 요구하는 사회적 목소리가 높아지는 가운데 그 일환으로 이루어진 것이다.

나아가 뺑소니사건의 발생건수 증가를 반영하여 2001년에 구호의무위반의 법정형이 3년 이하의 징역 또는 20만 엔 이하의 벌금에서 5년 이하의 징역 또는 50만 엔 이하의 벌금으로 상향되었다. 그러나 인과관계가 분명하지는 않지만 동시에 신설된 위험운전치사상죄의 적용을 면하기 위해 도망친 사람이 증가하면서 결과적으로 뺑소니 발생건수는 감소하지 않았다고 지적되었다. 따라서 뺑소니를 억제하기 위해 2007년 개정에서는 구호의무를 위반하고 또한 해당 사고가 원인으로 피해자가 사망한 경우에는 법정형이 10년 이하의 징역 또는 100만 엔 이하의 벌금으로까지 상향하였다.[181] 이에 따라 구호의무위반은 단순한 행정법규위반이 아니라 사람의 생명신체도 보호법익으로 하는 범죄로서 자리매김하게 되었다고 할 수 있다.

---

[181] 이에 따라 뺑소니 사망사고의 경우 자동차운전과실치사죄와 구호의무위반의 경합죄로 최장 15년까지 형을 과할 수 있게 되었다.

자동차운전에 수반하는 과실로 사람을 사상시킨 경우, 당초에는 형법전상의 업무상과실치사상죄로 처벌되었는데, 원래의 법정형은 3년 이하의 금고 또는 벌금이었다. 그러나 교통사고가 증가함에 따라 1968년에 5년 이하의 징역 혹은 금고 또는 벌금이 되며, 법정형에 징역이 추가됨과 동시에 상한도 상향되었다.

그러나 1999년 정차 중이던 승용차에 음주운전 트럭이 충돌하여 어린 자매가 사망한 사건 등을 계기로, 업무상과실치사상죄의 법정형이 낮을 뿐만 아니라 악질적인 운전으로 사람을 사상시킨 행위를 업무상과실치사상죄라는 과실범으로 처리하는 것 자체에 의문이 제기되었다.

이에 따라 2001년 형법이 개정되면서 위험운전치사상죄가 신설되어 알코올과 약물의 영향으로 정상적인 운전이 곤란해진 상태에서 자동차[182]를 주행시키는 등, 고의로 위험한 운전행위를 하여 그 결과 사람을 사상시킨 행위를 폭행으로 사람을 사상시킨 행위에 준하여 처벌하게 되었다[(구)형 제208조의2)]. 동죄의 신설 시 법정형은 사람을 부상에 이르게 한 경우 10년 이하의 징역, 사람을 사망에 이르게 한 경우 1년 이상의 징역이었지만, 2004년의 개정으로 전자는 15년 이하의 징역이 되었고 후자는 상한이 15년에서 20년으로 상향되었다.

나아가 업무상과실치사상죄 자체에 대해서도 벌칙을 강화하자는 의견이 있었을 뿐만 아니라 2002년 이후 자동차운전으로 인한 업무상과실치사상사건에 대하여 그 법정형과 처단형의 상한에 가깝게 양형이 이루어지는 사안이 종전에 비하여 대폭적으로 증가하면서 사안의 실태에 따라 과형을 가능하도록 하는 개정이 필요한 상황에 직면하게 되었다. 또한 자동차 운전은 업무상과실치사상죄가 적용되는 업무중에서도 사람의 생명·신체를 침해할 위험성이 유형적으로 높은 점에 더하여, 기계화·조직화된 안전확보시스템이 정비된 철도와 항공기 등과는 달리, 자동차운전에 따른 사고를 방지하기 위해서는 기본적으로는 운전자 개인의 주의력에 의존하는 바가 크다는 의미에서 자동차 운전자에게는 특히 중한 주의의무가 부과되고 있고, 그러한 점에서 자동차 운전자에 의한 과실치사상사건에 대해서는 다른

---

182 위험운전치사상죄를 신설한 당초에는 4륜 이상의 자동차로 한정하고 있었지만 2007년 개정으로 자동2륜차도 대상이 되었다.

사건과 구별하여 무거운 책임을 물을 실질적 근거가 인정된다.[183] 따라서 2007년의 개정으로 업무상과실치사상에서 분리시키는 형태로 자동차운전과실치사상죄가 신설되어, 법정형은 7년 이하의 징역 혹은 금고 또는 100만 엔 이하의 벌금으로 규정되었다[(구)형 제211조 제2항].

이렇게 위험운전치사상죄와 자동차운전과실치사상죄를 신설하여 사람의 사상이라는 결과를 동반하는 자동차운전에 대해서는 그 악질성, 위험성에 따른 처벌체계가 갖추어졌다. 그러나 이러한 체계에서도 음주운전과 무면허운전과 같이 악질적이고 위험한 운전으로 사람을 사상케 하였지만 위험운전치사상죄의 구성요건에는 해당하지 않아 자동차운전치사상죄로밖에 처벌할 수 없는 경우가 여전히 문제로 남게 되었다. 이후에 실제로 그러한 사안이 발생하였고 기존제도에 대한 비판이 제기되면서 2013년 운전의 악질성과 위험성에 대응한 벌칙규정을 보다 상세하게 두도록 개정되었다. 새로운 벌칙규정에 따라 자동차운전사상행위처벌법이 제정되어 형법전상의 위험운전치사상죄와 자동차운전과실치사상죄에 관한 규정도 자동차운전사상행위처벌법으로 옮겨졌다.

새로운 벌칙규정으로, 첫 번째는 알코올이나 약물 또는 질병[184]의 영향으로 인해 주행 중에 정상적인 운전에 지장이 발생할 우려가 있는 상태로, 이를 자신이 알고 있으면서 자동차를 운전하고, 그 결과 알코올이나 약물 또는 질병의 영향으로 정상적인 운전이 곤란한 상태에 빠져 사람을 부상에 이르게 한 경우에는 12년 이하의 징역, 사망에 이르게 한 경우에는 15년 이하의 징역에 처한다는 취지의 규정이 마련되었다(자동차운전치사상 제3조). 이는 위험운전치사상죄의 새로운 유형으로 볼 수 있는데, 종래의 위험운전치사상죄(제2조)와 달리 운전 개시 시에는 알코올 등의 영향으로 정상적인 운전이 곤란한 상태에 있을 필요가 없고, 그러한 의미에서 악질성과 위험성이 낮기 때문에 법정형이 낮게 규정되어 있다.

두 번째로, ① 알코올이나 약물 때문에 정상적인 운전에 지장이 발생할 우려가 있는 상태에서 자동차를 운전하고, ② 자동차를 운전할 때에 필요한 주의를 하지 않아 사람을 사상시킨 경우로, ③ 운전 시의 알코올 또는 약물의 영향 유무 또는 정도가 발각되는 것을 면할 목적으로 이를 위한 행위를 한 사람은 12년 이하의 징역

---

183 江口和伸, "刑法の一部を改正する法律について", ジュリ 1342호, 2007, 137쪽.

184 "자동차 운전에 지장을 미칠 우려가 있는 병으로서 정령으로 정한 것"으로 되어 있고, 정령은 일정한 요건을 충족하는 통합실조증과 간질 등을 규정하고 있다(자동차운전치사상령 제3조)

에 처하는 것으로 규정하였다(제4조). 이는 음주운전을 하여 사람을 사상시킨 경우 범인이 현장에서 도망가는 등 위험운전치사상죄의 요건을 판단하는 증거를 없애고 그 적용을 면하려고 하는 문제에 대처하기 위해 위의 세 가지 행위를 복합한 구성요건을 규정하여 무겁게 처벌하는 것이다.[185]

세 번째로, 위험운전치사상죄(제2조·제3조), 과실운전치사상알코올등영향발각면탈죄(제4조), 과실운전치사상죄(제5조) 모두에 대하여 무면허운전을 동반하는 경우 그만큼 형이 가중된다고 규정하고 있다(제6조).

Ⅲ 엄벌화의 효과

도로교통법 위반 가운데 비반칙사건의 단속건수 추이를 살펴보면([그림 1] 참조), 취기운전·주취운전의 단속건수는 다른 위반과 비교하여 2000년 이후 크게 감소하였고, 특히 벌칙이 강화된 2001년 및 2007년 전후에 크게 감소하였다. 원래 단속건수는 경찰의 단속방침에 따라 좌우되는 측면이 있지만, 암수가 비교적 적다고 생각되는 음주운전 사고건수도 같은 추세를 보이고 있어([그림 2] 참조), 실제로도 음주운전이 줄었다고 할 수 있을 것이다. 음주운전과 같이 고의로 저지르는 행위에 대해서는 적어도 단기적으로는 벌칙강화를 통한 직접적인 효과를 거두기 쉽다고 할 수 있다.

다만, 2007년 개정될 때는, 2006년 9월에 정부의 중앙안전대책회의의 교통대책본부가 음주운전에 대한 국민의 의식개혁을 추진하여, 음주운전 근절을 목적으로 음주운전을 한 공무원에 대하여 엄정하게 대처하고, 자동차운송업자와 요식업자에 대한 지도, 국민홍보 등의 조치를 한다는 취지로 결정하였고, 사회전체가 이를 반영하여 음주운전 박멸을 위한 기운이 고조되고 있었다는 상황도 있었다. 개정법의 시행을 기다릴 것 없이 감소경향이 나타난 것은 여기에도 이유가 있다. 따라서 음주운전의 감소를 벌칙 강화의 효과로만 볼 수는 없다. 벌칙이 강화되고 시간

---

185 保坂和人, "自動車の運轉により人を死傷させる行爲等の處罰に關する法律について", 警学 67권 3호, 2014, 59쪽. 뺑소니에 대해서는 도로교통법상의 구호의무위반이 별도로 성립하기 때문에 이 경우 양자의 경합죄로 최고 18년의 징역형을 부과할 수 있다.

이 지난 최근에도 음주운전 단속건수와 음주사고가 다시 증가하고 있지 않다는 점에서 음주운전이 용서받을 수 없는 범죄라는 인식이 국민 사이에 확산되었고, 이러한 인식이 음주운전에 대한 억지력이 되고 있음을 알 수 있다. 책임에 따른 형벌이라는 관점에서는 제한 없이 법정형을 상향할 수 없으므로 엄벌화를 통한 억지력에는 처음부터 한계가 있고 다른 시책과 같이 조합하여 시행하는 것이 필수적이다. 음주운전대책은 이러한 조합이 유효하게 기능한 사례라고 할 수 있다.

[그림 1] 도로교통법 위반 비반칙사건의 단속건수 추이

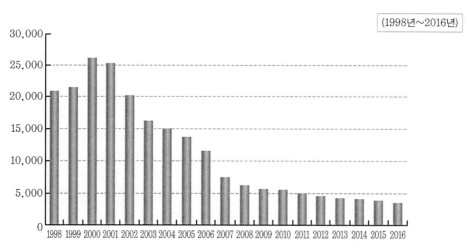

(출전) 2017년 범죄백서, 141쪽.

[그림 2] 음주운전에 의한 사고건수의 추이(1998년~2016년)

(출전) 경찰청 교통국, "2016년 교통사고 발생상황(平成28年における交通事故の発生状況)"

이에 반하여 위험운전치사상죄와 자동차운전과실치사상죄의 신설이 이에 대응하는 행위의 감소에 어느 정도의 효과를 가져왔는지는 명백하지 않다. 원래 이들 개정은 결과의 중대성에 대응하여 과형할 수 있도록 하는 것을 제1차적인 목적으로 이루어진 것이므로, 이를 통한 대상행위의 억지효과는 원래부터 기대하기 어려웠다고 할 수 있다.

Ⅳ   행정처분의 강화

도로교통법 위반에 대해서는 형사상의 제재와는 별도로 운전면허의 거부, 취소, 정지 등의 행정처분을 할 수 있다.[186] 이들 처분은 위험한 운전자와 상습위반자를 도로교통으로부터 배제하기 위한 조치로서, 제재를 목적으로 하는 것은 아니지만 운전자가 받게 되는 실질적인 불이익을 감안하면 사실상의 제재효과를 가진다.

음주운전에 대해서는 이러한 측면에서도 엄정하게 대응하고 있어, 예를 들어 주취운전 등은 1회 위반으로 바로 면허가 취소처분된다. 또한 면허취소의 경우 다시 면허를 취득할 수 없는 기간(결격기간)이 정해져 있지만, 이 기간도 음주운전에 대해서는 2007년 개정으로 상한이 5년에서 10년으로 상향되었다.

제 3 절   교통범죄의 특색에 따른 대응

Ⅰ   도로교통법 위반에 대한 대응

1. 총설

운전면허를 보유한 사람의 수와 차량의 수가 증가하면, 그에 따라 도로교통에

---

186 이들 행정처분은 점수제도와 연계되어 있으므로, 자동차운전자의 과거 3년간의 교통위반과 교통사고에 미리 일정한 점수를 매기고 그 누적점수에 따라 운전면허의 거부, 취소, 정지 등의 행정처분을 한다.

관련된 단속법규 위반도 당연하게 증가한다. 2차 대전 이후 자동차의 급속한 대중화는 세계 각국에서 공통적으로 나타난 현상으로 일본도 그 예외가 아니었다. 검찰청의 신규수리인원을 살펴보면 전후인 1946년에는 도로교통법의 전신에 해당하는 자동차단속령 위반의 수리인원이 2,686명에 불과하였으나, 5년 후인 1951년에는 410,870명이 되었고, 이 숫자는 1956년에는 1,651,540명, 도로교통법이 제정되고 난 후인 1961년에는 2,914,288명으로 급격하게 증가하여 1965년에는 전후 최고인 4,965,062명을 기록했다.

도로교통법 위반은 어디까지나 범죄이므로 형사사건으로 처리되지만, 형사절차에 투입가능한 인적, 물적 자원에는 한계가 있으므로 이렇게 막대한 수의 사건을 통상의 형사사건과 동일하게 취급하는 것은 원래부터 불가능하다. 따라서 일찍부터 도로교통법 위반에 대처하기 위한 특별한 제도와 운영이 검토되어 실시되어 왔다. 이는 형사절차 안에서의 간략화와 형사절차에 의한 사건처리 자체를 회피하는 이른바 다이버전으로 크게 구분할 수 있다.

2. 형사절차의 간소화

(1) 교통사건즉결재판제도

급증하는 교통사건에 대처하기 위해 1954년 이를 특별하게 취급하는 재판절차를 정한 교통사건즉결재판절차법이 제정되었다. 이는 도로교통법 위반사건에 대하여 피고인이 그 절차를 거치는 것에 이의가 없는 것을 조건으로 즉결재판을 인정한 것이다. 이 절차에 따르는 경우, 공소제기와 동시에 검찰관으로부터 서류 및 증거물이 재판소에 제출되어, 재판소는 이를 전제로 증거조사를 적절한 방법으로 할 수 있기 때문에 그러한 점에서 심리가 신속화, 효율화된다. 그러나 다른 한편으로 심리에는 피고인의 출석이 필요하고 증거조사도 공개법정에서 해야 한다고 되어 있어 서면심리로 판결을 선고하는 것은 불가능하다. 그 때문에 결국 급증하는 교통사건에 대응할 수 없게 되어, 1962년의 약 40만 건을 정점으로 서서히 이용이 감소하였고, 1979년 이후에는 완전히 이용되지 않고 있다.

(2) 약식절차

현재의 실무는 도로교통법 위반사건의 재판을 약식절차에 근거하여 그 대부분을 처리하고 있다. 약식절차는 간이·신속한 처리를 목적으로 한 절차로서, 그 대상이 되는 것은 재판소가 100만 엔 이하의 벌금 또는 과료를 선고하는 사건이다. 약식절차에서는 피고인이 동의하는 경우에 검찰관이 기소와 함께 약식명령을 청구하고, 동시에 서류와 증거물을 재판소에 제출한다. 그 다음에 재판소가 서면심리만으로 기소사실의 존부를 판단하여 벌금 또는 과료를 선고하는 방식이다.

2016년 도로교통법 위반사건 가운데 통상의 공판절차로 재판이 이루어진 것은 6,439건인데 반하여, 약식절차로 처리된 것은 171,611건이다. 약식절차가 아닌 통상의 공판절차가 진행된 사건은 피고인이 도로교통법 위반을 반복하여 더 이상은 벌금형 처리가 타당하지 않은 사건이다.

(3) 운영의 합리화

도로교통법 위반사건에 대해서는 간소화된 절차를 전제로 운영의 합리화를 추가적으로 도모하고 있다.

a) 교통스티커제

1963년에 이른바 교통스티커제가 도입되었다. 교통스티커(정식명칭은 '도로교통법 위반사건 신속처리를 위한 공용서식'이라고 한다.)는 고지표·면허증보관증, 교통사고원표, 징수금원표, 단속원표, 교통법령위반사건부 등 도로교통법 위반사건을 처리하는데 필요한 서류로 구성되어 있으며 이들이 복사식으로 되어 있다. 이 제도의 도입으로 위반현장에서 경찰관이 간소하게 서류를 작성할 수 있게 됨과 동시에 작성된 서류를 검찰, 재판 단계에서도 공용할 수 있게 되었다.

b) 삼자즉일처리방식

1964년부터 약식절차를 운영면에서 보다 합리화한 삼자즉일처리방식이라고 불리는 절차가 실시되었다. 이 제도는 도로교통법 위반 피의자의 출석을 요구한 다음, 경찰관의 조사와 검찰관에의 사건송치, 검찰관의 조사와, 약식명령청구, 재판소의 약식명령 발부와 피고인에의 고지, 피고인의 벌금 또는 과료의 가납부라는 일련의 절차를 하루동안 동일한 장소에서 끝내는 제도이다. 이를 위해서 각지에 동일청사 내에 경찰, 검찰, 재판의 시설과 직원을 구비한 이른바 교통재판소가 설치되었다.

(4) 간소화의 한계와 문제점

이렇게 대량의 도로교통법 위반사건을 처리하기 위하여 제도상 및 운용상의 노력이 계속 축적되어 왔지만, 사건을 처리할 수 있는지 여부와는 별도로 매년 이만큼 많은 사람들이 위반의 경중을 불문하고 벌금이 부과되게 되면 형벌이 본래 가져야 할 위하력, 감명력이 약해진다는 점을 부정할 수 없다. 또한 형벌의 위하력, 감명력은 그 내용뿐만 아니라 부과하는 절차에 의해서도 좌우되는데, 도로교통법 위반사건의 대부분은 삼자즉일처리방식하에서 아주 간소화된 연속작업과 같은 절차로 벌금형이 부과되고 있어 절차를 통한 감명력을 기대할 수도 없다. 도로교통법을 소관하는 경찰청도 이러한 형벌의 과도한 이용과 이에 따른 감명력의 저하는 경미한 위반뿐만 아니라 악질적인 것도 포함하여 도로교통법 위반 전체에 대한 형벌의 효과를 줄이는 결과가 된다고 지적되기에 이르렀다.[187] 이를 반영하여 1967년 교통반칙통고제도가 도입되게 되었다.

3. 교통반칙통고제도

(1) 제도의 개요

이 제도는 도로교통법 위반을 범죄로 유지하는 것을 전제로, 그 가운데 악질적이지 않고 위험성이 낮은 행위를 반칙행위로 한 다음, 특별한 처리절차를 정한 것이다. 도로교통법 위반이라도 예를 들어 음주운전과 무면허운전이라는 중대한 위반과 교통사고를 동반한 위반은 처음부터 이 제도의 대상에서 제외하고 있다.

본 제도의 대상이 되는 위반은 위반현장에서 경찰관이 위반자에 대하여 반칙행위를 고지한 다음 경찰본부장이 그 사람에 대하여 법령으로 정한 정액의 반칙금을 납부하도록 통고한다. 그리고 통고받은 사람이 반칙금을 기일까지 납부한 경우나 고지부터 통고까지의 사이에 반칙금을 가납부한 경우에는 해당 위반행위에 대하여 공소가 제기되지 않고 절차가 종료된다. 반대로 기일까지 반칙금이 납부되지 않는 경우 형사절차가 그대로 진행된다. 반칙금은 형벌이 아니라 행정제재금의 성격을 가진다.

이 제도의 도입으로 도로교통법 위반에 대하여 재판을 거치지 않고 경찰만의

---

187 경찰청, "反則金通告制度について", ジュリ 369호, 1967, 92쪽.

절차로 일정한 금전을 지불하게 하는 것이 가능해졌다. 또한 이 제도는 일정한 조건의 이행을 전제로 범죄사건을 형사절차로부터 벗어나게 하는 것으로 이른바 다이버전의 하나로 평가할 수 있다. 도입의 효과는 절대적이어서, 1967년에 약 460만 명이었던 도로교통법 위반의 검찰청 신규수리인원이 다음 해에는 약 286만 명, 그 다음해에는 약 147만 명으로 급격하게 감소하였다.

(2) 운용 현황

2016년 통계에 따르면, 도로교통법 위반으로 차량 등을 단속한 건수는 6,739,199건으로, 이 가운데 반칙사건으로 고지된 것은 6,449,453건으로, 전체의 95.7%를 차지하고 있다. 또한 매년 고지된 사건 가운데 96%에서 98% 정도가 반칙금을 지불하여 종료되고 있다. 따라서 대부분의 도로교통법 위반이 현실에서는 반칙통고제도로 처리되고 있는 상황이다.

다만, 도로교통법 위반의 억제라는 관점에서는 반칙금의 도입으로 그때까지는 형벌인 벌금이 부과되었던 것이 행정제재금인 반칙금의 지불로 끝나 버리는 점이 운전자의 심리에 반영되어 위반이 급증하는 데 영향을 준 것이 아닌지 여부가 문제될 수 있다. 이 점에 대하여 도로교통법 위반의 단속건수를 살펴보면, 1967년에 약 472만 건이었던 단속건수는 반칙통고제도가 도입된 다음 해인 1968년 약 390만 건으로 오히려 감소하였는데 그 다음 해부터는 증가로 바뀌었다. 이러한 증가경향은 일시적이 아니라 그 후에도 일관되게 이어져서 1977년에는 1,247만 건에 이르고 있는 점을 고려하면, 위반의 증가는 반칙금 도입에 영향을 받았다기 보다는 운전면허 보유자수와 차량 보유대수가 증가한 영향이라고 보는 것이 자연스러울 것이다.

4. 위법주차단속 관계사무의 민간위탁

도로교통법 위반 중에서도 위법주차는 교통사고의 원인이 될뿐만 아니라, 교통정체를 악화시키거나 긴급자동차의 활동에 지장을 미치는 등 지역주민의 생활환경을 해침과 동시에 국민생활 전반에 큰 영향을 미치고 있다. 그 때문에 단속에 대한 국민의 요구는 높고 단속의 필요성도 높다. 그러나 위법주차의 건수가 막대한 것에 반하여 단속에 투입가능한 경찰의 인적 자원에는 한계가 있기 때문에 최근에는 단속건수가 오히려 감소하는 경향에 있었다.[188] 따라서 이러한 문제에 대응하기 위하여 2004년 도로교통법을 개정하여 위법주차단속을 민간에 위탁하는 제도를 창설했다. 위탁은 경찰서별로 민간의 지정법인에 대하여 하고, 실제 활동은 지정법인이 고용한 주차감시원이 한다. 다만, 주차감시원의 활동은 방치된 위법주차차량이 있다는 사실의 확인과 그 사실을 확인했다는 취지를 기재한 표장의 부착에 한정되며 반칙행위의 고지와 통고는 여전히 경찰관이 하도록 하고 있다. 즉, 본제도의 기본적 구조는 주차위반을 범죄로 유지하면서도, 수사가 아니며 동시에 공권력 행사에 해당하지 않는 부분을 민간에 위탁하는 것이다.

2015년 주차위반의 단속건수는 1,408,796건으로 이 가운데 방치주차확인표장(스티커)의 부착수는 1,394,977건으로 약 70%를 주차감시원이 하고 있다. 또한 민간위탁은 2006년 6월 1일부터 시작되었는데, 시행 1년 경과 후의 상황에 대하여 일정지역을 대상으로 한 조사에 따르면 위법방치주차대수는 큰 폭으로 감소했다고 나타나고 있어,[189] 단속의 빈도와 실효성을 높인데 따른 효과가 나타났다고 할 수 있다.

Ⅱ 과실운전치사상죄에 대한 대응

자동차대수, 운전자수가 증가하면 교통사고도 당연히 증가하므로 도로교통법 위반사건이 가지는 대량성과 일반성의 특징은 자동차의 운전에 관한 업무상과실치사상죄('교통관계업과'로 호칭된다. 현재의 과실운전치사상죄에 해당한다.)에 대해서도 동일하게 나타난다. 검찰청의 신규수리인원을 살펴보면 1946년 4,450명이었던 교통관계업과의 수리인원은 1956년 65,493명, 1966년 353,605명, 1976년 471,870명, 1986년 566,156명으로 매년 증가하였다.

이러한 가운데 검찰청은 1987년에 교통관계업과에 대하여 기소기준을 변경하였다. 상해의 정도가 가벼운 사건으로 손해가 회복된 사건에 대해서는 기소유예로

---

188 1991년에는 주차위반의 단속건수가 300만 건을 넘었으나, 그 후 매년 감소하여 2004년에는 약 159만 건이 되었다.

189 경찰청 교통국, "新たな駐車対策法制の施行状況について"(2007년 6월).

하도록 변경한 것이다. 이에 따라 그때까지 대략 70% 전후였던 업무상과실치사상죄의 기소율이 급격하게 하락했다. 1986년 72.8%였던 기소율은 매년 하락하여 최근에는 대략 10% 전후가 되었다.[190]

검찰청이 이렇게 방침을 전환한 이유로는 ① 국민 모두가 면허를 가지고 있는 오늘날 교통사고는 누구라도 일으킬 가능성이 있으므로, 국민 다수에게 전과의 낙인을 찍게 되는 사태는 형벌의 타당한 방식이 아니라는 점, ② 보험제도가 보급되어 치료비와 수리비에 대한 보상이 충실해짐에 따라 상해 정도가 경미한 사안에서 손해가 회복되면 피해자도 가해자의 처벌을 바라지 않는 경우가 많다는 점, ③ 교통사고의 방지는 형벌에만 의존할 것이 아니라 행정상의 규제와 제재를 비롯하여 각종 종합대책을 강구함으로써 달성해야 한다는 점, ④ 이러한 종류의 사건은 다수가 약식절차로 처리되어 소액의 벌금이 부과되는데, 이렇게 소액의 벌금을 부과하는 것은 벌금의 형벌로서 가진 감명력을 저하시켜 형사사법전체를 경시하는 풍조를 낳음과 동시에 그러한 운영을 통해 검찰청이 마치 소액벌금의 징수기관처럼 된다는 점, ⑤ 기소유예로 처리함으로써 절약가능한 노력을 다른 중대사건에 돌릴 수 있다는 점을 들고 있다.[191]

기소된 경우에도 대다수의 과실운전치사상사건은 약식절차로 처리된다. 2016년 통상 제1심의 유죄인원[192]이 5,075명인 것에 반하여 약식절차를 통한 유죄인원은 45,951명이다.

Ⅲ | 교통범죄의 비범죄화론

도로교통법 위반 가운데 교통반칙통고제도의 대상이 되고 있는 경미한 위반에 대해서는 이를 비범죄화하고 필요하다면 행정제재금을 부과해야 한다는 주장이 일

---

190 이러한 운영에 대응하는 형태로 2001년 형법이 개정되어 기소가 된 경우에도 상해의 정도가 가벼운 경우에는 재판소가 정상을 참작하여 형을 면제할 수 있는 취지의 규정이 마련되었다[(구)형 제211조 제2항 단서, (현)자동차운전치사상 제5조 단서).

191 1993년 범죄백서, 249쪽.

192 자동차운전사상행위처벌법상의 과실운전치사상죄(제5조) 및 무면허과실운전치사상죄(제6조 제4항) 외에 2013년 개정되기 전의 형법에 있었던 자동차운전과실치사상죄에 의한 유죄인원을 포함한다.

찍부터 제기되어 왔다. 그 근거로서는 다음과 같은 이유가 거론되고 있다.

첫 번째로, 형법은 최후의 수단으로서 진실로 처벌해야 할 행위만을 대상으로 해야 하는데, 그러한 관점에서 보면 예를 들어 주차위반과 같은 경미한 도로교통법 위반은 실제로는 형벌 부과 이전의 문제로서 원래부터 범죄로서의 실질을 갖추고 있지 않다. 그럼에도 불구하고 이를 범죄로 함으로써 형벌법규의 적용범위가 지나치게 확장되고 있다.

두 번째로, 교통반칙통고제도의 도입으로 대부분의 도로교통법 위반은 기소되지 않고 반칙금 납부로 처리되고 있고, 이를 지불하는 국민의 입장에서도 자신이 저지른 행위가 범죄라는 인식이 낮다. 나아가 형사절차로 처리되는 경우에도 대부분이 약식명령에 근거하여 벌금의 납부로 끝나고 있기 때문에, 이 절차가 형사절차라는 인식은 역시 희박하다. 이러한 현실을 전제로 하면 이를 범죄로 유지하여도 위반의 억지력은 기대할 수 없다.

세 번째로, 교통반칙통고제도는 대상자가 임의로 반칙금을 지불하는 것을 전제로 한 것이지만 실제로는 납부를 거부할 경우에 부담하게 되는 형사절차상의 부담때문에 사실상 반칙금을 납부하게 만드는 상황에 놓여 있다. 이러한 상황을 회피하기 위하여 도로교통법 위반을 비범죄화하여 사실을 다투는 경우에는 형사절차와의 결합을 차단해야 한다.

네 번째로, 비범죄화하면 위반의 조사는 수사가 아니게 되므로, 조사를 경찰관이 아닌 사람에게 위탁할 수 있다. 이로 인해 여유가 생긴 경찰의 인적 자원을 중대범죄의 수사에 배치하여야 한다.

각각 타당한 이유지만 현재까지 비범죄화는 실현되지 않았다. 이는 비범죄화에 있어서 ① 도로교통법 위반 가운데 어디까지를 비범죄화의 대상으로 할 것인지, ② 비범죄화하면 형사소송법이 적용되지 않기 때문에 위반이 발생한 경우의 조사절차를 어떻게 설계할 것인지, ③ 비범죄화한 다음에 위반에 대하여 반칙금과는 다른 행정제재금을 부과한다면 그 요건, 절차를 어떻게 정할 것인지, ④ 형사절차와의 결합이 차단된 경우에 행정제재금의 납부를 어떻게 확보할 것인지라는 수많은 문제를 해결해야 하기 때문에, 아직 그 해결의 전망이 서지 않는다는 점에 원인이 있다.

제 4 절 교통범죄자의 처우

교통범죄에 대해서도 사전의 억지와 함께, 특히 중대악질적인 사안에 대해서는 재범을 방지하는 것이 중요하다. 이를 위해서는 교정보호단계에서 교통범죄의 특성에 부합한 대응이 필요하게 된다.

악질적인 교통위반으로 사람의 사망이라는 중대한 결과를 초래한 경우, 징역·금고의 실형을 선고하는 방법이 있을 수 있다. 일련의 입법으로 교통범죄가 중벌화된 현재, 그 가능성은 종전보다도 높아졌다. 또한 사고를 동반하지 않은 단순한 도로교통법 위반이라도, 예를 들어 음주운전과 같이 악질적인 위반을 반복하는 경우에는 단계적으로 선고형을 무겁게 하여, 징역·금고의 실형을 선고하는 방법도 있을 수 있다.[193] 그러나 어떤 경우라도 이러한 자들은 다른 범죄자와는 다르게 자동차를 운전하는 때 이외의 일상생활에서는 특별한 문제없이 합법적인 생활을 영위하고 있는 경우가 적지 않다. 이러한 수형자에 대하여 다른 범죄의 수형자와 같은 처우를 하는 것이 타당한가라는 의문이 생기게 된다.

이러한 점에 대해서는 1950년대 후반부터 교통사고의 증가에 동반하여 업무상과실치사상죄로 금고의 실형을 받은 자가 증가한 점을 반영하여 대처가 이루어졌는데, 1961년 이후 특정 교도소에 교통사범으로 금고형을 선고받은 수형자만을 모아 처우(집금集禁처우)하게 되었다. 그 내용은 개방적인 처우환경 아래 교통안전교육뿐만 아니라 생활지도·직업훈련 등의 교육적 활동을 활발하게 한다는 것이다. 1968년 업무상과실치사상죄의 법정형에 징역이 추가되었고 징역형을 선고받는 자가 증가하면서 1976년부터 징역수형자도 대상이 되게 되었다.

현재 교통사범수형자만을 수용하여 처우를 실시하고 있는 곳은 이치하라市原교도소와 카코가와加古川교도소 2개소이지만, 그 수용기준은 원칙적으로 집행형기 4년 미만의 교통사범수형자로 ① 교통사범 이외의 범죄로 징역형 또는 금고형이 같이 선고되지 않았을 것, ② 교통사범 이외의 징역형을 받은 전력이 없을 것, ③ 심신에 현저한 결함이 없을 것, ④ 개방적 시설에서의 처우 또는 이에 준하는 처우의 실시가 가능하다고 예상될 것이라는 4가지 요건을 충족할 것을 요구하고 있다.

---

193 2016년 도로교통법 위반으로 교도소에 입소한 수형자는 950명으로 전체의 4.6%를 차지하고 있다. 이에 반하여 위험운전치사상죄로 교도소에 입소한 수형자는 62명, 과실운전치사상죄는 258명이다.

2006년 「형사수용시설 및 피수용자 등의 처우 등에 관한 법률」의 제정 후에는 교통사범 수형자에 대한 처우로 교통안전지도를 특별개선지도의 하나로 실시하게 되었다. 이는 중대한 교통사고를 일으킨 사람과 중대한 교통위반을 반복한 사람에 대하여 교통위반과 사고의 원인 등에 대해서 생각해 보도록 함으로써, 준법정신, 책임관념, 인명존중이 정신 등을 함양하는 것을 목표로 하여 2016년에는 개방적 처우를 실시하고 있는 위의 교도소를 포함하여 전국 55개 교도소에서 실시되고 있다. 각 시설은 표준프로그램을 기준으로 각 시설의 실정에 맞추어 실천적인 프로그램을 실시하고 있다.

교통사범에 대해서 특별한 처우가 필요하다는 점은 사회 내 처우에 있어서도 마찬가지다. 2010년부터 특별준수사항으로 수강을 의무화한 전문적 처우프로그램의 하나로 음주운전을 반복하는 경향을 가진 사람에 대한 음주운전방지프로그램이 실시되고 있다.

제 5 절   교통범죄에 대한 대응

교통사범을 줄여서 도로교통의 안전을 확보하기 위해서는 도로교통법 위반을 비롯한 교통범죄를 단속하고 제재하는 것만으로는 충분하지 않다는 점은 명백하고, 도로, 차량, 사람 모두를 대상으로 하는 종합적인 대책이 필요하다. 정부는 5년마다 교통안전기본계획을 수립하고 있는데, 제9차 기본계획은 2011년부터 도로교통에 대하여 ① 도로교통환경의 정비, ② 교통안전사상의 보급 철저, ③ 안전운전의 확보, ④ 차량의 안전성 확보, ⑤ 도로교통질서 유지, ⑥ 구조 · 구급활동 충실, ⑦ 손해배상의 적정화를 비롯한 피해자지원의 추진, ⑧ 연구개발 및 조사연구의 충실이라는 8가지 핵심사항 아래 교통사고 및 이로 인한 사상자 수를 감소시키기 위한 구체적인 시책을 추진하도록 하고 있다. 교통사고 발생건수 및 이로 인한 사상자수의 최근 감소([그림 3] 참조)는 이러한 종합적 대책이 효과를 거둔 것으로 볼 수있다. 제10차 기본계획도 2016년부터 위의 8가지 핵심사항은 거의 그대로 유지하면서 고령운전자대책 등의 중점시책과 신규시책을 추가로 포함시켰다.

[그림 3] 교통사고 발생건수 · 사상자수의 추이

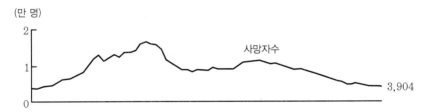

주 1. 경찰청 교통국 통계에 따른다.
  2. '발생건수'는 「도로교통법」 제2조 제1항 제1호에서 규정하는 도로에서 차량 및 열차 교통으로 발생된 사고에 관계된 것으로 1966년 이후에는 인신사고로 한정한다.
  3. '발생건수' 및 '부상자수'는 1959년 이전은 2만 엔 이하의 물적 손해 및 1주간 이하의 부상의 사고를 제외한다.
  4. '사망자'는 교통사고로 발생부터 24시간 이내에 사망한 사람을 말한다.

(출전) 2017년 범죄백서, 137쪽.

종합대책의 한 축을 담당하는 경찰도 교통안전대책은 '교통관리 · 교통공학적 수법Engineering', '법의 집행Enforcenent', '교육Education'을 종합적으로 추진함으로써 교통안전을 실현한다는 '3E의 원칙'을 키워드로 표방하고 있다. 위반 단속과 제재는 이 가운데 '법의 집행'에 해당하지만 여기서도 형벌에 과도하게 의존하는 방법은 폐해만 있을 뿐이며 실효성도 부족하다. 위반의 대량성, 보편성을 감안한 다음에 그 위험성, 악질성을 고려하여 형벌과 행정처분을 조합한 실효적인 방법을 구축해 나갈 필요가 있다.

〔참고문헌〕

"〈特集〉交通犯罪", 法律のひろば 47권 1호, 1994.

"〈特集〉交通犯罪", 刑法雜誌 44권 3호, 2005.

"〈特集〉道路交通安全の法と政策", ジュリ 1330호, 2007.

"〈特集〉飲酒運転対策立法の意義と課題", ジュリ 1342호, 2007.

川本哲郎, 交通犯罪対策の研究, 成文堂, 2015.

川出敏裕, "通事件に対する制裁のあり方について", 宮澤浩一先生古希祝賀論文集 第3巻, 成文堂, 2000, 237쪽.

제 8 장   범죄의 국제화

제 1 절   범죄의 국제화의 의미

사회 전체가 국제화됨에 따라, 범죄 또한 국제화가 진행되고 있다고 할 수 있다. 그리고 여기에는 두 가지 내용이 포함되어 있다. 하나는 범죄 주체의 국제화로, 형사사법제도가 기본적인 대상으로 삼아 온 자국의 영역 내에서 자국민에 의해 저질러지는 범죄라는 틀 자체를 벗어난 형태의 범죄가 증가하고 있다는 점이다. 이는 자국 영역 내에서 외국인이 저지르는 범죄의 증가와 외국 영역 내에서 자국민이 저지르는 범죄의 증가 양쪽 모두를 포함한다. 교통수단이 발달하고 국경을 넘나드는 사람들이 증가하면 이러한 의미에서 범죄의 국제화가 점점 더 진행되는 것은 필연적이므로 일본도 예외가 아니다.

이에 대하여 범죄의 국제화가 포함하는 또 하나의 내용은 범죄의 주체가 누구인지를 불문하고, 범죄 자체가 여러 나라에 걸쳐서 저질러지는 경우가 증가하고 있다는 점이다. 이러한 의미에서 국제화된 범죄의 주요 주체는 국제적인 범죄조직이다. 그 활동영역은 약물과 총기의 불법거래, 불법입국 알선, 자금세탁, 고급자동차 절도와 외국에의 매각 등을 들 수 있다. 이러한 문제가 최근에 세계적으로 문제가 된 배경에는 냉전이 종결됨에 따라 국경이동이 자유화되고, 규제완화 등에 의해 경제활동이 자유화되었으며, 통신분야를 중심으로 한 하이테크기술이 발달하였다는 요인이 있다.

제 2 절　범죄 주체의 국제화

ⅠⅠ　외국인 범죄

1. 현황

a) 형법범

　1980년대 후반부터 시작된 버블경제기에 노동력 부족을 이유로 특히 아시아 각국에서 외국인이 대량으로 일본에 입국하게 된 것을 배경으로 방일외국인[194]에 의한 형법범의 검거건수가 급격하게 증가하였다([그림 1] 참조). 이러한 경향은 2005년까지 계속되었으나 그 후에는 감소로 바뀌어 최근 수년간은 정점기와 비교해 볼 때 낮은 수준으로 현상유지되고 있다. 그 주된 요인은 2003년 경찰이 '가두범죄 · 침입범죄 억지종합대책'을 실시하여 이러한 범죄를 사전에 억지하기 위한 다양한 시책을 추진한 결과 방일외국인범죄의 주요 부분을 차지하고 있는 절도의 검거건수가 2005년을 경계로 계속 감소하고 있다는 점에 있다. 또한 같은 해인 2003년에 수립된 '범죄에 강한 사회를 실현하기 위한 행동계획'에 불법입국 · 불법체류대책 추진이 포함되어, 입국심사의 엄격화와 관계기관의 밀접한 연계하에 적극적인 적발 등의 대책이 실시된 결과 불법체류자 수가 급격하게 감소하였고,[195] 방일외국인 범죄의 일정 비율을 차지하고 있던 불법체류자에 의한 범죄의 검거건수가 감소한 것도[196] 그 이유의 하나로 들 수 있을 것이다.

　방일외국인이 저지른 형법범의 검거건수를 죄종별로 살펴 보면, 2016년에는 절도가 60.3%를 차지하고 있다.[197] 다만, 절도의 검거건수는 일관되게 감소하고

194　방일외국인이란 일본에 있는 외국인 중에서 이른바 영주자격을 보유한 사람과 미군관계자 등을 제외한 사람을 말한다.

195　불법체류자 인원은 1990년 106,497명이었으나, 급격히 증가하여 1993년에는 298,646명으로 과거 최고가 되었고, 2003년에도 220,552명이었지만 2017년 1월 1일 기준으로 65,270명까지 감소하였다(2017년 범죄백서, 189쪽).

196　형법범 검거인원에서 정식체류와 불법체류가 차지하는 비율을 살펴보면, 검거인원이 정점에 달했던 2005년에는 검거인원에서 정식체류가 차지하는 비율은 84.7%, 불법체류의 비율은 15.3%였던 것에 비하여, 2016년에는 정식체류가 93.5%, 불법체류가 6.5%로 되고 있다(경찰청 조직범죄대책부 조직범죄대책기획과, "平成28年における組織犯罪の情勢", 87쪽).

197　2017년 범죄백서, 191쪽.

있는 것에 반하여, 검거건수로는 절도 다음인 상해·폭행의 검거건수가 최근 증가
경향에 있기 때문에 절도가 차지하는 비율은 점차 낮아지고 있다.

[그림 1] 외국인 형법범 검거건수·검거인원 추이

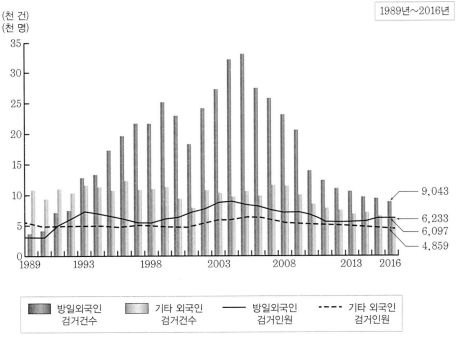

(출전) 2017년 범죄백서, 190쪽.

국적별로는, 최근 감소경향에 있지만 중국이 여전히 가장 많아 검거건수의
30.5%를 차지하고 있다. 이어서 베트남이 23.7%, 한국이 6.9%를 차지하고 있
다. 10년 전인 2006년과 비교하면 중국의 검거건수가 약 4분의 1로 감소한 데 비
하여, 2006년에는 전체의 3.7%에 불과하였던 베트남의 검거건수가 2배 이상으로
늘어, 현저한 증가경향을 보이고 있다.[198] 베트남에 대해서는 최근 유학생과 기능
실습생으로서 입국하는 사람이 증가한 것이 검거건수 증가로 이어지고 있는 것으
로 보인다.

죄종별로 살펴보면, 베트남은 절도의 검거건수가 중국을 뛰어 넘어 제1위이
며, 특히 비침입절도는 전체의 38.3%를 차지하고 있다. 다른 한편, 침입절도와 지

---

198 경찰청 조직범죄대책기획과, 앞의 주196), 84쪽.

능범은 중국이 각각 41.7%, 53.6%를 차지하고 있어,[199] 국적별로 저지르는 범죄에 특색이 있다는 점을 알 수 있다. 이에 더하여 방일외국인의 범죄는 일본인이 저지르는 범죄와 비교해 볼 때 일반적으로 공범사건의 비율이 높기 때문에[200] 어느 정도 조직화된 집단이 저지르고 있을 가능성이 높다고 생각된다. 다만, 공범율 자체는 2006년 67.9%였으나, 2016년에는 31.4%로 감소하고 있고, 특히 3인조 이상의 비율은 현저히 낮아졌다.

b) 특별법범

특별법범도 검거건수에 있어서는 형법범과 대략 동일한 경향이 나타나고 있다. 특별법범의 다수를 차지하는 것은 출입국관리법 위반으로, 2016년 방일외국인의 특별법범(교통법령위반을 제외한다)의 송치건수 중에서 65.7%를 차지하고 있다. 전술한 것처럼, 불법입국·불법체류대책이 추진되어 불법체류자 수가 감소한 것에 동반하여, 입관법위반으로 검거되는 외국인 수가 감소한 것이 최근 특별법범 전체 검거건수의 감소를 초래한 주요 요인이라고 할 수 있다.

2. 방일외국인범죄 대책

방일외국인이 저지르는 범죄 중에는 몇 가지 다른 성질의 범죄가 포함되어 있으며, 그 성질에 따라 강구해야 할 대책도 달라진다. 크게는 다음과 같이 3가지 종류로 구분할 수 있다.

첫 번째는 범죄목적으로 일본에 입국하는 외국인이 저지르는 범죄이다. 이러한 종류의 범죄는 외국의 범죄조직이 관련된 경우가 많다. 이러한 범죄조직은 일본의 폭력단과 달리 그 실태를 파악하기 어렵다는 특징이 있으며 관계자가 일본에 와서 범죄를 저지른 후에 바로 출국해 버릴 가능성이 높기 때문에 추적이 매우 곤란하다. 이러한 유형의 범죄에 대해서는 일본만으로는 대응할 수 없고, 해외의 수사기관과 정보교환 및 수사협력을 추진하는 것이 필수적이다.

두 번째는 원래 범죄목적으로 방일한 것이 아닌 외국인이 일본에서 생활하는

---

199 경찰청 조직범죄대책기획과, 앞의 주196), 92쪽.

200 2016년의 형법범 검거건수에서 공범사건이 차지하는 비율은 일본인이 11.2%인데 반하여, 방일외국인은 31.4%를 차지하고 있다(경찰청 조직범죄대책기획과, 앞의 주196), 92쪽).

과정에서 저지르는 범죄이다. 이러한 경우 과거에는 피해자도 동일한 외국인인 경우가 많았지만, 최근에는 일본인이 피해자가 되는 비율이 증가하고 있다. 또한 그 발생지역도 전국으로 확산되고 있다. 나아가 외국인이 일본 국내에서 범죄집단을 조직하는 예도 적지 않다.

이러한 유형의 범죄는 그 성질 자체가 일본인이 저지르는 경우와 차이가 없다. 따라서 그 대책도 기본적으로는 일본인이 저지르는 범죄와 동일하며, 각각의 범죄 유형에 따라 대응을 강구해야 한다. 다만, 주체가 외국인이므로 수사절차 등에서 일본인의 경우와 다른 대응이 필요한 경우가 있다.

세 번째는 일본에서 일하기 위한 범죄라고도 할 수 있는 것으로, 출입국관리법 상의 불법입국, 불법체류, 불법취업의 죄 등이 여기에 해당한다.

이들 범죄는 첫 번째와 두 번째 유형의 범죄와는 그 성질이 다르다. 이는 본질적으로 행정범이며, 이러한 범죄가 발생하는 이유는 특히 개발도상국 사람들이 일본에서 일하면서 돈을 벌고 싶다는 희망을 가지고 있고, 일본 사회도 외부노동력에 대한 수요가 어느 정도 존재함에도 불구하고 일본이 단순노동을 위한 입국 및 체재를 정면에서 인정하고 있지 않기 때문이다. 그러한 의미에서 경제상황의 격차가 필연적으로 낳는 범죄라고도 할 수 있다.

이러한 성질을 가지고 있기 때문에, 이러한 범죄에 어떻게 대처할지는 국가의 출입국관리정책에 좌우되는 면이 적지 않다. 따라서 이러한 범죄를 억제하려고 한다면 2003년 이후 추진했던 것처럼 입국심사를 엄격하게 함으로써 불법체류와 불법취업을 미연에 방지함과 동시에 입관법 위반을 적극적으로 적발하는 것이 필요하게 된다. 그리고 중대한 위반에 대해서는 형벌을 부과하는 한편, 그렇지 않은 위반에 대해서는 입관법상의 퇴거강제절차만을 밟도록 하는 등, 위반의 실태에 따라 사건을 효율적으로 처리하는 것이 요구된다.[201]

---

201 입관법 위반으로 신병을 구속당한 피의자에 대하여 입관법 이외의 범죄를 저지른 혐의가 없는 경우에는 경찰이 피의자를 검찰관에 송치하지 않고, 입관당국에 인도할 수 있도록 규정되어 있다(입관 제65조). 이에 따라 경찰 단계에서 형사절차를 종료하고 퇴거강제절차로 이행하는 것이 가능하다. 또한 경찰이 검찰에 사건을 송치한 경우에도 기소유예로 한 다음에 퇴거강제절차로 이행할 수 있다. 2016년 방일외국인이 저지른 입관법 위반의 기소율은 28.8%이다.

Ⅱ　일본인이 외국에서 저지르는 범죄

　　외국인이 일본에서 저지르는 범죄에 비하여, 일본인이 국외에서 저지르는 범죄는 적다. 재외공관이 파악한 수에 따르면, 2015년에 건수로는 361건, 인원으로는 452명이었다. 죄명ㆍ죄종별로 범죄건수를 살펴보면, 출입국관리관계법령 위반 등 (20.2%), 상해ㆍ폭행(14.7%), 도로교통관계법령 위반(10.5%)의 순으로 되어 있다.[202]

　　일본인이 외국에서 저지른 범죄에 대해서는 일차적으로는 그 나라의 법률에 근거하여 처벌된다. 나아가 일본 형법은 일정한 범죄에 대해서 보호주의 및 적극적 속인주의에 근거하여 국외범 처벌규정을 두고 있어(형 제2조, 제3조), 이에 해당하는 경우에는 일본 형법으로 처벌하는 것도 가능하다. 이러한 경우에는 국제적인 이중처벌의 가능성이 발생하게 되는데, 형법은 그 자체를 금지하는 것이 아니라 외국에서 형이 집행된 경우에는 일본에서의 형의 집행을 감경 또는 면제하는 데 그치고 있다(형 제5조)

제 3 절　범죄의 국제화에 대한 대응

Ⅰ　국제형사사법공조

1. 의의

　　수사와 재판이라는 형사절차의 실시는 국가주권행사의 내용 중 하나로 여겨지고 있으므로, 실시는 원칙적으로 자국 영역 내에서만 허용된다. 그렇기 때문에 어떤 나라의 수사기관이 외국 영역 내에서 수사하는 것은 그 나라의 승인이 없는 한 불가능하다. 그러나 범죄가 국경을 넘나들며 저질러지게 되면 그 증거가 외국에 존재하는 상황이 당연히 있을 수 있고, 국경을 초월하여 사람의 이동이 자유로워지면 범죄를 저지른 사람이 쉽게 국외로 도망갈 수 있게 된다. 이러한 경우에 국가주권이 장벽이 되어 손 쓸 방법이 없어지게 되면 범죄의 국제화에 대응할 수 없게 된다.

202　2017년 범죄백서, 25쪽.

따라서 이러한 사태에 대처하기 위한 수단으로 각국의 사법기관과 수사기관이 형사절차에 관하여 국제협력을 하고 있다. 이를 국제형사사법공조라고 한다. 전통적으로 국제형사사법공조의 핵심내용으로 여겨져 온 것은 도망범죄인의 인도와 증거의 수집 및 제공이다.

2. 도망범죄인 인도

일본에서 범죄를 저지른 사람이 국외로 도망한 경우, 일본에서 처벌하기 위해서는 외국에 대하여 그 사람의 신병을 인도하도록 요구할 필요가 발생하게 된다. 또한 반대로, 외국에서 일본 영역 내에 있는 사람의 인도를 요구하는 경우도 있을 수 있다. 이러한 경우 그 나라와 인도를 위한 요건과 절차를 정한 조약이 체결되어 있으면 문제는 없다. 그러나 일본은 현재 그러한 조약을 미국과 한국 사이에서만 체결하고 있다.

국가에 따라서는 조약이 없는 한 인도에 응하지 않는다는 입장(조약전치주의)을 채택하고 있는 곳도 있지만, 일본은 다른 국가로부터 인도가 청구된 경우에는, 그 국가와 조약이 체결되어 있지 않더라도 일본이 같은 종류의 청구를 한 경우에 상대 국가가 인도에 응해주는 것을 조건으로 이에 응하는 것으로 하고 있다(상호주의). 이를 위한 요건과 절차를 정한 것이, 도망범죄인인도법이다.

(1) 도망범죄인인도법

a) 인도의 요건

동법은 다음의 요건을 충족하는 경우에 인도에 응하는 것으로 규정하고 있다(제2조).

첫 번째는 인도범죄가 정치범죄가 아닐 것이다(제1호). 이에 대응하여 인도의 청구가 도망범죄인이 저지른 정치범죄에 대하여 심판하거나 또는 형벌을 집행할 목적으로 된 것이 아닐 것이 요건으로 되어 있다(제2호).

정치범죄 중에는 내란죄와 같은 절대적 정치범죄와 정치적인 목적과 관련된 보통범죄인 상대적 정치범죄가 있고, 후자에 대해서는 무엇이 이에 해당하는지가 문제될 수 있다. 이 점에 대하여 무엇이 정치범죄에 해당하는지는 사안별로 그 행위의 정치적 성질이 보통범적 성질을 훨씬 뛰어넘는지를 건전한 상식에 따라 개별적으로 판단할 수밖에 없다고 한 다음에, 그 판단을 할 때에 중요한 고려요소로서 ① 행위가 진실로 정치목적에 따른 것인지, ② 그 행위는 정치목적을 달성하는 데 직접적으로 유용한 관련성을 가지고 있는지, ③ 행위의 내용, 성질, 결과의 중대성 등은 의도한 목적과 비교해 볼 때 균형을 상실하고 있지 않은지라는 점을 제시한 판례가 있다.[203]

두 번째는 인도범죄가 청구한 국가의 법령에서 사형, 무기 또는 장기 3년 이상의 구금형에 해당하고(제3호), 동시에 그 행위가 일본 국내에서 저질러진 경우에 일본의 법령으로 사형, 무기 또는 장기3년 이상의 징역 · 금고에 처해야 할 범죄에 해당하는 것이다(제4호).

세 번째는 인도범죄와 관련된 행위가 일본 국내에서 저질러지거나 또는 인도범죄와 관련된 재판이 일본의 재판소에서 이루어지는 경우에 해당 행위에 대하여 일본의 법령으로 형벌을 부과하여 이를 집행할 수 있어야 한다는 점이다(제5호, 구체적 쌍벌성).

여기서 형벌을 부과할 수 있는지 여부는 구성요건에 해당하는 사실만을 기준으로 결정하는 것이 아니라, 해당 인도범죄의 구성요건적 요소를 포함한 사회적 사실관계 안에 일본의 법이 범죄행위로 평가하는 행위가 포함되어 있는지 여부도 검토하여 결정하도록 하고 있다.[204]

네 번째는 도망범죄인이 인도범죄와 관련된 행위를 했다고 의심하기에 충분한 상당한 이유가 있을 것이다(제6호).

다섯 번째는 인도범죄와 관련된 사건이 일본 재판소에 계속되어 있지 않고 또한 일본 재판소에 의한 확정판결을 받지 않은 것이다(제7호).

같은 취지에서 여섯 번째로 도망범죄인이 저지른 인도범죄 이외의 죄와 관련된 사건이 일본 법원에 계속되어 있지 않을 것, 또한 그 사건에 대해 도망범죄인이

---

[203] 東京高決 平成2 · 4 · 20 高刑集 43권 1호 27쪽. 이 결정은 중국인이 저지른 민간항공기 하이재킹사건에 대하여 본건이 직접적으로는 본인 및 그 가족의 국외도망을 목적으로 한 것으로서, 정치목적과의 사이에 직접적인 유용성 내지 관련성이 인정되지 않는다는 점, 본건 피해의 심각성과 본인이 목표로 한 목적과의 균형이 지나치게 상실되어 있음 등을 지적한 다음에 정치범죄에는 해당하지 않는다고 하였다.

[204] 東京高決 平成元 · 3 · 30 高刑集 42권 1호 98쪽. 이 결정은 미국으로부터 헤로인의 수입을 공모한 죄로 인도가 청구된 사안에 대하여, 도망범죄인의 행위는 헤로인 수입 관련 적어도 방조범에 해당하는 것은 명백하다고 하여 쌍벌성을 인정하였다.

일본 재판소에서 형을 선고받은 경우에는 그 집행이 종료되거나, 집행받지 않게 된 것도 필요하게 된다(제8호).

일곱 번째로 도망범죄인이 일본국민이 아닐 것이다. 이른바 자국민불인도의 원칙을 규정한 것이다.

이상이 도망범죄인인도법이 정하고 있는 인도의 요건으로, 이 중에서 두 번째, 여섯 번째 및 일곱 번째 요건에 대해서는 인도조약에 특별한 규정이 있으면 필요없게 된다.

이 외에도 도망범죄인인도법에는 명문의 규정이 없지만, 국제법상의 원칙으로 대상자를 인도의 이유로 한 범죄 이외의 범죄로 소추·처벌하지 않는다는 원칙이 있다(특정성의 원칙). 이는 일차적으로는 청구국측이 부담해야 할 의무이지만, 이를 준수한다는 취지의 보증이 없는 경우에는 인도를 거부할 수 있다는 의미에서 인도의 요건이 된다.

b) 인도의 절차

인도의 절차는 도쿄고등검찰청 검찰관의 요청에 근거하여 도쿄고등재판소가 인도제한사유가 있는지 여부 등을 심리하는 형태로 되어 있다. 도망범죄인의 인도 절차 자체는 행정절차이지만, 대상자가 받을 수 있는 불이익을 감안하여 재판소를 개입시키는 신중한 절차를 채택하고 있는 것이다.

실제로도 재판소가 인도의 요건이 충족되어 있는지 여부를 신중하게 검토하는 경우가 적지 않다. 이러한 이유도 고려되어 검찰관의 심사청구는 신중하게 이루어지고 있으며, 지금까지 청구가 인정되지 않았던 사건은 1건뿐이다.[205]

(2) 범죄인인도조약

미국 및 한국과 체결하고 있는 범죄인인도조약에 근거한 인도청구도 도망범죄인인도법에 근거한 절차에 따라 심리된다. 다만, 인도의 요건에 대해서는 자국민이라도 재량으로 인도가 가능하다는 점 등에서 완화되어 있다. 따라서 조약이 체결되어 있는 편이 인도가 쉬워지는데, 수사공조조약의 체결국이 순조롭게 증가하고 있는 것에 비하면, 인도조약은 2002년에 한국과 체결한 이후 증가하지 않고 않다.

---

205 東京高決 平成16・3・29 高刑集 57권 1호 16쪽. 이 결정은 연방법전이 정한 경제스파이죄 등을 근거로 미국이 청구한 인도에 대하여 도망범죄인인도법 2조 6호의 범죄혐의란 청구국의 법령에 근거한 인도범죄의 혐의를 말한다고 한 다음에 본건에서는 범죄혐의가 인정되지 않으므로 인도는 인정되지 않는다고 하였다.

그 이유로는 도망범죄인의 실제 인도건수는 외국으로부터의 인도, 외국에의 인도 모두 1년에 몇 건에 불과하고, 조약이 없어도 실무상 큰 지장이 발생하지 않는다는 점이 거론되고 있다.[206] 여기에 더하여 자국민의 인도도 가능하게 된 이상, 상대국의 형사사법제도에 대한 신뢰가 존재하지 않는다면 성립하지 않는다는 점도 그 원인의 하나일 것이다.

(3) 일본의 인도청구

일본이 도망범죄인의 인도를 청구한 경우 조약이 체결되어 있는 미국과 한국에 대해서는 이에 따라 절차가 진행된다. 그 이외의 나라는 외교경로를 통하여 청구한 다음에 그 나라의 국내법이 정하는 바에 따르게 된다.

3. 증거의 수집과 제공

외국의 요청에 근거한 증거의 수집 및 제공을 이를 수행하게 될 주체를 기준으로 나누면, 수사기관이 주체가 되는 경우(수사공조)와, 법원이 주체가 되는 경우(협의의 사법공조)가 있다.

수사공조에 대해서는 외국의 수사공조요청에 대응하기 위한 법률로 국제수사공조법이 제정되어 있으며, 상호주의의 보증을 전제로 공조요청에 응하도록 되어 있다. 다만, 이를 위해서는 ① 공조범죄가 정치범죄가 아닐 것, ② 공조범죄가 일본에서 저질러진 경우에 일본법령으로도 범죄에 해당할 것(추상적 쌍벌성)이 필요하다. 추상적 쌍벌성은 범죄인인도의 요건인 구체적 쌍벌성과는 달리, 예를 들어 책임무능력 등의 이유로 일본에서는 현실적으로 처벌할 수 없는 경우라도 충족된다. 나아가 ③ 증인심문 또는 증거물 제공에 관한 요청에 대해서는 그 증거가 수사에 반드시 필요하다는 점을 분명히 하는 요청국의 서면이 존재할 것이 요구되고 있다 (제2조). 다만, ②와 ③에 대해서는 조약에 특별한 규정이 있는 경우에는 필요하지 않게 된다.

다른 한편, 일본의 수사기관이 요청하는 수사공조는「형사소송법」제197조 제1항에 따라 실시되게 된다. 이 경우에는 상대국가의 법령에 따라 절차가 진행된다.

---

206 瀨戸毅, "捜査・起訴における国際協力", ひろば 67권 1호, 2014, 49쪽.

이에 대하여 협의의 사법공조에 관해서는, 외국 법원의 의뢰에 근거하여 일본 재판소가 하는 경우를 대상으로 「외국재판소의 촉탁에 관한 공조법」이 존재한다. 이에 비하여 일본의 재판소가 외국 법원에 대하여 촉탁을 하는 경우의 절차 등에 관하여 규정한 법률은 특별히 존재하지 않고, 또한 형사소송법에도 여기에 대응하는 규정은 없다. 그러나 형사소송법이 이에 관한 규정을 두지 않고 있는 것은 촉탁을 금지하는 취지가 아니며, 재판소는 소송지휘권에 근거하여 증거조사의 촉탁을 할 권한을 가지고 있다고 해석되고 있다.

이러한 수사 · 사법공조는 정식적인 외교경로를 통하여 이루어지는 것이기 때문에, 절차진행에 시간이 걸린다는 문제가 있다. 예를 들어, 일본의 검찰관이 청구하는 경우 소속 검찰청, 법무성, 외무성, 상대국가의 외무성, 상대국가의 담당관청, 실제 수사기관이라는 경로를 거치게 되고, 수집된 증거는 다시 반대 경로로 일본 검찰관에게 도착하게 된다.

이 때문에 수사단계의 정보협력 등은 정규 경로를 거치지 않고 법집행기관 사이의 협력으로 이루어지는 것이 통상적이다. 이 경우 양국의 법집행기관이 상호 직접 연락하여 처리하는 경우도 있지만, 주요한 수단으로 국제형사경찰기구^{ICPO}를 통한 수사협력이 있다. ICPO는 각국의 경찰기관을 구성원으로 하는 조직으로, 구성원인 각국 경찰이 ICPO을 통해 다른 나라 경찰에 대해 정보 제공을 요구하게 된다. 2017년 6월말 기준으로 190개 국가와 지역이 가입하고 있다.

다만, ICPO는 경찰상호간의 수사에 관한 협력조직으로 신속하게 수사상 필요한 자료, 정보를 교환하는데 중점을 두고 있기 때문에, 이 경로를 통해 취득할 수 있는 정보는 공판에서 증거로 이용하는 것이 예정되어 있지 않다. 또한 협력방법도 임의처분만 인정되기 때문에 이러한 점에서 정식의 공조와 비교하여 한계가 있다.

이에 따라 2003년 미국과 체결한 조약을 계기로각국 및 지역과 형사공조에 관한 조약 또는 협정의 체결을 추진하고 있다. 현재 미국 외에 한국, 중국, 홍콩, EU, 러시아와 조약 또는 협정이 체결되어 있다. 이들 조약 · 협정에는 거부사유가 없는 한[207] 상호 공조를 실시할 의무가 있으며, 공조의 요청과 접수를 하는 '중앙당국'을

---

[207] 쌍벌성이 없는 경우를 일반적으로 거부사유로 하고 있는 국제수사공조법과는 달리, 강제조치를 필요로 하는 경우에 한하여 쌍벌성이 없는 것을 이유로 공조를 거부할 수 있다고만 하고 있다는 점 등에 차이가 있다. 다만, EU와의 협정은 사형을 부과할 수 있는 범죄에 관한 공조의 실시에 대해서는 피청구국이 공조거부사유의 하나인 '공조의 실시로 자국의 중요한 이익이 침해될 우려가 있는' 경우에 해당한다고 인정할 수 있다고 하고 있다(제11조 제1항 (b)).

두어 외교경로를 경유하지 않고 중앙당국끼리 직접 요청을 하도록 하여 공조를 보다 신속하고 효율적으로 할 수 있도록 되어 있다.[208]

4. 기타 사법공조

국제형사사법공조에는 이러한 전통적 공조에 그치지 않고, 수사로부터 재판의 집행에 이르기까지 그 절차단계별로 다양한 형태의 공조가 있다. 이 중에서 외국 형사재판의 집행에 대해서는 일본도 마약특례법 및 「조직적 범죄 처벌법」으로 외국으로부터의 몰수·추징을 위한 재산의 보전과 이들의 확정재판 집행에 대하여 공조의 요청이 있는 경우에 이에 대응하는 제도를 도입하고 있다.

나아가 2002년에는 국제수형자이송법이 성립되어, 수형자이송제도가 일본에도 정식으로 도입되었다.

수형자이송제도는 어떤 나라에서 외국인이 자유형을 선고받은 경우 또는 현재 자유형을 집행받고 있는 경우에, 형의 전부 내지 일부의 집행을 그 외국인의 모국에서 받는 것을 전제로 그 신병을 이송하는 제도이다. 따라서 이송을 받는 측에서 보면 외국의 형사재판의 집행을 위탁받는 형태가 된다. 이러한 제도는 두 나라 간 조약으로 이루어지기도 하고, 유럽에서는 유럽평의회의 다국간 조약인 '형을 선고받은 사람의 이송에 관한 조약'에 가입한 나라 간에 활발하게 이루어지고 있다. 이 조약은 평의회의 멤버 외에도 가맹을 개방하고 있어, 일본도 이 조약에 가맹한 다음에, 그 담보법으로 국제수형자이송법을 제정하게 되었다.

수형자이송제도의 주된 목적은, 외국인수형자의 개선갱생과 사회복귀의 촉진에 있다. 즉, 외국인수형자는 언어와 풍속, 생활습관, 종교 등의 차이로 인해 교도소에서의 생활에 곤란을 겪는 경우가 있고, 가족과의 면회 등도 가능하지 않기 때문에, 자국민 수형자와 비교하여 교도소에서의 개선갱생을 위한 처우가 유효하게

---

208 수사공조 건수는 미국과 조약이 체결된 2003년에 외국에 요청한 건수가 21건, 외국으로부터 요청받은 건수가 21건이었던 것에 비하여, 2016년에는 각각 97건과 79건으로 증가하였다. 또한 2016년에는 요청 중의 77%, 요청받은 것 중의 85%가 형사공조조약 또는 협정의 체약국 및 지역과의 사이에서 이루어진 것으로 조약·협정이 수사공조의 증가에 크게 기여하였음을 알 수 있다.
이에 대하여 사법공조는 2016년도에 외국의 재판소로부터 촉탁을 받은 것이 15건, 일본 재판소가 촉탁한 것이 2건으로 모두 서류의 송달이었다.

작용하지 않는 측면이 있다. 이러한 점을 고려하여 자유형을 모국에서 집행하는 제도를 둠으로써 이러한 문제점을 해소하려고 한 것이다.

또한 외국인수형자의 처우는 언어의 장벽과 생활습관의 차이에서 교도소 측에도 큰 부담이 되기 때문에, 수형자 이송을 통해 이러한 부담을 줄여주는 것이 가능하다. 이에 더하여 외국인수형자가 다수 존재하는 국가로서는 이송으로 교도소의 과잉구금을 완화하고, 집행비용을 절약할 수 있다 장점도 있다. 나아가 국가에 따라서는 이 제도를 외국 교도소의 열악한 처우환경으로부터 수형자를 해방시킨다는 의미에서 자국민 보호를 위한 제도로 평가하는 국가도 있다.

국제수형자이송법은 수형자 이송의 목적이 수형자의 개선갱생과 원활한 사회복귀에 있다는 입장을 채택하고 있고(제1조), 이에 따라 외국에서 일본으로 수형자 이송(수입이송)과 일본에서 외국으로의 이송(송출이송) 모두에 대하여 수형자의 동의가 필요하다고 해석되고 있다(제5조, 제28조).

이렇게 수형자이송제도는 많은 장점을 가진 제도이지만, 다른 한편으로 형벌권 행사가 주권의 내용 중 하나라는 점에서 형을 자국에서 집행하는 것 자체의 의의도 부정할 수 없다. 더하여 이송을 통해 수형자가 부당하게 형의 집행을 면하는 일이 없도록 하기 위해서는 상대국가가 형을 확실하게 집행해 줄 것이 대전제가 된다. 이러한 점에서 국제수형자이송법은 수형자에 대해 이송을 청구할 권리를 인정하지 않고 있으며 또한 이송이 상당할 것을 이송의 요건으로 하고 있다. 송출이송에 대해서는 상당성을 판단하는데 이러한 점이 요소의 하나로 고려되게 된다.

일본에서는 외국인수형자 중에서 일본어 이해력과 표현력이 충분하지 않다는 점 또는 일본인과 생활습관이 현저히 다른 점을 이유로 일본인과 동일한 처우를 하기 곤란한 사람[209]에 대해서는 F지표 수형자로서 그 문화 및 생활습관 등에 부합하는 처우를 실시하고 있다. F지표 수형자의 수는 방일외국인 범죄의 증가에 동반하여 1998년 이후 급격하게 증가했다([그림 2] 참조). 이러한 사실이 수형자이송제도 창설을 촉진하는 하나의 요인이되기도 했지만, F지표 수형자의 대부분은 중국을 비롯한 아시아와, 브라질을 비롯한 남미 출신이 차지하고 있으며, 동시에 이들 나라들은 대부분이 유럽평의회의 수형자이송조약의 체결국이 아니다. 국제수형자이송법은 조약전치주의를 채택하고 있기 때문에, 이들 국가 출신인 수형자는 이송의

---

209 이외에 미국 군대 또는 국제연합 군대의 구성원 및 군속 그리고 이들의 가족도 F지표에 분류되도록 되어 있다.

대상이 되지 않는다. 이러한 이유로 두 나라간 수형자이송조약의 체결도 추진하고 있다. 2010년 태국과 체결한 조약을 시작으로, 2016년에는 브라질과 이란과도 조약을 체결하여 이들 나라 출신의 수형자에 대해서도 국제수형자이송법에 근거하여 이송을 실시하게 되었다.

[그림 2]　F지표 입소수형자 인원의 추이(남녀별)

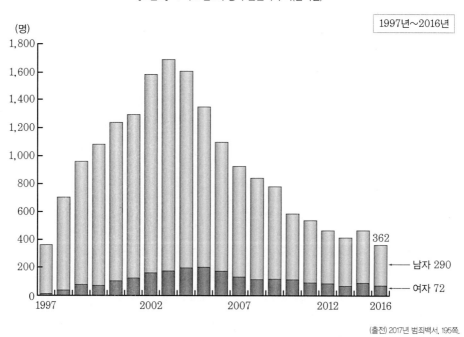

(출전) 2017년 범죄백서, 195쪽.

　국제수형자이송법을 시행한 이후 2016년 6월 말까지 일본인 수형자 9명이 수입이송, 외국인 수형자 352명이 송출이송되고 있다.

Ⅱ　범죄대책의 국제화

1. 범죄대책 통일화의 의의

　범죄의 국제화에 대한 또 하나의 대응책은 현재 발생한 개개 사건에서 관계국들이 협력하는 것뿐만 아니라 특정한 범죄에 대하여 국제적으로 대응을 통일하는 방법도 있다. 특히 1990년대 이후에 그러한 움직임이 현저하게 이루어지고 있다. 이러한 경우 국제적인 결의는 다자국간 조약의 형태를 채택하는 경우도 있지만, 법적 효력이 없는 정부 간 합의의 형태를 채택하는 경우도 있다. 그 목적은 국제성을 가진 특정 범죄행위에 대하여 처벌의 빈틈이 생기지 않도록 조치를 정하는 데 있다. 따라서 이러한 조약과 합의를 통한 국제적인 대응은 다음과 같은 내용을 포함하고 있다.[210]

첫 번째는 체결국에게 특정한 행위를 각각의 국내법으로 범죄화하는 것을 의무화하는 것이다. 국제성을 가진 범죄행위이므로, 통상 자국민에 의한 국외범 처벌규정을 두는 것이 의무화되는데 나아가 그 행위가 보편성을 가지고 국제사회에 미치는 해악이 현저한 경우에는 주체, 범죄지역을 따지지 않고 재판권을 설정하는 세계주의를 채택하게 된다.

두 번째로, 어떤 행위를 범죄화하여 재판권을 설정한다고 하더라도, 절차상의 문제로부터 이를 효과적으로 수사, 소추하는 것이 가능하지 않다면 대책으로서는 충분하지 않다. 따라서 절차법에도 일정한 수사수단 등의 도입이 요구되게 된다.

세 번째로, 이러한 실체법 및 절차법상의 국제적인 평준화가 이루어진다고 하더라도, 어떤 나라가 그 범죄의 소추 내지 처벌에 소극적이기 때문에 결국 국가주권이 장애가 되어 범죄를 방지할 방법이 없게 되면 의미가 없다. 따라서 이에 대한 대책으로 해당범죄를 인도대상범죄로 함과 동시에 수사·사법공조절차를 정비할 것을 의무화하고, 나아가 용의자가 자국 영역 내에 있는 경우에는 이를 자국에서 처벌할 것인지 아니면 다른 나라에 인도할 것인지지의 양자택일을 의무화하게 된다.[211]

2. 국제범죄에 대한 일본의 대응

국제범죄 중에서 전쟁범죄, 인종학살, 인도에 대한 범죄 등, 국죄관습법으로 직접 개인의 형사책임이 정해져 있는 범죄(핵심 범죄)에 대해서는 이들이 국제사회 전체에 대한 범죄로서의 성격을 가지고 있으며, 이에 더하여 그 범죄에 국가가 관

---

210 千田恵介, "刑事に関する国際条約をめぐる諸問題", 刑ジャ 27호, 2011, 29쪽.

211 이 외에 최근 조약에는 범죄수익을 규제하는 제도의 도입을 의무화하는 규정과 조약의 이행 확보에 관한 규정 등이 포함되는 경우가 적지 않다. 2000년 유엔에서 채택된 국제조직범죄방지조약은 전통적인 내용에 더하여, 이러한 규정들도 포함하고 있어, 그러한 의미에서 범죄대책 관련 국제조약의 도달점으로 평가할 수 있다.

여하고 있는 경우가 많기 때문에 범죄지 국가에서 국내법과 국내 법원에서의 처벌이 곤란하거나 적절하지 않기 때문에 전통적으로는 국제재판소에서 처벌하는 것으로 상정되어 왔다. 뿐만 아니라 이들 범죄에 해당하는 행위는 살인 등의 기존 범죄규정으로도 처벌가능하다는 점도 있기 때문에, 일본은 지금까지 이들 범죄에 대하여 국내법상 특별한 대응을 하지 않았다.

다른 한편 1998년 채택된 '국제형사재판소에 관한 로마규정'에 의해서 국제형사재판소ICC가 인종학살, 인도에 대한 범죄, 전쟁범죄, 침략에 관한 범죄의 4가지에 대해서는 관할권을 가지게 되었다. 일본은 2007년에 동규정에 가맹하고 그 담보법으로서 「국제형사재판소에 대한 협력 등에 관한 법률」을 제정하였다. 가맹에 있어서 로마규정의 대상범죄를 국내법으로 처벌하기 위한 입법조치는 불필요하다고 생각되었기 때문에 동법에서는 오로지 ICC와의 관계에서의 사법협력만 규정하고 있다. 구체적으로는 ICC에 대한 증거의 제공, 수형자증인 등의 이송, 동재판소에의 원조로서 이루어지는 재판상의 증거조사 및 서류의 송달, 동재판소에 대한 인도범죄인의 인도, 동재판소의 재산형 등의 집행 및 그 보전 등에 관한 규정을 두고 있다.

국제범죄의 또 하나의 유형은 전통적인 국제범죄에는 속하지 않지만 그 범죄의 성질상, 여러 나라에 심각한 영향을 준다는 의미에서 국제사회의 공통이익을 해하는 범죄행위이다. 해적 등의 해상범죄, 하이재크, 약물범죄 등이 이에 해당한다. 이들 행위에 대해서는 이미 일찍부터 다자국간 조약으로 대응해왔다. 예를 들어 하이재크에 관해서는 1960년대부터 다발했기 때문에, 국제민간항공기관ICAO이 3개의 조약[212]을 채택하였고, 일본은 이들에 대응하는 국내법으로 「항공기의 강취 등의 처벌에 관한 법률」(1970년) 및 「항공의 위험을 발생시키는 행위 등의 처벌에 관한 법률」(1974년)이 제정되었다. 1980년대 이후에는 약물범죄가 그 중심이 되어, 1988년에 유엔에서 이른바 마약신조약이 채택되었다. 일본도 이를 비준하고 국내실시를 위해 1991년 마약특례법을 제정하였다.

그 후에 1990년대가 되어서 특정 범죄에 대하여 국제적으로 통일된 대응을 한다는 흐름이 가속화되었다. 그 배경에는 냉전이 종결됨에 따라 국경이동의 자유화, 규제완화 등에 따른 경제활동의 자유화, 인터넷을 중심으로 한 정보통신기술의

---

212 「항공기 내의 범죄방지조약(도쿄조약)」(1963년), 「항공기의 불법 탈취의 방지에 관한 조약(허그조약)」(1970년), 「민간항공의 안전에 대한 불법행위의 방지에 관한 법률(몬트리올조약)」(1971년)이다.

진보와 운송수단의 발전에 근거한 글로벌화의 진전에 따라 사람, 물건, 돈, 정보의 국제적 이동이 쉬워짐에 따라, 범죄현상이 급속도로 국제화되었다고 하는 이유가 있었다.

이러한 흐름은 조직범죄, 부패, 테러행위, 사이버범죄 등, 다방면에 걸쳐서 각각 유엔이 중심이 되어 이를 위한 다자국간 조약 등을 체결하고 있다. 일본은 대부분에 서명하고 대응하기 위한 국내법을 정비하고 있다.[213]

이렇게 최근에는 조약이라는 형태를 채택하든 아니든, 형사법에 관한 국제적인 결의가 국내 형사입법에 강한 압력으로 작용하는 경우가 확실하게 늘고 있다. 일본도 예외가 될 수 없으므로 이러한 현상은 점점 더 강해지는 경향을 보이고 있다고 해도 좋을 것이다. 물론 실체법상의 범죄화든, 절차법상의 제도 도입이든, 그것이 타당한지 여부는 헌법을 정점으로 하는 일본의 기존 법제도와의 정합성과 법문화와의 조화를 고려한 다음 결정해야 하므로, 국제적인 요청이 있다고 해서 무조건 이를 수용해서는 안 된다는 것은 당연하다. 그러나 범죄현상 자체가 하나의 국가 내에서만 이루어지지 않는다는 현실을 고려하면 앞으로는 형사사법제도의 설계는 단순한 내정문제가 아니라는 점도 확실하다.

Ⅲ 국제형사재판소의 설립

국제조약 등을 활용하더라도 최종적으로는 개개 국가의 형사사법제도로 범죄를 저지른 사람을 재판하게 되고, 비록 그 제도가 국제적으로 평준화되었다고 하더라도 결국은 전통적인 형사사법제도 안에서 처리된다고 할 수 있다. 그러나 범죄에 대한 국제적인 대처를 좀 더 발전시켜 나가면 일정한 국제범죄에 대해서는 국가의 주권에 속하지 않는 국제적인 재판소를 창설하고 여기서 개인을 처벌한다고 하는 발상이 나오게 된다. 실제로도 이러한 의미의 국제형사재판소가 과거에는 2차 세계대전 후에 뉘른베르크재판과 도쿄재판이 있었고, 최근에는 구유고슬라비아 및 르완다에서 민족정화정책이라는 명분으로 자행된 잔학행위를 대상으로 설치되었

---

213 상세한 내용은 川出敏裕, "国際刑事法の国内法への影響", 長谷部泰男ほか編 岩波講座・現代法の動態(5)—法の変動の担い手, 岩波書店, 2015, 101쪽 이하 참조.

다. 후자의 두 국제형사재판소는 안정보장이사회의 결의에 근거하여 각각의 사태에 대처하기 위한 임시적인 것이었는데, 국내 재판절차로는 사실상 재판할 수 없는 중대한 범죄를 국제사회가 주체가 되어 처벌할 필요성과 가능성을 새롭게 인식시키는 계기가 되었다. 그 결과 상설의 국제형사재판소를 창설하자는 구상이 논의되면서 1998년 「국제형사재판소에 관한 로마규정」이 채택되었고, 국제형사재판소ICC의 창설로 이어진 것이다. 동규정은 2002년에 발효되었고 일본도 2007년에 가맹국이 되었다. 2017년 11월말 기준으로 체결국은 123개 국가이다.

로마규정은 ICC를 ① 국제적 관심사인 가장 중대한 범죄를 저지른 개인에 대해 관할권을 행사할 권한을 가지는 동시에, ② 국가의 형사재판권을 보완하는 재판소로 자리매김하였는데, 여기에 ICC의 특징이 집약되어 있다.

우선 첫 번째 특징과 관련하여, 관할하는 범죄가 ① 집단살해죄(인종학살), ② 인도에 대한 죄, ③ 전쟁범죄, ④ 침략의 죄의 4가지로 한정되어 있다(제5조 제1항). 또한 두 번째 특징은 일반적으로 보안성의 원칙으로 불리는데, ICC는 전쟁과 내전으로 그 나라의 형사사법제도가 존재하지 않거나 혹은 유효하게 기능하지 않는 결과, 상기 범죄의 처벌이 이루어질 수 없는 경우에만 그 역할을 수행한다는 것을 의미한다. 그러한 귀결로서 ICC가 다루게 되는 사건에 대하여 국가가 진실로 피의자를 소추할 능력과 의사를 가지지 않은 경우 등의 예외적인 경우를 제외하고, 국내에서 이미 형사절차가 진행되고 있거나 또는 종료한 경우에는 ICC는 그 사건을 취급할 수 없다고 규정하고 있다(제17조).

ICC가 관할권을 행사할 수 있는 경우는 ① 범죄행위의 실행지 국가 또는 피의자의 국적국 모두가 체결국인 경우, 또는 ② 모두가 비체결국인 경우에는 그 모두가 관할권행사를 허락한 경우로 한정된다(제12조). 이러한 조건이 충족된 다음, 상기의 대상범죄가 저질러졌다고 의심되는 사태를 체결국 혹은 안전보장이사회에서 검사에게 다루게 하거나 또는 검사가 직권으로 수사에 착수한 경우에 절차를 개시할 수 있다(제13조).

2017년 3월 말 기준으로, ICC는 10개의 판결을 내렸고, 그중 9건은 유죄, 1건이 무죄이다. 또한 10건이 수사 중, 10건이 예심단계, 14건이 공판 또는 공판준비단계에 있다. 아프리카국가들의 사건이 그 대부분을 차지하고 있다.

국제법상 가장 중대한 범죄에 대해 범인이 처벌되지 않은 채 종결되는 것을 막는다는 의미에서 상설의 국제형사재판소가 창설된 것은 획기적인 일이다. 그러나 다른 한편으로 동재판소는 안전보장이사회의 상임이사국인 미국, 러시아, 중국을 비롯하여 자국의 이익을 훼손한다는 이유에서 참가하지 않은 나라도 있고, 최근에는 아프리카 여러 나라들이 ICC에 협력하지 않거나 나아가 ICC로부터 연달아 탈퇴하는 등 그 보편성과 실효성에 의문이 계속 제기되고 있다.

〔참고문헌〕

森下忠, 新しい国際刑法, 信山社, 2002.

尾﨑久仁子, 国際人権・刑事法概論, 信山社, 2004.

"〈特集〉国際刑事法の現在", 刑ジャ 27호, 2011.

刑事政策研究会, "外国人犯罪", 論究ジュリ 10호, 2014.

村瀬信也＝洪恵子編, 国際刑事裁判所「第2版」, 東信堂, 2014.

城祐一郎, 現代国際刑事法, 成文堂, 2018.

最決 昭和58·9·5 刑集 37권 7호 901쪽 ·· 128
最決 昭和58·10·26 刑集 37권 8호 1260쪽 ··· 124
東京高決 平成元·3·30 高刑集 42권 1호 98쪽 ······································ 270
東京高決 平成2·4·20 高刑集 43권 1호 27쪽 ······································· 270
東京高決 平成16·3·29 高刑集 57권 1호 16쪽 ······································ 271
最判 平成17·4·14 刑集 제59권 제3호 259쪽 ··· 69
福岡高決 平成18·1·27 判タ 1255호 345쪽 ·· 201
東京高決 平成18·8·4 東時 57권 1=12호 35쪽 ····································· 201
最決 平成20·3·5 判タ 1266호 149쪽 ·· 71
最決 平成20·6·18 刑集 62권 6호 1812쪽 ··· 197
最決 平成21·8·7 刑集 63권 6호 776쪽 ·· 198
最決 平成25·12·18 刑集 67권 9호 873쪽 ··· 201
最決 平成29·12·18 裁判所時報 1691호 12쪽 ·· 196

C

CCTV 49

D

DV방지법 89, 234

F

Family Violence 225

G

Gated Community 49

P

parens patriae 113

ㄱ

가두범죄·침입범죄 억지종합대책 264
가정 내 폭력 225
가정재판소 116
가정재판소 조사관 116
가퇴원 137
각성제단속법 178
간이송치 118
감별 119
감정입원 198
검찰심사회 75
계속 수용 135
고령자 213
고령자학대 237
고령자학대방지법 237
공모죄 170
관호조치 119
광역폭력단 151
교정교육 135
교통 관계 업무상과실 24
교통단기보호관찰 131
교통반칙통고제도 116, 254
교통범죄 245
교통보호관찰 131

교통사건즉결재판절차법 252
교통스티커제 253
교통안전기본계획 260
교통재판소 253
교호원 132
구체적 쌍벌성 270
국외범 268, 277
국제범죄 277
국제수사공조법 272
국제수형자이송법 274
국제연합 반부패협약 171
국제조직범죄방지조약 169
국제형사경찰기구(ICPO) 273
국제형사사법공조 268
국제형사재판소(ICC) 280
국제형사재판소에 대한 협력 등에 관한 법률 278
국친사상 113
기업사제(企業舍弟) 155
기일 외 신문 67
길거리범죄 등 억제종합대책 37, 46
깨진 창이론 50

ㄴ

노역장유치 130

ㄷ

다르크 184, 187, 189
다이버전 252, 255
단기보호관찰 131
대마단속법 179
도로교통법 245
도망범죄인 인도 269
도망범죄인인도법 269
독물 및 극물단속법 177

ㅁ

마약단속법 180
마약신조약 177, 278
마약특례법 177, 274, 278

미죄처분 217
민사개입폭력 155, 159
민사불개입의 원칙 238

ㅂ

발달범죄학 48
발달장애 112
방범자원봉사단체 51
방일외국인 264
배우자로부터의 폭력(DV) 234
배우자폭력상담지원센터 234
범죄대책각료회의 45
범죄발생률 19
범죄소년 115
범죄에 강한 사회의 실현을 위한 행동계획 36, 45,
    264
범죄원인론 59
범죄인인도조약 271
범죄통계 13
범죄피해구원기금 95
범죄피해급부제도 85
범죄피해실태(암수)조사 17
범죄피해자 59
범죄피해자대책실 92
범죄피해자 등 급부금지급법 61, 85
범죄피해자 등 기본법 62, 77, 83, 144
범죄피해자 등 조기지원단체 95
범죄피해자보호법 61
범죄피해자지원법 85
범죄학 3
법테라스 93
보도 149
보도위탁 125
보이스피싱 사기 38
보조인 121, 199
보호관찰 125, 131, 138
보호관찰부 집행유예 187
보호명령 235
보호원리 113, 148
보호처분 125
보호처분의 취소 128
복지전문관 223
부대사소 81
부부소사제(夫婦小舍制) 132

부심판청구 75
부인상담소 234
부정기형 130, 146
불량행위소년 149
불처분결정 125
비디오링크 68
비범죄화 257
비행사실 119

ㅅ

사법면접 70
사이버 범죄 38
사인소추제도 76
사회복귀모델 45
사회복귀조정관 205, 210
사회복귀지원지도프로그램 220
사회적 양호 229
사회정책 4
사회참가활동 131
삼자즉일처리방식 253
상호주의 269, 272
상황적 범죄예방 48
생애주기이론 48
생활안전국 46
생활안전조례 37, 51
소년감별소 119
소년감별소법 133
소년경찰활동 149
소년경찰활동규칙 149
소년교도소 138
소년대화회 99
소년법 112
소년법 개정요강 139
소년보도원 150
소년보도직원 149
소년보호절차 113
소년비행 105
소년서포트센터 149
소년심판 74
소년원 133
소년원법 133
소년원 송치 125
소년재판소 113
손해배상명령 81, 83

수형자이송제도　274
수형자이송조약　276
스쿨서포터　150
스토커행위 등의 규제 등에 관한 법률　53
심판　121
심판불개시　120

ㅇ

아동복지기관선의의 원칙　119, 144
아동복지법　119, 227
아동상담소　118, 231
아동양호시설　125, 132
아동자립지원시설　125, 132
아동학대방지법　227
아편법　180
암수　15
약물남용방지 5개년 전략　182
약물범죄　177, 278
약물법정　190
약물의존이탈지도　184
약물재남용방지프로그램　185
약식절차　252
양호공장　219
양호적 처우　219
업무상과실치사상죄　247
역송　142
역송결정　126
연소소년　105
연장소년　105
외국인수형자　274
외국재판소의 촉탁에 관한 공조법　273
요보호성　119, 125
우범사유　115
우범성　115
우범소년　115
원스톱지원센터　96
원칙역송제도　142
위험약물　181
위험운전치사상죄　247
유족급부금　86
유형별 처우　221, 242
유흥형 비행　107
음주운전　246
음주운전방지프로그램　260

의견진술제도　76
의료관찰법　196
의료교도소　211
의료보호입원　194
의료소년원　134
인격장애　201
인도에 대한 죄　280
인종학살　280
인지 건수　14
일반보호관찰　131
일반형법범　20
일본사법지원센터　93
일시보호　229
입구지원　212, 224

ㅈ

자국민불인도의 원칙　271
자금세탁　164, 177, 263
자동차운전과실치사상죄　248
자동차운전사상행위처벌법　248
자유형　274
장애급부금　86
재발방지명령　159
재범방지를 위한 종합대책　40, 47
재범방지추진계획　41, 191
재범방지추진법　5, 41
재범자　39
재범자율　39
재수용　138
재피해방지요강　93
적정절차 보장　124
전건송치주의　116
전국피해자지원네트워크　95
전쟁범죄　280
접근금지명령　229, 235
정신보건관찰　204
정신보건복지법　193, 206
정신보건심판원　198
정신보건지정의사　194
정신보건참여원　199
정신보건관정의　198
정신장애인　192
정치범죄　269, 272
제2차 피해　59, 66

조사전치주의 119
조직적 범죄 처벌법 82, 163, 274
조치입원 194
조폭범 22
준폭력적 요구행위 160
중간소년 105
중등소년원 134
중상병급부금 86
중지명령 159
증인과 동석 67
지방갱생보호위원회 138
지방자치단체 5, 51
지역생활정착지원센터 223
지역포괄지원센터 237
지정입원의료기관 202, 209
지정통원의료기관 204, 210
지정폭력단 158
지정피해자지원요원제도 92
집금처우 259

ㅊ

차폐조치 68
체감치안 22, 34
초등소년원 134
초발형 비행 107
촉법소년 115, 143
촉법정신장애인 193
추상적 쌍벌성 272
출구지원 223
친고죄 74
친권상실 230
친권정지 230
침략의 죄 280
침해원리 114

ㅋ

커뮤니티 폴리싱 51

ㅌ

테러 등 준비죄 170
통신감청법 165
퇴거명령 235
퇴원 137
특별개선지도 184

특별소년원 134
특별조정 211, 223
특수사기 38
특정위험지정폭력단 162
특정항쟁지정폭력단 162

ㅍ

폭력단 151
폭력단대책법 157
폭력단 배제 조례 173
폭력단 세력 151
폭력적 요구행위 159
피해자 대책요강 61, 91
피해자 등 통지제도 72
피해자법률지원사업 94
피해자 없는 범죄 15
피해자연락제도 71
피해자지원연락협의회 96
피해자지원 요원 93
피해자참가변호사 78
피해자참가제도 73, 77
피해자 특정 사항 70
피해회복급부금제도 82

ㅎ

항고수리의 신청 127
협의·합의제도와 형사면책제도 167
형법범 20
형사공조에 관한 조약 273
형사수용시설 및 피수용자 등의 처우에 관한 법률 184
형사학 3
환경범죄학 49
환경설계를 통한 범죄예방 49
회복적 사법 98
흉악범 21, 108

|저|자|소|개|

川出敏裕(카와이데 토시히로)

1967년 기후현 출생
1989년 도쿄대학 법학부 졸업
1989년 도쿄대학 법학부 조수
1992년 도쿄대학대학원 법학정치학연구과 조교수
현 재 도쿄대학대학원 법학정치학연구과 교수

〈주요 저서〉
別件逮捕·勾留の研究(동경대학출판회, 1998년)
少年法(有斐閣, 2015년)
判例講座 刑事訴訟法[捜査·証拠編](立花書房, 2016년)

金光旭(김광욱)

1963년 중국 길림성 출생
1985년 베이징대학 법학부 졸업
1997년 도쿄대학대학원 법학정치학연구과 박사과정 수료
1998년 세이케이(成蹊)대학 법학부 조교수
현 재 세이케이대학 법학부 교수, 법학박사

〈주요 저서〉
佐伯仁志(사에키 히토시)·金光旭(김광욱)편, 日中経済刑法の比較研究(成文堂, 2011년)

|역|자|소|개|

장응혁

경찰대학 행정학과
일본 도쿄대학대학원 형사법 석사
고려대학교대학원 형법 박사
계명대학교 경찰행정학과 교수

〈주요 저서 및 역서〉
비교경찰론(공저, 박영사, 2015)
사회안전과 법(공역, 경찰대학 출판부, 2016)
소년법(공역, 박영사, 2016)
젠더폭력의 이해와 대응(공저, 박영사, 2018)

안성훈

일본 메이지대학 법학부 학사
일본 메이지대학 대학원 형사법 석사
일본 메이지대학 대학원 형사법 박사
현 한국형사정책연구원 연구위원

〈주요 저서 및 역서〉
修復的正義の諸相(공저, 성문당, 2015)
일본행형법(공역, 한국형사정책연구원, 2016)
현대 한국의 범죄와 형벌(공저, 박영사, 2017)

일본의 형사정책 I

초판발행	2020년 4월 25일
지은이	川出敏裕(카와이데 토시히로) · 金光旭(김광욱)
옮긴이	장응혁 · 안성훈
펴낸이	안종만 · 안상준
편 집	정은희
기획/마케팅	장규식
표지디자인	BEN STORY
제 작	우인도 · 고철민
펴낸곳	(주) 박영사
	서울특별시 종로구 새문안로3길 36, 1601
	등록 1959.3.11. 제300−1959−1호(倫)
전 화	02) 733−6771
fax	02) 736−4818
e−mail	pys@pybook.co.kr
homepage	www.pybook.co.kr
ISBN	979−11−303−0955−2 93350

* 잘못된 책은 바꿔드립니다. 본서의 무단복제행위를 금합니다.
* 역자와 협의하여 인지첩부를 생략합니다.

정 가	23,000원